오늘날 한국의 노동계급

고전적 마르크스주의의 관점

국립중앙도서관 출판예정도서목록(CIP)

오늘날 한국의 노동계급 : 고전적 마르크스주의의 관점 / 지
은이: 김하영. -- 서울 : 책갈피, 2017
      p. ;   cm

ISBN 978-89-7966-129-3 03300 : ₩16000

노동 계급[勞動階級]
마르크스 주의[一主義]

321.5-KDC6
331-DDC23   CIP2017017594

오늘날 한국의 노동계급

고전적 마르크스주의의 관점

김하영 지음

책갈피

오늘날 한국의 노동계급

고전적 마르크스주의의 관점

지은이 | 김하영
펴낸곳 | 도서출판 책갈피

등록 | 1992년 2월 14일(제2014-000019호)
주소 | 서울 성동구 무학봉15길 12 2층
전화 | 02) 2265-6354
팩스 | 02) 2265-6395
이메일 | bookmarx@naver.com
홈페이지 | http://chaekgalpi.com

첫 번째 찍은 날 2017년 8월 3일

값 16,000원

ISBN 978-89-7966-129-3 03300
잘못된 책은 바꿔 드립니다.

5장 '탈산업화'와 노동의 변화

6장 세계화와 노동의 변화

7장 신자유주의와 노동의 변화

일러두기

1. 인명과 지명 등의 외래어는 최대한 외래어 표기법에 맞춰 표기했다.

2. 《 》부호는 책과 잡지, 자료집을 나타내고 〈 〉부호는 신문, 주간지를 나타낸다. 논문은 " " 로 나타냈다.

3. 인용문에서 [ ]는 지은이가 독자의 이해를 돕거나 문맥을 매끄럽게 하려고 덧붙인 것이다.

4. 본문의 각주는 지은이가 넣은 것이다.

머리말

1987년 6월항쟁과 7~8월 대중파업이 일어난 지 30년이 지났다. 1997~1998년 경제 위기로 신자유주의가 지배적 정책으로 자리 잡은 지도 20년이 지났다. 이 기간에 한국의 노동계급은 얼마나, 어떻게 변화했을까?

이 기간에 노동계급이 축소되고, 파편화되고(조각나고), 이질화되고 그래서 약화됐다는 주장이 널리 퍼져 있다. 신문 지상이나 학술 논문에서뿐이 아니라 노동운동 자체 안에서도 그렇다.

10년이면 강산도 변한다는데 30년의 세월 동안 노동계급이 변하지 않았을 리 없다. 산업 구조가 재편되면서 노동자들의 재배치가 일어났고, 경제 위기의 대가를 노동자들에게 떠넘기려는 지배계급의 공격으로 노동자들의 고통이 증대했다.

그러나 노동운동 안에서조차 편만한 노동계급 약화론은 여러 면에서 면밀한 분석에 기초하지 않은 과장이나 환원론인 경우가 흔하다. 탈산업화로 산업 공동화 현상이 벌어지고 있다거나, 기술 발전과 신자유주의로 노동자들이 일회용 신세가 됐다거나, 노동자 임금이 오르면 자본은 언제든 공장을 해외 이전할 수 있다거나, 대기업 정규직 노동자들이 중소하청기업 비정규직 노동자들의 착취로부터 득을 본다는 주장 등이 그런 사례다.

상식처럼 퍼져 있는 이런 주장들은 노동운동의 전진에 걸림돌이 되고 있다. 노동계급이 변화한 것이 분명하고 당연하지만, 얼마나 어떻게 변했는지, 무엇이 변했고 무엇은 변하지 않았는지 명확하게 이해해야 한다. 그래야 노동계급의 잠재력을 이해하면서 운동을 전진시킬 기회들을 놓치지 않고 제대로 대처할 수 있다. 이것이 내가 이 책을 쓴 이유다.

이 책은 고전적 마르크스주의 관점에서 한국의 노동계급을 분석하고 있다. 위에서 언급한 다양한 노동계급 약화론들은 계급을 노동시장에서의 위치들로 잘게 분할하는 사회학의 계급/계층 분석에 큰 영향을 받고 있다. 한국에 마르크스주의 계급론으로 소개된 에릭 올린 라이트의 이론도 분석 마르크스주의로 기울면서 파편화된 계급구조를 제안하는 것으로 후퇴했다.

이 책은 계급을 생산관계 속에서 차지하는 위치와 자본주의 체제의 동역학 속에서 파악하는 고전적 마르크스주의의 관점이 왜 중요한지 살펴보고, 그것을 한국의 노동계급을 분석하는 데 적용했다. 2장과 3장에서는 마르크스 계급 이론의 정수를 살펴보고, 마르크스주의 안팎의 다양한 이론을 — 막스 베버와 에릭 올린 라이트의 이론을 자세히, E P 톰슨과 니코스 풀란차스와 라클라우·무프의 이론을 간단히 — 비판적으로 검토했다. 4장부터 8장까지는 고전적 마르크스주의를 적용해 한국의 계급 구조와 그 변화, 자본주의 변화에 따른 노동계급의 조건 변화와 그것이 노동운동에 미친 영향 등을 분석했다.

이 책은 얼핏 보면 표와 그림이 많아 학술적으로 보일 수 있지만, 전혀 학술적인 책이 아니다. 필자는 노동운동 활동가로서 노동운동에 기여하기 위한 목적으로 이 책을 썼다. 노동운동의 진로를 고민하는 노동자들, 사회 변화를 원하고 그 방법을 고민하는 청년들이 이 책을 읽었으면 하는 바람이다. 이 책이 그런 문제들에 대한 답을 찾아가는 과정에 조금이라도 도움이 되기를 바란다.

내가 이 책을 쓰는 1년 동안 여러 동지들이 내 짐을 대신 짊어지는 수고를 아끼지 않은 덕분에 이 작업을 완성할 수 있었다. 불평 없이 그렇게 해 준 노동자연대 운영위원들과 조직노동자운동팀원들(특히, 이정원과 박설 동지)에게 감사의 말을 전하고 싶다. 특히, 미친 듯이 바쁜 와중에 원고를 내밀었음에도 교정을 봐 준 최일붕 동지에게 너무도 고마울 뿐이다. 그가 책을 써 보라고 권하고 끊임없이 격려한 것이 이 책을 쓰는 데 큰 힘이 됐다. 이 책은 토니 클리프와 크리스 하먼, 알렉스 캘리니코스 등이 발전시킨 이론에 크게 기대고 있다. 그리고 최일붕이 한국의 운동에 관해 제공한 통찰들과 구체적 전술들이 큰 도움이 됐다. 그러나 이 책의 오류가 있다면 그것은 전적으로 나의 몫이다. 그리고 틈틈이 격려와 '독촉'을 아끼지 않은 노동자연대 노동자 회원들에게도 특별한 감사를 전한다. 그들과의 토론과 활동 경험이 자극과 도움이 됐다. 마지막으로, 촉박한 일정 때문에 몇 곱절의 수고를 하신 출판사 직원들께도 진심으로 감사 드린다.

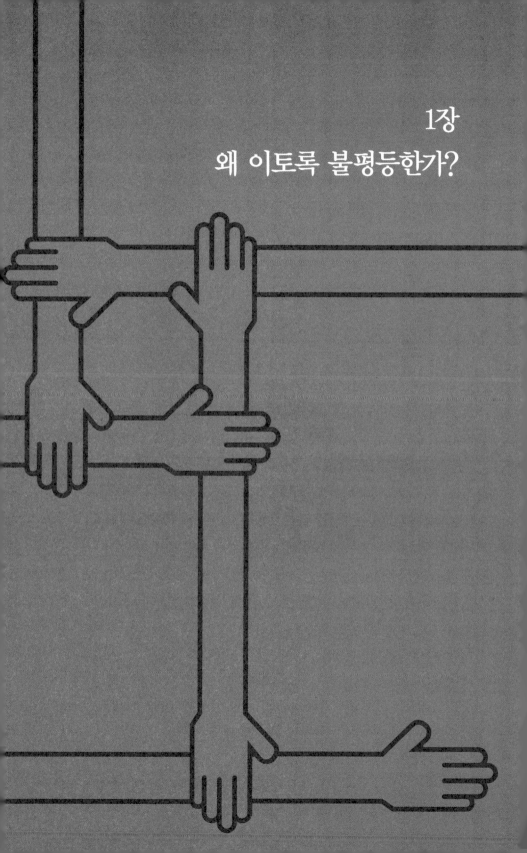

1장
왜 이토록 불평등한가?

1. 심화되는 불평등

한두 해 전부터 '금수저', '흙수저'라는 말이 유행하고, 한국이 "신新계급사회"가 됐다는 주장이 회자됐다. '은수저를 물고 태어났다'는 영어 표현에서 유래한 이 신조어, 이른바 '수저 계급'론은 아무리 노력해도 부모가 물려준 조건을 극복하기 힘든 현실에 대한 청년들의 쓰디쓴 심정을 반영하고 있다. 한겨레경제사회연구원이 2015년 8월에 실시한 청년 의식 조사 결과(만 19~34세 대상)를 보면, 무려 72.7퍼센트가 "사회적 성취에서 나의 노력보다 부모의 경제적 지위가 더 중요하다"고 답변했다. 또, 86.1퍼센트가 "우리 사회는 노력에 따른 공정한 대가를 제공하지 않는다"고 했고, 77.3퍼센트가 "열심히 일해도 계층 상승할 수 없다"고 했다.

이것이 그저 열패감에 쌓인 일부 청년들의 '불평불만'이 아니라 엄연한 '현실'이라는 것은 여러 지표로 확인할 수 있다. 한국 사회는 빈부 격차가 증대하는 가운데 부의 증대에서 상속이 차지하는 비중이 점점 커지고 있다. 사회 이동, 즉 출생시 사회적 지위보다 높은 사회적 지위로 이동할 기회는 가로막혀 있다. 부자들은 부를 늘렸을 뿐 아니라 다른 사람들이 들어올 문을 닫고 자기들만의 세계를 더 단단히 구축했다.

2012년 소득 집중도를 보면, 상위 1퍼센트가 전체 소득의 12.41퍼센트를, 상위 10퍼센트가 전체 소득의 45퍼센트를 차지한다. 1980~1995년 30퍼센트에 머물던 상위 10퍼센트의 소득 비중은 2000년 35퍼센트를 넘었고, 2010년 이후 44퍼센트를 넘기며 치솟았다. 이는 전 세계에서 소득 불평등이 가장 심한 미국(소득 상위 10퍼센트가 48.16퍼센트 차지)에 육박하는 수치이고, 일본(40.50퍼센트), 프랑스(32.69퍼센트)보다 훨씬 높은 수치다. 부의 불평등은 소득 불평등보다 훨씬 더 심하다. 토마 피케티와 같은 방법으로 개인의 자산 분포를 추정한 김낙년 동국대 교수의 연구를 보면, 2010~2013년 상위 1퍼센트가 전체 자산에서 차지하는 비중이 무려 25.9퍼센트에 이른다(그림 1-1). 상위 10퍼센트가 66퍼센트를 차지하고, 하위 50퍼센트는 전체 자산에서 불과 2퍼센트를 차지할 뿐이다! 빈부 격차는 1990년대 이후 점점 벌어져, 현재 한국의 소득과 자산 집중도는 국제적으로 두세 손가락 안에 꼽힐 정도로 높은 수준이다.

역시 피케티와 같은 방법으로 부의 축적에서 상속이 기여한 비중을 조사한 김낙년 교수의 연구를 보면, 한국에서 그 비중은 1980~1990년대 27~29퍼센트에서 2000년대 무려 42퍼센트로 상승했다(그림 1-2).* 스스로 벌어 모은 자산보다 물려받은 자산의 중요

---

* 김낙년, "한국의 부의 불평등, 2000-2013: 상속세 자료에 의한 접근"(낙성대연구소 워킹페이퍼 2015-06), "한국에서의 부와 상속, 1970-2013"(낙성대연구소 워킹페이퍼 2015-07). 이 통계는 피케티와 같은 방법을 사용해서 국제 비교가 가능하다는

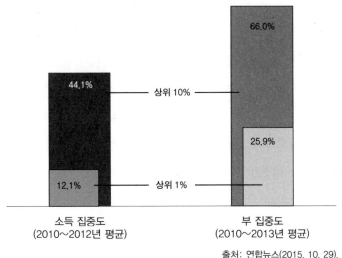

〈그림 1-1〉 상위 1%와 10%의 부와 소득 집중도

66.0%

44.1%

상위 10%

25.9%

12.1%

상위 1%

소득 집중도
(2010~2012년 평균)

부 집중도
(2010~2013년 평균)

출처: 연합뉴스(2015. 10. 29).

성이 점점 더 커지고 있다는 의미다. 다른 사람들보다 압도적으로
많은 부를 가진 부자들은 그 부를 자식들에게 물려주고, 부를 상속
받은 자식들은 그 자원 덕분에 다른 사람들보다 더 큰 부를 벌어들

이점이 있어, 피케티 등이 구축한 '월드 톱 인컴 데이터베이스'(World Top Income
Database)에도 올랐다. 피케티는 김낙년 교수의 논문을 언급하며 한국의 소득
불평등도가 빠르게 증가하고 있음을 지적한 바 있다.
그러나 김낙년 교수의 정치적 대안은 피케티와는 전혀 다르다. 피케티는 심화되는
경제적 불평등 문제를 다루면서 그 해결책으로 글로벌 부유세를 제안했다. 김낙년
교수는 피케티의 제안에 난색을 표하며 오히려 성장을 대안으로 제시했다. 고도성
장기에는 하층까지 성장의 혜택이 돌아갔다면서 말이다. 뉴라이트를 이론적으로
뒷받침하는 연구소로 알려진 낙성대연구소 연구원다운 주장이다. 김낙년 교수는
박근혜 정부가 추진한 국정교과서의 집필진에도 포함됐다. 그러나 그의 통계는 오
히려 '낙수 효과'를 정면 반박하고 있다.

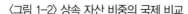

〈그림 1-2〉 상속 자산 비중의 국제 비교

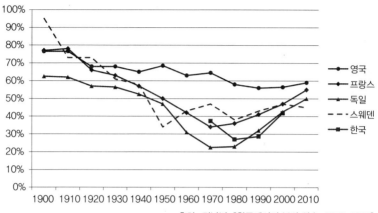

영국
프랑스
독일
스웨덴
한국

출처: 김낙년, "한국에서의 부와 상속, 1970-2013".

이고 있다.

한때 한국 사회는 계층 상승의 꿈을 이룰 수 있는 역동성 있는 사회로 여겨졌지만, 그런 신화와 달리 한국의 사회 이동성은 매우 낮다. 한국보건사회연구원의 최근 연구를 보면,[1] 부자는 계속 부자이기 쉽고 가난한 사람은 계속 가난하기 쉽다. 매우 부자이거나 매우 가난한 사람일수록 그것은 불변의 법칙이 된다. 빈곤탈출률은 지난 몇 년 새 더 줄어, 2006년 31.7퍼센트에서 2012년 23.5퍼센트에 불과하게 됐다. 저소득층이 계속 저소득층에 머물 확률은 2005년에는 67.6퍼센트였는데, 2012년에는 77.4퍼센트로 높아졌다. 반면, 저소득층이 고소득층으로 이동할 가능성은 2005년 2.5퍼센트에서 2012년에 0.3퍼센트로 "낙타가 바늘귀로 빠져나가는" 것만큼 어려운 일이 됐다.

한국 자본주의가 노쇠해지고 1997년과 2008년 두 차례 큰 위기를 겪으면서 빈부 격차는 빠르게 증대해 왔다. 열심히 일하면 그래도 늙어서는 좀 더 편하게 지낼 수 있을 거라는 희망, 자식은 나보다 윤택한 삶을 누리리라는 믿음은 산산조각 나고 있다. 보통 사람들은 평생 죽어라 일하는데도 나이가 들수록 경제적 불평등의 심화를 경험한다. 소득 격차는 연령 증가와 함께 커지고(노인의 소득 불평등 지수는 OECD 회원국 최고 수준이다), 경제 불평등은 자식 세대로 갈수록 더 심화되고 고착된다.

이런 현상은 개발독재 옹호자들이나 신자유주의자들이 주장해 온 '선선장 후분배'나 '낙수 효과'가 거짓임을 보여 준다. 이에 대해서는 긴말이 필요 없을 정도다. 최근에는 IMF 경제학자들조차 낙수 효과를 통한 부의 분배 논리가 틀렸다고 인정하는 보고서를 냈다.[2]

또, 자본주의의 효율과 생산성을 높이고자 개혁을 추구하는 부르주아 개혁주의자들이나 '제3의길'주의자들이 주장해 온 기회의 평등을 통한 불평등 해소라는 것도 의도했던 효과가 전혀 없었음을 보여 준다. 김대중·노무현 정부가 이런 비전에 기초한 정책들을 추진했지만, 바로 그 시기에 불평등은 더욱 증대했다. 최근 문재인 씨는 '기회의 평등'을 주요 캐치프레이즈로 다시 꺼내들었다. 부르주아 개혁주의자들이나 제3의길주의자들은 자본에 대한 접근보다는 지식에 대한 접근에 경제의 성패가 달려 있다면서 교육과 훈련을 통해 개인이 경쟁력을 증대할 기회를 평등하게 제공하겠다고 한다. 그러나 교육이 사회 이동의 사다리이기는커녕 경제적·사회적 지위를 대물림하는 통로일 뿐이라는 것이 점점 확연해지고 있다. 교육이 경제적·사회적 지위를 좌우하는 정도보다 거꾸로 경제적·사회적 지위가 교육 수준이나 성취를 좌우하는 정도가 훨씬 크다. 부모의 소득 수준에 따른 자녀의 대학 진학률 차이가 이를 적나라하게 보여 준다. 소득 1분위와 10분위 사이의 4년제 대학 진학률은 갑절 이상 차이가 난다. 30위권 대학 진학률은 10배 이상, 9위권 대학 및 의대 진학은 무려 17배 이상 차이가 난다.[3] 아이들은 같은 출발선에 서지 못한다. 언제나 가난한 사람들보다 부자들이 더 나은 삶을 위한 '기회'를 더 많이 누린다.

지금 우리는 분명 "한편으로는 부의 축적이, 다른 한편으로는 빈곤의 축적"이 이뤄지는 현실을 목도하고 있다. 이것은 카를 마르크스가 150년 전에 한 말이다. 부자들의 부가 늘어나는 한편, 일을 하는데도 여전히 가난한 워킹푸어가 늘어나고 있다. 한국의 상대적 빈곤율과 절대적 빈곤율은 모두 20년 전에 비해 더 높아졌다. 〈그림 1-3〉과 〈그림 1-4〉는 저임금층의 증대가 재벌 기업 부의 증가와 선명한 대조를 이루고 있음을 보여 준다. 2016년 최저임금 미만 급여 노동자의 비율은 13.7퍼센트나 됐다. 정말이지, 마르크스의 다음 구절은 한국의 오늘을 묘사하는 데 손색이 없다. "노동은 부자들을 위해 경이로운 것을 생산하지만, 노동자를 위해서는 궁핍을 생산한다. 노동은 궁전을 생산하지만 노동자들에게는 허름한 오두막이 돌아갈 뿐이다. 노동은 아름다움을 생산하지만, 노동자에게는 추함이 돌아갈 뿐이다."(《경제학·철학 수고》)

그런데 이런 일은 왜 일어나는 것일까? 무엇이 부자를 부자로 만들었고, 왜 그들은 점점 더 부유해지는가? 무엇이 가난한 자들을 가난하게 만들었고, 왜 가난한 자들은 점점 가난해지는가?

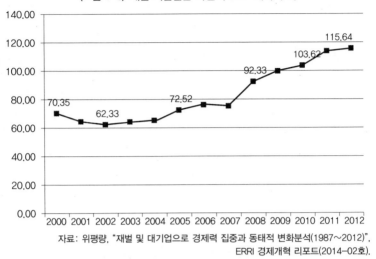

〈그림 1-3〉 재벌 기업집단 자산의 GDP 대비 추이

자료: 위평량, "재벌 및 대기업으로 경제력 집중과 동태적 변화분석(1987~2012)",
ERRI 경제개혁 리포트(2014-02호).

〈그림 1-4〉 최저임금 미만 급여 노동자 비율 추이

자료: 통계청 경제활동인구부가표.

2. 노동시장 양극화가 불평등의 주범?

양극화의 원인에 대한 하나의 대답은 노동시장 양극화가 불평등의 주범이라는 것이다. 기업주와 정부뿐 아니라 언론과 학자 등 다양한 사람들이 이렇게 주장한다. 대부분의 사람들의 소득에서 임금이 절대적 비중을 차지하므로 임금 격차가 경제적 불평등의 핵심 원인이라는 것이다. 이런 관점에서 보면, 대기업 피고용자와 중소기업 피고용자 사이의 임금 격차, 정규직 노동자와 비정규직 노동자 사이의 임금 격차가 오늘날 한국 사회 불평등의 핵심 문제가 된다.

이런 주장의 가장 오른쪽 버전은 노동조합이라는 인위적 독점이 노동시장 이중구조를 낳는다는 것이다. 노동조합 때문에 노동시장의 균형이 깨져, 한편으로 정규직은 과보호를 받고, 다른 한편으로 청년과 비정규직은 실업과 저임금으로 고통받는다고 한다. 그 해결책은 "정규직 과보호"를 깨고, '인위적 독점'이 노동시장에 개입하지 못하도록 노동조합 권리를 약화시키는 것이다. 그러면 개인들은 순전히 능력과 성과에 따라 '정당'한 보상을 받게 된다고 한다. 이런 논리를 내세우며 노동개혁을 추진하던 박근혜 정부는 큰 저항에 부딪했다.

반면 범진보진영의 노동시장 이중구조론은 임금 격차를 완화하고 노동 빈곤과 실업 문제를 해소하는 데 관심을 쏟는다. 그럼에도 상이한 노동자 부문들 사이의 임금 격차를 경제적 불평등의 원인으로 보는 관점을 공유한다. 또, 한 노동자 부문의 임금 인상이 실업이나 저임금이라는 형태로 다른 노동자 부문에 전가된다고 보면서, 노동자 부문들 사이의 이질화를 강조하는 경향이 있다.

노동시장 이중구조를 경제적 불평등의 원인으로 보고 주목한 것은 1970년대 제도학파 경제학자들(도린저와 피오르 등)이었다. 신고전파 경제학(의 인적자본론)이 소득 불평등을 노동시장에서 개인들이 선택한 결과로 본 반면, 도린저와 피오르 등은 그것을 노동시장 분단이라는 구조적 요인에서 찾았다. 어떤 기업(주로 독점 대기업)들은 주로 특수기술 숙련 같은 경제적 이유로 외부의 노동시장과는 독립적인 내부 승진 체계, 노동 배치와 임금 결정 구조를 갖는다. 이와 같은 '내부노동시장'의 존재 때문에 기업간·산업간 임금 격차가 존재하며, 동일한 '인적 자본'도 부문에 따라 다르게 보상된다. 외부노동시장의 노동자들은 임금이 높고 고용이 안정된 내부노동시장에 접근하기가 불가능하다. 분단노동시장segmented labor market론은 바로 이런 이유로 빈곤과 소득 불평등이 지속된다고 본다.

분단 노동시장론을 받아들이는 사람들은 대기업·정규직 노동자와 중소기업·비정규직 노동자 사이의 격차를 가장 중요한 불평등으로 보고, 그 격차의 해소를 가장 중요한 과제로 삼는 경향이 있다. 노동자 부문들 사이의 임금 격차가 줄어들어야 한다는 것은 지당한 주장이다. 그러나 대기업·정규직 노동자와 중소기업·비정규직 노동자의 격차가 불평등 증대의 주요 요인이라고 보는 것은 현실을 제대로 설명하지 못하고, 따라서 불평등 해결책도 제대로 내놓을 수 없다.

첫째, 비정규직의 임금은 정규직의 절반에도 미치지 못하고, 중소기업의 임금은 대기업의 60퍼센트 수준이라는 통계를 신문 지상에서 흔히 볼 수 있다. 그러나 이런 비교는 평범한 노동자와 신중간계급, 심지어 최고경영자까지 뒤섞어 누구와 누구 사이의 격차 증대가 진정한 추세인지를 은폐하는 경향이 있다. 소위 '임금소득'(근로소득, wage and salary income)자에는 노동자뿐 아니라 기업의 중간관리자와 고위 임원도 포함된다. 이 가운데는 수십억대 연봉을 받는 최고경영자들도 있다. 금융감독원이 공시한 2013년 100대 기업 임원 연봉을 보면, 최태원(SK그룹 회장)이 301억 500만 원, 정몽구(현대차그룹 회장)가 140억 원, 김승연(한화그룹 회장)이 131억 2000만 원을 받았다. 이들은 실제로 '근로'를 하는지와 관계없이 엄청난 액수의 '근로소득'을 벌어들인다. 최태원의 2013년 연봉 301억 원은 그가 횡령죄로 구속 수감돼 있는 동안 받은 것이다. 오너 경영인들뿐 아니라 고용된 전문 경영인들의 연봉도 상당하다. 금융감독원이 공시한 2015년 주요 기업 임원 연봉을 보면, 상위 50명 가운데 20명이 오너가 아닌 전문 경영인이었다. 1위가 권오현(삼성전자 부회장)으로, 149억 5400만 원을 받았다.

이 기업 임원들과 일반 직원 사이의 임금 격차는 엄청나다(그림 1-5). 재벌닷컴의 30대 그룹 상장사 연봉 자료를 보면, 2014년 삼성전자의 임원 평균 연봉은 83억 3000만 원으로, 직원 평균 연봉(1억

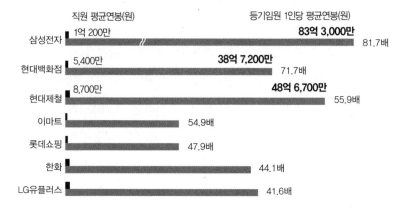

〈그림 1-5〉 대기업 임원과 직원의 평균 연봉 격차 (2014년)

	직원 평균연봉(원)	등기임원 1인당 평균연봉(원)	
삼성전자	1억 200만	83억 3,000만	81.7배
현대백화점	5,400만	38억 7,200만	71.7배
현대제철	8,700만	48억 6,700만	55.9배
이마트			54.9배
롯데쇼핑			47.9배
한화			44.1배
LG유플러스			41.6배

200만 원)의 무려 81.7배에 달했다. 현대제철의 임원 평균 연봉은 48억 6700만 원으로, 직원 평균 연봉(8700만 원)의 66.9배였다. 30대 그룹 상장사 전체를 보면, 임원들이 일반 직원보다 10배 이상의 연봉을 받는 것으로 집계됐다.

그러나 이 격차조차 과소평가된 수치다. 직원 평균 연봉에 임원 연봉이 포함돼 계산되기 때문에, 직원 중 최고 직급인 부장조차 실제로는 직원 평균 연봉만큼 받지 못한다. 말단 직원은 말할 것도 없다. 임원들의 수는 적지만 연봉 액수가 워낙 커서 직원 평균을 크게 올려놓기 때문이다. 많은 사무직 노동자들이 임원이 되는 꿈을 꾼다고 하지만, 생산직뿐 아니라 사무직 평사원과 임원 사이에도 근본적 분단이 있다. 경총 조사에 따르면, 대졸 신입 사원이 임원으로 승진하는 비율은 0.8퍼센트에 불과하다.

사정이 이렇다 보니, 대기업·정규직의 평균 임금 또는 상위 10~20퍼센트의 임금 통계는 기업 임원들과 평직원 사이의 임금 격차를 무

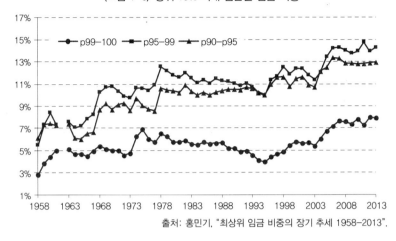

〈그림 1-6〉 상위 10% 이내 집단별 임금 비중

출처: 홍민기, "최상위 임금 비중의 장기 추세 1958-2013".

시하고 뭉뚱그리며, 평범한 노동자들의 임금을 매우 높게 보이도록 하는 착시 효과를 낸다. 또, 이렇게 계산된 정규직 임금은 비정규직과 비교돼 노동자들 사이의 격차를 훨씬 크게 보이도록 만든다. 그러나 상위 소득의 폭증을 주도한 것은 대기업의 정규직 노동자들이 아니라 대기업 고위 임원들이다.

홍민기 한국노동연구원 연구위원의 연구를 보면,[4] 2008년 경제 위기 이후 임금 불평등 추세는 상위 5퍼센트가 주도했다. 상위 10퍼센트 가운데서도 하위 5퍼센트의 임금은 2008년 이후 정체 상태여서 "상위 10퍼센트 임금 비중의 변화는 상위 5퍼센트 집단이 주도"했다 (그림 1-6). 특히 최상위 1퍼센트의 임금 비중이 2000년대 들어 급속히 증가했다. 임금 최상위 1퍼센트를 구성하는 집단은 주로 관리자와 전문가다. 직업 분류에 따르면, 관리자는 기업 고위 임원과 고위 공무원, 공공단체 임원 등이고, 최상위 1퍼센트에 속하는 전문가는

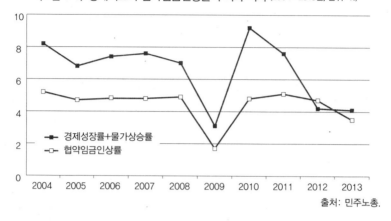

〈그림 1-7〉 경제지표와 협약임금인상률 추이와 격차 (2004~2013년, 단위: %)

출처: 민주노총.

주로 의사, 약사, 금융 관련 전문가다.

요컨대 임금 격차는 노동자들 사이에서보다 노동자와 기업 고위임원들 사이에서 훨씬 크고, 점점 더 벌어지고 있다. 격차 증대를 선도한 것은 최고경영자들의 봉급 폭증이다. 이들의 소득이 빠르게 늘어나는 동안 노동자들의 임금은 억제됐다. 노동자들의 실질임금 상승은 10년 가까이 경제 성장이나 노동생산성 증가에 미치지 못했다. 흔히 '내부노동시장'에 존재하는 것으로 여겨지는 조직 노동자들도 예외가 아니었다. 민주노총의 통계를 보면, 2000년대 초반부터 최근까지(2012년 한 해 제외) "협약임금인상률은 명목경제성장률(경제성장률+물가상승률)을 하회하는 수준이었다."(그림 1-7)[5]

둘째, 노동시장의 분단이 불평등의 원인이라고 보는 관점은 임금소득(격차)만 주목할 뿐 배당이나 이자, 이윤 같은 다른 소득이나 무엇보다 부의 편중은 무시하는 문제점이 있다. 재산소득과 그 원천인 부의 불평등은 임금소득 격차보다 훨씬 극적이다. 대부분의 사람들이 임금소득으로 살아간다 해서 부의 편중을 무시하는 것은 마치 대자본가들이 한 줌밖에 안 되니까 없는 셈 치겠다는 것이나 마찬가지로 어리석은 생각이다.

20세 이상 전체 성인 남녀를 기준으로 낸 소득 통계를 보면, 상위 1퍼센트조차 전체 소득 가운데 재산소득의 비중이 40퍼센트가 조금 넘고, 상위 0.1퍼센트만이 임금소득보다 재산소득의 비중이 크다(임금소득이 39.5퍼센트, 재산소득이 60.5퍼센트). 그러나 그 액수는 어마어마하다. 가령 대기업 최고경영자들은 2010~2014년 배당으로 수천억 원을 벌었다. 이건희(삼성그룹)가 4212억 원, 정몽구(현대차그룹)가 2553억 원, 최태원(SK그룹)이 1738억 원, 정몽준(현대중공업)이 1018억 원, 구본무(LG그룹)가 970억 원을 배당금으로 받았다. 앞서 살펴봤듯이 오너 경영인들은 임금소득도 엄청나지만, 배당으로 벌어들이는 돈이 더 엄청나다. 정몽구(현대차그룹 회장)의 2013년 개인소득을 보면, 연봉으로 140억 원, 배당으로 495억 원을 벌었다. 정의선(현대차그룹 부회장)은 연봉으로 24억 원, 배당으로 229억 원을 벌었다. 구본무(LG그룹 회장)는 연봉으로 44억 원, 배당으로 192억 원을 벌었다. 배당소득의 격차는 임금 격차와 견줄 수 없을 만큼 크다. 국세청 자료(2012년)를 보면, 배당소득을 올린 투자자 중 상위 1퍼센트가 전체 배당소득의 72.1퍼센트를 차지한다. 중위(상위 50퍼센트) 배당소득은 단돈 2만 원도 안 된다. 상위 1퍼센트와 상위 50퍼센트 사이의 배당금 격차는 무려 4630배에 이른다.

이들이 어마어마한 배당소득을 올릴 수 있는 것은 자신이 경영하는 회사의 주식을 자산으로 보유하고 있기 때문이다. CEO스코어의 2016년 통계를 보면, 이건희(삼성그룹)는 주식 자산만 13조 418억 원인 한국 부호 1위다. 3위 이재용(삼성전자)의 주식 자산은 7조 2132억 원이고, 이건희 일가족 5인의 주식 자산을 합치면 26조 5257억 원에 이른다. 2016년 상반기까지만 해도 대기업집단(재벌) 지정 기준이 자산 5조 원이었다는 것에 비춰 보면(6월에 10조 원으로 상향 조정), 이건희 일가가 얼마나 큰 부를 소유하고 있는지 실감할 수 있다. 4위 정몽구의 주식 자산은 4조 8334억 원이고, 5위 최태원은 3조 5014억 원, 6위 정의선은 2조 7738억 원이다. 이들은 모두 상속받은 부자들로, 상속받은 부 덕분에 보통 사람들은 평생 구경도 할 수 없는 돈을 벌어들이고 있다.

그러나 수조 원에 이르는 이들의 개인 자산은 그들이 실제로 지배하고 있는 기업 자산 규모에 비하면 아무것도 아니다. 2016년 4월 기준(공정거래위) 삼성그룹의 자산 총액은 348조 2260억 원, 현대자동차그룹은 209조 6940억 원에 달한다. SK그룹은 160조 8480억 원이고, LG그룹은 105조 8490억 원이다. 대기업집단으로 지정된 기업들(65개)의 자산 총액은 2016년 2337조 6000억 원으로, 2012년 1978조 원보다 359조 6000억 원이나 증가했다. 자산 상위 10대 기업집단의 자산은 2000년대 들어 급성장했는데, 2003년 371조 2900억 원에서 2012년 1070조 50억 원으로 무려 2.8배 이상으로 증가했다. 2014년 한국 GDP가 1486조 원가량이었던 것을 감안하면 대기업들의 자산 규모가 얼마나 큰지 가늠할 수 있다.

지난 20년 동안 부의 분배는 점점 기업과 기업인에게 유리하게 이뤄져 왔다. 국민총소득GNI 중 기업소득의 비중이 지속적으로 증가했

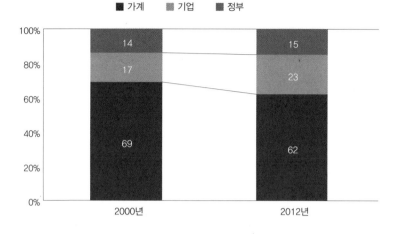

〈그림 1-8〉 국민총소득(GNI) 중 기업소득과 가계소득 비중의 변화 (1990~2014년)

다. 1990년부터 2014년까지 그 비율은 17퍼센트에서 25퍼센트로 약 8퍼센트포인트 늘어났다. 반면 같은 기간에 가계(개인)소득 비율은 70퍼센트에서 62퍼센트로 약 8퍼센트포인트 줄어들었다(그림 1-8). 가계소득이 줄어든 만큼 정확히 기업소득이 늘어난 것이다. 가계소득의 감소를 주도한 것은 그 절대적 비중을 차지하는 임금소득의 감소라고 할 수 있다(가계소득에는 배당, 이자, 이전소득 등도 포함된다). 노동자들에게 돌아가는 몫이 줄었다는 의미다. 국민총소득 중 임금소득으로 분배된 몫(사업소득이나 영업이익과 비교해)을 보여주는 노동소득분배율은 1990년대 후반 이후 크게 감소했다. 한국은행《국민계정》통계를 보면, 노동소득분배율은 2000년 이후 오히려 늘어나고 있는 것으로 나타나는데, 이것은 자영업자의 소득을 사업소득에 포함했기 때문이다. 그러나 자영업자의 소득은 그 성격상 상당 부분이 자영업자 자신의 임금, 즉 노동소득으로 봐야 한다. 자영업자의 소득 중 노동소득이 차지하는 비중이 노동소득분배율과 같다고 가정해 계산한 통계를 보면, 노동소득분배율은 1998년 80.4퍼센트에서 2010년 67.5퍼센트까지 하락했다.[6]

요컨대 노동시장 양극화를 불평등의 원인으로 보는 관점은 임금 격차에만 초점을 맞춤으로써 경제 불평등의 단지 부분적인 문제만을 건드린다. 임금 불평등보다는 소득 불평등이, 소득 불평등보다는 부의 불평등이 비할 바 없이 심하다. 그런데도 임금 불평등이 가장 중요하다고 강변하는 사람들은 부의 재분배보다 노동자들 사이의 나눔을 통한 임금 격차 해소를 더 선호하기 때문일 수 있다. 문재인 정부의 청와대 정책실장이 된 장하성 교수가 대표적 사례다. 그는 복지 예산 확대가 현실성이 없다고 주장하면서 (기업과 부자에게 세금을 인상하면 되는데도), 대기업 노동자 양보론을 제시한다.[7] "대기업 노동자의 임금 인상분 일부를 중소기업 노동자에게 이전"하라는 것이다.

노동시장 분단에서 불평등의 원인을 찾는 관점의 더 큰 문제점은 개인들이 노동시장에서 차지하는 위치에 초점을 맞춘 나머지 그것을 둘러싼 사회적 관계는 주목하지 않는다는 것이다. 그 결과 왜 누구는 막대한 이윤을 거둬들이는 반면 누구는 그러지 못하는지 별로 설명하지 못한다. 이에 대한 답을 구하려면 마르크스에 기대야 한다.

3. 불평등을 규명하는 열쇠, 착취

마르크스주의자들은 불평등의 원인으로 착취에 관심을 갖는다. 마르크스주의에서 착취는 요즘 흔히 사용되는 용어법처럼 악덕 기업주가 제3세계 저임금 공장에서나 자행되는 악행을 뜻하는 게 아니다. 착취는 자본주의 사회에서 노동자들이 노동으로부터 이윤의 원천인 잉여가치를 창출하는 과정을 가리킨다.

자본가(기업)들이 노동자들에 비해 갖고 있는 핵심적 우위는 어마어마한 자금이 있다는 것이다. 반면 노동자들은 오직 일할 능력, 즉 노동력밖에 가진 것이 없다. 단순 채집경제가 아닌 한 누군가 먹고 살고자 생산을 하려면 생산수단(토지·원료 같은 노동 대상과 도구·기계 같은 노동 수단)이 반드시 있어야 한다. 그런데 오늘날에는 극소수 자본가(기업)들이 생산수단을 소유하거나 지배(실질적 점유)한다. 생산수단을 소유하거나 통제하지 못하는 사람들은 굶지 않으려면 자신의 노동력을 판매해야 한다(특히 한국처럼 복지가 형편없는 경우 이 점은 더욱 절실하다).

노동시장에서 노동력을 매매하는 것은 노동력 소유자와 화폐 소유자 사이의 '자유롭고 공정한 교환'처럼 보인다. 아무도 사람들을 등 떠밀어서 강제로 일 시키는 것이 아니고, 신분적 예속 관계가 있는 것도 아니기 때문이다. 그러나 생산수단을 전혀 갖지 못했다는 조건 때문에 노동자들은 생산수단 지배자 밑에 들어가 일할 수밖에 없다. 거꾸로, 자본가는 생산수단에 대한 지배력을 이용해 사람들이 일하도록 만들 수 있다. 대단히 유리한 매매계약을 체결하는 것은 물론이고, 일단 노동자들을 고용하면 자신들의 통제 아래서 자신들을 위해 상품을 생산하도록 만든다. 그 결과 노동자들은 임금을 받고, 생산수단 지배자들은 노동생산물을 차지한다. 그러나 노동자들이 받는 임금은 그들이 창조한 가치의 일부일 뿐이다. 그 나머지를 마르크스는 잉여가치라고 불렀는데, 이것이 바로 자본가(기업)들이 가져가는 이윤의 원천이다. 자본가(기업)들이 사업 거래를 해 처음 투자한 돈보다 더 많은 돈을 얻는 비결이 바로 이것, 착취다.

자본주의 옹호자들은 자본가(기업)들의 이윤이 노동자들의 잉여노동(임금을 충당하는 것 이상으로 하는 노동)을 착취한 것에서 나온다는 주장을 끔찍하게 싫어한다. 신고전파 경제학은 노동뿐 아니라 자본도 생산에 기여하며, 노동이 부의 창출에 기여한 대가를 받듯이 자본도 마찬가지라고 주장한다. 그러나 기계·설비와 원자재 등의 자본도 모두 과거 인간노동의 산물이다. 그래서 마르크스는 이를 "죽은 노동"이라고 불렀다. 이것의 가치는 생산물로 이전될 뿐이고, 새로운 가치를 창출하는 것은 현재 노동자들의 노동, "산 노동"일 뿐이다. 기계는 산 노동을 통해 작동되지 않으면 가치를 증가시킬 수 없다. 자본가가 노동자들이 창출한 잉여가치를 가져가면, 그것(이윤)을 사용해 더 많은 생산수단을 구입할 수 있다. 현재의 노동을 착취해서 과거 노동의 산물을 확장하는 것이다. 그러면 자신에게 유리한 조건으로 노동자들을 일 시킬 능력이 강화된다. 그래서 자본가들은 노동자들을 위해 일자리를 제공하는 것처럼 거들먹거리고 노동자들은 어떻게 해서든 취업하려 애쓰게 된다. 그러나 사람들이 어떻게 착각하든 관계없이, 실제로는 자본의 가치를 증가시키는 것은 노동이고, 자본가(기업)에게 노동을 제공하는 것은 노동자다.

자본가와 노동자가 각각 자본과 노동의 상품 소유자로 만나는 노동시장만 보면 '자유롭고 공정한 교환'이 이뤄지는 것 같지만, 실제로는 전혀 그렇지 않다. 우선, 이런 노동력 거래라는 것 자체가 생산수단과 노동자들의 분리에 기초하고 있다. 노동자들은 자본가에게 노동력을 팔아야만 생존할 수 있다. 생산수단이 불평등한 분배, 이것이 자본주의 사회에서 가장 중요한 불평등이다. 생산수단의 분배는 "소비수단의 분배라는 일상적 의미의 분배가 아니라 생산요소 그 자체의 분배"(《자본론》)로서, 한편으로 물적 요소들이 집적되고 다른 한편으로 노동력이 이로부터 분리돼 있다는 것이다. 이 덕분에 자본가들이 노동자들을 착취할 수 있다. 달리 말해 착취는 노동자로 하여금 이윤을 창출하는 노동을 하도록 만드는 것이다. 즉, 생산수단의 이용 기회를 박탈당한 노동자들의 경제적 필요를 이용해서 그들에게 고된 노동을 강요함으로써, 자본가(기업)들은 수중에 부를 쌓을 수 있는 것이다. 그래서 마르크스는 자본가와의 관계에서 나타나는 노동자의 표면적 자유와 평등은 자본가의 착취라는 결과에 이르게 되는 근원적 예속과 불평등을 은폐하고 있다고 주장했다.

마르크스는 진실을 가리는 현상의 이면에서 자본주의 사회의 경제가 어떻게 돌아가는지 규명함으로써, 왜 사람들이 노동을 하고도 평등하게 만족스러운 생활을 누리지 못하는지, 왜 극소수 사람들의 손에 점점 부가 쌓이는지 설명했다. 자본주의는 사회적 생산 체제에 토대를 두고 있지만, 생산을 조직하는 것은 개개 기업들인데, 그들의 동기는 오로지 경쟁에서 이겨야 한다는 것이다. 기업들은 최신 설비와 기계에 투자하지 않으면 뒤처질까 봐 늘 노심초사한다. 그래서 이 투자금의 원천이 되는 이윤을 더 많이 뽑아내려고 안달한다. 기업주들이 자기가 고용한 노동자들에게 되도록 낮은 임금을 주고 최대한 많은 일을 시키려 하는 이유다. 자본가들이 노동자들을 착취해서 자본을 축적하는 것은 단지 그들이 탐욕스러워서만은 아니다. 축적의 동기는 탐욕이라기보다는 경쟁이다. 자본가들이 노동자들을 착취하지 않거나 다른 자본가들보다 덜 착취한다면, 그래서 자본을 축적하지 못하면 결국 경쟁자들에게 밀려날 것이다. 마르크스는 이렇게 썼다. "자본가가 인격화된 자본인 한 그의 활동 동기는 사용가치의 획득과 향락이 아니라 교환가치의 획득과 그것의 증식이다. … 그는 절대적 치부욕을 수전노와 공유한다. 그러나 수전노의 경우에는 개인의 광기로 나타나는 것이 자본가의 경우에는 그가 단지 하나의 톱니바퀴에 지나지 않는 사회적 기구의 작용[다수 자본 간의 경쟁을 뜻한다]으로 나타난다."

이와 같은 자본주의의 동역학은 이 체제가 왜 이토록 비인간적인지 알려 준다. 기업들은 경쟁에서 밀리지 않고자 설비와 기계를 고급화하고, 더 열심히 일하도록 노동자들을 쉴 새 없이 압박한다. 노동자들은 자신의 노동생산물을 결코 향유할 수 없다. "그[노동자]가 짜는 비단도, 그가 캐내는 금도, 그가 짓는 호화 저택도 자신을 위해 생산하는 것은 아니다. 그가 자신을 위해 생산하는 것은 임금이다. 비단과 금과 호화 저택이 그에게는 일정량의 생존 수단, 아마도 면 옷옷과 동전 몇 푼, 그리고 지하 셋방으로 변할 것이다." 제대로 된 사회라면 최신 설비와 기계가 도입되면 노동시간이 줄어들고 생활수준이 올라가겠지만, 자본주의 사회에서는 노동자들이 거리로 쫓겨나고 남은 노동자들은 더욱더 일에 시달린다.

개별 자본들 사이의 맹목적 경쟁은 체제 전체를 혼돈에 빠뜨릴 수 있는 위기를 필연적으로 낳는다. 이런 위기 시기에 체제의 비인간성은 한층 강화된다. 이윤율 하락 압박을 받으면 기업들은 착취율을 높이고자 노동자들을 더 쥐어짠다. 노동자들을 더 오래 더 강도 높게 일 시키고, 임금을 삭감하려고 든다. 임금이 삭감되면 노동자들은 전보다 더 빈곤해질 수밖에 없다. 마르크스는 이를 "노동자들의 절대적 빈곤화"라고 했다. 물론 마르크스가 자본주의 하에서 임금이 항상 하락한다고, 그래서 노동자들은 점점 더 가난해질 수밖에 없다고 주장한 것은 결코 아니다. 마르크스는 임금이 절대 오를 수 없(고 그것이 노동자들에게 이롭지도 않)다고 한 '임금철칙설'을 강하게 반대했다.* 마르크스는 오히려 자본가들이 산출량 가운데 임금으로 나가는 몫을 줄임으로써 이윤율 저하 압력에 대응할 것이라고

---

* 《임금, 가격, 이윤》은 웨스턴의 임금철칙설을 비판한 마르크스의 강연을 소책자로 낸 것이다.

주장했다. 산출량이 증가하는 동안에는 비록 노동자들의 몫이 줄더라도 임금 자체는 늘 수 있다(생활수준 향상). '상대적 빈곤화'가 가능한 것이다. 그러나 자본가들이 산출량에서 노동자들의 몫을 줄이는 것으로 이윤을 충분히 올릴 수 없다고 보고 임금 삭감을 추진하면, '절대적 빈곤화'가 불가피하다.

세계에서 가장 부유하다는 미국에서 1970년대 초 경제 위기 이후 이런 일이 실제로 벌어졌다. 지금 한국 노동자들은 상당 기간 실질임금 정체를 겪고 있다. 고용노동부 통계를 보면, 상용직의 실질임금은 2007년 290만 원대로 진입한 뒤 7년 이상 변화가 없다. 한국 노동자들의 실질임금은 1980년대 100만 원대를 넘은 뒤 1990년대 후반 200만 원대로 꾸준히 증가해 왔는데 이제 실질임금 상승이 멈춰선 것이다. 그런데도 기업주들은 여기서 만족하지 않고, 임금을 더 떨어뜨리려는 정책을 추진하고 있다. 임금피크제 도입과 연공급제 폐지 등이 그런 사례다. 불황이 장기 지속되면서 그 대가를 노동자들에게 떠넘기려고, 그럼으로써 이윤율 저하 압력에 대응하려고 하는 것이다.

이처럼 불평등은 자본주의 체제의 생래적 특징이다. 그리고 자본주의가 위기에 대응하는 방식은 불평등을 더욱 심화시킨다. 이것이 바로 지난 20년 동안 벌어져 온 일이다. 이처럼 부와 빈곤은 서로 아무 관계가 없는 것이 아니다. 부유한지 빈곤한지에 따라 서로 다른 출발선을 강요당하는 불평등한 구조는 인과적으로 연결돼 있다. 그 인과적 관계는 자본가와 노동자 사이에, 착취하는 자와 착취당하는 자 사이에 나타나는 것이다. 자본가의 부는 노동자를 착취한 결과

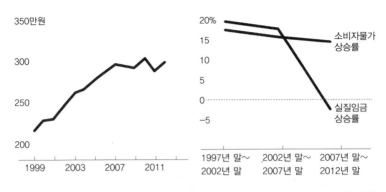

〈그림 1-9〉 정체하고 있는 상용직 실질임금

자료: 고용노동부, 한국은행.

이고, 노동자의 빈곤은 자본가에게 빼앗긴 결과다. 바로 계급 관계인 것이다.

이것은 노동시장 분단에서 불평등의 원인을 찾는 관점과 근본적으로 다른 관점이다. 노동시장에서 직종에 따라 나뉜 사람들, 학력이나 기술 수준에 따라 나뉜 사람들, 기업 규모나 고용 형태에 따라 나뉜 사람들 사이에는 부와 빈곤의 인과관계가 없다. 그저 위계를 매길 수 있을 뿐이다. 정규직과 비정규직 사이도 마찬가지다. 이병희 한국노동연구원 선임연구위원은 기업의 노동력 활용 방식을 연구한 결과 비정규직 활용에 따른 이익은 "정규직에게 귀속되는 것이 아니라 자본소득의 몫을 높이는 방향으로 작용하고 있다"는 것을 보여 줬다.[8]

오늘날 많은 사람들이 세계가 불평등하다는 것을 안다. 그리고 부와 소득과 교육과 건강 불평등에 관한 훌륭한 폭로들도 많다. 그러나 마르크스는 불평등의 양상을 단지 묘사하는 것에서 그치지 않고, 불평등을 자본주의 체제의 동학과 연결지어, 그것이 왜 생기고 확대되는지 보여 줬다. 불평등을 계급과 연관짓는 것에는 혁명적 함의가 있다. 즉, 불평등이 자본주의 외부의 요인들, 가령 전자본주의적 유습이나 우연한 불운 같은 데서 오는 게 아니라, 자본주의 경제체제의 발전 자체와 연관돼 있다는 것이다.

자본주의 생산관계와 평등의 성취 사이에는 모순이 있다. 지난 20년간 불평등이 증대하면서 분배 문제에 대한 사람들의 관심도 늘어났다. 자본가(기업)들에게 혜택을 주는 법인세 삭감이나 노동조건 악화를 통해 빈곤이 증대해 왔다는 점을 생각하면, 부자들에게서 가난한 자들에게로 부의 재분배가 이뤄져야 함은 물론이다. 세금이나 임금을 통해 그런 재분배가 가능하려면 노동자들이 강력하게 투쟁해야 한다. 오로지 계급투쟁을 통해서만 노동계급은 더 나은 분배를 쟁취할 수 있다. 그러나 소득 불평등 같은 분배 불평등은 생산수단이 불평등하게 분배된 결과일 따름이라는 점을 잊지 말아야 한다. 자본주의가 존속하는 한 소득 재분배는 단지 착취 조건의 부분적 개선만을 보장할 뿐이고 불평등은 사라지지 않을 것이다. 생산수단으로부터 노동자 배제가 그들에 대한 착취의 원인이기 때문에 노동자들은 생산 자원들에 대한 통제권을 획득할 때만 진정으로 평등을 누릴 수 있다. 따라서 임금 인상 투쟁과 복지를 위한 투쟁은 사회가 전혀 다른 원리에 따라 조직되도록 근본적 변혁을 향해 나아가야만 진정으로 평등을 성취할 수 있다.

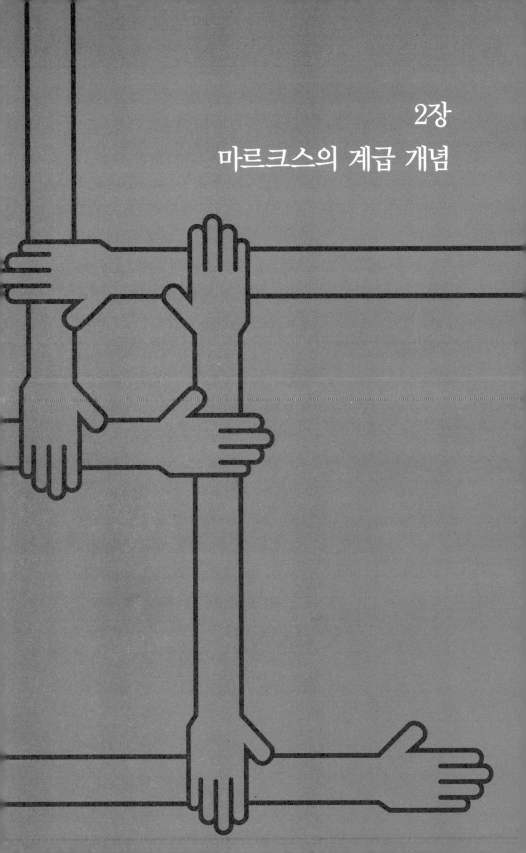

2장
마르크스의 계급 개념

1. 계급에 관한 피상적 이해 방법들

불평등 증대를 말하면서도 계급 문제에 눈을 돌리는 사람은 매우 드물다. 어떤 사람들은 현대 사회가 복잡해짐에 따라 '다차원적 불평등'이 발생한다고 한다(학벌 불평등, 지위 불평등, 연줄 불평등, 건강 불평등, 부동산 불평등 등등). 이것은 마치 사회의 근본적 분단이 사라진 듯한 인상을 준다. 그러나 이런 불평등은 대체로 소득이나 부의 차이와 직결돼 있고 계급 분단에서 파생하는 것이다. 어디에 사는지, 무엇을 먹고 무엇을 입는지, 심지어 얼마나 오래 사는지조차 계급에 따라 달라진다. 계급은 우리 삶의 모든 측면에 영향을 미친다. 아무리 개인 능력에 따라 보상을 받는 것뿐이라는 신화를 만들어 내도, 부가 사회 최상층의 수중으로 흘러 들어가는 현실을 감출 수는 없다.

지배계급 사람들은 좋은 학교를 함께 다니고, 자기들끼리 결혼하고, 권력을 이어받고, 보통 사람들과 동떨어진 고급 주택가에 살며, 더 오래 더 건강하게 산다. 반면 노동계급 사람들은 더 일찍 죽고, 더 많이 아프고, 물리적 위험에 더 노출될 뿐 아니라 스트레스도 더 많이 받는다. 소득 수준을 10분위로 나눴을 때, 소득이 가장 높은 군에 비해 가장 낮은 군의 사망 위험은 2.63배에 달한다. 자살이 계층 간 사망률 격차를 벌리는 주요 원인 가운데 하나인데, 단순 노무직이나 무직자의 자살은 고위 공직자나 기업 임원의 15배가량 된다. 노동자들은 하루에 4명꼴로 산업재해로 죽는다. 저소득층의 아동은 사고 사망 위험에 더 많이 노출돼 있다. 소득 하위 20퍼센트에 속하는 아동은 또래 아이들에 비해 5세 이전에 사고로 사망할 확률이 3배나 높다. 질병에 걸릴 확률도 소득에 따라 크게 차이가 난다. 월 가구 소득이 100만 원 미만인 경우 만성질환 유병률은 46.5퍼센트로 300만 원 이상인 가구의 19퍼센트에 비해 2.5배 높다. 노동시간이 길고 노동강도가 강할수록 출혈성뇌졸중 발생률이 높고, 고용 불안정이 증대하면 우울증 발병 위험도 높아진다. 더 안타까운 것은 병에 걸리는 것보다 치료와 회복 과정이 더 불평등하다는 것이다.[1]

그러나 불평등과 계급을 연결짓는 사람들도 계급을 모두 같은 의미로 사용하는 것은 아니다. 흔한 용어법 가운데 하나는 계급을 혈통이나 가문, 세습된 특권이나 지위, 출신 배경으로 이해하는 것이다. 최근 언론에서 종종 사용하는 '신계급사회'라는 용어는 부모의 부나 가난이 대물림되는 현실에 초점을 맞춘다. 그러나 계급을 신분 상속이나 대물림으로 여기면 큰 혼란에 부딪힐 수 있다. 물론 앞에서 봤듯이 세습된 특권과 부는 오늘날에도 중요하다. 그렇지만 계급 문제의 핵심은 출신 배경이 아니라 현재의 사회적 지위다. 만약 대물림에만 주목한다면 계급과 자본주의를 서로 관계없는 것으로 이해하기 쉽고, 상속받지 않은 자본가들의 사업은 아무 문제 없고 공정한 것으로 여길 수 있다. 심지어 자수성가를 칭찬할 수도 있다.

또 다른 흔한 용어법은 특정 기준에 따라 사람들을 몇 개의 집단으로 분류하는 것으로, 계층이라는 용어와 혼용되곤 한다. 그 기준은 다양할 수 있지만, 흔히 경제적 자원 공유가 계급을 나누는 기준으로 사용된다. 소득, 재산, 직업, 생활 방식 등이 그런 것들이다. 이런 계급 개념은 사회가 이런 기준들에 따라 여러 층위의 위계로 이뤄져 있다고 본다. 예를 들어, 최근 유행하는 '수저 계급'론은 가구 소득과 자산을 기준으로 사회를 4~5개 등급의 집단으로 나눈다.

SNS에서 떠도는 다소 조야한 이런 모델뿐 아니라, 학자·정치인·언론인도 대개 소득, 직업, 교육 수준, 문화와 생활 방식 등에 따르거나 이것들을 종합해 계급을 분류하고 등급을 매긴다. 예를 들어, 방

〈그림 2-1〉 BBC가 제시한 현대 사회 7계급 모델 (비중, %)

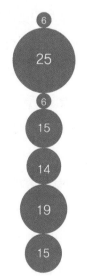

① **엘리트** 소득이 월등히 높아 타 집단과 뚜렷하게 구분.
사회 · 문화적 자본 풍부

② **안정된 중산계급** 경제 · 사회 · 문화적 자본 골고루 향유

③ **기술적 중산계급** 경제적으로 풍족하지만 사회 · 문화적
자본 부족. 사회적 활동에서 배제

④ **풍족한 신노동계급** 상대적으로 젊은 집단, 중간 정도의
소득, 사회 · 문화적으로 활발

⑤ **전통적 노동계급** 사회 · 문화적 자본은 상대적으로
낮지만 빈곤하진 않음. 평균 66세로 가장 고령 집단

⑥ **신흥 서비스 노동계급** 신흥 계급으로 젊고 도시에 거주.
비교적 가난하지만 사회 · 문화적 자본은 풍족

⑦ **불안정한 프롤레타리아** 가장 가난한 집단, 사회 · 문화적
자본 낮음

송이나 신문 보도를 보면, 소득을 기준으로 부유층·중산층·저소득
층으로 나누는 분류가 널리 사용된다. 또, 경험적 조사·연구들은 직
업과 학벌을 기준으로 계급을 세분하는 경우가 흔하다. '초졸'부터
'대졸 이상'까지 4~5등급으로 나누거나, 육체직부터 관리직까지 4~5
등급으로 나누는 식이다. 〈뉴욕 타임스〉의 "계급이 중요하다" 시리
즈를 묶어 낸 《당신의 계급 사다리는 안전합니까?》는 우리 나라에
서도 꽤 주목받은 계급 문제 대중서다. 이 책의 저자들은 미국인의
삶에서 계급이 얼마나 중요한지 탁월하게 보여 주는데, 그들도 교육·
소득·직업 등을 기준으로 계급을 판별하고 그 집단이 소비 패턴과
출세 기회 등을 공유하는 것으로 본다. BBC가 런던정치경제대와 맨
체스터대 연구팀과 함께 2013년 연구·발표한 '새로운 7계급 모델'도
마찬가지다. 이들은 기존 분류가 복잡한 현대 사회에 맞지 않다며,
소득과 교육뿐 아니라 인맥, 문화적 자본 등을 분류 기준에 포함시
켰다. 그 결과 중간계급을 2개로, 노동계급을 4개로 세분했다(그림
2-1). 사람들에게 외식을 얼마나 하는지, 오페라를 좋아하는지, 소
셜미디어를 사용하는지, 변호사·의사·국회의원 친구가 있는지 등을
질문해 이런 결과를 도출했다. 계급을 개인의 소비 선택과 친분 관계
로 환원한 것이다.

계급에 관한 이와 같은 이해 방법은 매우 피상적이어서 계급을 결
정하는 데서 진정으로 중요한 것과 단지 그 반영일 뿐인 것들을 전
혀 구분할 수 없다. 사회가 평등하지 않고 위계적으로 이뤄져 있다
는 것을 보여 주기는 하지만, 그것이 사회의 작동과 어떻게 연관돼
있는지는 전혀 보여 주지 못한다. 특정 기준(들)에 따라 등급이 매겨

진 사람들이 서로 어떤 관계를 맺고 있는지도 알 길이 없다. 단지 소득이 엇비슷하다는 이유로 자영업자와 중간 관리자와 숙련 노동자가 하나의 계급으로 분류되기도 하고, 직종이 다르다는 이유로 생산직 노동자와 단순 사무직 노동자가 서로 다른 계급으로 분류되기도 한다.

그러나 계급은 얼마나 버는지, 직업이 무엇인지에 대한 것이 아니다. 자산이 얼마나 있고 어떤 제품들을 구매할 수 있는지에 대한 것이 아니다. 비록 자산과 소득 수준이 계급을 어느 정도 반영하기는 하지만 말이다. 이와 같은 계급 분류는 진보·좌파 진영의 논의에서도 폭넓게 사용된다. 대기업 정규직 노동자들이 "중산층화"했다거나 "노동귀족"이 됐다는 주장은 임금 수준이나 소비 성향을 기준으로 계급을 분류하는 방식이 반영된 것이다. 중산층의 생활 방식으로 여겨지는 주택과 자동차 보유, 한 달에 두어 번 가족 단위 외식, 해외 여행 등을 누리는 대기업 정규직 노동자들은 더는 투쟁을 이끌 수 없다고 보는 것이다. 임금이 높은 정규직 노동자와 최저임금 수준의 비정규직 노동자를 도저히 하나의 계급으로 보기 어렵다는 주장도 계급에 대한 이런 이해 방식의 소산이다.

2. 생산관계와 계급

그러나 마르크스의 인식 방법은 이와 완전히 달랐다. 마르크스는 표면에 나타난 특징들(소득이나 생활 방식 등)을 기술記述하는 게 아니라 그 배후에 놓인 사회의 작동 원리를 밝히는 데 관심을 가졌다. 마르크스는 사람들이 생산에 참여하면서 맺는 사회적 관계, 즉 생산관계에 초점을 맞췄다. 여기서 중요한 것은 누가 생산수단을 실질적으로 지배하느냐는 것이고, 이것이 계급 구조의 기초를 이룬다. 즉, 우리가 얼마를 버는지, 직업이 무엇인지가 아니라 생산관계에서 어떤 위치에 있는지가 우리의 계급을 결정한다.

자본주의 사회에서는 극소수가 생산수단(원자재, 기계, 공장이나 사무실)의 대부분을 소유하고 지배한다. 이 극소수 사람들이 지배 계급을 이룬다. 대부분의 사람들은 생산수단을 전혀 지배하지 못한다. 그들은 먹고살려면 생산과 관련해 자신이 가지고 있는 유일한 것, 즉 노동력을 판매해, 자본가가 지배하는 생산수단에 접근해 일해야 한다. 이들이 바로 노동계급이다. 노동자들은 농노와 달리 과거의 신분 예속 관계에서 '자유'롭지만, 생산수단으로부터도 '자유'롭기 때문에 굶어 죽지 않으려면 착취가 벌어지는 관계를 맺을 수밖에 없다. 물론 신분적 예속 관계가 아니므로 노동자들은 언제든 사표를 던지고 개별 고용주를 떠날 수 있다. 그러나 생산수단이 없는한 지배계급을 떠날 수는 없다. 이런 의미에서 마르크스는 노동자를 "임금 노예"라고 불렀다.

이처럼 마르크스는 계급을 한 사회의 생산이 조직되는 방식에 근거해 규명했다. 고전 마르크스주의자인 러시아 혁명가 레닌은 이를 이렇게 요약했다. "계급은 역사적으로 규정된 사회적 생산의 체계 속에서 차지하는 위치에 의해, 생산수단에 대한 관계에 의해, 사회적 노동 조직에서 하는 구실에 의해, 그리고 결과적으로 사회적 부에서 그들이 차지하는 몫의 크기와 그것을 획득하는 방식에 의해 서로 구별되는 커다란 집단이다. 계급은 일정한 사회·경제적 제도 속에서 차지하는 서로 다른 위치로 말미암아 한쪽이 다른 쪽의 노동을 착취할수 있는 인간 집단을 말한다."

한 개인이 어느 계급에 속하는지는 그가 생산관계에서 차지하는 위치에 따라 정의된다. 이와 같은 고전 마르크스주의의 접근은 계급을 관계로 본다는 점에서 사회학의 접근과 완전히 다르다. 사회학은 계급을 서로 관계없는 독립적 범주들(의 서열)로 본다. 소득 등급이나 직업 등급에서 차지하는 위치에 따라 한 사람의 계급이 정해진다. 이와 달리 마르크스는 소득이나 직업의 종류를 갖고 계급 지도나 모형을 그리지 않았다. 마르크스에 따르면, 계급은 누군가가 사회집단의 일원으로서 생산관계 속에서 다른 사회집단들과 맺는 관계에 달려 있다. 생산수단을 지배하는 사람들과 그들을 위해 일하는 사람들 사이의 관계, 착취하는 사람과 착취당하는 사람들 사이의 관계에 관심을 기울인 것이다.

지배계급은 누구인가?

자본주의 사회에서 생산수단을 지배하는 사람들은 자본가 계급이다. 여기서 두 가지를 주의해야 한다. 먼저, 그들이 재산을 가지고 있는 것 자체만으로 이윤을 얻지는 못한다는 것이다. 그들은 노동자들을 고용하고 착취함으로써만 이윤을 얻을 수 있다. 그들의 이윤은 노동자들의 노동에 달려 있다. 흔히 자본을 단지 사물(공장·주택·귀금속 등 갖가지 부)로 본다. 그러나 마르크스는 그런 것들은 그저 생산에 사용될 수 있는 요소일 뿐이라며 자본은 사회적 관계라고 역설했다. 그 관계란, 하나는 자본과 임금노동의 관계, 즉 착취 관계다. 다른 하나는 자본가들 사이의 경쟁 관계로, 이것이 착취를 추동한다. 이처럼 자본을 관계로 이해해야만, 자본가들이 노동자들에게 의존한다는 것을 알 수 있다.

또 하나 주의할 점은 생산수단의 지배를 그것의 법률적 소유 여부로 규정해서는 안 된다는 것이다. 많은 사람들, 심지어 마르크스주의자를 자처하는 사람들조차 자본주의가 생산수단을 소유하는 개별 자본가들의 존재('사적 소유')에 달려 있다고 여긴다. 그러나 마르크스는 계급이 그런 형식적 개념이 아니라 생산관계에서 차지하는 위치에 따라 결정된다고 봤다. 계급은 생산과 착취에 대한 관계 때문에 다른 인간 집단에 맞서 함께 집단적으로 행동할 수밖에 없는 인간 집단이다. 이렇게 봐야만 오늘날의 자본주의와 지배계급을 이해하는 데서 혼란을 피할 수 있다.

첫째, 기업에 고용된 경영자들, 즉 '고용 사장' 문제다. 이들이 생산수단을 소유하고 있지 않다 해서 자본가 계급의 일부로 보지 않는 것은 잘못이다. 마르크스는 주식회사의 출현과 자본가 계급 내부의 기능 분화를 설명한 바 있다. 자본주의 생산이 발전하면서 갈수록 자본 소유자가 아니라 고액의 보수를 받는 경영자가 기업 경영을 맡는 경향이 나타난다. 그러나 고용된 경영자들이 자본 축적의 대리인인 한 그들은 자본가다. 그들은 자본 소유자들과 마찬가지로 이윤 논리에 따라 노동자들을 쥐어짠다. 오너 경영보다 전문 경영인 체제가 효율적이라거나, 전문 경영인 체제는 단기 이윤보다 장기 성장을 지향한다는 주장도 그들의 성격에 대한 오해에서 비롯한 잘못된 견해다.

둘째, 국가 소유 경제 부문을 어떻게 볼 것인지의 문제다. 많은 사람들은 국가가 운영하는 경제를 비자본주의 영역이라고 여긴다. 그러나 마르크스와 엥겔스는 그렇게 보지 않았다. 국가 소유 경제 부문의 확장은 마르크스 사후에 발전한 경향이지만, 그들은 중요한 통찰을 제공했다. 마르크스는 《자본론》에서 정부가 광산과 철도 등에서 임금 노동자를 고용해 산업 자본가의 기능을 하는 경우에 국가 자본도 개별 자본의 총합에 포함시켰다. 엥겔스는 비스마르크의 철도 국유화에 대해 이렇게 설명했다. "현대 국가가 생산력을 더 많이 장악할수록 그것은 그만큼 더 국가 자본가가 되며, 그만큼 더 많은 주민을 착취한다. 노동자는 여전히 임금 노동자, 즉 프롤레타리아로 남아 있다. 자본주의적 관계는 폐지되지 않는다." 한국의 국가 소유 경제 부문은 1970~1980년대에 비해 많이 줄었지만 여전히 크다. 2016년 4월 기준 대기업집단 자산 순위를 보면, 10위 안에 공기업이 3개나 포함된다(한국전력공사, 한국토지주택공사, 한국도로공사). 30위 안에는 8개 공기업이 포함된다(한국가스공사, 에스에이치공사, 한국수자원공사, 한국철도공사, 한국석유공사). 국유 산업의 목적은 국내 자본의 축적이 다른 국가에 뒤처지지 않게 해서 경제적·군사적 경쟁에서 살아남는 것이다. 그래서 국유 기업의 관리자들은 자본가와 다르지 않게 행동한다. 공기업들이 앞장서 경쟁 체제를 도입하고 노동자들의 임금을 삭감하는(임금피크제 도입 등) 것을 보면 알 수 있듯이 말이다.

셋째, 고위 국가 관료층을 어떻게 볼 것인지의 문제다. 많은 사람들은 국가 관료를 자본가들과는 이해관계가 다른 별개의 정치 집단으로 여긴다. 물론 선진 자본주의 사회에서 경제와 정치는 형식상으로 분리돼 나타난다. 대개 자본가들은 국가 기구를 직접 운영하지는 않는다. 국가 기관의 관리자들은 개별 기업들이 경쟁 때문에 수행할 수 없지만 자본 전체의 이해관계에 필요한 기능을 떠맡는다. 다른 한편, 국민 대중을 체제 내로 통합하는 기능도 한다. 그래서 소위 국가의 '상대적 자율성'이 나타나게 된다. 그러나 국가가 자국 자본으로부터 자유롭게 행동할 수 있는 정도에는 한계가 있다. 국가 운영을 위한 조세 수입과 국방 능력은 결국 자본 축적에 달려 있기 때문이다. 이런 점 때문에 고위 국가 관료는 자본 축적의 대리인 노릇을 할 수밖에 없다. 그들의 '자율성'은 국내 자본의 축적 요구를 실행하는 방법에 관한 정도이지 실행 자체에 대한 것은 아니다. 그러므로 국가를 통해 개별 자본들의 발전을 촉진하려는 고위 국가 관료도 지배계급의 일부로 봐야 한다. 국가의 수입이 사회의 총잉여가치 가운데 일부에서 나온다는 점에서도 이렇게 말할 수 있다. 게다가 사회의 총소득 가운데 국가의 손을 거쳐 처리되는 부분은 사적 자본들에게 직접 돌아가는 소득에 크게 뒤지지 않을 정도로 크다. 2014년 현재 한국 국민총소득 중 기업소득 비중이 25.1퍼센트이고 정부소득 비중은 13.1퍼센트다. 국가 관료는 착취의 과실 가운데 매우 큰 몫을 직접 처분하는 것이다.

이처럼 지배계급에는 토지·화폐·생산자본 등의 소유자인 기업주, 금융업자, 토지 소유자뿐 아니라 고용된 최고경영자, 공기업 경영자, 고위 국가 관료 등도 포함된다. 마르크스는 다양한 집단을 현대 사회의 주요 계급으로 묶어 주는 것은 어떤 식으로 한 집단의 수입이 다른 집단을 착취하는 데서 나오는가 하는 점이라고 주장했다. 방금 언급한 집단들은 자신의 수입을 노동자 착취에 의존하는 집단이다.

그러나 지배계급이 조화롭게 통합돼 있는 집단이 아니라는 점도 알아야 한다. 마르크스는 자본가들을 "서로 다투는 형제들"이라고 했다. 그들은 다수의 개별 자본들로 존재하며 서로 경쟁한다. 이 개별 자본들에는 크고 작은 기업뿐 아니라 금융기관, 국민국가 등도 포함된다. 이들은 잉여가치 가운데 자기 몫을 더 많이 차지하고자 서로 치열하게 다툰다. 특히, 경제 위기에 처하면 위기의 원인을 둘러싸고 서로 비난하고 피해를 서로 떠넘기려 한다. '이웃 궁핍화' 정책

(다른 나라 경제를 희생시켜 자국의 경제 회복을 도모하는 정책)으로 불린 양적완화 정책이 그런 사례다. 그러나 자본가들은 자신들의 집단적 계급 이익을 방어하기 위해서는 똘똘 뭉친다. 단결해서 노동계급의 임금과 생활수준을 공격하는 것이다. 위기가 장기화되고 있는 오늘날, 이 점에서 그들은 점점 더 강경하고 단호해지고 있다.

노동계급은 누구인가?

생산수단을 소유하거나 지배하지 못해 생계를 위해 노동력을 판매할 수밖에 없는 사람들이 바로 노동계급이다. "이들은 오직 일자리를 찾을 수 있을 때만 생존할 수 있고, 오직 자신들의 노동이 자본을 증대시킬 수 있을 때에만 일자리를 찾을 수 있다."(《공산당 선언》) 임금을 받는 대신 자본가를 위해 노동해 이윤을 만들어 주는 게 그들의 일이다. 자본가는 자신이 고용한 노동자의 노동에서 잉여가치를 뽑아내지 못한다면 그에게 일자리를 주지 않을 것이다.

여기서 두 가지를 주의해야 한다. 첫째, 노동계급을 너무 좁게 정의해서는 안 된다. 흔히 특정 산업의 육체 노동자만을 노동계급으로 보는 견해가 널리 퍼져 있다. 이것은 노동자라고 하면 손으로 상품을 만드는 사람들을 떠올리는 '상식'과도 관련이 있다. 좌파 일각에서도 노동계급을 생산적 노동을 하는 사람들로만 협소하게 정의하는 경향이 광범하게 존재하고 있다.

그러나 마르크스의 '생산적 노동' 개념은 재화를 만드는 육체 노동만을 가리키는 것이 결코 아니다. 처음에 마르크스는 개별 자본에게 잉여가치를 생산해 주는지의 여부로 생산적 노동과 비생산적 노동을 구분했다. 그렇지만 《자본론》에서는 자본주의 생산 체제의 맥락 속에서 이 문제를 논의했다. 상품의 교환에 관여하는 상업 노동, 이윤과 손실을 계산하거나 자본가 부문들 사이에 잉여가치를 배분하는 구실을 하는 금융 노동 등은 잉여가치를 새로 창출하는 노동이 아니다. 물론 그런 노동도 자기 고용주가 이윤을 얻을 수 있게 해 주기는 한다. 그렇지만 그 고용주(자본가)는 다른 곳에서 창출된 잉여가치의 일부를 이전받는 것이다. 마르크스는 자본주의 생산 체제 전체의 관점에서 보면 이런 노동은 비생산적이라고 봤다. 개별 자본에게 생산적인 것이 자본주의 체제 전체에는 비생산적일 수 있다는 점에서 일견 상충하는 것처럼 보이지만, 사실 이것이 자본주의 체제의 기본적 모순의 하나이기도 하다. 어쨌든 마르크스의 논의를 종합해 보면, 상품 생산을 하는 임금 노동자를 생산적 노동자로 규정했다고 할 수 있다.

그러나 '상품 생산을 하는 임금 노동자'라는 규정은 통념과는 달리 결코 제조업이나 육체 노동자만을 뜻하는 것은 아니다. 가령 어떤 서비스는 자본가에게 새로운 잉여가치를 가져다준다. 운수 노동자가 물건을 생산지에서 소비지로 운반하는 일은 생산을 완성하는 과정의 일부로(마르크스의 용어로는 "추가적 생산 과정"), 생산적 노동이다. 또, 오늘날 상품을 생산하는 과정이 복잡한 분업을 통해 이뤄진다는 점을 고려하면, 이 분업에 참여하는 노동자들은 생산적 노동을 하는 것이라고 할 수 있다. 어떤 노동자들은 직접 최종생산물을 생산하지 않지만 그 전제 조건이 되는 많은 노동을 한다. 그런 다양한 노동은 기업 내에서 집합적 노동자가 하는 노동의 일부로, 생산적 노동이다. 여기에는 전문 기술자나 엔지니어 같은 화이트칼라 노동자의 노동도 포함된다. 분업이 기업 내에서뿐 아니라 사회 전체 차원에서도 이뤄진다는 점을 고려하면, 개별 기업이 하던 훈련 기능을 국가가 맡아서 제공하는 서비스 노동도 비슷하게 볼 수 있다. 가령 이 분야에서 일하는 교사나 강사는 생산성 증대를 위해 노동자들을 교육하고 훈련하는 일을 한다는 점에서 집합적 노동자의 일부로 볼 수 있다.

이처럼 마르크스의 개념으로 본 생산적 노동자에는 재화뿐 아니라 일부 서비스를 생산하는 노동자들, 또 그런 상품을 생산하기 위한 복잡한 분업에 육체 노동뿐 아니라 정신 노동을 하는 노동자들이 모두 포함된다.

게다가 마르크스는 생산적 노동자만을 노동계급으로 보지 않았다. 가령 상점에 고용된 노동자들은 잉여가치를 생산하지 않지만, 자기 고용주가 상품 유통에서 하는 구실을 통해 총잉여가치의 일부를 차지할 수 있게 해 준다. 상업 자본가는 노동자에게 들어가는 비용을 낮출수록 다른 곳에서 창조된 잉여가치를 더 많이 얻을 수 있기 때문에, 노동자의 무보수 노동을 최대한 쥐어짜는 게 득이 된다. 따라서 상업 자본가에게 고용된 노동자는 (잉여가치를 생산하지는 않지만) 착취당한다는 점에서 생산적 노동자와 같은 처지에 놓이게 된다. 금융 노동자도 마찬가지다.

요컨대 노동계급은 흔히 통용되는 것처럼 제조업 육체 노동자뿐 아니라 생계를 위해 노동력을 판매할 수밖에 없는 사람들, 무보수 노동을 최대한 쥐어짜려는 (고용주의) 압박을 받는 사람들을 두루 아우른다. 그리고 이런 사람들의 임금에 의존해 사는 이들의 자녀, 노동자였다가 퇴직해 연금으로 살아가는 사람 등도 노동계급에 포함된다고 할 수 있다.

육체 노동자만을 노동계급으로 보는 오해는 생산관계에서 차지하는 위치가 아니라, 하는 일의 종류로 노동계급을 구분하는 것이다. 그러나 중요한 것은 착취 관계이지, 일의 종류, 즉 블루칼라인지 화이트칼라인지 또는 제조업 종사자인지 서비스업 종사자인지가 아니다. 이것은 학술적 문제가 아니라 현실 운동에 중요한 영향을 미치는 논의다. 육체 노동자만을 노동계급으로 보는 사람들은 제조업 노동자 수의 감소를 노동계급의 쇠퇴로 여긴다. 또, 사무직 노동자나 전문직 노동자를 모두 '중산층'으로 여기고, 그들의 투쟁을 '중산층의 반란' 쯤으로 여기기도 한다.

둘째, 노동계급을 반대로 너무 넓게 정의해도 안 된다. 모든 피고용자가 다 노동계급에 속하는 것은 아니다. 생산수단을 소유하고 있지 않아 고용된 처지에 있는 피고용자 가운데는 생산수단을 실질적으로 지배할 수 있는 지위에 있는 사람들도 있다. 최고경영자들은 오너가 아니라 고용된 전문 경영인일지라도 어디에 얼마나 투자할지, 생산을 늘릴지 줄일지, 노동과정을 어떻게 조직할지 등을 결정할 수 있다. 생산수단과 맺는 관계를 그것의 법률적 소유 여부로 규정해서는 안 되는 것이다. '봉급생활자'라 하더라도 자본 축적을 좌우하는 결정에 참여하는 극소수는 지배계급에 속한다. 또, 기업들에는 비록 생산수단에 대한 전략적 통제권(투자 여부 등)을 갖지는 못하지만 꽤 높은 보수를 받으며 노동자들을 관리 감독하는 구실을 하는 상당 규모의 피고용자 집단이 있다. 자본가와 노동자 사이에 끼어 있는 이들은 신중간계급이다. 이들은 자본주의 사회에서 노동과정이 점점 복잡해진 결과로 생겨난 집단으로, 그 상층은 조건이 자본가들과 공통되고 그 하층은 노동자들과 공통되기도 한다(신중간계급에 관해서는 4장에서 더 자세히 다룰 것이다). 흔히 봉급생활자 또는 월급쟁이라는 명칭으로 모든 피고용자를 뭉뚱그리는데, 봉급생활자라고 다 같은 것은 아니다. 이들은 생산관계 속에서의 위치에 따라 서로 다른 계급으로 구분해서 봐야 한다.

3. 두 계급 사이의 적대와 투쟁

지금까지 자본주의에서 생산수단을 지배하는 지배계급과, 이들에게 노동력을 팔고 그들의 감독 아래 노동해야만 살 수 있는 노동계급에 대해 살펴봤다. 이 두 계급은 생산관계 속에서 근본적 대립 관계에 놓여 있다. 지배계급이 추구하는 이윤은 그들이 고용한 노동자들의 노동에서 (뽑아낸 잉여가치에서) 나온다. 노동자들은 자신의 임금을 충당하는 시간 외에 자본가들을 위해 더 노동해야만 한다. 임금이 낮을수록, 노동시간이 길수록 무보수 노동도 많아지고 자본가의 이윤은 늘어난다. 반면 노동자들은 임금이 높을수록 노동시간이 짧을수록 그나마 참을 만한 생활수준을 유지할 수 있다. 따라서 자본가들은 노동자들로부터 되도록 많은 잉여가치를 뽑아내려 하고, 노동자들은 되도록 자신이 창조한 가치를 지키려 한다. 이처럼 착취 관계 속에서 서로 충돌하는 이해관계 때문에 자본가와 노동자는 끊임없는 투쟁을 하게 된다.

마르크스는 착취 관계에서 비롯한 계급투쟁은 자본주의 체제에 내재적인 것이라고 지적했다. 외부적 요인에 의해 일시적이고 우연적으로 발생하는 게 아니라 자본주의 생산양식에 붙박이처럼 붙어 있는 것이다. 흔히 주류 사회학자들이 사회를 본질적으로 조화로운 것으로 보고 일시적 갈등을 조정해 계급 화해를 유지할 수 있다고 보는 것과 달리, 마르크스는 계급투쟁이 본질적이라고 봤다.

자본주의에는 무엇을 얼마나 생산할지, 그것을 위해 자원과 노동을 어떻게 배분할지를 사회가 집단적으로 결정할 수 있는 메커니즘이 없다. 생산은 사회적으로 이뤄지고* 생산수단은 개별 자본들이 차지하고 있는 조건 하에서 사회적 노동은 간접적 방식으로 개별 자본들의 경쟁을 통해서만 상이한 생산부문으로 배분된다. 개별 자본들은 시장 점유율을 둘러싸고 서로 싸울 수밖에 없다. 그들은 경쟁 상대 자본(들)보다 상품을 싸게 판매해서 시장을 더 많이 차지하고자 노동생산성을 높이고 생산을 확장하는 데 매달린다. 이것이 자본가들을 더한층의 축적(재투자)으로 내몬다. 그런데 재투자 자금은 이윤에서 나오므로, 개별 자본 간의 경쟁은 노동자 착취를 압박하는 것으로 작용한다. 개별 자본가의 인성과 관계없이 자본가들은 냉혹한 착취자로서 노동자와 마주할 수밖에 없다.

그러나 경쟁자들을 효과적으로 물리치기 위해 투자를 확대하는 것이 자본주의의 역동적이고 눈부신 발전과 확장만을 가져오는 것은 아니다. 자본가들은 생산을 효율화하고자 시간이 지날수록 생산수

---

* 자본주의에서 어떤 생산자도 자신의 생산만으로 필요를 충족할 수 없다. 개인의 소비를 위해서든 상품을 생산하기 위해서든 다른 사람들의 생산물이 필요하다. 다른 사람들의 생산물을 구입하기 위해 필요한 화폐는 자기 생산물을 팔아야 얻을 수 있다. 이처럼 생산자들은 자기 상품의 구매자로서 서로 필요로 한다.

단, 즉 기계 설비나 기술에 대한 투자를 늘리는데, 그 결과 투자 대비 이윤의 비율, 즉 이윤율이 떨어지게 된다. 노동(이윤을 창출하는)에 대한 투자보다 생산수단에 대한 투자가 더 빨리 늘어날수록 (마르크스의 용어대로 '자본의 유기적 구성'이 높아질수록) 이윤율은 저하하기 때문이다. 이처럼 경제 위기는 자본주의 발전 과정에 본질로 내재하는 경향인데, 그 결과 다시금 경쟁이 격화돼 자본가들은 노동자들에 대한 착취를 더 강화하지 않을 수 없다.

자본주의가 성장하는 방식 때문에, 특히 자본주의가 위기에 빠지면, 자본가와 노동자 사이의 적대는 더 커진다. 자본주의 사회에서 노동자들은 자본가와의 관계에서 근본적으로 불리한 위치에 있다. 마르크스가 지적했듯이, "자신을 조금씩 팔아 치워야만 하는 노동자들은 다른 모든 상거래의 품목과 같은 하나의 상품이며, 이로 인해 온갖 경쟁과 시장의 흥망성쇠에 내맡겨져 있다." 점점 격화되는 자본가들 사이의 경쟁과 그로 인해 발생하는 경제 위기로 노동자들의 임금은 더 불안정해질 수밖에 없다.

그러나 빼앗기고 짓밟히지만 노동계급이 단지 약자, 피해자인 것만은 아니다. 노동계급은 다른 계급이나 집단이 갖지 못하는 강력한 힘을 갖고 있다. 바로 자본가들이 이윤을 얻기 위해 노동자들에게 의존하고 있다는 사실이다. 노동자는 먹고살려면 일자리를 얻어야 하지만, 자본가도 이윤을 얻으려면 노동자가 반드시 필요하다. 자본가는 개개 노동자가 마음에 들지 않으면 갖가지 이유를 들어 그들을 해고할 수 있다. 그러나 이윤을 얻고자 하는 한 모든 노동자와 관계를 끊을 수는 없다. 또, 자본가는 노동자들의 생산성을 높이거나 실질임금을 삭감함으로써만 이윤을 늘릴 수 있다. 이런 의존 관계는 노동자들이 착취당하지만, 또한 그만큼 강력하다는 것을 보여 준다. 역설이다. 노동자들이 착취당한다는 바로 그 사실 덕분에 노동자들은 자본가들에 맞설 힘을 갖게 된다.

게다가 자본주의는 노동자들을 거대한 규모로, 집단으로 조직한다. 마르크스는 이렇게 썼다. "부르주아지, 즉 자본이 성장하는 만큼 프롤레타리아, 즉 근대 노동계급도 성장한다." 자본이 커질수록 더 많은 사람들을 노동계급으로 충원한다. 모든 계급으로부터 프롤레타리아가 채워진다. 자본주의는 "이제껏 고귀했던 모든 직업의 후광을 벗겨" 내어 그들을 "임금 노동자"로 바꾼다. "소상인과 상점주, 은퇴한 상인, 수공업자와 농민 등 하층 중간계급은 모두 점차 프롤레타리아로 전락한다. 한편으로는 영세한 자본으로 현대 산업이 운영되는 규모를 감당하지 못해 대자본가와의 경쟁에서 압도당하기 때문이며, 다른 한편으로는 새로운 생산방식의 등장으로 그들의 전문 기술이 쓸모없어지기 때문이다."(《공산당 선언》) 마르크스는 산업이 발전하면서 프롤레타리아는 단지 그 숫자만 늘어나는 것이 아니라 "더욱 거대한 집단으로 한데 뭉쳐 힘이 커지고 점차 자신의 힘을 자각하게 된다"고 했다. 이해관계와 생활조건이 평준화하면서 동질성이 강화된다는 것이다.

노동자들은 개별 자본의 규모가 커지는 것과 함께, 산업 도시의 점점 더 커지는 생산 단위들(공장, 탄광, 사무실, 병원, 철도 등)로 조직돼, 복잡한 분업 체계의 일부로서 일한다. 자본주의 이전의 사회에서는 한두 명이 전 공정을 담당했을 탁자 만들기 같은 일을 자본주의 공장 체제 하에서는 그 수십 배는 되는 노동자들이 나무 자르기, 디자인, 도포, 포장, 유통·판매 등 극도로 세분화된 분업 속에서 한다. 자동차나 배, 비행기 같은 더 복잡한 생산에서는 더 많은 노동자들이 더 복잡한 분업 체계 속에서 서로 의존하며 일한다. 이제 노동과정 전체를 실제 담당하는 것은 개별 노동자들이 아니라 사회적으로 결합된 노동인구다. 이런 뜻에서 마르크스는 자본주의가 "집합적 노동자"를 창출한다고 했다. 이제 개별 노동자들은 상품 생산 속에서 결합된 노동에 의해 서로 연결된 집합적 노동자의 손발들이다.

노동계급의 잠재력

자본주의가 노동자들을 집합적으로 조직하고 착취한다는 사실은 노동자들에게 막대한 **집합적 힘**을 준다. 노동자들은 결코 개인으로는 할 수 없는 일을 집단으로서 할 수 있다. 엄청나게 큰 규모의 생산수단은 개인이 돌릴 수 없고 오직 집합적 노동자의 결합된 노동으로만 가동할 수 있다. 이 힘으로 우리가 살아가는 데 필요한 것 일체를 생산한다. 또, 이 집합적 힘은 공장이나 사무실, 교통 시스템 등 생산을 멈추는 데도 사용할 수 있고, 생산을 노동자들 자신을 위해 조직하는 데에도 사용할 수 있다.

그러나 노동자들은 자본주의 생산관계 속의 위치에서 생겨나는 어마어마한 힘, 즉 새로운 가치를 생산하고 생산 체제 전체를 마비시킬 수도 있는 능력을 사용하려면 집단적으로 행동해야만 한다. 단결은 파업에 들어가고 사업장을 멈추는 데 결정적으로 중요하다. 단결 없이 파업은 성공할 수 없다. 일단 노동자들이 단결해서 공장을 멈추면 평소에는 알지 못하던 힘을 노동자들 자신과 다른 사회집단들이 깨닫게 된다. 어떤 부문의 파업은(가령 부품사나 화물 운송 노동자들) 자기 고용주의 이윤뿐 아니라 연관 산업 자본가의 이윤도 위협할 수 있다. 또, 대중 파업은 사회 전체에 파급력을 미친다. 파업이 효과적으로 조직되면, 노동자들은 자본가들을 굴복시켜 임금이나 노동조건을 지키거나 개선할 수 있다.

그러나 파업이 중요한 것은 단지 고용주를 압박해 그가 임금을 올릴 수밖에 없도록 만들 수 있어서만은 아니다. 만약 이게 전부라면 그런 성과는 일시적인 것일 뿐이다. 지배계급이 경제와 국가를 지배하는 위치에 남아 있는 한 그들은 다음 기회를 엿볼 수 있다. 특히 실업을 증가시키는 등의 방법으로 노동자 조직들을 약화시킬 수 있다. 더욱 중요한 것은, 레닌이 지적했듯이 "모든 파업에는 혁명의 히드라가 숨어 있다는 것이다." 모든 파업은 판에 박혀 굴러가는 일상에 균열을 낸다. 묵묵히 일하던 노동자들이 자신을 착취해 온 자들과 공공연히 충돌하고, 스스로 조직한다. 임금과 노동조건 개선처럼 그 목적이 매우 제한적일 때조차 노동자들은 공동의 목적을 성취하기 위해 단결해야 한다. 그 과정에서 노동자들은 경영자나 관리자 같은 윗사람이 시켜서 일하는 기계의 일부가 아니라, 자신을 위해 무언가를 운영할 수 있다는 것을 깨닫고 자신감을 얻는다. 지배적 사상과 충돌하면서 의식이 변화된다. 이처럼 파업은 기존 사회를 묵묵히 수용하는 것과 그것을 전복하고자 공공연히 조직하는 것 사이의 가교와도 같다.

파업은 노동계급이 혼란스런 경쟁과 이윤을 향한 미친 질주의 포로가 되지 않고 인간의 필요를 충족시킬 수 있는 방식으로 사회를 운영할 힘이 있음을 힐끗 보여 준다. 생산수단을 장악하고 이윤 체제와는 전혀 다른 새로운 원리에 따라 생산을 재편함으로써 말이다. 마르크스는 노동계급이 그 집단적 성격 때문에 자본주의를 전복하고 계급 없는 사회로 나아가는 동력이 될 잠재력이 있다고 주장했다. 자본주의는 생산력을 발전시켜 사회주의를 역사적으로 가능하게 만들었을 뿐 아니라, 자본주의를 전복하고 계급을 폐지할 수 있는 사회 세력인 노동계급을 만들어 낸 것이다. 이는 노동계급이 다른 피착취·피차별 계급들과 결정적으로 다른 점이다.

가령 농민은 지대·이자·세금이라는 형태로 착취당하지만, 이 때문에 그들이 혁명을 이끌 계급이 되지는 않는다고 마르크스는 주장했다. "농민의 생산양식은 그들을 상호작용하도록 하는 것이 아니라 서로 고립시킨다. … 그들의 생산 터전인 분할지는 경작에서 어떤 분업도, … 어떤 사회적 관계의 풍부함도 허용하지 않는다. 각각의 개별 농가는 거의 자급자족적이다. … 분할지, 농민 한 명 그리고 가족, 그 곁에는 또 하나의 분할지, 또 한 명의 농민과 또 하나의 가족이 존재한다." 그래서 "동등한 양의 단순한 합산"에 의해 "마치 감자들이 모여 한 자루의 감자를 이루듯이" 형성된 농민 대중은 국지적 상호 연계만이 존재할 뿐 진정한 전국적 유대나 전국적 정치 조직을 건설하지 못한다. 농민 항쟁은 전국적 정치 세력에 의해 지도되지 않는 한 국지적 성격을 띠어 일시적 효과만 낼 뿐이고, 그들이 지주의

땅을 빼앗아 땅뙈기를 나눠 갖더라도 생산의 성격을 변화시키지는 못한다.

반면, 노동계급은 착취에 맞서고자 투쟁에 나서 생산 시설을 점거하고 장악하면 그것을 집단적으로 운영해야 한다. 공장을 조각조각 쪼개어 자기들끼리 나눠 갖는 것은 전혀 무의미하기 때문이다. 만약 그런 일이 벌어진다면 공장은 더는 공장이 아니게 되고, 공장 체제의 이점은 모두 사라질 것이다. 노동계급이 생산수단을 집단으로 장악해 집단의 필요에 따라 생산할 수 있다는 점으로부터 계급 없는 사회를 건설할 능력이 나온다. 노동계급의 혁명과 노동자 민주주의는 자본주의가 노동과정을 사회화하기 때문에, 즉 공장 내에서뿐 아니라 일국적·국제적 차원에서도 집합적 노동자를 창출하기 때문에 가능하다. 노동자들은 혁명이 분출할 때마다 노동자 평의회 같은 폭넓고 철저히 민주적인 노동계급 조직을 만들어 새로운 노동자 국가의 기초를 마련했다. 노동자 평의회는 흔히 경제투쟁으로부터 형성되고, 당이나 노동조합과 달리 전à 계급적 조직이며, 생산을 마비시키거나 통제할 수 있는 노동자들의 힘을 토대로 노동자들의 전국적 행동을 조정할 수 있는 수단을 제공한다. 혁명 과정에서 등장하는 노동자 권력 기관은 기존 자본주의 국가 권력에 도전할 수 있고, 노동계급이 사회를 민주적으로 운영할 수 있다는 것을 보여 준다. 또, 이 새로운 국가형태는 노동계급의 일상적 투쟁과 조직 속에 그 맹아가 존재한다는 것을 함축한다(물론 노동자 권력과 기존 자본주의 국가 권력의 이중권력 상황은 결코 오래갈 수 없다).

이런 점에서 마르크스는 노동계급이 "사회의 혁명적 이해가 집중된

계급"이라고 했다. 노동계급은 그 자신의 이해가 사회의 근본적 변혁과 일치하는 계급이라는 의미에서 "보편적 계급"인 것이다. 그들은 스스로를 해방함으로써 다른 피착취·피차별자들도 자유롭게 만들 수 있다.

4. 계급 위치와 의식의 분리?

마르크스가 노동계급의 중요성을 강조한 것은 그들이 가장 고통받고 박탈당한 집단이어서는 아니었다. 자본주의 사회에는 더 가난하고 더 차별받는 사람들이 많다. 마르크스는 성과 인종과 종교 등에 따른 부당을 모르지 않았다. 그럼에도 그가 노동계급을 중시한 이유는 이들이 자본주의 생산관계에서 차지하는 위치 덕분에 자본주의 체제에 맞설 힘이 있다고 봤기 때문이다. 이것이 착취와 차별의 차이다. 마르크스는 차별 문제를 무시한 것이 아니라, 자본주의를 철폐할 힘이 누구에게 있는지 전략적 차원에서 접근한 것이다.[*] 그는 자본주의를 폐지하면 차별의 물질적 토대가 사라질 것이라고 봤다.

또, 마르크스가 노동계급의 중요성을 강조한 것은 그들이 도덕적으로 고결하거나 모두 의식이 선진적이어서도 아니었다. 노동계급은

---

[*] 계급과 차별 문제에 대한 더 자세한 논의는 《계급, 소외, 차별》, 책갈피, 2017을 참고하시오.

자본주의 사회의 일부로, 체제의 오물 속에서 태어나고 자란다. 현실의 노동자들은 온갖 편견을 수용할 수 있고, 서로 분열해 있다. 그럼에도 마르크스는 노동계급이 자본주의 생산관계에서 차지하는 위치 덕분에 계급투쟁에 내몰리면서 자기 자신도 변모하게 된다고 말했다. "혁명은 필수적이다. 단지 지배계급을 다른 방법으로는 전복할 수 없다는 점에서뿐 아니라, 지배계급을 전복하는 계급도 오직 혁명에 의해서만 모든 낡은 오물로부터 벗어날 수 있고 사회를 새롭게 건설하기에 적합하게 될 수 있기 때문이다."《독일 이데올로기》) 이와 같은 혁명적 변화 개념으로부터 노동계급의 해방은 오로지 그 자신에 의해 가능하다는 사상이 나올 수 있었다. 그 누구도 노동계급을 대체할 수 없다는 것이다.

그러나 생산관계에서 차지하는 위치로부터 노동계급이 혁명적 잠재력을 갖게 된다는 마르크스의 주장은 마르크스주의자들을 포함한 많은 사람들에게서 비판받았다. 이런 비판자들은 그것을 이상론으로 여기고, 계급 위치와 계급의식을 분리하는 경향을 발전시켰고, 대개 노동계급의 중심적 역할의 해체로 나아갔다. 옛 소련이나 동유럽을 사회주의로 보는 관점,[*] 노동계급의 현재 의식에 대한 실망 등이 이에 영향을 미쳤다. 우리 나라 진보·좌파 지식인들에게도 상당한 영향을 미친 세 사상을 예로 들어 볼 수 있다.

---

[*]　옛 소련이나 동유럽은 사회주의가 아니라 관료적 국가자본주의였다. 이에 대해서는 토니 클리프, 《소련은 과연 사회주의였는가》, 책갈피, 2011를 참고하시오.

톰슨, 풀란차스, 라클라우와 무프

첫째, 에드워드 파머 톰슨(1924~1993)이다. 그는 1956년 소련의 헝가리 노동자 혁명 분쇄 이후 영국 공산당에서 탈퇴해 신좌파의 선구자가 된 마르크스주의 역사학자인데, 그의 책《영국 노동계급의 형성》은 세계적으로 영향력이 매우 크다. 이 책에서 톰슨은 계급의식의 형성에 초점을 맞췄다. 그는 계급이 구조에 의해 단순하게 결정되는 고정된 사물이 아니라 개인들의 나날의 생활 경험에 의해 형성되는 역사적·문화적 산물이라고 봤다. 이와 같은 "계급 형성" 개념은 구해근 등 우리 나라 진보 사회학자들에게 널리 수용되고 있다. 톰슨은 이 책을 스탈린주의 역사관에 반대해서 썼다. 스탈린주의자들은 역사를 경제가 엄격히 단계적으로 진보하는 기계적 과정으로 정의하면서 공산당 독재를 정당화했다. 반면 톰슨은 마르크스주의의 중심에 인간 행위자를 놓고 행위의 기초로서 사상이 중요함을 강조했다. 그러나 톰슨은 스탈린주의가 "정치 현상에 대한 분석을 경제적 원인에서 직접, 그리고 너무 단순하게 이끌어" 내는 고전 마르크스주의의 '문제점'("경제주의")에서 비롯한다고 봤다. 그러나 이와 같은 스탈린주의 역사 발전론은 마르크스와 아무 관계가 없다. 그런데도 톰슨은 마르크스의 '토대와 상부구조' 메타포에 대한 스탈린주의의 기계적 해석뿐 아니라 그 자체에 반대했다. 이로써 톰슨은 인간 의식의 형성을 물질적 환경으로부터 분리하는 경향으로 가는 길을 열어 줬다. 톰슨은 사회주의를 노동계급의 자력 해방으로 보는 것을 "휴머니즘적 자유지상주의적 이상론을 함축하는

도덕적 결정이라고 간주"했다.[2]

톰슨이 계급을 물질적 조건보다 의식의 측면에서 정의하는 경향은 민중주의(좌파적 포퓰리즘)와 잘 연결된다. 크리스 하먼은 톰슨이 반스탈린주의자이면서도 그 세대가 대개 그렇듯 마르크스주의를 공산당에서 배운 경험으로부터 완전히 벗어나지 못했다고 지적했다.[3] 톰슨의 사고를 지배한 스탈린주의 경험으로 하먼이 지적한 것 하나가 인민전선주의다. 인민전선은 국민 가운데 한 줌의 반동적 소수를 제외한 나머지가 계급을 초월한 동맹을 맺어 그 소수를 권좌에서 밀어 낸다는 전략이다. 이 때문에 톰슨이 '계급'이라는 개념에서 '민중'이라는 개념으로 미끄러지게 된다는 것이다. 가령 톰슨은 인민헌장운동(차티즘)을 노동계급 운동이라고 분석한 엥겔스에 반대해, 차티즘이 다양한 급진적 정치 담론들을 결합한 민중 정치 운동이었다고 주장했다. 의식이나 정치 담론을 중심으로 보는 방식은 그저 자본주의 생산관계에 내재한 경향들로부터 사회를 변혁할 힘을 갖게 된 세력이 누구인지(즉, 즉자적 계급)를 흐리거나 잊게 만든다. 혁명적 정치에 무관심한 노동계급의 현재 의식을 보면서 그 잠재력을 거부하게 되기가 쉽다. 결국 톰슨은 "영국의 평화적 혁명"를 기대하는 전략으로 나아갔고, 신좌파들이 영국 노동당 내에서 활동해야 한다고 주장했다. 노동계급 내에서 혁명적 의식의 성장을 가로막는 장벽인 개혁주의를 극복할 전략을 전혀 제시하지 못한 것이다

둘째, 니코스 풀란차스(1936~1979)다. 그는 1970년대 말 유러코뮤니즘(소련으로부터 자주적인 서방식 공산당 운동)의 좌파적 버전

을 제시한 인물이다.* 풀란차스는 계급이 생산관계 안에서가 아니라 "상대적으로 자율적인 … 정치·법률 수준에서" 형성된다고 주장했다. 경제 관계가 계급을 규정하는 충분조건은 아니라며 정치와 이데올로기를 계급 경계의 기준으로 제시한 것이다. 그래서 풀란차스는 노동력을 팔아서 먹고사는 임금 노동자일지라도 정신 노동에 종사하는 사람들은 육체 노동을 하는 사람들과 달리 노동계급이 아니라 '신新프티부르주아지'라고 했다. 그들은 이데올로기나 정치적으로 육체 노동자와 구분되며, 자본주의를 지키는 방향으로 이끌린다는 것이다. 이렇게 해서 풀란차스는 관리자층뿐 아니라 평범한 사무·전문 기술직 노동자들을 모두 노동계급에서 제외했다. 풀란차스는 오직 생산적 노동을 하는 육체 노동자만을 노동계급으로 봤는데, 이렇게 보면 오늘날 자본주의에서 노동계급의 규모는 극히 축소된 것으로 볼 수밖에 없다. 풀란차스의 계급 분석이 가리키는 것은 노동계급은 한 줌밖에 안 된다는 것이었고, 이것은 계급 간 동맹이 필요하다는 유러코뮤니즘의 전략을 정당화하는 것이었다.(유러코뮤니스트들도 스탈린주의의 인민전선 전략을 수용했다. 언사만 순화시켜서.) 풀란차스는 특히 '신프티부르주아지'를 중시했다. 즉, 이제 사회주의 의식은 노동계급과 무관하며, 상호 적대 계급을 아우르는 동맹이 사회주의로의 평화적 이행을 보장한다는 것이다.

고전 마르크스주의 전통은 노동자들의 자발적 투쟁으로부터 생

---

* 더 자세한 설명은 콜린 바커, "니코스 풀란차스의 정치 이론 비판", 《마르크스21》 8호를 참고하시오.

겨난 노동자 평의회들이 새로운 노동자 국가의 기초가 될 것이라고 본다. 앞에서 살펴봤듯이, 이것은 노동계급의 혁명적 잠재력이 생산관계에서 나온다고 보는 것과 밀접한 관계가 있다. 풀란차스의 전략은 이를 부정한다. 그는 노동자 권력을 목표로 하는 운동의 위험성을 지적했다. 노동자 평의회가 국가 권력이 되면 "새로운 유형의 권위주의 독재가 출현하고 만다"는 것이다. 계급 관계만이 권력 관계를 결정하는 것이 아니기 때문에 — 그는 권력 관계가 생산관계에 선행한다는 푸코의 주장을 수용하는 경향이 있었다 — 사회주의 사회에서조차 전체주의의 망령이 되살아날 위험이 있다는 것이 풀란차스의 주장이다. 따라서 그는 독재를 막기 위해서는 무장 봉기를 삼가고 의회민주주의 제도를 보존해야 한다고 강조한다. 계급을 생산관계 속에서 보지 않는 풀란차스의 접근은 노동계급의 사회 운영 능력을 부정하는 것과 연결돼 있다.

셋째, 에르네스토 라클라우(1935~2014)와 샹탈 무프(1943~)다. 이들은 대표적 포스트마르크스주의자들이다. 라클라우와 무프는 "오늘날 노동계급의 동질성 운운하면서 그 기원을 자본 축적 논리에 새겨진 메커니즘에서 찾는 것은 어불성설이다" 하고 주장했다. 노동계급이 생산관계의 위치로부터 사회주의를 추구하는 정치적 이해를 갖게 된다는 것은 타당하지 않다는 것이다. 그들은 마르크스주의가 계급투쟁과 노동계급을 특권화하는 '환원주의' 오류를 범했다면서, 주체의 다원화를 강조한다.[4] 노동계급은 사회변혁의 여러 주체 가운데 단지 하나일 뿐이고 의식도 덜 급진적이라고 한다. 이런 생각은 착취에 바탕을 둔 생산관계가 사회의 가장 중요한 적대를 결정하는 것이 아니라고 보는 데서 비롯한다. 고전 마르크스주의와 달리, 자본주의를 사회주의적으로 변혁해도 차별의 물질적 토대가 사라질 것이라고 보지 않는 것이다.

라클라우와 무프는 사회의 수많은 적대들이 "종횡으로 교차"하고 있으므로 투쟁 영역도 자율화돼야 한다고 강조한다. 그들은 노동자들의 계급투쟁에 의한 사회주의의 가능성을 부정하고 '급진 민주주의'를 대안으로 내놓는다. 사회주의는 (아래로부터의) 노동자 권력이 아니라 민주주의의 확장으로 여겨진다. 이 과정에서 제기되는 연대는 '다양한 적대들'의 '등가적 접합'을 추구하는 '중심이 없는 연대'다. 라클라우와 무프는 노동계급의 중심적 역할을 해체하고 '새로운 사회운동들'을 노동운동과 대등한 반열에 올려놓았다. 그러나 포스트 마르크스주의가 주목한 '새로운 사회운동들'은 급속히 떠올랐다가 가라앉고 결국 기존 질서 내의 개혁에 의지하는 것으로 기울곤 했다. 자본주의 생산관계에서 차지하는 위치 덕분에 체제를 변혁할 힘을 가진 세력(노동계급)과 연결되지 못했기 때문이다.

이와 달리 마르크스는 계급을 생산관계 속에 자리매김했다. 이것은 몇 가지 점에서 중요하다. 첫째, 계급을 생산관계 속에서 보면, 노동자들이 직업도, 고용 형태도, 소득 수준도 다 다르지만 모두 착취받는 집합적 노동자의 일부로서 공통의 이해관계가 있음을 이해할 수 있다. 좌파 일각에서도 노동계급 내부의 차이를 일면적으로 강조하는 경향이 있다. 이와 달리 마르크스는 자본주의가 복잡한 착취과정을 통해 노동자들 사이의 차이를 만들어 내지만, 그와 동시에 그들을 모두 같은 관계 속으로 밀어넣는다고 설명했다. 노동자들이 공유하는 그 관계 덕분에 노동계급은 간단히 무시할 수 없는 차이가 있음에도 차이를 극복하고 단결할 잠재력이 있다.

둘째, 자본주의의 변화에 따라 노동계급도 끊임없이 변한다는 것을 알 수 있다. 자본주의는 역동적 생산양식으로, 끊임없이 자체 혁신을 한다. 이에 따른 노동생산성 증가는 노동계급의 구조를 계속 변화시킨다. 오늘날 한국 노동자들의 전형적 모습은 1960~1970년대와 많이 다르다. 교육 수준이 높은 노동자들이 점점 더 많아졌다. 노동자들의 전형적 이미지가 바뀔 때마다 많은 사람들은 이제 노동계급은 사라졌다고 주장하곤 했다. 그러나 계급을 생산관계 속에서 보면 계급의 변화가 계급의 죽음을 뜻한다고 오해하지 않고도 그 변화의 합리적 핵심을 주목할 수 있다.

셋째, 계급을 서로 아무런 유기적 관계도 없는 집단들의 서열로 보는 사회학과 달리 계급을 생산관계 속에서 보면, 자본주의 생산방식 속에서 관계 맺는 두 주요 집단이 적대 관계를 맺고 있다는 점을 알 수 있고, 핵심적 사회 갈등의 근원과 사회를 변화시키는 진정한 힘을 알게 된다. 자본주의 체제가 작동하는 데서 이윤 창출이 핵심이고, 이윤은 자본가가 노동자를 착취하는 데서 나온다. 자본가에게 이익인 것이 노동자에게는 박탈이므로 두 계급은 적대적 관계를 맺는데, 이 적대는 소비가 아니라 생산 과정에서 형성된다. 지배계급과 노동계급은 자신의 이익을 지키고자 투쟁을 벌인다. 착취자와 피착취자로서 싸워 나가는 과정인 계급투쟁은 결코 계급과 분리될 수 없다. 사회에서 나타나는 여러 갈등(가령 세금, 민영화, 전쟁 등)은 표피적으로 보면 서로 다른 원인이 있는 듯하지만 그 근원에는 계급 적대가 자리 잡고 있다. 계급 적대를 주목하는 것이 중요한 이유는 현존 체제를 변혁할 힘의 열쇠가 바로 거기에서 나오기 때문이다.

넷째, 계급을 생산관계 속에 자리 잡게 하고 바라보면 계급은 객관적이라는 것을 알 수 있다. 계급은 생산관계 속에서 형성되는 사회적 조건이지, 누군가의 머릿속에서 형성되는 주관적 자기 규정이 아니다. 즉, 의식에 따라 계급이 나뉘지는 않는다는 것이다. 노동계급은 계급의식이 있든 없든 자본주의 사회에서 그들이 처한 객관적 조건 때문에 투쟁에 나서도록 내몰린다. 노동자들이 투쟁에 나서는 것은 대부분 의식 각성의 결과이기보다 그 역이다. 이윤을 끊임없이 창출해야 하는 자본가들의 압박 때문에 노동자들은 계속해서 저항에 나서고 스스로 조직하며, 그러는 과정에서 집단적 힘을 자각하고 의식이 변할 수 있다(투쟁이 클수록, 성공적일수록, 급진적일수록 노동자들의 의식은 그만큼 많이 변할 수 있다).

물론 이것은 노동계급이 존재하는 것으로 충분하다는 뜻은 아니다. 마르크스는 "즉자적 계급"과 "대자적 계급"을 구별했다. 전자는 그냥 존재하는 계급이고, 후자는 자신의 이해관계를 위해 투쟁하는 의식적인 정치적 주체다. 마르크스는 노동자들이 오직 투쟁을 통해서, 승리뿐 아니라 패배로도 점철된 매우 길고 고통스러운 과정을 통해서 대자적 계급이 된다고 했다.

마르크스는 노동자들이 "대자적 계급"이 되는 과정이 결코 순탄하지 않다는 것을 알았다. 그러나 그는 대중 투쟁 속에서 반드시 혁명적 계급의식이 발전할 수밖에 없다고 (다소 결정론적으로) 봤다. 레닌은 노동계급의 의식이 투쟁 경험을 통해 변한다는 마르크스의 주장을 이어받으면서도, 노동계급이 자동으로 또는 균등하게 혁명적 의식으로 나아가지 않는다는 점을 이해했다. 특히, 대중적 노동조합 운동과 개혁주의 정치 운동이 성장한 조건에서는 이 점을 이해하는 것이 매우 중요하다. 레닌에 따르면, 혁명적 사회주의를 지지하는 계급의 선진 부분은 미리 혁명적 당으로 조직돼야 한다. 그러나 이는 노동계급을 당으로 대체하는 것이 아니다. 오히려 투쟁 속에서 마침내 노동자 다수의 지지를 얻어 그 투쟁이 국가 권력 장악으로 나아가도록 이끄는 것이다. 레닌이 1907년 9월에 쓴 다음 구절은 혁명적 정당이 노동계급의 자력 해방과 전혀 모순되지 않는다는 것을 보여 준다. "볼셰비키 혁명이 성공하는 것은 노동계급이 … 객관적인 경제적 이유 때문에 자본주의 사회의 그 어느 계급보다 강력한 조직 역량을 보유한 덕분이다. 이런 조건이 없다면, 직업적 혁명가 조직은 하나의 노리개, 모험거리, 단순한 게시판에 불과했을 것이다. 《무엇을 할 것인가》[레닌 자신의 1902년 저작]는 이 점을 거듭 강조하면서, 직업적 혁명가 조직이 '자연발생적으로 투쟁을 위해 일어서는 진정한 혁명적 계급'과 연결되지 않으면 아무런 의미도 없음을 지적하고 있다."[5] 혁명적 정당은 근본적 사회 변혁을 위해 의식적으로 노력하는 노동계급의 일부다. 이런 당이 계급의 나머지 부분과 지속적 상호작용을 함으로써(계급 속에 뿌리내리기와 효과적인 운동 개입) 노동계급은 대자적 계급으로 전환할 수 있다.

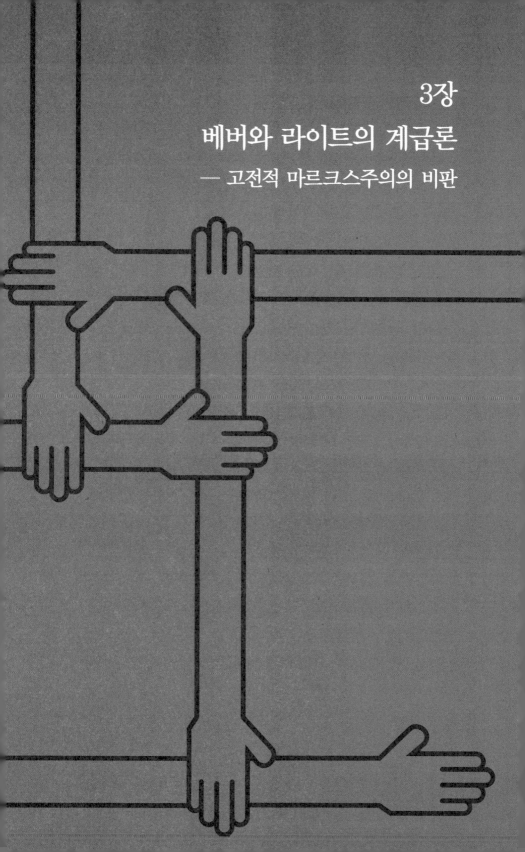

3장
베버와 라이트의 계급론
— 고전적 마르크스주의의 비판

1. 막스 베버의 계급론:
복잡한 현대 사회의 세련된 분석 틀?

마르크스의 계급론은 보수·우파는 물론 진보·좌파에서도 항상 이러저러한 반대에 부딪혔다. 가장 흔한 비판은 자본주의가 동질감을 갖는 대규모 노동계급을 만들어 낸다는 것은 사실이 아니라는 것이다. 계급 양극화에 대한 다소 조야한 비판은 대부분의 사회학 교과서에 단골로 등장한다. 자본주의가 발전할수록 노동인구에서 프롤레타리아가 차지하는 비중은 줄고 중간계급이 늘어난다는 것이 가장 흔한 반론이다. 또한 계급 내부의 불평등이 확대되고, 고용 형태나 기업 규모에 따라 노동자들 사이의 이질성이 커진 상황에서 마르크스의 '양대 계급 모델'은 현실을 설명하기에 지나치게 단순하다고도 반박한다. 노동계급의 혁명적 잠재력에 관한 마르크스의 주장은 이보다 더 격심한 반대를 불러일으킨다. 노동계급은 한때 사회운동의 중심에 있었을지 몰라도 더는 중요한 사회 갈등이나 투쟁이 계급에 근거해서 벌어지지 않는다고 한다.

그래서 진보 사회학자들은 현대 사회를 설명하는 틀로서 마르크스가 아닌 다른 이론을 찾아 때론 대체하고 때론 절충한다. 그중 가장 유력하게 제시되는 것 하나가 막스 베버의 이론이다. 가령 《한국 노동계급의 형성》이라는 책으로 유명한 구해근 하와이대 교수는 2000년대 후반에 쓴 한 논문에서 이렇게 주장했다. "베버주의 계급 개념이 현재 한국에서와 같이 계급 불평등이 극히 유동적이고 다차원적으로 변하고 있는 사회에서 더 유용할 수 있다."[1] 비록 마르크스와 베버의 계급 이론은 상호 보완적이라고 덧붙였지만 말이다.

흔히 베버는 마르크스의 '양대 계급 모델'과 달리 현대 사회의 '복잡한' 문제들을 '세련'되게 설명한 것으로 평가된다.* 베버 이론은 불평등을 비판하고 계급 갈등의 현실을 인정했기 때문에 진보 진영에서도 두루 인기를 얻어 왔다. 그러나 베버 이론은 방법론부터 정치적 함의까지 마르크스주의와는 근본적으로 다르다. 방법론적 개인주의와 자본주의 옹호 성격 덕분에 베버는 미국의 주류 사회학계에 의해 마르크스에 대한 세련된 도전으로 키워졌고, 소련 체제 몰락 이후 더욱 상종가를 쳤다.

베버는 계급의 존재를 분명히 인정했다. 이 점은 계급이 현대 사회를 이해하는 데 더는 유용하지 않은 개념이라는 주장들보다 훨씬 나은 점이다. 가령 "계급의 종언"을 주장하는 학자들은 현대 사회가

---

* 마르크스는 중간계급의 존재를 모르지 않았고, 착취 과정과 계급 대립에서 중간계급이 하는 구실을 훌륭하게 분석했다는 점만 간단히 짚고 넘어가겠다. 후대 마르크스주의자들도 이런 분석을 발전시켰는데, 특히 트로츠키의 파시즘 분석은 중간계급을 이해하는 데 큰 도움이 된다. 4장에서 살펴볼 알렉스 캘리니코스의 신중간계급 분석도 그런 사례다.

계급사회가 아니고, 사람들은 자신을 계급의 구성원으로 느끼지 않는다고 주장한다. 그보다는 소비 유형, 인종·성·민족 정체성 같은 요인들로 형성된 지위의 영향을 받는다고 한다. 이와 달리 베버는 계급의 존재를 인정하기는 했다. 그러나 계급뿐 아니라 '사회적 지위'와 '권력' 같은 다른 요인들을 도입해 사회에 대한 다차원적 견해를 제시했다. 그래서 베버의 이론에서는 계급의 종언이나 해체를 주장하는 사람들과 비슷한 요소들을 발견하게 된다.

베버에 따르면, 사회계층은 경제적 요인으로 결정되는 계급에 의해서뿐 아니라 신분(또는 지위)status과 파벌party에 의해서도 형성된다. 계급, 신분, 파벌, 이 세 가지 중첩된 요인들로 사회가 분할된다는 것이다. 이와 달리 마르크스는 계급 관계를 사회의 근본적 분단으로 봤다. 베버 이론에서 신분은 사회적 명예나 위신의 서열에서 개인이나 집단이 차지하는 위치를 뜻한다. 파벌은 공통의 배경이나 이해관계, 목적을 가지고 함께 행동하는 집단이다. 마르크스는 신분의 차이나 파벌을 계급 관계의 반영이라고 설명했지만, 베버는 그 차이들을 계급으로 '환원'할 수 없다고 봤다.

베버가 마르크스식 계급에 신분과 파벌을 추가한 것만은 아니다. 계급 개념 자체에서도 베버는 마르크스와 달랐다. 베버는 계급이 생산수단 지배 여부가 아니라 다양한 경제적 요인들로 구성된다고 봤다. 즉, 생산수단의 소유와 나란히 기술, 교육, 면허증 보유 같은 '시장 능력'이 중요한 경제적 자원이라는 것이다. 베버는 개인의 시장 위치가 더 많은 수입을 보장하는 등 그의 전반적인 '생활 기회life chance'(많은 수입을 올릴 기회, 좋은 작업 조건에서 근무할 기회, 교육의 기회

등등)에 중요한 영향을 미친다고 봤다. 그래서 베버의 '계급'은 비슷한 '생활 기회'와 그 기회를 얻도록 해 주는 '특별한 인과관계 요소'를 공유한 사람들의 범주를 뜻한다. '특별한 인과관계 요소'는 주로 재산과 소득 기회다. 말하자면, 많은 재산을 가진 부자들은 재산이 거의 없어 생계를 위해 노동력을 팔 수밖에 없는 사람들과의 관계에서 유리한 위치에 선다. 베버는 이 점을 인정했다. 그렇지만 그 부가 어디에서 왔는지는 묻지 않고 그저 그것을 전제했다. 착취가 이뤄지는 생산 영역을 파고들지 않고 시장을 분석의 출발점으로 삼은 것이다.

베버에 따르면, 계급은 이처럼 시장에서 출현한다. 계급을 시장과 연결한 결과는 계급의 分割的 성격을 강조하는 것이다. 즉, 자본주의 사회에는 시장에서 만들어지는 분할에 의해 조각난 여러 종류의 서로 다른 계급이 있다. 이것은 마르크스가 생산 영역에서 형성되는 계급 간의 적대와 계급 내의 공통된 이해관계에 초점을 맞춘 것과 대조적이다. 그래서 베버식 계급 개념에서는 지배계급이든 노동계급이든 단일하지 않다. 베버는 지배계급을 금융소득자(불로소득자)와 제조업에 종사하는 기업인 등으로 나눴다. 그는 전자는 기생적이고 후자는 생산적이라고 보면서, 노동자들이 주주나 금융자본가가 아니라 기업 경영자에게 더 반감을 품는 것을 문제로 여겼다. 그러나 베버 시대의 독일은 은행과 제조업 카르텔이 상당히 높은 수준으로 통합돼 있어, 이런 구분이 무의미했다. 무엇보다 마르크스가 (상품 물신성을 논의하면서) 돈이 돈을 낳는 게 아니라고 강조했듯이, 금융가들의 이자 소득도 기업가들이 노동자들을 착취한 잉여가치를 배분받은 것에 불과하다. 베버는 노동계급도 숙련인과 비숙련인 등으로 분할했다. 그는 "균일한 계급 상황은 기술이나 재산이 전혀 없는 사람들이 불규칙적 고용에 의존할 때만 가능하다"고 봤다. 이 말대로라면 자본주의가 발전할수록 계급 상황이 균일할 가능성은 더 희박해지고, 노동자들은 소득이나 기술·자격의 차이에 따라 분할돼 결코 단결할 수 없을 것이다.

또, 베버의 사회 분석에 따르면, 현대 사회에서 지배계급과 노동계급 사이의 관계가 핵심이 아니다. 계급 갈등은 자본주의의 두 주요 계급 사이에서가 아니라, 시장에서 형성된 다양한 집단들 사이에서 일어난다. 그리고 여기에 신분을 바탕으로 하는 분할이 더해진다. 베버는 현대 사회에서 신분은 사람들의 생활 방식을 통해 표현된다고 여겼다. 주거, 의복, 말투, 직업 등이 그 사람의 사회적 지위를 만들어 낸다는 것이다. 그리고 동일한 지위를 공유하는 사람들이 동일한 정체성을 지닌 공동체를 구성한다고 한다. 이런 식으로 보면, 사회는 다양한 직업군, 다양한 소비 유형 등으로 끝없이 분할될 수 있다.

베버의 신분 개념에서 또 문제가 되는 것은, 그가 이 개념을 봉건 사회 궁정 기사에 대해서뿐 아니라 현대 자본주의의 '교육받은' 계급에도 똑같이 적용했다는 것이다. 베버가 말한 '교육받은' 계급은 교육을 통해 얻은 자격으로 괜찮은 직장을 가진, 오늘날 흔히 화이트칼라라고 부르는 사람들이다. 베버는 이 집단이 노동계급의 일부가 아니라 관료 계급(민간 기업 체계의 관료)에 속하며, '프롤레타리아 독재'(노동자 권력) 따위에는 결코 관심을 기울이지 않을 집단이라고 주장했다. 그는 사회주의가 가능하지 않은 이유 하나로 바로 이 집단의 존재를 꼽았다. 그러나 현대 자본주의의 '교육받은' 계급을 설명하는 데 신분이라는 개념을 이용하는 것은 큰 혼란을 남겼다. 후대의 베버주의자들(가령 유명한 미국 급진 사회학자 C 라이트 밀스)이 화이트칼라 노동자들을 마치 궁정 기사처럼 영속적이고 견고한 특권을 누리는 집단으로 이해할 근거를 제공한 것이다.

요컨대 베버는 사회 분할의 주요 범주를 '계급'과 '신분'이라고 봤다. 이렇게 보면, 노동계급은 시장 위치와 사회적 지위에 따라 세분화된다. 그러나 베버의 계급·계층 이론과 마르크스의 차이가 단지 다계급 모델인지 양대 계급 모델인지에 있는 것은 아니다. 더 중요한 것은 베버가 계급을 시장에서 형성된 개인의 '생활 기회'의 집합으로 본 반면, 마르크스는 착취라는 개념에 근거했다는 것이다. 그래서 마르크스가 자본주의를 변혁할 힘을 계급 간의 적대에서 찾았다면, 베버는 계급 갈등을 자본주의 변혁 가능성과 전혀 관련짓지 않았다. 베버는 착취 문제를 무시했기 때문에 지배계급과 노동계급 사이에 적대가 있다는 것을 부정했고 확고한 체제 옹호 입장에 섰다. 베버는 비스마르크가 시도한 노동계급과의 사회계약에 큰 인상을 받았다. 베버에 따르면, 계급 갈등은 있지만, 시장에서 분할된 다양한 계급들 간에 벌어지는 것이지 착취를 둘러싸고 벌어지는 것은 아니다. 노동계급은 시장에서 서로 분열돼 있어 공동의 이익을 위해 단결할 수 없고, 공통의 정치적 목표를 발전시킬 수도 없다.

이처럼 베버는 계급을 공동체가 아니라고 봤다. 베버 계급론의 핵심적인 정치적 함의는 노동계급에게 사회를 변혁할 집단적 힘이 없다는 것이다. 오히려 베버는 종족적 명예나 학력, 자격 등을 통해 형성된 신분 집단이 진정한 공동체를 이룰 수 있다고 여겼다. 개인들은 신분 집단을 형성함으로써 자신의 특권을 보호하려 한다는 것이다. 이렇게 보면, 사회 갈등은 그야말로 "만인에 대한 만인의 투쟁"이 될 수밖에 없다. 그런데 그것은 무엇을 위한 것인가? 마르크스는 계급 없는 사회를 건설할 수 있다는 전망 속에서 "만국의 노동자여, 단결하라"고 했다. 그러나 베버식 사회 분할은 세계를 변혁할 전망이 없다는 것을 강하게 웅변하고 있다. 자본주의가 불가피하다고 전제한 가운데 개인이나 집단이 할 수 있는 것은 사회적 지위의 향상(사회 이동)이나 신분 집단의 이익을 지키기 위한 이전투구밖에 없을 것이다.

현대적 적용과 문제점

계급을 생산수단 소유 여부뿐 아니라 노동시장에서 차지하는 위치와 관련지어 파악해야 한다는 베버의 주장은 후대에 큰 영향을 미쳤다. 사회학 분야에서든 상식적으로든 계급을 베버가 말한 '생활 기회'의 차이로 구분하는 개념이 널리 통용되고 있다. 생활 방식에 따른 구분도 마찬가지다. 베버는 신분이 주로 생활 방식으로 표현된다고 했다.

그 결과 하나는 후대의 베버주의자들이 화이트칼라 피고용자가 크게 늘어나는 반면 육체 노동을 하는 피고용자가 줄어드는 것에 주목하며 이제 중간계급이 다수인 사회가 됐다고 주장했다는 것이다. 그들은 자본가와 노동자 사이에 학력이나 기술을 바탕으로 비육체 노동을 하는 중간계급이 있는데, 이 중간계급은 자본주의가 발전환할수록 늘어난다고 한다. 마르크스가 말한 계급 양극화가 일어나기는커녕 중간층이 두툼해진다. 그 결과 대부분의 사람들이 부유해지고 소수만이 노동계급을 형성한다는 것이다.

가령 C 라이트 밀스는 베버의 이론을 적용해 20세기 초중반 미국에서 경영직·관리직·감독직·기술직·사무직·판매직 등의 성장을 분석했다. 그는 마르크스의 중간계급 규정에는 맞지 않는 듯한 이 새로운 중간계급들을 "화이트칼라"라고 불렀다. 밀스는 화이트칼라를 기술, 교육, 면허증 보유 같은 시장 능력 덕분에 더 나은 보수와 승진 등을 누리는 집단으로 보고 노동계급과는 구분했다. 존 골드소프는 이 중간계급들을 "서비스 계급"이라고 지칭했고, 이 집단의 크기가 급속히 커지고 있다는 사실을 강조했다.

골드소프는 널리 알려진 계급 모형을 만들었는데, 시장 위치와 작업 위치라는 두 가지 요인에 기초해 11개 계급 위치를 구분했다. 시장 위치는 임금, 고용 안정, 승진 가능성 등과 관련된 것이고, 작업 위치는 작업장에서의 자율성 정도나 통제 관계 전반과 관련된 것이다. 골드소프는 경영자, 고위 전문직, 하위 전문직, 행정 관료, 공무원 등을 서비스 계급에 포함했다. 숙련 육체 노동자, 반숙련·미숙련 육체 노동자, 농업 노동자는 노동계급으로 분류했고, 사무직, 판매·서비스직, 하위 기술직 등을 '매개 계급'이라고 불렀다. 골드소프는 최근에는 작업 위치보다 고용계약 유형에 더 주목한다. 고용주와 서비스 계약을 맺는 피고용자는 서비스 계급인데, 이 관계는 신뢰를 바탕으로 하며 업무 수행 결과에 따라 승진과 특권 제공으로 보상받는다고 한다. 고용주와 노동계약을 맺는 피고용자는 노동계급인데,

이 계약은 규정된 노동 투입과 임금의 교환을 기본으로 한다. 서비스 계급은 노동계약에는 해당되지 않는 좋은 보수와 고용 안정 등을 누린다.

골드소프의 계급 모형은 결국 직업에 따른 계급 구분이라고 할 수 있다. 주로 경영직, 전문직, 고위 관리직과 기술직은 "서비스 계급"이고, 육체직만이 노동계급이다. 개인의 노동시장 능력에 따라 계급이 구분된다고 본 베버의 개념을 적용하다 보면 이런 모형에 도달하기 십상이다. 또, '사회적 위신의 서열'이라는 개념도 여기에 한몫한다. 육체 노동은 사회적으로 멸시받고 정신 노동은 존경받는다는 식으로 말이다. 사실, 사회학에서 사용되는 계급 모형의 대부분은 직업 구조에 근거하고 있다. '생활 기회'에 영향을 주는 직업이 계급 상황

〈표 3-1〉 골드소프의 계급 모형 (11계급)

계급		고용 관계
서비스 계급 1	고위 전문직, 행정 관료, 공무원, 대기업 경영자, 소유주	고용주 혹은 서비스 관계
2	하위 전문직, 행정 관료, 공무원, 소기업 경영자, 소유주	서비스 관계
매개 계급 3	행정기관, 상업기관의 비육체 단순 반복 업무 종사자(주로 사무직), 서비스 산업의 평사원	매개적 관계
3b	하위 비육체 단순 반복 업무 종사자(판매, 서비스)	매개적 관계(남성), 노동계약(여성)
4	소규모 사업주, 자영업주	고용주
4b	종업원을 두지 않는 소규모 사업주, 자영업주	자가 고용
4c	농민, 소농, 기타 자영농	고용주 혹은 자가 고용
5	하위 기술직, 육체 노동 감독자	매개적 관계
노동 계급 6	숙련 육체 노동자	노동계약
7	반숙련, 미숙련 육체 노동자	노동계약
7b	농업 노동자	노동계약

을 명확하게 식별하게 해 준다고 보기 때문이다. 마르크스보다는 베버의 계급 개념이 현재 한국 사회에서 더 유용하다고 주장한 구해근 교수도 "대부분의 사람들의 계급 위치는 직업을 통해서 정해진다"고 주장한다. "그러므로 한국의 새로운 계급 모델을 개발하기 위해서는 현재 한국의 직업 구조의 성격을 별도로 분석해야 한다."[2]

그러나 직업이 무엇인지를 잣대로 어떤 직업은 중간계급이고 어떤 직업은 노동계급이라고 구분하는 것은 한 직업 안에 위계가 있다는 명백한 현실을 반영하지 못한다. 예를 들어, 직업을 기준으로 계급을 나누는 분류를 보면 흔히 사무직·전문직을 중간계급에 포함한다. 그러나 중간 관리자와 사무직 평사원이 같을 수는 없다. 밀스의 분류를 따르는 분석들을 보면, 비서, 교사, 상점 점원 같은 "정규직 비육체 노동자"를 신중간계급에 포함한다. 그렇지만 이런 사람들의 대부분은 노동력을 판매해 살아가며 자신이 생산하는 가치보다 적은 임금을 받는 노동계급의 구성원들이다. 평범한 여성 사무직 노동자의 처지를 떠올려 보면, "정규직 비육체 노동자"를 신중간계급에 포함하는 분류는 타당성을 갖기 어렵다. 이런 점 때문에 골드소프는 "정규직 비육체 노동자"의 경우 노동조건이 '서비스 관계(계약)'보다 '노동계약' 형태에 더 가깝다고 인정한다. 그러나 그렇다고 그들을 노동계급에 포함시키지는 않는다. 마르크스주의 관점에서 보면, 계급 경계는 직업 간에 있지 않고 오히려 직업 내에 있다. 교사를 보면, 대부분은 노동계급이지만 관리자인 교장은 신중간계급이다. 공무원의 경우, 하급 공무원은 노동계급이지만 최고위 공무원(정무직 공무원이나 차관보 같은)은 사실상 지배계급의 일원이다.

직업에 따른 계급 구분에서 나타나는 또 다른 문제점은 육체 노동자만을 노동계급으로 보는 관점이다. 이렇게 보면, 자본주의 변화에 따른 계급 구조 내의 변화를 제대로 이해하지 못한다. 자본주의는 특히 선진국들에서 여러 차례 구조조정을 거듭하면서 노동인구 가운데 화이트칼라 피고용자의 비중이 점점 늘었다. 금융, IT 같은 사기업뿐 아니라 공공부문도 엄청나게 많은 화이트칼라 노동자들에 의존해 운영된다. 이들의 노동조건은 화이트칼라 업무가 소수 남성들이 누릴 수 있는 특권이었을 때와는 현격히 달라졌다. 당시에 그들은 스스로 일을 통제할 수 있고 높은 보수에 사회적 위신도 높았다. 때때로 고용주의 동업자로 인식되기도 했다. 그렇지만 판에 박힌 일을 하는 화이트칼라 노동자가 늘어나면서 그들의 처지는 임금 수준, 고용 불안, 노동 통제 등에서 육체 노동자들과 점점 엇비슷해졌다. 생산성 향상과 비용 절감을 위한 합리화 과정에서 사무실도 결코 예외가 아니게 됐기 때문이다.

그러나 베버주의자들은 직업 유형에 초점을 맞춘 나머지, 자본주의 변화에 따라 화이트칼라에게 강요된 변화를 무시했다. 화이트칼라 피고용자가 늘어나면서 그 상당수가 프롤레타리아화 과정을 밟았다고 봐야 하는데, 베버주의자들은 육체 노동자가 줄어든 만큼 노동계급 출신의 상당수가 계층 상승을 했다고 본 것이다. 베버주의자들이 화이트칼라를 육체 노동자와 뚜렷이 구분되는 별개의 계급으로 보는 데는, 앞서 지적했듯이 베버가 신분 개념을 사용해 현대 자본주의의 '교육받은' 계급을 설명한 것의 영향도 있다. 베버의 혼란스런 신분 개념 탓에 교육받은 화이트칼라 노동자들이 마치 봉건 사회 궁정 기사처럼 견고한 특권을 가진 것으로 보고, 육체 노동자와의 격차를 실제보다 과장하게 된 것이다. 이런 사람들은 간호사나 교사, 공무원의 투쟁을 '중산층'의 '신분적 특권' 지키기라고 폄하하기도 한다.

　신분 개념을 화이트칼라 피고용자에 적용한 베버와 후대 베버주의자들의 혼란은 정규직과 비정규직 등 노동계급 내의 다른 격차에 응용되기도 한다. 김영훈 전 철도노조 위원장은 어느 인터뷰에서 계급이 "변형"됐다며 "노예 같은 유목민 신분과 공장 안의 그나마 부유한 신분처럼 두 개의 신분이 존재"한다고 주장했다.[3] 그러나 이렇게 보면, 단지 정규직으로 고용된 것을 특권으로 여기고 비정규직과의 격차를 과장하면서, 정규직 노동자의 임금·노동조건 방어 투쟁을 바람직하지 않은 것으로 볼 위험이 있다.

　노동자들이 시장 위치의 이해관계에 따라 갈등을 겪는 것을 보면, 사람들이 신분 집단을 형성함으로써 자신의 특권을 보호하려 한다는 베버의 주장이 마치 맞는 것처럼 보일 수도 있다. 자격증을 내세워 그것이 없는 집단을 밀어내려 한다거나 특정한 보상 기회를 제한하려는 식으로 말이다. 그러나 이익집단에 불과한 것처럼 행동하던 노동자들도 노동조합을 만들어 좀 더 큰 규모로 조직하고 다른 노동자들과의 연대를 경험하면서 점점 공동의 계급 이해관계를 깨닫게 되고 계급의식을 발전시킨다. 베버의 계급 개념에는 바로 이 점, 노동자들을 하나의 계급으로 묶어 주는 착취 관계와 계급투쟁에 대한 이해가 전혀 없다.

2. 에릭 올린 라이트의 계급론: 마르크스의 핵심을 놓치다

마르크스주의자들 사이에서도 마르크스의 계급 개념이 오늘날의 선진 자본주의에 적용하기에는 지나치게 단순하다는 생각이 지난 세기 중후반 이후 상당히 퍼졌다. 현대적 법인기업의 성장과 그 관료제, 화이트칼라 피고용자의 수적 증가 등은 마르크스주의에 대한 상당한 도전으로 보였다. 노동력을 팔아 생계를 꾸려 나가지만 마르크스 시대의 전통적 노동자들과는 달라 보이는 광범한 피고용자들을 어떻게 볼지가 핵심 쟁점이었다. 달리 말해, 근래의 자본주의 사회에서 계급들 사이의 경계를 어떻게 설정할 것인지의 문제였다. 이 문제를 이론화하는 데서 세계적으로 좌파 진영에 단연 큰 영향력을 미친 사람은 미국의 사회학자 에릭 올린 라이트다.

한국의 진보 사회학계에서 마르크스주의 계급론 입장으로 분류되는 학자들 중에는 에릭 올린 라이트의 이론을 수용하는 사람들이 많다. 《한국사회의 계급론적 이해》를 쓴 신광영·조돈문 교수들이 대표적이다. 그분들은 그 책에서 라이트의 계급 이론을 적용해 한국 사회의 계급 구조를 분석했다. 그러면서 라이트 이론의 장점으로 "다차원적 착취 관계"를 포착할 수 있게 해 준다는 점, 미시적 수준에서 계급 형성과 계급 연합을 포함한 계급 관계를 분석하는 데 도움을 준다는 점 등을 꼽았다. 조돈문 교수와 신광영 교수는 나중에 각각 출판한 《노동계급 형성과 민주노조운동의 사회학》(2011)과 《한국의 계급과 불평등》(2004)에서도 라이트의 계급 모델을 기초로 실증적 분석을 제시했다. 라이트의 이론은 한국 진보·좌파 진영에 꽤 영향력이 있기 때문에 살펴볼 가치가 있다.

라이트는 대표적인 마르크스주의 계급 이론가로 알려져 있지만, 그의 이론은 초기와 달리 점점 고전 마르크스주의의 핵심에서 멀어지게 됐다. 라이트의 애초 문제의식은 마르크스주의 계급론이 틀렸음을 보여 주는 증거처럼 제시되는 화이트칼라 피고용자의 확대에 대해 마르크스주의자들은 어떻게 응답할 것인지였다. "지난 100년 동안의 역사적 기록은 많은 마르크스주의자들에게 자본주의 사회 내에서 계급 관계가 근본적으로 양극화되는 압도적인 경향이 만연해 있다는 이미지가 부정확한 것이라는 점을 확인시켜 주었다. 확실히, 적어도 최근의 역사를 볼 때, 그들 자신의 생산수단을 소유하는 인구(자가고용자)는 꾸준히 감소했다. 그러나 전문적이고 기술적인 직업의 성장과 대기업과 국가의 경영 위계 확대는 임금 생활자 사이에 적어도 단순한 양극 구조가 상당히 침식당한 모양을 만들어 냈다."[4]

'모순적 계급 위치'

이에 대한 라이트의 첫 이론화는 1970년대에 제안된 '모순적 계급 위치contradictory class locations'라는 것이었다. 이는 마르크스주의 경제학자 카르케디의 저작에서 착안한 것으로, 계급 관계 내부에서 객관적으로 모순된 위치를 점하는 직위들이 있다는 것이다. 라이트는 자본가 계급과 노동계급 사이에서 경영·관리직 피고용자가 모순된 위치를 차지하는 것으로, 노동계급과 프티부르주아지 사이에서 반‡자율적 피고용자가 모순된 위치를 차지하는 것으로 정식화했다. 이런 위치에 있는 사람들은 서로 다른 계급들의 특징을 공유하며 이에 따라 서로 다른 방향으로 이끌린다. 경영·관리직은 피고용자이지만, 고용주를 대신해 다른 임금 노동자들의 노동을 감독하는 일과 같은 자본의 기능을 일부 수행한다. 이들은 고위 경영자부터 일선 감독자에 이르기까지 넓은 범위에 걸쳐 있는데 투자와 자원 할당, 노동력과 생산수단에 대한 통제권 정도가 서로 크게 다르다. 반자율적 피고용자는 투자나 자원 할당, 생산수단에 대한 통제권을 거의 또는 전혀 갖고 있지 않지만, 노동과정을 스스로 통제할 수 있다.

라이트는 이들 '모순적 계급 위치'에 있는 사람들이 비교적 소규모 집단이라고 강조했다. 그는 화이트칼라 피고용자의 대다수, 특히 사무직은 노동계급 내부에 위치지워야 한다고 주장했다. 이런 관점에서 라이트는 화이트칼라 피고용자를 모두 '신프티부르주아'라고 규정한 니코스 풀란차스를 비판했다. 1970년대 풀란차스는 생산적 노동자만을 노동계급으로 정의하면서, 모든 화이트칼라 피고용자와 모든 비생산적 육체 노동자를 노동계급에서 제외했다. 라이트는 풀란차스처럼 본다면 미국 같은 사회에서 노동계급은 노동인구의 20퍼센트 이하이고 '신프티부르주아'는 70퍼센트나 될 것이라고 반박했다. 앞에서도 살펴봤듯이 마르크스는 생산적 노동자만을 노동계급으로 협소하게 규정하지 않았다. 마르크스는 집합적 노동자의 일부로서 많은 화이트칼라 노동자들도 생산적 노동자로 봤고, 비생산적 노동자도 착취받는 노동계급으로 봤다(2장 2절을 참고하시오).

초기 라이트의 '모순적 계급 위치' 개념은 몇 가지 약점도 있었지만, 최근 자본주의 사회 계급 구조를 이해하는 데 유익했다. 그 개념은 개인들이 생산수단과 맺는 관계를 분석하는 데 기초하면서, 경영·관리직, 전문직 종사자들을 마르크스주의 계급 이론 안에서 규명하려는 시도였다. 라이트는 노동계급을 이렇게 정의했다. "단순히 임금 노동자로 정의될 수 없고, 생산 속에서 다른 사람의 노동력을 통제할 수 없고, 또 노동과정에서 자기 노동의 사용을 통제할 수 없는 임금 노동자들로 정의해야 한다." 이렇게 정식화함으로써 확대된 화이트칼라 피고용자의 성격을 이해함과 동시에, 그들 모두를 '신프티부르주아'나 노동계급으로 단일하게 보지 않을 수 있었다.

그러나 라이트는 1980년대 중반 '모순적 계급 위치' 이론을 포기하고 새로운 이론을 내놓았다. 그는 1985년에 출판한 《계급론》에서* 왜 자신이 '모순적 계급 위치'라는 이전 개념을 버렸는지 설명했다. 라이

---

* 국역: 에릭 올린 라이트, 《계급론》, 한울, 2005. 이하 본문에서 이 책의 인용은 쪽수만 표기할 것이다.

트는 '모순적 계급 위치' 개념이 "착취가 아니라 지배 개념에 거의 전적으로 의존"하고 있었던 것이 가장 근본적인 문제점이라고 했다. 그는 착취 개념을 주변화하고 지배 중심적 계급 개념을 가지면 '다중 억압'적 접근을 취하게 될 수 있다고 우려했다. 그러면 계급은 다른 많은 억압 가운데 하나가 돼 버리고 사회 분석에서 어떤 특별한 중심성도 갖지 못하게 된다면서 말이다.

라이트는 착취 문제에 대한 이와 같은 '성찰' 속에서 화이트칼라 피고용자 문제를 재공식화했다. 그래서 1980년대 중반 이후 라이트의 이론을 "착취 중심적 계급 이론"이라고들 한다. 그런데 여기서 주의해야 할 것은 그의 착취 개념은 마르크스의 착취 개념과는 거리가 아주 멀다는 것이다. 라이트는 분석 마르크스주의자이자 스라파주의자인 존 로머의 착취 개념을 수용했다. 1970년대 후반 이언 스티드먼과 스라파주의 경제학자들(리카도 전통을 따르는 비주류 경제학자들)은 마르크스의 노동가치론과 이윤율 저하 경향의 법칙에 반론을 제기했는데, 존 로머는 그 가운데 하나였다.

로머의 착취 개념을 수용하다

존 로머는 노동가치론이 교환에 대한 잘못된 이론이고 자본주의적 착취를 이해하는 데 불필요하다고 주장했다. 그러나 마르크스에게 노동가치론은 자본주의 생산양식을 이해하고 어떤 모순 때문에 자본주의의 타파가 가능해지는지 이해하는 데 핵심이었다. 마르크스가 가치법칙의 관철을 증명한 이유는 자본주의 생산양식에 내재한 역사적 발전 경향을 보여 주기 위해서였다. 마르크스는 상품이 교환되는 비율을 결정하는 공식을 제공하는 데는 관심이 없었다.* 자본주의 착취의 특수 형태인 잉여가치의 추출도 노동가치론을 받아들여야만 이해할 수 있다. 마르크스는 직접생산자들이 생산수단으로부터 분리된 처지를 바탕으로 자본가가 생산수단에 대한 지배권을 사용해 노동자들을 임금 벌충에 필요한 시간 이상으로 노동하도록 만듦으로써 잉여가치를 추출한다고 했다. 그러나 로머는 잉여노동의 전유라는 마

---

* 일부 급진 경제학자들은 상품 가격이 가치에 따라 결정되지 않는 것처럼 보인다는 문제, 즉 가치가 가격으로 전형되는 문제에 봉착해, 마르크스가 틀렸고 스라파가 마르크스를 '대체할' 신리카도주의 방법을 제시했다고 여겼다. 피에로 스라파는 마르크스와 리카도의 영향을 받은 이탈리아의 경제학자였다. 그는 《상품에 의한 상품 생산》에서 리카도의 가정에서 출발해 서로 다른 상품들의 물질적 양과 그들의 교환가격을 도출하는 것이 어떻게 가능한지 형식적 경제모델을 통해 보여 줬다. 스라파는 (마르크스와 달리) 노동력이 다른 상품의 가치가 결정되는 것과 같은 방식으로 결정되는 상품이라고 보지 않았다. 그는 임금에 잉여생산물의 일정 몫이 포함돼 있을 수 있다고 봤다. 따라서 필요노동과 잉여노동을 구분하지도, 잉여노동이 잉여가치의 원천이라고 보지도 않았다. 스라파는 생산에서 소모된 물질적 상품을 보전하고 남는 생산물을 잉여라고 규정하고(잉여=임금+이윤), 생산의 기술적조건이 주어져 있다고 할 때 임금률과 이윤율의 변화가 가격에 미치는 영향을 밝히는 데 관심을 뒀다. 그러나 스라파의 저작은 리카도의 가정을 형식적 모델을 통해 증명한 것일 뿐, 현실적 적용을 제시하지는 않았다.

그러나 일부 급진 경제학자들이 스라파가 전형문제를 해결할 방법을 제시했다고 본 것은 전혀 그럴듯하지 않다. E K 헌트가 지적했듯이, 스라파는 "자신의 분석에서 노동가치의 개념을 필요로 하지 않았고, 그에게는 전형문제가 발생하지도 않았다." 사실 전형문제는 애덤 스미스와 리카도도 부딪혔던 문제로 전혀 새로운 것이 아니었다. 마르크스는 평균이윤율 형성을 다룸으로써 이 문제를 설명했다. 가치법칙이 시간을 두고 작용한다는 점을 보여 준 것이다. 후대 마르크스주의자들은 시점 간 해석을 체계화함으로써 마르크스의 견해를 효과적으로 옹호할 수 있었다.

르크스의 착취 개념과 노동가치론을 분리하고, 후자 대신에 소유관계가 핵심 개념인 게임이론적 '착취' 개념을 채택했다.

로머는 마르크스와는 다른 착취 개념을 두 가지 방식을 통해 구축했다. 하나는 '노동이전 접근'인데, 이는 잉여노동이 다양한 교환관계를 통해 흐르는 것을 보여 준다. 로머는 직접생산자에 대한 착취자의 통제가 전혀 없어도(모든 생산자가 생산수단을 소유하고 노동시장도 없는 경제에서도) 생산물의 시장 교환을 바탕으로 착취가 발생한다고 했다. 생산자들이 소유한 생산 자산의 양이 다르기 때문에, 생산자들 간의 자유로운 교환은 자산이 풍부한 자가 자산이 빈곤한 자를 착취하는 결과를 낳는다는 것이다. 이런 경제에서 생산자들 사이에는 단순히 격차(불평등)가 존재하는 게 아니라 착취가 존재하는 것이라고 한다.

다른 하나는 '게임이론 접근'인데, 생산조직을 게임으로 다룸으로써 서로 다른 형태의 착취를 보여 준다. 다양한 생산 자산(가령 자본이나 기술 등)을 소유하고 있는 게임 참가자들은 이것을 생산에 투입하고 구체적인 규칙의 조합을 바탕으로 이 자산들을 이용해 소득을 얻는다. 로머는 게임 참가자의 특정 연합이 게임에서 철수했을 때 더 잘살게 될 것인지를 질문함으로써 착취 여부를 분석한다. 더 잘살게 된다면 그들은 철수하기 전에 피착취자였던 것이다. 로머는 이런 접근법을 통해 여러 종류의 생산적 자산의 소유(노동력, 생산수단, 기술, 지위)를 근거로 각각 네 종류의 착취(봉건제 착취, 자본주의적 착취, 사회주의적 착취, 그리고 지위 착취)를 정의했다. 봉건제는 노동력 소유권의 불평등한 분배에 토대를 둔 계급 시스템이고,

그 착취 기제는 "잉여노동력의 강제적 추출"이다. 자본주의는 생산수단의 불평등한 분배에 토대를 둔 계급 시스템이고, 그 착취 기제는 "시장에서 노동력과 상품의 교환"이다. "사회주의적 착취"를 정의한 것도 특이한데, 로머는 이 착취가 '기술 자산' 소유로부터 발생한다고 했다. 기술적으로 숙련된 사람이 덜 숙련된 사람보다 더 큰 보수를 받는다면, 그들의 소득에 "지대 부분"이 있는 것이고 그것이 착취를 구성하는 요소라는 것이다.

요컨대 로머의 착취 개념은 "착취의 물질적 기반이 생산적 자산, 흔히 재산 관계라고 이야기되는 것의 불평등한 분배에 놓여 있다"는 것이다. 즉, 계급은 "재산 관계"로부터 도출되게 된다. 그래서 로머 이론을 소개하면서 라이트는 계급에 관한 그 함의를 이렇게 요약했다. "이런 결론에 의해 로머는 생산 내의 지배 관계에 의해 계급을 정의하는 마르크스주의의 경향에 정면으로 도전하게 됐다." 실제로 마르크스는 자본가와 노동자가 상품 소유자로서 만나는 시장에 머물러서는 착취가 보이지 않는다고 했다. "은밀한 생산의 장소"로 들어가야 한다. 그러나 노동가치론을 부정해 잉여가치도 부정할 수밖에 없는 로머는 착취가 생산 영역에서의 잉여노동 추출이 아니라 자산 분배에서의 불평등에서 비롯한다고 본 것이다. 그러면 착취 문제를 분배 문제와 다르지 않은 것으로 보게 되고, 관심의 초점을 착취 자체에서 분배 정의 문제로 전환하게 된다.*

---

* 이것은 로머가 신리카도주의에 기반하고 있는 데서 비롯하는 문제다. 신리카도주의자들은 착취를 단지 사회적 생산물이 분배되는 양상과 관련된 것으로 여긴다. 리카도는 사회가 생산수단을 소유하는 계급과 그로부터 배제된 노동계급으로 나

라이트는 '착취의 물질적 토대는 생산 자산의 불평등한 분배'라는 로머의 착취 이론을 수용하고, 이에 근거해 계급 이론을 다시 공들여 진술했다. 라이트는 로머처럼 생산 자산을 넓게 해석해, 네 종류(노동력, 생산수단, 조직, 기술)로 구분했다. 라이트는 로머의 기술 자산 착취 개념에 약간 의구심을 나타내면서도 계급 구분 기준으로 그것을 채택했고, (로머의 '지위' 대신) 조직 자산이라는 개념을 추가했다. 조직 자산은 라이트가 매우 중요하게 여기는 개념으로, 경영자 권력의 물질적 토대다. 조직 자산이란 조직의 서열 체계의 높은 지위에서 나오는 자산으로, 라이트는 조직을 "노동의 복잡한 분업 상태에 있는 생산자들 간의 조정된 협동 조건"이라고 정의했다.* 라이트는 각각의 생산 자산을 하나의 생산양식에 대응시켰다. 봉건제는 노동력의 불평등한 분배, 자본주의는 생산수단의 불평등한 분배, 국가주의는 조직의 불평등한 분배, 사회주의는 기술의 불평등한 분배에 조응하는 생산양식이다. 그런데 구체적 사회가 단일 생산양식의 특

———

뉘는 것은 당연하다고 보면서, 계급투쟁은 사회적 생산물의 분배를 둘러싸고 일어난다고 봤다.
급진 케인스주의의 영향을 받은 좌파 내의 많은 사람들은 착취와 계급을 사회적 생산물의 불평등한 분배와 혼동한다.

* 라이트는 조직 자산에 대해 이렇게 설명한다. "애덤 스미스와 마르크스가 모두 주목했듯이, 생산자들 사이에서 노동의 기술적 분업은 그 자체로 생산성의 원천이다. 생산 과정이 조직되는 방식은 노동을 한다거나 생산자의 생산수단과 기술을 이용하는 일과는 구별되는 생산적 자원이다. 물론 생산수단과 기술 간에 상호관계가 있는 것처럼 조직과 다른 자산 간에는 상호관계가 존재한다. 그러나 조직 — 노동의 복잡한 분업 상태에 있는 생산자들 간의 조정된 협동 조건 — 은 그 자체로 고유한 생산적 자원이다."(119쪽)

생산수단 자산

	생산수단 소유자	비소유자 (임금생활자)			
자신은 일하지 않고 남을 고용할 만큼 자본이 충분함	①부르주아	④전문 경영자	⑦반전문 경영자	⑩비전문 경영자	+
자신도 일해야 하나 남을 고용할 만큼 자본이 충분함	②소고용주	⑤전문 감독자	⑧반전문 감독자	⑪비전문 감독자	〉0	조직 자산
남을 고용할 수 없고 자신이 일해야 할 정도의 자본이 있음	③프티 부르주아	⑥비경영 전문가	⑨숙련노동자	⑫프롤레타리아	−
	+	〉0	−		

기술·학력 자산

출처: 에릭 올린 라이트, 《계급론》, 131쪽.

징만을 갖고 있는 경우는 "거의 없기[기]" 때문에, "어떤 사회의 실제 계급 구조는 상호 교차하는 착취 관계의 복잡한 패턴이라는 특성을 띤다."(130쪽) 이런 개념에 따라 라이트는 자본주의 사회의 계급 위치를 12개로 분류했다(표 3-2). 먼저, 생산수단의 소유자 부문과 비소유자 부문을 나누고, 비소유자 부문을 다시 조직 자산 착취와 기술 자산 착취에 의해 분류한 것이다.

파편화된 계급 구조

라이트가 계급 이론을 이렇게 재정식화함으로써 나타난 두드러진 결과는 사회 구조를 매우 파편화된 것으로 보게 됐다는 것이다. "상호 교차하는 착취 관계" 속에 어떤 계급 위치들은 착취하면서도 착취당한다는 것이다. 라이트가 분류한 자본주의의 12개 계급 위치 가운데 8개의 계급 위치가 착취자인 동시에 피착취자인 사람들로 구성된다. 그 전에 라이트는 경영·관리직 종사자에 대해 고용돼 있으면서도 고용주 대신 자본의 기능을 일부 담당하는 모순된 위치에 있는 것으로 봤다면, 이제는 '조직 자산'을 가진 착취자(이기도 한 것으)로 파악한다. 라이트는 착취자인 동시에 피착취자인 좋은 예로 높은 기술 수준을 보유한 임금생활자, 즉 전문직도 꼽았다. "그들은 자본주의적으로 착취당한다. 왜냐하면 그들은 자본 자산이 없기 때문이다. 그렇지만 동시에 기술 착취자들이기도 하다."(130쪽) 그러나 경영·관리직 종사자 가운데 생산수단에 대한 보잘것없는 정도의 통제권만을 가진 사람들을 착취자로 봐야 할 이유는 불분명하다. 게다가 기술을 가지고 있다는 이유로 전문직을 착취자로 분류한다면, 전문직 노동자(하급 전문직)도 착취자로 분류될 위험이 있다.

라이트의 이런 접근법은 그가 생산수단에 대한 통제 효과와 조직 자산, 기술 자산에 대한 통제 효과를 동일시하고 있음을 보여 준다. "자본주의 사회에서 계급은 세 가지 형태의 착취의 복잡한 상호 교차에 뿌리박고 있다고 봐야 한다"는 것이 그 근거가 된다(352쪽). 그런데 이렇게 보면 사실상 계급과 소득 차이를 같은 것으로 보게될 수밖에 없다. 실제로 라이트는 기술 문제에서 기술자가 기술을 가지고 있다는 이유로 다른 사람보다 소득을 더 올린다면 그것을 착취로 본다. 소득 차이를 착취, 더 나아가 계급 적대의 징후로 보게 되는 것이다. 이것은 마르크스주의가 아니라 주류 사회학에 가까운 개념이다. 베버가 기술이나 자격 같은 시장 능력이 피고용자 내부의 계급 분화를 가져온다고 주장한 것을 기억해 보라. 라이트는 사실상 이런 목록을 공유한 채 그것을 '착취'라는 용어로 설명한다는 것만 다를 뿐이다.

이처럼 라이트가 마르크스주의 계급 개념에서 멀어진 것은 그가 여러 종류의 생산 자산을 나누고 그 각각이 착취 형식의 토대가 된다고 보는 착취 개념을 수용했기 때문이다. 그러나 여러 생산 자산들에 대한 통제는 라이트가 생각하듯이 그렇게 분리돼 있지 않다. 봉건제적 착취는 노동력에 대한 통제만으로 이뤄지는 것이 아니고, 자본주의적 착취도 생산수단에 대한 통제만으로 이뤄지는 것이 아니다. 생산은 노동력과 생산수단이 결합돼 이뤄지기 때문에, 착취 계급은 둘 모두에 대해 최소한 어느 정도 통제할 수 있어야 한다. 생산양식들 간의 차이는 이 둘에 대한 통제 정도와 그것의 관계에 따른 것이다.

자본주의의 경우 생산수단을 독점하는 착취 계급은 노동력에 대한 통제를 확보하기 위해 생산수단에 대한 통제의 독점권을 사용한다. 그럼으로써 비록 노동자들이 이중의 의미에서(신분적 예속으로부터 그리고 생산수단으로부터) 자유를 갖지만, 자본주의는 착취 계급이 노동력에 대한 통제도 할 수 있는 생산양식이다. 마찬가지로, 라이트가 말한 '조직'을 분리해 내기도 어렵다. 생산이 조직되는 방식은 착취자들에게 실질적 관심사일 수밖에 없고, 따라서 '조직 자산'에 대한 통제는 그들에게 매우 중요하다. 착취 계급은 자본의 규모가 커짐에 따라 관료(제)를 발전시켰지만, 결코 '조직'에 관한 전략적 통제권을 넓은 범위의 피고용자에게 허용하지는 않았다. 투자와 자원 배치 같은 전략적 통제권을 갖는 피고용자는 극소수이며 그들은 생산수단의 소유자가 아니더라도 지배계급의 일부로 봐야 한다. 전략적 통제권을 갖지 못하는 신중간계급을 그들과 똑같이 착취 계급으로 취급하는 것은 부적절하다.

그럼에도 라이트가 새 이론에서 "조직 자산"을 가진 신중간계급을 착취 계급으로 분류한 데는 두 가지 이유가 있다. 하나는 라이트 자신이 말하듯이 초기의 '모순적 계급 위치' 개념은 "착취가 아니라 지배 개념에 거의 전적으로 의존했다"는 반성이다. 그 결과 계급 위치 분석과 객관적 이익 분석 간의 연결 고리가 약했다는 것이다. 지배와 착취(또는 계급)를 똑같은 것으로 보는 것은 분명히 문제다. 그렇게 되면 계급을 지배라는 더 폭넓은 현상이 겉으로 나타난 것일 뿐이라고 보는 (니체나 베버의 영향을 받은) 사회 이론들과 다를 바 없게 된다. 이와 달리 마르크스는 착취가 지배의 이유가 된다고 주장했다. 정치적 지배뿐 아니라 생산에서의 지배까지도 포함해서 말이다. 착취는 직접생산자에 대한 지배에 달려 있는 것이 아니라 생산수단에 대한 지배에 달려 있다. 물론 잉여노동을 뽑아내기 위해서는 생산자에 대한 어느 정도의 지배가 필요하다. 하지만 착취와 지배는 같은 것이 아니다. 착취 방식에 따라 어떤 경우에는 생산에서의 지배가 필수적이고 어떤 경우에는 덜 필요하다. 노동이 인신적 예속으로부터 해방된 자본주의는 생산에서의 지배가 반드시 필요한 생산양식이지만, 이는 생산수단에 대한 지배와 결부돼 있다.

소련 사회의 성격 규명에 걸려 넘어지다

라이트는 자신이 '지배' 개념에 의존했던 문제를 교정하고 착취를 중심에 세우고자 했지만, 착취와 지배의 관계를 옳게 재정립하지는 못했다. 그는 지배와 생산수단에 대한 통제를 분리해 버리고는 '조직' 자체를 하나의 '자산'으로 간주하는 것으로 나아갔다. 이것은 지배계급이 '모순적 계급 위치'가 발생하는 관료적 위계 체계를 왜 창출했는지에 대한 그의 이해 부족을 드러내는 부분이기도 하다. 라이트가 조직을 자산으로 보기까지 한 것은 조직 자산에 토대를 둔 착취를 그가 "국가주의"라고 부른 생산양식과 연결하기 위해서였다. 이것은 라이트가 밝힌, 초기의 '모순적 계급 위치' 개념을 버린 또 다른 이유와도 맞닿는다. 그것은 '모순적 계급 위치' 개념이 "'현존 사회주의'에 거의 아무런 수정 없이 적용[될 수 있었다]"는 것에 대한 '반성'이었다(93쪽).

라이트는 미국의 계급 분석에 사용됐던 조작적 기준이 (옛 소련 블록 몰락 이전) 헝가리에 동일하게 적용될 수 있다는 것을 비교 연구 과정에서 깨닫고는 그 개념에 "심각한 문제"가 있다고 보게 됐다. "그 계급 관계 분석에는 자본주의 이후 사회의 계급 구조에 진정한 특수성을 부여할 수 있는 요소나, 자본주의 내에서 자본주의 이후 사회의 계급이 출현하는 것에 대한 분석에 방향을 제시하는 요소가 아무것도 없었다."(93쪽) 사실, 라이트의 초기 계급 모델이 동유럽 사회에 별 수정 없이 적용될 수 있었다는 것은 오히려 소련과 동유럽 사회의 성격을 드러내 주는 것이다. 소련과 동유럽은 모종의 사회주의가 아니라 자본주의의 한 변종인 '관료적 국가자본주의'였다.* 그러나 라이트는 그 사회들을 "자본주의라고 믿지 않기 때문에" 자신의 초기 '모순적 계급 위치' 개념을 포기하는 길을 택했다(93쪽).

이처럼, 라이트가 '조직 자산'을 하나의 독자적 생산 자산으로 취급한 것은 그가 "현존 사회주의"라고 부른 사회의 성격 규명과 관련이 있었다. 라이트는 "현존 사회주의"를 "국가주의" 또는 "국가사회주의"라고 부르며, "생산수단의 사적 소유를 실질적으로 없[앤] … 자본주의 이후 사회"에서도 "조직 자산"이나 "기술 자산"을 바탕으로 한 착취가 있다고 주장한 것이다. 이것은 "현존 사회주의"에 존재하는 억압과 지배를 '마르크스주의적'으로(계급 착취와 연결지어) 설명하려는 시도였다. 왜냐하면 소련과 동유럽 사회의 문제가 알려지면 알려질수록 이 사회들에 존재하는 억압과 불평등은 마르크스가 틀렸음을 증명하는 것이라는 사회 이론들이 힘을 받았던 것이다. 마르크스는 억압과 불평등이 계급사회의 특징이고 자본주의 전복 이후에는 점차 사라질 것이라고 주장했다. 이제 많은 사회 이론가들은 권력에 관심을 기울이면서, 계급 착취가 소멸한 이후에도 억압이 사라지지 않았다면 이런 지배를 권력의 자율적 원천으로 봐야 한다고 주장했다. 라이트는 이에 맞서 "현존 사회주의"의 억압과 지배를 조

---

* 필자가 지지하는 국제사회주의 경향은 소련과 동유럽, 중국, 북한 등을 서방 자본주의보다 더 나을 것도 더 못할 것도 없는 관료적 국가자본주의라고 정의한다. 이 경향의 창립자는 토니 클리프로, 1947년에 소련 사회를 분석하는 책을 처음 출판했다(국역은 토니 클리프, 《소련은 사회주의 사회였는가》). 필자가 이 이론을 적용해 북한 체제의 성격과 역사를 다룬 책으로 《국제주의 시각에서 본 한반도》, 책벌레, 2002가 있다.

직 자산이나 기술 자산에 기초한 새로운 종류의 착취에 연결시킨 것이다.

그러나 마르크스가 자본주의의 특징이라고 부른 억압과 불평등이 나타나는 사회가 있다면, 그 사회의 지배자들이 자기네 체제를 무엇이라 부르든 관계없이 그것을 자본주의라고 규정해야 가장 마르크스주의적인 대응이었을 것이다. 라이트가 그렇게 하기를 주저한 핵심 이유는 그런 사회들에서 생산수단의 사적 소유가 폐지되고 국가가 생산수단을 소유하고 있다는 것이었다. 그러나 마르크스가 지적했듯이, 법률적 소유관계가 아니라 실질적 점유가 중요하다. 소련·동유럽 체제에서 생산수단은 관료 집단에 의해 집합적으로 통제됐고, 축적과 생산은 다른 국가들과의 군사적·경제적 경쟁에 종속됐다. 이런 경쟁이 소련·동유럽의 관료들이 엄청난 억압을 동원해 노동자들을 쥐어짠 이유가 됐다. 오히려 마르크스의 착취 개념에 따라 소련 국가 관료의 구실을 규명하고 그 사회의 성격을 분석할 수 있다.

노동계급의 핵심적 역할 이론에서 후퇴

앞에서 언급했듯이, 라이트는 자신의 초기 '모순적 계급 위치' 이론이 '지배' 중심적 계급 개념에 기초함으로써 사회에 대한 "다중 억압적 접근"으로 나아가게 될 수 있다고 우려했다. 현대의 다양한 사회이론들이 그렇듯이 말이다. 그러나 라이트는 새 이론을 통해 이런 문제를 해결하기는커녕 오히려 '다중 착취적 접근'이라고 할 만한 것으로 나아갔다. 그는 착취나 계급이 "다른 많은 억압 가운데 하나가 되고 사회 분석에서 어떤 특별한 중심성도 갖지 않게" 되는 문제를 모면하고자 했지만, 착취 자체를 다중화함으로써 사실상 "어떤 특별한 중심성"도 스스로 부정하는 결과를 낳았다. 사회를 몇 다발의 중첩된 집단들로 환원하는 사회학의 개념과 매우 유사한 계급 구조를 그리는 것으로 나아간 것이다.

라이트의 새 이론은 마르크스주의 계급론의 발전이 아니라 그로부터의 후퇴였다. 사실 라이트의 초기 '모순적 계급 위치' 개념이 지배 개념에만 기댄 것은 아니었다. 그는 마르크스의 착취 이론에 근거해 경영·관리자들에 대한 분석을 제시하고, 실증적 연구를 통해 이들이 감독 역할의 충성스런 수행을 대가로 체계적으로 높은 소득을 받고 있음을 밝혔었다. 또, 소련과 동유럽에 대한 실증적 연구에 적용될 수 있다는 점도 장점이었다. 그러나 단지 이런 점에서뿐 아니라 정치적 함의라는 면에서 라이트의 새 이론은 중요한 후퇴를 보여 준다.

첫째, 라이트의 새 이론의 정치적 함의 하나는 자본주의의 무덤을 팔 세력으로서 노동계급의 중요성을 부정하고 신중간계급의 역사적 중요성을 강조하는 것이다. 라이트는 중간계급의 재개념화를 통해, '주요 모순적 위치'가 역사적으로 변하며 그들이 바로 뒤를 잇는 생산양식의 지배자가 될 수 있음을 알 수 있다고 주장했다. 그런 중간계급이 봉건제 사회에서 부르주아지로 구성됐다면, 자본주의 사회에서는 "경영자와 국가 관료"로 구성된다. "그들은 자본주의와는 확연히 구분되는 계급 조직의 원리를 구현하고 자본주의적 관계에 잠재적으로 대안을 설정한다. 이는 국영기업 경영자의 경우에 특히 진실이다." 즉, "프롤레타리아가 자본주의 사회에서 고유하고 아마도 심지어는 보편적으로 핵심적인, 자본가 계급에 대한 라이벌이라는 [마르크스의] 명제가 더 이상 공리로서 자명한 위치를 차지하지 않는다."(133쪽) 이제 신중간계급, 특히 국가 관료가 "자본주의 이후 사회"라는 대안("국가주의" 또는 "국가 관료 사회주의")을 선도할 잠재력이 있는 계급으로 중시된다.

둘째, 신중간계급과 대조적으로 현대 자본주의의 노동계급은 다차원적 착취 관계 속에 파편화된다. 라이트는 《계급론》 전체에 걸쳐 노동계급의 특별한 중요성이나 혁명적 잠재력을 전혀 언급하지 않는다. 라이트는 미국과 스웨덴에 대한 연구 결과를 기초로, 현대 자본주의의 변화에도 불구하고 "노동계급은 노동력 가운데 가장 많은 수를 차지하는 계급으로 남아 있다"고 인정한다(350쪽). 좁은 정의에 따르더라도 노동인구의 약 40퍼센트가 노동계급에 속해 있다고 말이다. 그러나 그는 노동계급이 다수라는 사실만큼이나 중요한 것은 "그 중에 상당한 부분은 계급 구조 내에서 **착취적** 위치를 점유하고 있다"는 것이라고 강조한다(354쪽). 노동계급 구성원들이 서로 물질적 이해관계가 다른 착취자와 피착취자로 대면하고 있다는 것이다. 이처럼 다중 착취의 교차에 의해 노동자들이 파편화돼 있다면, 노동계급은 동일한 계급 이익에 기초해 단결하기가 불가능할 것이다. 라이트는 2010년에 출판한 《리얼 유토피아》에서 "자본주의 권력 구조에 도전하는 노동계급의 집단적 역량은 성숙한 자본주의 사회에서 쇠퇴하는 것처럼 보인다"고 주장했다.* 그리고 그 이유로 계급 구조의 복잡성과 노동계급 내의 **계층화**(서열화), 그로 인한 피고용자 내 이해의 이질성 심화를 꼽았다.

셋째, 위와 같은 분석의 귀결로서 계급 동맹의 중요성을 강조하는 민중주의로 나아간다. 라이트는 이렇게 강조한다. "계급 분석이 단순히 양극화된 계급 구조라는 관점에서 멀어지면, 계급 동맹의 문제가 계급 형성 분석에서 매우 중대한 자리를 차지하게 된다."(171쪽) 양극화된 계급 관계 속에서 노동계급이 동일한 계급 이해관계를 가지고 있다고 보지 않고, 다층적 착취 관계로 분열돼 있다고 보기 때문이다. 이 계급 동맹 문제에서 신중간계급은 매우 주도적이고 결정적인 위치를 차지한다. 신중간계급이 지배계급과 동맹을 맺으면 지배계급은 안정적 기반을 유지할 수 있다. 신중간계급은 피착취 계급과도 동맹을 맺을 수 있는데, 이때 이 동맹의 정치적·이데올로기적 방향이 중요해진다.

라이트는 제3세계의 경우 신중간계급이 주도하는 국가주의를 노동계급이 수용해야 한다고 주장하고, 선진 자본주의에서는 '민주적 사회주의'가 가능하다고 한다. 라이트가 주장하는 민주적 사회주의란 자본의 사회화와 조직 자산의 민주화가 동시에 이뤄지는 것이다. 그런데 노동계급이 조직 자산의 민주화로부터 이익을 얻지 못할 신중간계급 사람들로부터 지지를 얻어 내려면, 그 동맹은 물질적 이해

---

* 국역: 에릭 올린 라이트, 《리얼 유토피아: 좋은 사회를 향한 진지한 대화》, 들녘, 2012.

관계에 바탕을 두면 안 된다. 오히려 동맹 세력 간의 "모순적인 물질적 이해"를 "중화"시키는 것들에 호소해야 한다. "삶의 질, 진정한 자유의 확장, 폭력의 감소 등의 측면에서 사회주의를 지지하는 논의"가 그런 것들이다(356쪽). 말하자면, 노동계급은 신중간계급의 동맹을 얻어 내기 위해 자기 계급의 물질적 이해를 위한 요구를 제쳐 둬야 한다. 그런 요구를 제기하는 투쟁은 폭넓은 지지를 받지 못하며 정치적 계급투쟁으로 확대될 잠재력도 없다는 것이다. 라이트의 이런 주장은 유러코뮤니즘의 계급 동맹 전략과 매우 유사하다.

이와 같은 라이트의 후퇴는 분석 마르크스주의의 문제점과 맞닿아 있다. 분석 마르크스주의 학자들은 영미권 주류 학계의 철학·사회과학 연구와 마르크스주의를 결합하려 했다. 이런 시도 가운데는 '합리적 선택 이론'과 마르크스주의를 결합해 '합리적 선택 마르크스주의'를 구축한 것도 포함됐다. 합리적 선택 이론은 집합적인 사회적 행위를 이기적 개인들의 행위로 환원하는 이론이다. 분석 마르크스주의자들이 스라파주의자 등 신리카도학파의 마르크스주의 경제학 비판을 받아들인 것이 그들이 이렇게 나아가는 길을 도와줬다. 그 비판의 핵심은 마르크스의 노동가치론과 이윤율 저하 경향을 부정하는 것이었다. 이 두 이론이 자본주의 체제의 운동 법칙과 자본주의를 반복적 위기로 몰아가는 역동적 과정을 설명하는 마르크스 이론의 핵심인데도 말이다. 이 개념들이 밝혀내는 연결망은 견고한 내적 논리를 가지면서 체제의 동역학을 해명한다. 분석 마르크스주의자들이 노동가치론과 이윤율 저하 경향을 부정한 것은 사회 구조나 인간 행위를 이런 법칙에 바탕한 자본주의의 동역학과 연결지어 이해하지 않는다는 뜻이다. 그 대신 그들은 인간의 사회적 행위를 합리적 인간(개인)의 선택으로 보거나 초역사적인 보편적 역사 변동에 관심을 기울이는 것으로 나아갔다.

가령 라이트가 수용하고 있는 로머의 착취 이론은 행위 주체들을 '자기 자산의 가치를 최대한 빨리 확대하려는 축적 행위자'로 가정한다. 이것은 분명 마르크스가 자본가들의 잉여가치 재투자를 자본주의 속성으로 설명한 데서 차용한 것일 테지만, 로머는 개인 행위자들이 왜 그런 행위를 하게 되는지는 설명하지 않는다. 반면 마르크스는 개별 자본 간의 경쟁 압력 때문에 자본 축적이 일어나게 된다고 설명했다. 라이트도 "계급 관계의 물질적 기반으로서 자원에 대한 효과적 통제"를 강조하는데, 이것은 신베버주의자인 파킨이 말하는 "사회적 폐쇄" 개념과 구분하기 어렵다. 사회적 폐쇄는 특정 집단들이 그다지 많지 않은 자격자에게만 자원이나 기회에 대한 접근을 제한함으로써 보상의 극대화를 추구하는 과정이다. 이처럼 자본주의 운동 법칙이 인간 행위를 강제하는 측면을 이해하지 못하면, 사회적 구조와 행위를 제대로 이해하기는 어렵다. 가령 자본가들은 서로 경쟁하는 관계 속에 있어서, 자신들도 어쩌지 못하는 맹목적 쟁투를 벌이며 세계를 위험에 빠뜨린다. 체제 변혁 없이 그들을 설득하는 것으로 문제를 해결하려는 어떤 정치 전략도 가망이 없는 이유다. 물론 인간 행위가 구조적으로 결정돼 있는 것은 아니다. 자본주의의 폐지가 필연적인 것은 결코 아니며, 노동계급이 아래로부터 권력을 잡으려면 혁명적 정당 같은 주관적 조건들이 필요하다. 그러나 행위자의 잠재력을 그들이 생산관계 속에서 차지하는 위치와 체제의 동역학 속에서 파악하지 않으면 결코 제대로 이해할 수 없다.

　이런 점에서 볼 때 라이트의 계급 개념은 진정한 의미에서 "관계적"이라고 하기 어렵다. 그가 사회학의 등급 매기기식 계급 개념을 비판하면서 '관계'를 중요하다고 주장하고 있지만 말이다. 라이트의 계급론은 '조직 자산'을 가진 사람과 안 가진 사람, '기술 자산'을 가진 사람과 안 가진 사람 사이의 '관계'를 보여 줄 수 있을지는 몰라도, 그런 관계가 자본주의 운동 법칙과 어떻게 연관되는지는 규명하지 않는다. 또, 라이트는 '국가사회주의' 하에서 '조직 자산'에 기초한 착취가 벌어진다고 했지만, 그 착취는 무엇에 의해 추동되는지 그 생산양식의 운동 법칙은 무엇인지 아무 설명도 하지 않았다. 즉, 라이트의 계급 '관계'는 그 생산양식의 핵심이자 그것에 타격을 가할 수도 있는 관계인 계급투쟁과 연관돼 있지 않은 것이다. 라이트는 "성숙한 자본주의에서 이윤율의 장기적 저하 경향은 존재하지 않는다"며 "자본주의의 내적 동학이 자기 파괴의 궤도를 낳지 않는다"고 주장한다. 물론 그렇다고 자본주의가 "집합 행위를 통해 변혁될 수 있다"는 것을 라이트가 부정하는 것은 아니다. 그러나 만약 자본주의 체제 변혁이나 그 행위 주체가 자본주의 내부 모순과 관계없는 것이라면, 변혁의 동력은 어디서 나오는가? 마르크스는 자본주의 생산관계 안에서 노동자들이 처해 있는 위치가 어떻게 그들로 하여금 자본주의에 집합적으로 도전할 힘을 주는지를 강조했다. 반면, 체제의 내적 동학과 집합 행위를 별개로 보면, 행위 주체로서 노동계급은 다른 어떤 집단으로도 쉽게 대체될 수 있을 것이다. 따라서 그런 접근은 자본주의에 대한 도덕적 비판을 바탕으로 개혁 프로그램을 제시할 뿐,

변화의 주체는 규명하지 못하는 공상적 사회주의의 아류를 넘어서기 힘들 것이다.

한국 사회의 계급 구조 분석에 적용된 라이트 이론

한국의 진보 사회학자들이 라이트를 수용한 것은 균질적이지 않은 피고용자들을 마르크스주의 틀 속에서 분석하려는 시도로 이해할 수 있다. 신광영 교수는 "구소련에서 발전한 교조주의적인 마르크스주의 계급론이 한국에서 수용되면서 … 1980년대 중반을 전후로 하여 등장한 경험적인 계급 연구들은 이론적으로 매우 치명적인 문제를 내포"하게 됐다고 비판했다.* 즉, 관리직, 감독직이나 전문기술직 종사자 등 모든 임금 취득자를 노동계급에 포함시켰고, 그럼으로써 노동계급은 내부적으로 매우 이질적인 계급이 됐다는 것이다. 신 교수는 또 다른 논문에서도 "노동계급의 양적 증가와 궁핍화가 필연적으로 노동운동을 야기시켰다"는 "지나치게 일방적인 경제결정 논리"도 계급투쟁을 파악하는 데 장애가 된다고 했다.[5] 그에 대한 대안으로 일단의 진보 사회학자들이 라이트의 계급 이론을 도입했다.

---

* 신광영, 《한국의 계급과 불평등》, 을유문화사, 2004. 이 책에서 신광영 교수는 "구소련에서 발전한 교조주의적인 마르크스주의"와 "고전 마르크스주의"를 동일한 것으로 사용하고 있다. 그러나 이 둘을 구분해야 한다. 전자는 소련의 공식 이데올로기인 스탈린주의이고, 후자는 마르크스와 엥겔스를 이어받아 레닌, 로자 룩셈부르크, 트로츠키, 그람시가 발전시킨 전통이다.

그것은 "마르크스의 단순한 계급 모델을 수정한" 것으로, "중간계급 문제와 관련해 가장 체계적인 이론적 작업"이라는 점에 중요한 의의가 부여됐다.

그러나 고전 마르크스주의를 적용해 화이트칼라 피고용자들을 분석하지 못하는 것은 아니다. 이 점을 살펴보기 전에 먼저, 라이트의 계급 이론을 적용해 한국 사회를 분석한 결과 어떤 특징들이 나타났는지* 몇 가지만 살펴보자. 첫째, 연구자들은 역사적 변천을 봤을 때(1960~1990년) 신중간계급의 증가가 두드러졌다고 분석했다. 프티부르주아지는 감소했지만 경영자·감독자·전문가층의 팽창으로 신중간계급은 증가했고, 피고용자 가운데 노동계급의 상대적 비중은 감퇴했다고 한다. 따라서 계급 구조의 양극화는 이뤄지지 않았다는 것이다. 그러나 라이트의 12개 계급 위치를 적용해 분류한 것을 보면, 노동계급에 속해야 할 사람들 상당수가 신중간계급으로 분류됐을 가능성이 있다. 이런 추정을 가능하게 하는 근거 하나는 연구자들이 신중간계급에 포함된 "전문가" 집단의 특징으로 "여성의 비율이 높고 연령이 낮다"는 점을 꼽고 있다는 것이다. 이것은 여성의 비중이 큰 교사나 간호사 등을 포함해 하급 전문직 종사자들이 신중간계급에 포함됐을 가능성을 시사한다. 그렇지만 이런 사람들은 대부분 노동계급에 속한다고 봐야 한다. 실제로 연구자들은 교사를 숙련 노동자가 아니라 전문가로 분류했다고 밝히면서, 그 이

---

* 이하의 내용은 신광영·조돈문 외, 《한국사회의 계급론적 이해》, 한울아카데미, 2003에 기초한 것이다.

유를 학력(대학 졸업자) 때문이라고 설명했다. 그러나 아무리 1990 년대 이전이라 해도 대학 졸업자들을 모두 신중간계급에 포함하는 것은 적절한 분류라 보기 어렵다. 요컨대 노동계급의 상당 부분을 신중간계급으로 분류함으로써 신중간계급의 규모가 실제보다 과장됐을 가능성이 있다.

둘째, 연구자들은 한국 노동계급이 비중이 작지는 않지만 내부 구성이 복잡하고 이질성이 크다고 분석한다. 그들은 라이트의 이론에 따라 피고용자들을 조직 자산과 기술 자산 정도에 따라 나누고, 그중 조직 자산과 기술 자산이 없는 사람들만을 노동계급으로 분류했다. 그러나 피고용자의 일부만을 노동계급으로 분류했다 해서, 노동계급 내 이해관계의 동질성이 강조되는 것은 아니다. 연구자들은 다양한 직업, 성, 노동조건 등에 따라 노동계급의 이질성이 크고, 이것이 노동계급 정치의 발전을 가로막는 요인이라고 분석했다. 그러나 이렇게 표피적인 특징들로 보자면 노동계급은 더 잘게 세분화될 수도 있다. 오로지 생산관계 속에서 봐야만 노동계급은 착취에 맞서 저항할 공통의 이해관계가 있는 집단임을 알 수 있다. 반면, 이 연구자들은 노동계급과 중간계급의 경계뿐 아니라 각 계급을 "비교적 동질적인 요소들로 분해"하는 것이 계급 형성 문제를 다루는 데 더 유용하다고 주장한다.

셋째, 첫째와 둘째의 정치적 귀결은 계급 연합의 강조로 이어진다. 노동계급은 변혁 주체로서 세력이 부족하므로 개혁 추진의 기반 확대를 위해 계급 연합을 추구해야 한다는 것이다. 신중간계급과 노동계급 모두 내적 이질성이 크다는 것이 계급 연합의 가능성을 열어 준다고 한다. "계급 내 이질성의 증폭과 계급 간 동질적 요소들의 성장은 이해관계와 이데올로기의 분포가 계급 간의 경계 안에 머물러야 한다는 전제를 부정한다." 그러나 이런 관점은 계급 분단의 근본적 중요성을 부정하는 것이다. 물론 노동계급은 사회주의를 위한 투쟁에서 중간계급 서민들의 지지를 얻어야 하지만 이는 노동자들의 계급 이익과 단결을 기초로 하는 것이지, 그것을 대체하는 것은 아니다. 그러나 이 연구자들은 신중간계급이 노동계급에 비해 "상대적으로 높은 이념적 진보성과 적극적 [정치] 참여"를 보인다는 이유로, 사회 변화에서 신중간계급에 중요성을 과도하게 부여하고 있다. 또, 신중간계급의 이질성을 기능 차이(경영 감독직이냐 전문직이냐)나 종사 부문(사적 부문 종사자냐 공공부문 종사자냐)에서 찾으면서, 특정 부문의 진보성에 주목한다. 가령 라이트와 조돈문 교수는 정치 관료 부문이나 사적 부문에 종사하는 신중간계급이 보수적·친자본가적 성향인 반면, 국가 서비스 부문에 종사하는 신중간계급은 진보적·친노동자적 성향이라고 주장한다. 또, "진보적 이념 성향"이 강하고 독자적 중간계급 정치를 형성할 가능성이 높은 부문으로서 전문가 집단을 매우 중시한다. 노동계급이 전문가 집단 포용을 계급 연합의 우선순위로 삼아야 한다는 것이다.

넷째, 이 연구자들은 2000년대 이후 심화된 한국 사회 불평등의 원인을 계급 분단에서 찾지만, 계급을 다중적 착취와 연결함으로써 결국 계급의 파편화에 주목하도록 이끈다. 앞에서 살펴봤듯이, 불평등의 원인을 착취(계급)에서 찾는 마르크스의 접근은 그것을 노동시장에서의 위치에서 찾는 베버류의 접근법과 근본적으로 다르다. 그런데 다중적 착취 개념은 피고용자 내부의 불평등이 조직 자산과 기술 자산 소유에 따른 그들 내부의 착취 관계에서 비롯한다고 본다. 불평등의 원인이 생산수단 통제를 통한 착취뿐 아니라 조직 내 권위, 자격이나 학력, 전문 지식 같은 것들로 확장되는 것이다. 그래서 신광영 교수는 전자를 "1차적 불평등 기제"라고 하고, 후자를 피고용자 내부에서 나타나는 불평등 기제인 "2차적 불평등 기제"라고 한다. 그가 "계급이 경제적 불평등을 만들어 내는 구조적 요인"이라면서도, "교육이 결정적으로 남성의 계급을 결정하는 요소"라고 설명한 것은 이런 관계를 잘 보여 준다. 그런데 이런 분석은 교육이 경제적 불평등을 낳는다는 흔한 사회학의 주장과 구분하기 어렵다. 신 교수는 라이트의 계급 이론은 "불평등을 만들어 내는 복합적인 착취 기제를 설명"할 수 있는 강점이 있다고 설명한다. 그러나 라이트의 다중적 착취 개념은 자본주의가 불평등을 낳는 작동 원리를 밝히지는 못하고 오히려 그 표피적 요인들의 기술記述로 이동하는 문을 열어 주고 있다.

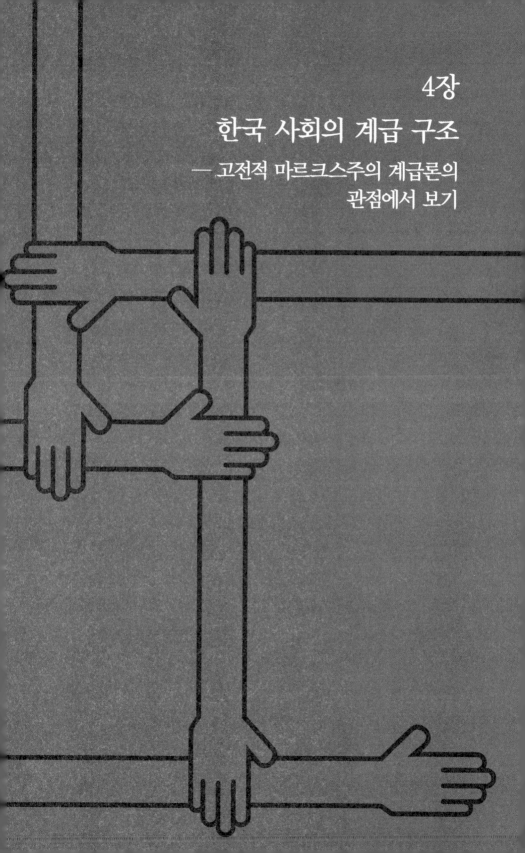

4장
한국 사회의 계급 구조
— 고전적 마르크스주의 계급론의
관점에서 보기

1. 계속되는 계급 양극화

마르크스는 《공산당 선언》에서 "부르주아 계급, 즉 자본이 발전하는 것에 비례해 현대의 노동계급인 프롤레타리아 계급도 똑같이 발전한다"고 지적했다. 이 과정에서 "프롤레타리아 계급은 모든 계급의 인구로부터 채워진다." 마르크스 사후에 자본주의가 세계 곳곳으로 확장되면서 세계 노동계급은 거대 규모로 성장했다. 아시아의 작은 나라이자 자본주의 후발 주자인 한국도 예외 없이 이런 변화를 겪었다.

특히, 영국은 두 세기 만에, 일본은 한 세기 만에 이룬 산업화를 반세기 만에 이뤘다는 한국의 "압축 성장" 과정은 노동계급이 "모든 계급의 인구로부터 채워"지면서 성장하는 변화 양상을 극적이고 선명하게 보여 준다.

한국 노동계급의 규모는 현재 얼마나 되고 지난 수십년 동안 얼마나 성장했을까? 통계청 자료를 비롯한 각종 경제·고용 통계들 자체만으로는 노동계급의 규모를 알 수 없지만, 여러 통계와 자료를 종합해 추정할 수는 있다.

우선, 경제활동인구의 취업자 중에서* '임금근로자'의 수와 비중의 변천을 살펴보면, 임금을 받고 일하는 피고용자의 규모 변화를 살펴볼 수 있다.**

도시 노동자의 급증

임금근로자(피고용자) 수는 1963년 235만 명에서 1990년 1000만 명으로 성장했다. 가장 최근인 2015년에는 1923만 명이었다. 피고용자 규모는 1963~2015년 새 8.2배로 성장했다. 전체 취업자에서 피고용자가 차지하는 비중도 점점 증가해, 1963년 31.2퍼센트였던 것이 1980년대 초반 50퍼센트가 넘었고, 2015년에는 74퍼센트에 이르렀다. 〈표 4-1〉은 피고용자의 수와 비중 변화를 연도별로 정리한 것이다.

마르크스의 계급 개념으로는 피고용자가 다 노동계급은 아니다. 피고용자 중에는 최고경영자인 자본가 계급, 기업주 대신에 노동을 통제하는 대가로 상당한 봉급을 받는 신중간계급도 포함된다. 그 규모를 어느 정도로 추정할 수 있는지는 이 장의 뒷부분에서 다룰

---

*   경제활동인구는 15세 이상 인구 중 취업자와 실업자를 합친 개념이다. '취업자'는 고용원이 있는 자영업자(고용주), 고용원이 없는 자영업자와 무급가족종사자, 임금을 받고 일하는 '임금근로자'를 포함한다. 고용주와 고용원이 없는 자영업자를 합쳐서 자영업자(자영업주)라고 하고, 여기에 무급가족종사자를 합쳐 '비임금근로자'로 분류한다.

** 이 책에서는 노동계급과의 혼란을 피하기 위해 '임금근로자'를 되도록(공식 통계 용어를 사용해야 할 경우를 제외하고) '피고용자'로 지칭할 것이다.

〈표 4-1〉 피고용자의 수와 비중 추이 (1963~2015년, 단위: 천 명, %)

	1963	1970	1975	1980	1985	1990	1995	2000	2005	2010	2015
수	2,350	3,746	4,751	6,464	8,104	10,950	12,899	13,360	15,185	16,971	19,230
취업자 중 비중	32.1	38.9	40.6	47.2	54.1	61	63.2	63.2	66.4	71	74

원자료: 통계청 《경제활동인구연보》 각호.

〈표 4-2〉 비임금근로자의 수와 취업자 중 비중 (1963~2015년, 단위: 천 명, %)

	1963년	1970년	1980년	1990년	2000년	2010년	2015년
비임금근로자 수	5,178	5,872	7,220	7,135	7,795	6,858	6,706
취업자 중 비임금근로자 비중	68.5	61.1	52.8	39.5	36.8	28.8	25.5
비임금근로자 중 농업종사자 비중	81	72	60	41	28*	–	–

*는 1998년 수치.

원자료: 통계청 《경제활동인구연보》 각호.

것이다. 여기서는 일단 피고용자 가운데 압도 다수가 노동계급이라는 점만 지적해 두고, 먼저 이들이 어떤 경로로 충원돼 대규모화했는지 살펴보려 한다.

사회학자들은 마르크스의 계급 양극화 주장이 한국 사회에 맞지 않는다고 주장한다. 전통적 중간계급이 프롤레타리아화해 감소하기는커녕 한국에는 여전히 자영업자가 많다고 한다. 전통적 중간계급은 마르크스가 말한 프티부르주아지인데, 소자본가와 상인 같은 집단을 가리킨다. 고용원이 있는 자영업자, 자영농, 상점 주인, 고용돼 있지 않은 독립적 전문가 등이 여기에 포함된다.

그러나 역사적 추세를 보면, 프티부르주아지가 점점 노동계급에 편입돼 왔다는 것을 분명히 확인할 수 있다. 취업자 중 비임금근로자(자영업자+무급가족종사자)의 비중은 〈표 4-2〉에서 보듯이

1963년 68.5퍼센트에서 1980년 52.8퍼센트, 2000년 36.8퍼센트, 그리고 2015년 25.5퍼센트로 빠르게 줄어들었다. 특히, 농업에 종사하는 비임금근로자의 비중이 빠르게 축소했다. 비임금근로자 가운데 농업 종사자 비중은 1960~1970년대에는 70~80퍼센트를 넘을 정도로 압도적이었지만, 1990년대 후반 20퍼센트대로 떨어졌다. 이처럼 산업화 초기에 농림어업에 종사하던 자영농과 그 가족들이 농촌을 떠나 도시의 2·3차 산업에 취업하면서 비임금근로자 규모가 대폭 축소됐다. 1949년 토지개혁 이후 농업 종사자들은 대부분 소규모 자영농으로 구성됐는데, 이들 중 상당수가 1960년대에 산업화가 시작되자 낯선 도시로 가 산업 노동자가 됐다.

이런 변화는 급속한 산업 구조의 변동과 맞물렸다. 산업 생산에서 농림어업이 차지하는 비중은 1953년 48.2퍼센트에서 1970년대 중반 거의 반토막이 났고, 1980년대에는 10퍼센트 수준으로 떨어졌다. 2014년 그 비중은 2.3퍼센트에 불과했다(그림 4-1). 취업자 중에서 농림어업 종사자 비중도 급격히 줄었다. 1963년 63퍼센트이던 것이 2014년 5.7퍼센트로 떨어졌다. 2015년 농림어업 종사자 수는 130만 명에 불과했다. 반면 제조업 비중은 급격히 증가해 1953년 7.8퍼센트이던 것이 1980년 24퍼센트로 3배 이상으로 커졌고, 1987~1988년에는 30퍼센트에 이르렀다. 제조업 취업자 비중도 1963년 8.7퍼센트에서 1980년대 후반 28퍼센트까지 올라갔다.

소규모 자영농과 그 가족들은 한 세대 동안 놀라운 속도로 프롤레타리아화를 겪었다. 농촌은 산업화 초기에 주요한 노동력 공급지였다. 1960년대 초까지 한국 인구의 절대 다수가 농촌에 거주했는

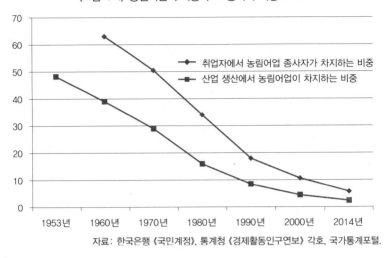

〈그림 4-1〉 농림어업의 비중과 그 종사자 비중 (단위: %)

취업자에서 농림어업 종사자가 차지하는 비중
산업 생산에서 농림어업이 차지하는 비중

자료: 한국은행 《국민계정》, 통계청 《경제활동인구연보》 각호, 국가통계포털.

데, 1960~1980년대 일자리를 찾아 도시로 이주하는 인구가 폭발적으로 늘었다. 1990년대 중반까지 도시인구 증가의 과반이 농촌에서 유입된 것이었다. 특히, 수도권으로 유입된 인구가 많았는데, 1970년대에는 매년 약 37만 명이 수도권으로 이동했고, 이런 추세는 1980년대에도 지속됐다.[1] 〈표 4-3〉은 농촌 인구의 비중이 빠른 속도로 감소했음을 보여 준다. 농가(농사를 본업으로 하는 가정) 인구는 더 빠르게 줄어, 1970년 1440만 명에서 2014년 275만 명으로 5분의 1로 감소했다. 일자리를 찾아 도시로 몰려든 것은 주로 청년들이었다. 1971~2001년 이농률은 10대가 가장 높고, 그다음은 20~30대였다.[2] 이들은 비농업 부문에서 일시적으로 일자리를 얻어 일하며 농촌과 지속 인연을 맺는 '반+프롤레타리아'가 아니라, 농촌으로 돌아갈 생각을 하지 않고 온전히 도시에 정착해 일하는 도시 노동계급의 일

〈표 4-3〉 농촌 인구의 비중 감소 추이 (단위: 만 명, %)

		1970년	1980년	1990년	2000년	2010년
농촌	인구	1,851	1,600	1,110	1,006	876
	비중	57.4	42.0	25.6	21.2	18.0
도시	인구	1,295	2,143	3,231	3,747	4,040
	비중	40	56.2	74.4	78.8	83.2
합계	인구	3,224	3,812	4,341	4,753	4,858

출처: 김한종, "도시와 농촌 간 인구이동 현황과 시사점",
《NH농협조사월보》 통권 제599호(2015).

〈표 4-4〉 도시화율 (1960~2012년, 단위: %)

	1960년	1970년	1980년	1990년	2000년	2012년
도시화율	39.1	50.1	68.7	79.6	88.3	91.04

원자료: 국토교통부 《도시계획현황통계》(2011)와 2013년 연차보고서.

부가 됐다.

농촌 인구가 엄청난 속도로 도시로 이동한 결과 한국은 세계 최고 수준의 도시화율을 보였다. 〈표 4-4〉를 보면 1960년 30퍼센트대 에 불과하던 도시화율(도시 거주 인구 비율)은 1970년대 50퍼센트 를 넘었고, 현재는 90퍼센트 수준을 유지하고 있다.[3] 이는 선진국의 평균 도시화율보다 훨씬 높은 수치다.

자영업자 비중의 감소

이처럼 도시 노동계급의 상당수는 소규모 자영농과 그 가족들로 부터 충원됐다. 농촌 프티부르주아지가 프롤레타리아화 과정을 밟

4장 한국 사회의 계급 구조 — 고전적 마르크스주의 계급론의 관점에서 보기 127

으면서 대폭 축소했다는 것은 이론의 여지가 없다. 논란이 큰 것은 도시 자영업자다. 언론과 정치인들은 이 규모를 과장하는 경향이 있다. 전통적으로 진보 진영의 상당 부분도 비슷한 경향을 보였다. 1990년대 이전에는 한국 자본주의의 '종속성' 때문에 프롤레타리아화가 제한적으로 나타나, 노동계급으로 흡수되지 못한 '주변적' 계급이 도시에 광범하게 존재한다는 설명이 꽤 영향력이 있었다. IMF를 불러들인 1997년 경제 위기 이후에는 이른 퇴직을 강요당한 사람들이 치킨집이나 커피전문점 등을 우후죽순 열면서 자영업자가 급증했고 앞으로도 그럴 것이라는 주장이 상당히 확산됐다.

그러나 이런 주장은 추세를 보지 않고 특정 시점의 인상을 과장하는 경향이 있다. 한국의 자영업자 규모가 다른 선진국들에 비해 크다는 것은 사실이다. 한국 취업자 중 자영업자 비중은 2013년 22.5퍼센트로, 같은 해 OECD 평균인 15.3퍼센트보다 꽤 높은 편이다. 그러나 그 비중은 줄어드는 추세다. 1980년대까지 규모가 꽤 컸고 (무급가족종사자를 제외하고도 34퍼센트나 됐다) 1990년대까지 등락을 거듭하던 것과 달리, 2002년 이후 자영업자의 감소 추세는 뚜렷해지고 있다. 〈표 4-5〉와 〈그림 4-2〉가 이를 잘 보여 준다. 2015년 취업자 중 자영업자 비중은 21.4퍼센트에 불과했다. 이런 추세는 농림어업 자영업자를 제외하고 도시(비농) 자영업자만 따로 떼어 계산해 봐도 마찬가지로 나타난다. 〈표 4-6〉에서 보듯이, 도시 자영업자는 농민과 달리 2000년대까지 증가해 왔지만 2000년대 초 이후 하락 추세에 있다.

자영업자의 감소 추세를 이끌고 있는 것은 고용원 없이 혼자 또

<표 4-5> 자영업자와 임금근로자 비중 추이 (단위: 천 명, %)

	1963년	1970년	1980년	1990년	2000년	2010년	2015년
취업자	7,528	9,618	13,683	18,085	21,156	23,829	25,936
임금금로자	31.2	38.9	47.2	60.5	63.1	71.2	74.1
자영업자	37.4	34.1	34	28	27.7	23.5	21.4
무급가족종사자	31.3	26.8	18.8	11.4	9.1	5.3	4.4

주: 자영업자는 고용주 + 고용원 없는 자영업자.

원자료: 통계청 《경제활동인구연보》 각호.

<그림 4-2> 점점 줄고 있는 자영업자 비중 (1980~2014년)

자료: 통계청.

<표 4-6> 도시 자영업자의 비중 추이: 2000년 이후 감소 추세 (단위: 천 명)

	1970년	1980년	1990년	2000년	2015년
전체 취업자 수	9,617	13,683	18,085	21,156	25,936
비농 자영업자 수	1,236	2,273	3,273	4,778	4,709
비중	12%	16%	18.1%	22.5%	18.1%

원자료: 《1999 KLI 노동통계》, 《2010 KLI 노동통계》, 《2016 KLI 노동통계》.

는 가족의 도움을 받아 사업체를 운영하는 자영업자들이다. 2000 년 이후 고용주 비중은 약간만 감소한 반면, 고용원 없는 자영업자 의 비중은 4퍼센트가량 하락했고, 무급가족종사자도 비슷한 하락 폭을 보였다. 이것은 고용원이 없거나 매우 적은 자영업자의 경쟁력 이 약화되면서 자영업 부문에서 퇴출당하는 구조조정이 현재 진행형 임을 뜻한다. 노동패널 조사(17차, 2014년)를 통해서도 이를 확인할 수 있는데, 결과 분석 보고서는 이렇게 지적했다. "추세적으로 종업 원이 있는 고용주와 종업원이 없는 자영업자 사이의 매출 격차가 확 대됐는데, 이는 자영업에 있어 '규모의 경제'의 중요성이 높아져 '사업 의 규모가 큰 자영업은 더욱 번성하고, 규모가 매우 작은 영세 자영 업은 더욱 위축됐다'는 해석이 가능하다."[4]

이런 추세는 앞으로도 지속돼 자영업자 비중은 (OECD 평균 수 준에 근접하는 방향으로) 좀 더 줄어들 공산이 크다. 적어도 두 가 지 점에서 이런 추세를 전망할 수 있다. 하나는 영세 자영업자 비중 이 상당히 크다는 것이다. 2015년 현재 자영업자 556만 6000명 가 운데 71.6퍼센트(398만 5000명)가 고용원 없는 자영업자다. 고용주 로 분류된 자영업자 가운데도 고용원 규모가 적어 영세 자영업자라 고 할 수 있는 비율이 매우 높다. 사업체 규모를 보면, 2014년 현재 종사자 규모 1~4인 사업체가 전체 사업체의 81.3퍼센트가 넘는다.[5] 이런 영세 사업체는 수는 많지만, 짐작할 수 있듯이 매출 비중은 매 우 낮다. 2010년 통계를 보면, 종사자 규모 1인 사업체 수는 전체 사 업체의 40퍼센트를 차지했지만 매출액 비중은 1.6퍼센트에 불과했 다. 종사자 2~4인 사업체 수는 전체의 43.6퍼센트를 차지했지만 매출액 비중은 8.2퍼센트에 그쳤다.* 다시 말해, 자영업자의 80퍼센트이상이 고용원이 없거나 1~3인 이하인 영세 사업체를 운영하며, 이들의 매출액 비중은 전체의 10퍼센트도 안 된다.

영세 자영업자의 소득은 상당히 낮은 수준이다. 노동패널 조사를 보면, 고용원 없는 자영업자의 1998~2012년 월평균 소득은 188만 2000원에 불과했다. 게다가 이들의 상대적 소득은 하락 추세를 보이고 있다. 임금근로자 임금 대비 자영업자(고용주 + 고용원 없는 자영업자) 소득의 비율은 2002년 1.75에서 2014년 1.34로 떨어졌다. 고용원 없는 자영업자의 소득이 고용주 소득의 절반에도 미치지 못한다는 점을 고려하면, 고용원 없는 자영업자의 소득은 대개 임금근로자의 임금보다 더 낮을 것이다. 이런 사람들 가운데 상당수는 자영업 유지에 회의를 느끼며 여건이 되는 한 임금근로 자로 취업하기를 선택할 수 있다. 실제로 "최근으로 올수록 자영업을 벗어나 임금근로자로 이동하는 비중이 높아지고 있다. 2000년대 초반까지는 자영업주에서 임금근로자로 이동하는 비율이 50퍼센트대 초반이었으나 2010년 이후에는 60퍼센트대 초반으로 대폭 상승했다."[6]

자영업자 비중의 감소 추세를 전망할 수 있는 또 다른 근거는 자영업자 비중이 높은(피고용자 비율이 낮은) 산업부문에서 생산성 증가나 기업 규모의 대형화가 나타나면서 영세 자영업자의 경쟁력이 더욱 약화되고 있다는 것이다. 산업별 자영업자 비중 분포를 보면 농

---

* 반면 종사자 수 300인 이상의 대규모 사업체 수는 전체의 0.21퍼센트에 불과하지만, 매출액 비중은 30퍼센트가 넘는다. 《한국의 산업조직과 시장구조》, KDI, 2013, 117~118쪽.

림어업, 도소매업, 음식숙박업에 압도적으로 많이 분포해 있는데, 최근 도소매업과 음식숙박업에서 이런 변화가 나타나고 있다.

자영업자들의 비중은 주로 생산성이 낮고 영세한 산업부문에서 높기 마련이다. 〈표 4-7〉에서 보듯이 농림어업의 경우 피고용자 비율은 2015년 10퍼센트에 불과하고, 자영업자와 무급가족종사자 비율이 90퍼센트에 이른다. 반면 제조업 취업자 중 피고용자 비율은 2015년 약 90퍼센트에 육박한다. 한국의 자영업자 비중이 높다고 하지만 제조업 부문에서는 이미 1970년대에 피고용자 비중이 90퍼센트가 넘는 선진국 수준이었다. 제조업에서는 음식료품이나 섬유의류 부문 정도에만 자영업자가 조금 있을 뿐, 석유화학, 일차금속, 반도체, 가전기기, 수송기계 같은 부문은 피고용자 비중이 95퍼센트를 웃돈다. 이것은 생산성이 높고 자본 규모가 큰 부문에 영세한 자영업자가 발을 들여놓거나 버티기가 힘들다는 것을 보여 준다. 서비스업은 제조업에 비해 자영업자 비중이 꽤 높지만, 부문별로 편차가 크다. 교육·보건·의료부문과 금융·보험부문 등은 피고용자 비중이 제조업과 마찬가지로 90퍼센트가 넘고, 도소매업과 음식숙박업 등은 자

〈표 4-7〉 산업부문별 피고용자와 자영업자 비중 (2015년, 단위: 천 명)

	농림어업	제조업	서비스업
취업자 수	1,345	4,486	20,092
자영업자 수(비중)	854 (63.4%)	394 (8.7%)	4,314 (21%)
무급가족종사자 수(비중)	356 (26.4%)	95 (2.1%)	693 (3.4%)
임금근로자 수(비중)	135 (10%)	3997 (89%)	15,086 (75%)

원자료: 《2015 경제활동인구연보》 산업, 종사상지위별 취업자 재구성.
주: 서비스업은 '사회간접자본 및 기타서비스업'의 약칭으로 '건설업'이 포함된 통계임.

영업자 비중이 상당히 커 50퍼센트가 넘는다.

그러나 자영업자들이 많이 종사하고 있는 이 도소매업과 음식숙박업 부문에서 최근 고용원 없는 자영업자 수가 줄어드는 현상이 나타나고 있다. '유통 혁명'으로 유통 구조가 대형 소매점 중심으로 단순화되고 대기업들이 골목 상권까지 잠식하면서, 영세 자영업자들이 대형 할인점이나 유통 체인점에 치여 밀려나는 추세에 있기 때문이다.

요컨대 자영업자 규모가 큰 것이 한국 계급 구조의 특징이고 앞으로도 그럴 것이라는 흔한 주장과 달리, 자영업자 규모는 줄어드는 추세에 있다. 영세 자영업자들, 즉 하층 프티부르주아지는 지난 수십 년 동안 프롤레타리아로 전락했고, 지금도 그 길을 걷고 있는 것이다. 1960~1980년대에는 가난한 농민이 주된 층이었다면, 2000년대 이후에는 소수만 남은 농민(농촌 자영업자) 사이에서 그런 변화가 아주 천천히 지속되는 한편, 도시 자영업자가 그 변화의 주된 층이 되고 있다.

"소상인과 상점주, 은퇴한 상인, 수공업자와 농민 등 하층 중간계급은 모두 점차 프롤레타리아로 전락한다. 한편으로는 영세한 자본으로 현대 산업이 운영되는 규모를 감당하지 못해 대자본가와의 경쟁에서 압도당하기 때문이며, 다른 한편으로는 새로운 생산방식의 등장으로 그들의 전문 기술이 쓸모없게 돼 버리기 때문이다." 이것은 마르크스가 쓴 《공산당 선언》의 한 구절이다. 출처를 밝히지 않는다면 지난 수십 년 동안 한국 농촌과 도시에서 프티부르주아지가 겪은 변화를 설명한 글로 착각할 만큼 한국 상황에 딱 들어맞는다.

2. 규모가 과장된 신중간계급

신중간계급은 누구인가?

한국 경제활동인구 가운데 점점 더 많은 사람들이 자기 노동력을 팔아서 먹고사는 임금근로자(피고용자)가 되고 있다. 이 비중은 2015년 74퍼센트를 넘어섰다. 피고용자들은 생산수단을 소유하고 있지 않아 노동력을 판매하고 있지만, 그들이 생산수단과 맺는 관계는 상이하다. 피고용자의 극소수는 경영자들로, 거대 기업을 실질적으로 지배하는 위치에 있다. 피고용자의 대다수는 다른 사람의 노동은 물론 자기 자신의 노동도 통제하지 못하는 노동계급이다. 그리고 그 중간에는 현대 자본주의의 관료제 구조(사기업과 국가 부문 모두)에서 관리자층을 이루는 사람들이 있다. 이들은 생산을 조직하고 노동자들을 통제하는 자본의 기능을 일부 수행하면서 꽤 후한 보수를 받는다. 이들이 바로 (전통적 중간계급과 구분되는) 신중간계급이다.

그러면 피고용자 중 노동계급의 규모는 얼마나 될까? 사회학자들은 한국 자본주의의 급속한 성장으로 피고용자 중 신중간계급의 비중이 노동계급보다 더 빠르고 크게 늘어났다고 주장한다. 피고용자 중에서 어디까지가 신중간계급이고 어디까지가 노동계급인지는 현대 자본주의 계급 문제에서 매우 중요한 쟁점이다. 그 경계를 어떻게 보는지에 따라 현대 자본주의의 노동계급 규모와 그 전략적 중요성에 대한 판단이 달라지기 때문이다.

피고용자 내부의 계급 경계와 규모를 파악하려면, 우선 신중간계급이 무엇인지를 이해해야 한다. 마르크스주의자들은 새롭게 등장한 피고용자층인 상층 화이트칼라에 대한 분석을 발전시켜 왔다. 카우츠키가 신중간계급이라는 용어를 처음 사용했고, 트로츠키가 이를 이어받아 사용했다. 에릭 올린 라이트의 '모순적 계급 위치' 개념도 이런 노력의 일환이었다. 영국의 혁명적 마르크스주의자 알렉스 캘리니코스는 신중간계급 문제를 이론적으로 체계화하고 발전시켰다.[*] 특히 캘리니코스는 이 문제를 신중간계급이 현대 자본주의 관료제 속에서 하는 구실 속에서 살펴봤다. 그들이 행사하는 생산수단에 대한 부분적 통제권의 성격과 그것을 자본으로부터 위임받게 된 배경, 지배계급이 갖는 통제권과의 차이 등을 살펴봄으로써 현대 자본주의의 계급 구조 문제를 명료하게 밝힌 것이다. 캘리니코스의 접근법은 라이트의 접근법과 차이가 있다. 라이트는 '모순적 계급 위치'가 발생하는 통제의 관료적 위계 체계에 주목하기보다 형식적이고

---

[*] 알렉스 캘리니코스, "신중간계급과 사회주의 정치", 《노동자 계급에게 안녕을 말할 때인가》, 책갈피, 2001.

정태적인 방식으로 '계급 지도'를 그리려 했다(생산 과정 통제 문제에 대한 라이트의 부적절한 이해가 낳은 문제점은 3장에서 살펴봤다).

신중간계급의 발생과 변화를 이해하려면, 자본주의 하에서 노동이 자본의 지속적 감독과 통제 속에서 수행되는 것의 중요성을 이해해야 한다. 노동자들은 노예나 봉건 농민과 달리 신분적 예속 상태에 있지 않지만, 동시에 생산수단으로부터도 자유롭기 때문에 지속적으로 노동력을 팔지 않을 수 없다. 노동력을 구입한 자본가들은 노동자들로 하여금 그들의 노동력 가치보다 더 오래 일하도록 함으로써 잉여가치를 추출한다. 이렇게 할 수 있는 것은 노동과정에 대한 자본의 통제권 덕분이다. 봉건세 아래서 농민은 일반적으로 자신의 노동과정을 통제할 수 있었고, 영주는 생산물 일부에 대한 청구권을 가졌을 뿐이다. 이와 달리 자본은 생산 과정에서 통제와 감시라는 매우 중요한 구실을 한다.

생산의 규모와 자본의 규모가 비교적 작았던 시기에는 자본가들이 소수의 사무원과 직·반장의 도움을 받아가면서 감독과 통제를 스스로 수행할 수 있었다. 그렇지만 자본의 집적과 집중이 이뤄지며 자본의 규모가 커지자 그렇게 하는 것이 더는 가능하지 않았다. 지배계급은 감독과 통제 업무 중 상당 부분을 일부 피고용자들에게 위임할 수밖에 없었다. 극소수인 지배계급이 엄청나게 증가한 임금노동을 통제하려면 관료적 위계 체계를 창출해야만 했던 것이다. 신중간계급은 이 위계 체계에서 최고 경영·관리자 아래에 위치한 중상층 경영·관리자나 전문가로, 높은 수준의 자율성과 재량권을 갖는 사람들이다. 기업의 중·상급 간부들이나 기업에 고용된 중·상급의 변호사, 연구원 같은 전문가들을 들 수 있다.

중·상층 경영·관리자들은 관료제 구조 내에서 통제와 감독 업무를 맡는데, 바로 이 점에서 자본의 기능을 수행한다고 할 수 있다. 그 덕분에 그들은 높은 수입을 보장받는다. 라이트는 이렇게 지적했다. "권한을 경영자에게 위임하는 것은 자본에게 몇 가지 문제를 야기한다. 특히 중대한 문제는 이 권한이 책임 있고 창조적인 방식으로 사용되도록 보장하는 것이다. … 등급화된 뇌물 구조로서의 수입은 책임 있는 행동의 동기를 유발시키는 데서 결정적인 요소다." 캘리니코스도 신중간계급의 수입은 "그들로부터 잉여노동이 추출되지 않는다는 것을 보여 주는 수준에 맞춰지는 경향이 있다"고 지적한다.

전문가들은 관리 업무를 담당하지는 않을지라도 작업 중에 지속적 감독이나 통제를 받지 않는다는 점에서 노동계급과 구별된다. 또, 대기업에서는 연구원 등의 전문가가 경영·관리직을 맡기도 한다(대기업 최고경영자 중에는 연구원 출신자들도 있다).

이들 신중간계급이 자본의 구실을 일부 위임받아 수행한다 해서 지배계급과 같은 것은 아니다. 신중간계급은 지배계급 자체와 분명하게 구별된다. 지배계급은 투자와 자원 할당 같은 전략적 통제권을 갖지만, 신중간계급은 지배계급이 설정한 틀 내에서 그 하위의 결정들을 내린다. 즉, 이미 배치된 자원들의 일상적 사용에 관한 통제권만을 갖거나 지배계급이 내린 결정을 이행하는 책임을 진다. 전략적 통제권은 지배계급의 특권이다. 그러나 그것을 생산수단의 법적 소유자만이 갖는 것은 아니다. 생산수단의 법적 소유자이든 고용 경영인이든 아니면 공기업 사장이든 관계없이 지배계급은 그런 권한을 갖는다. 예를 들어, 삼성전자 이사회에는 이재용(부회장) 같은 오너 경영인뿐 아니라 권오현(부회장)이나 신종균(사장) 같은 고용 경영인도 있다.

신중간계급은 대개 관료적 위계 구조의 승진 사다리를 통해 그 지위에 오른다. 갈수록 좁아지는 승진 관문을 통과한 개인적 성공 덕분에 위로부터 일정한 통제권을 위임받게 된 것이다. 이것은 창업이나 상속을 통해 진급이라는 절차 없이 전략적 통제권을 갖게 되는 자본가들과의 차이점이다. 요컨대 신중간계급은 그들이 갖고 있는 통제권의 내용으로 보나 그것에 접근하는 방식으로 보나 지배계급과는 차이가 있다. 신중간계급 중에 최고경영자 위치에 오르는 사람들은 실로 극소수이며 그들은 더는 신중간계급이 아니다.

이것은 신중간계급과 노동계급을 구분짓는 특징이기도 하다. 즉, 신중간계급은 개인으로서 기존의 위계 체계를 올라 경제적·사회적 지위 향상을 기대할 수 있다. 통제권에 대한 접근을 포함해서 말이다. 반면 노동자들은 집단행동과 조직화를 통해서만 노동조건과 생활 수준을 향상시킬 수 있다. 일부 노동자들은 생산 과정에 대한 약간의 통제를 행사할 수도 있다. 가령 자동차 노동자들이 짭수(1시간 동안 생산하는 자동차 수)를 일정 수준으로 올리지 못하도록 거부한다거나 안전사고가 났을 때 작업중지권을 행사하는 것처럼 말이다. 그러나 노동자들이 이런 통제권을 행사하는 것은 전적으로 집단적 조직력과 집단적 행동을 통해서다. 잘 조직된 노동자들이 누리는 생산 과정에 대한 약간의 통제력과 조건 개선을 자본의 기능을 위임받은 사람들이 받는 보상이나 특권과 구분하지 않는 것은 심각한 오류다. 안타깝게도 이런 혼동을 드물지 않게 볼 수 있지만 말이다.

이처럼 피고용자 중에 중상급 경영·관리자나 업무 자율성이 많은 전문가 일부 등이 지배계급이나 노동계급과는 구별되는 사회집단인 신중간계급을 구성한다. 그러나 신중간계급을 계급 정체성이 강한 단일한 계급으로 보기는 어렵다. 지배계급이나 노동계급이 생산관계 속에서 그들이 차지하는 위치에서 비롯하는 분명하고 일관된 이해관계를 갖고 있는 것과 달리, 신중간계급은 그렇지 못하다. 이들은 피고용자이면서 자본의 기능을 위임받아 수행하는 '모순적 계급 위치'에 있다. 그들은 자본가들이 노동자들을 통제하고 착취하도록 도움으로써 높은 봉급이라는 이득을 얻는 동시에, 지배계급의 필요에 따라서는 해고될 위험도 있다. 그래서 신중간계급은 자본과 노동 사이에서 양쪽으로 이끌리며, 관료제 구조에서 위계적으로 조직돼 있기 때문에 결코 단일한 집단이 못 된다. 신중간계급은 하나의 단일한 계급이라기보다 양 계급 사이에서 이리저리 이끌리는 잡다한 사회계층의 집합체라고 할 수 있다.

이것은 신중간계급이 분명히 지배계급이나 노동계급과 구분되지만, 동시에 다른 계급들과 단절돼 있지 않다는 것을 뜻한다. 관료적 위계 체계 꼭대기에 있는 신중간계급 일부는 지배계급으로 넘어가고, 관료적 위계 체계 바닥에 있는 신중간계급 일부는 화이트칼라 노동계급과 뒤섞인다. 그래서 피고용자 중 신중간계급의 경계를 절대적 방식에 따라 명확하게 그을 수는 없다. 그것은 일정 시기에 신중간계급에 포함됐던 피고용자층이 점점 노동계급화하기도 한다는 점을 봐도 알 수 있다. 그러나 신중간계급이 자신에게 가해지는 압력에 따라 이리저리 이끌린다는 사실 때문에, 역설이게도 피고용자 내의 계급 경계 자체가 중요해진다. 경계를 흐리지 않을 때만 '모순적 계급 위치' 때문에 빚어지는 문제점이 노동계급 운동 안으로 들어오지 않도록 하면서, 노동계급의 확고한 중심 속에서 신중간계급의 일부와 제대로 된 관계를 맺을 수 있다. 이런 정치적 함의에 관해서는 뒤에서 다시 다루기로 하자. 여기서는 우선, 지금까지 살펴본 신중간계급에 대한 분석을 한국에 적용해 그 대강의 계급 경계와 규모를 추산해 보도록 하자.

사무직 피고용자 대부분은 노동계급

많은 학자들이 육체 노동자만을 노동계급으로 보고 화이트칼라 피고용자 대부분을 신중간계급에 포함시킨다. 가령, 사회계층론의 대표적 연구자인 홍두승 교수는 관리자, 전문가, 기술공과 준전문가, 사무직을 모두 신중간계급으로 분류했다. 또 다른 연구자인 김영모 교수도 전문기술직, 행정관리직, 사무직 피고용자를 모두 신중산층으로 분류했다.[7] 김윤태 교수는 최근 저서인 《사회적 인간의 몰락》에서 "교육수준이 높은 사무직, 교사와 간호사 등 정신노동에 종사하는 사람들"은 스스로를 노동계급이 아니라 중간계급으로 여긴다면서, 이들과 공장노동자들 사이에 무슨 공통점이 있느냐고 반문한다.[8]

이런 식으로 본다면 신중간계급의 규모를 매우 과장하게 된다. 피

〈표 4–8〉 직종별 피고용자 비중 (2015년, 단위: %, 천 명)

직업 구분	피고용자 직종별 비중(수)	전체 취업자 직종별 비중(수)
고위 임직원 및 관리자	1.5 (305)	1.3 (346)
전문가 및 준전문가	22.0 (4,215)	19.9 (5,147)
사무 종사자	21.1 (4,026)	16.8 (4,357)
서비스 종사자	9.2 (1,752)	10.4 (2,696)
판매 종사자	8.5 (1,630)	11.8 (3,059)
농림어업 숙련 종사자	0.2 (39)	5.1 (1,331)
기능원 및 관련 기능 종사자	8.8 (1,686)	8.9 (2,323)
장치기계 조작 및 조립 종사자	12 (2,274)	12.1 (3,145)
단순노무 종사자	16.5 (3,151)	13.5 (3,497)
계	99.8 (19,078)	99.8 (25,900)

주: 취업자에는 자영업자와 무급가족종사자가 포함되고 이들의 직종별 분포가 상이하므로
이를 통해서는 피고용자의 직종별 분포를 정확히 알 수 없다. 그래서 취업자 중
비임금근로자를 제외하고 피고용자만을 추려 직종별 비중을 계산했다.

원자료: 《취업자의 산업 및 직업별 특성(2015 상반기)》(통계청).

고용자 가운데 사무직과 전문직의 비중은 한국 사회의 구조 변화와
함께 빠르게 증가했기 때문이다. 그러나 마르크스의 계급 개념을 적
용하면, 직종이 무엇인지에 관계없이 사람들이 생산관계에서 차지하
는 위치를 따져 봐야 한다. 2015년 현재 피고용자 중 관리자, 전문
가, 사무직을 합한 비중은 44.6퍼센트로 상당히 크다. 〈표 4-8〉은
피고용자의 직종별 비중을 계산한 것이다. 이를 보면 피고용자 중 전
통적 육체직인 기능 종사자, 기계 조작 및 조립 종사자, 단순 노무자
를 합친 비중은 37.3퍼센트로, 관리자·전문가·사무직을 합친 비중보
다 작다. 〈표 4-9〉는 농림어업 종사자를 제외한 취업자의 직종별
비중이 1960년대부터 현재까지 어떻게 변해 왔는지 추이를 계산한

	고위 임직원 및 관리자	전문가 및 준전문가	사무 종사자	서비스 종사자	판매 종사자	기능원 및 관련 기능 종사자	장치기계 조작 및 조립 종사자	단순노무 종사자
1963년	8.2		9.6	14	25	40.7		
1970년	9.7		11.9	6.3	12.4	40.8		
1980년	8.1		14.1	12	22	44		
1990년	1.8	8.8	15.9	13.7	17.7	42.5		
						11.5	12.6	18.4
2000년	2.4	18.4	12.9	26.4		39.6		
						14.3	11.8	13.5
2010년	2.5	20.4	16.6	10.8	13.0	36.3		
						10	12	14.3
2015년	1.5	21.1	17.9	11.1	12.5	36.1		
						9.5	12.7	13.9

주: 취업자 중 농림어업 종사자를 제외하고 직종별 비중(비농 취업자 대비 비중)을 다시 계산했다. 전체 취업자의 직종별 비중 통계를 보면, 1980년대 이전에 농림어업 종사자 비중이 크기 때문에 1980년대 이전의 전문직·사무직 비중이 과소평가되는 문제가 나타난다. 한편 1970년 이후 2015년까지 증가 폭이 훨씬 크게 나타나는 문제도 있다.

원자료: 통계청.

것이다. 이를 보면 전문직과 사무직이 빠르게 증가했음을 한눈에 알 수 있다. 좀 더 정확히 말하면, 관리자·전문가·사무직은 산업화 초기인 1970년에도 비중이 20.6퍼센트로 꽤 컸고, 1990년대 이후 빠르게 늘어나 2010년 그 갑절인 40퍼센트에 이르렀다.

그러나 관리자, 전문가, 사무 종사자를 모두 신중간계급 구성원으로 보는 것은 부정확하다. 여기에는 업무 내용과 보수 수준에서 격차가 매우 큰 잡다한 집단이 뒤섞여 있다. 흔히 '화이트칼라'로 지칭되는 '사무관리직'에는 최고경영자, 국가 기관의 장·차관, 국회의원부터 비서나 사무보조원, 경리, 전화교환원까지 포함된다. 그러나 사무보조원, 경리, 전화교환원 같은 사무직 종사자들의 일과 삶은 대기업 임원이나 고급 공무원과 전혀 다르다. 그들은 서류 작성과 보관 같은 판에 박힌 반복적 업무를 담당하며, 보수 수준도 낮고, 상급자의 통제를 받으며 일한다. 제6차 한국표준직업분류(2007년 개정)를 보면, 사무 종사자에는 낮은 직급의 공무원, 마케팅 사무원, 회계 및 경리 사무원, 금융 및 보험 관련 출납창구 사무원, 특허 사무원, 안내 및 접수 사무원, 속기사, 전화상담원 등이 포함된다.*

오늘날 한국의 사무 종사자들은 서구의 19세기 사무원은 물론 한국 산업화 초기의 사무원과도 지위가 다르다. 서구에서 19세기 중·후반까지 사무서기원clerk은 읽고 쓰는 능력을 바탕으로 상당한 위세를 누릴 수 있었다. 고용주와 신뢰 관계를 맺었으며, 자본의 기능을 일부 수행했다. 그렇지만 제2차세계대전 이후 상황은 크게 달라졌다. 정부 조직과 기업의 규모가 커짐에 따라 화이트칼라 직종의 규모가 증가하면서, 해리 브레이버먼이 "사무 노동의 산업화"라고 부른 변화가 진행됐다. 사무직 노동의 대부분이 반숙련의 반복적이고 단순한 업무들로 이뤄지고, 직업적 지위도 크게 떨어진 것이다. 후발 자본주의인 한국에서는 산업화 초기부터 기업 규모와 정부 조직이 매우 컸다. 그래서 화이트칼라 직종의 규모는 처음부터 상당했고,

---

* 제6차 한국표준직업분류개정(KSCO-6), 통계청, 2007. 이 분류는 직업을 9개로 대분류하고 있다. 관리자, 전문가 및 관련 종사자, 사무 종사자, 서비스 종사자, 판매 종사자, 농림어업 숙련 종사자, 기능원 및 관리 기능 종사자, 장치·기계 조작 및 조립 종사자, 단순 노무 종사자(군인은 별도 분류).

서구의 사무직종이 겪은 변화가 매우 빠른 속도로 진행됐다. 조효래 교수는 화이트칼라 노동자들이 1980년대 중반 이후 "노동과정 합리화와 과학적 관리의 대상으로 편입"됐고, "생산성 향상과 비용절감 과정에서 급속한 내적 분화와 지위 하락을 경험"했다고 지적했다.[9]

사무직의 상대적 임금 수준 추이는 이런 변화를 징후적으로 보여 준다. 〈표 4-10〉은 직종별 임금의 변화 추이를 (연도별 통계에 기초해) 계산한 것이다. 사무직의 임금은 (반숙련) 생산직을 100으로 했을 때, 1975년 200이던 것이 1990년 120.5로 생산직과 거의 비슷한 수준으로 떨어졌고, 2000년에는 100까지 떨어졌다. 관리직의 임금은 1975년 451.2로 상당히 높은 수준이고 1990년에도 240.5로 높은 수준이었다. 이것은 사무직의 처지가 관리직과 뚜렷한 차이를 보이는 한편, 반숙련 노동자들과는 점점 비슷해지고 있음을 보여 준다.

〈표 4-10〉 직종별 임금 변화 추이 (1970~2015년, 반숙련 생산직 = 100)

	1970년	1975년	1980년	1985년	1990년	2000년	2010년	2015년
고위 임원 및 관리자	347	451.2	370.4	321.2	240.5	197	225.4	273
전문가 및 준전문가	230	256.6	225	211.5	161.5	140	141.2	130
사무 종사자	194	200.7	149.9	140.2	120.5	**100**	122.9	125
판매 종사자	115	119.1	92.0	127.2	96.0	84.5	114	98.3
서비스 종사자	88.6	101.4	97.6	95.5	86.1	86	81.3	61
기능원 및 관련 종사자						103	106.7	102.7
장치, 기계조작 및 조립 종사자	100	100	100	100	100	100	100	100
단순노무 종사자						69.2	70.5	59.9

원자료: 《직종별 임금조사결과 보고서》 1971년, 1975년, 1980년, 1985년, 1990년 각호.
《2000 임금구조기본통계조사보고서》, 《2010 고용형태별근로실태조사 보고서》,
《2015 고용형태별근로실태조사 보고서》.

이런 변화는 많은 여성 노동자들이 사무직으로 진입한 것과 맞물려 진행됐다. 〈표 4-11〉에서 보듯이 1970년 전체 여성 취업자의 2.2퍼센트만이 사무직에 종사했지만 1995년에는 15.9퍼센트, 2015년에는 19퍼센트가 사무직에 종사하고 있다. 8.6배로 증가한 것이다. 2015년 전체 사무 종사자 가운데 여성은 무려 42.1퍼센트를 차지한다. 이는 여성 취업자 가운데 관리자가 1995년 0.3퍼센트, 2015년에도 0.3퍼센트로 전혀 늘지 않은 것과 대조적이다. 2015년 전체 관리직 종사자 가운데 여성은 10퍼센트에 불과하다. 또한 전체 여성 취업자 중 숙련·반숙련 생산직 종사자가 1995년 13.3퍼센트에서 2015년 6.5퍼센트로 줄어든 것과도 대조적이다(단순 노무직 제외). 이것은 여성 노동자 가운데 상당수가 생산직에서 사무직으로 이동했음을 의미한다.

특히, 1980년대 후반부터 이런 이동이 활발히 벌어져, 1990년대 여성 취업자 중 사무직의 비중이 크게 늘어나기 시작했다. 1960~1970년대 많은 여성 노동자들이 섬유·의류업 같은 생산직 대공장에서 일했다면, 산업 구조조정과 함께 여성들은 1980년대 후반 이후 점점 더 사무보조직, 전화교환원, 경리 등으로 사무실에서 일하게 된 것이다. 남성 취업자 중 숙련·반숙련 생산직 종사자 비중은 여

〈표 4-11〉 여성 취업자 중 사무직 비중 추이 (단위: %)

	1970년	1980년	1995년	2015년	
여성	2.2	7.9	15.9	19	8.6배로 증가
남성	8.1	10.1	10.3	15.6	1.9배로 증가

자료: 〈표 4-10〉과 같음.

〈그림 4-3〉 여성 노동자들의 계층 상승? — 일하는 장소만 바뀌었을 뿐.

전히 높은 반면(1995년 35.9퍼센트에서 조금 줄긴 했지만 2015년 여전히 31.8퍼센트나 된다), 여성들은 숙련·반숙련 생산직 비중이 크게 줄고 사무직 비중이 크게 늘었다.

이것은 여성 노동자들의 사회이동, 즉 신중간계급으로 계층 상승을 뜻하는 게 아니다. 이 점은 두 가지 사실만 봐도 알 수 있다. 첫째, 사무직 여성 노동자들의 임금 수준은 반숙련 생산직 남성 노동자들의 수준에도 미치지 못한다. 2000년 여성 사무직 종사자의 월급여액은 남성 숙련 생산직의 71.5퍼센트, 남성 반숙련 생산직의 74

<그림 4-4> 생산직 남성 노동자들과 사무직 여성 노동자들의 유대.

"남편의 현장을 보면 사무직 근무했던
저에게는 공기가 탁하고 위험한
공간입니다." (2016년 갑을오토텍
점거 파업을 응원하는 아내들)

퍼센트에 불과한 것으로 나타났다.[10] 2014년에도 여성 사무직 종사자의 월 급여액은 남성 숙련 생산직의 85퍼센트, 남성 반숙련 생산직의 94퍼센트에 그쳤다.[11] 둘째, 여성 노동자들이 생산 현장에서 사무실로 이동했다 해서 결코 자본의 통제·감시 기능에 참여하게 된 것이 아니다. 오히려 여느 생산직 노동자들처럼 관리자들의 통제와 감독 아래 닦달을 받으며 일한다.

사무직 여성 노동자들이 남성 숙련·반숙련 노동자들의 아내이거나 여동생, 딸로 가족 관계를 맺고 있는 경우가 흔하다는 것도 그들의 계급적 성격을 잘 보여 준다. <그림 4-4>에 보이는 팻말 문구는 이런 관계를 짐작하게 해 준다. "남편의 현장을 보면 사무직 근무했던 저에게는 공기가 탁하고 위험한 공간입니다." 이 사진은 2016년 갑을오토텍 점거 파업 당시 노동자의 아내들이 남편의 파업을 응원하는 집회 장면이다.

요컨대, 사무 종사자로 분류되는 피고용자의 대부분은 신중간계급이 아니라 노동계급으로 봐야 한다. 위에서 살펴본 변화가 두드러지자 학계에서도 화이트칼라 피고용자를 하나로 뭉뚱그리기를 멋쩍어한다. 그래서 관리자·전문가와 사무 종사자 두 집단으로 구분하는 경향이 나타나고 있다. 직업 범주에서 사무보조직을 관리직과 구분하면서, 여성 비중이 높고 관리직으로 승진이 막혀 있는 "반숙련 생산직 노동에 상응하는 화이트칼라"로 정의하기도 한다.[12] 계급 경계 문제에서도 일부 연구자들은 사무직 피고용자를 노동계급에 포함하고 있다. 예를 들어, 신광영 교수는 "일상적인 화이트칼라 노동자"는 노동계급에 포함된다고 한다.[13] 일상적인 화이트칼라는 조직적 권위나 학력, 기술이 없는 화이트칼라를 뜻한다.

전문직 피고용자 상당 부분은 노동계급

그렇다면, 화이트칼라 피고용자 중 전문직 피고용자는 어떨까? 그들은 모두 신중간계급에 포함될까? 〈표 4-8〉을 보면, 2015년 현재 피고용자 중 전문가의 비중은 22퍼센트로 꽤 크다. 〈표 4-9〉 비농취업자의 직종별 비중 추이를 보면, 관리자와 전문가의 비중은 1963년 8.2퍼센트에서 2000년에 20.8퍼센트로 빠르게 증가했음을 알 수 있다. 특히, 1990년대 이후 전문가의 비중이 빠르게 증가해 1990년 8.8퍼센트에서 2015년 21.1퍼센트까지 늘어났다. 피고용자 중 점점 더 많은 부분이 전문직으로 채워지고 있는 것이다.

그러나 전문가로 분류된 피고용자들을 모두 신중간계급으로 보는 것은 부정확하다. 그들이 모두 아랫사람들을 통제·감독하거나 높은 수준의 업무 자율성을 가지는 것도 아니고, 자신의 노동력 가치보다 더 큰 봉급을 받는 것도 결코 아니다. 가령 전문가에는 간호사나 간호조무사, 영양사, 치과기공사나 물리치료사 같은 의료기사, 구급요원, 안경사, 사회복지사, 보육교사, 초중등교사, 자동차운전 강사, 사서, 학습지 교사, 스포츠 강사 등이 포함된다. 그런데 하급 전문직 피고용자들은 업무 조건이나 보수 등 여러 면에서 사무직 노동자들과 처지가 유사하다.

표준직업분류에 따르면, "전문가"는 "교육을 통해 획득한 전문적 지식과 경험을 기초로 업무를 수행"하는 사람들이다.[14] 흔히 학위나 자격증이 중요하게 여겨지며, 그 '독점적' 성격 덕분에 노동시장에서 희소가치가 보장된다. 그러나 이런 하급 전문직 피고용자들이 자격증을 가지고 있다고 해서 병원 관리자나 교육 관리자(교장·교감 등) 같은 관리자, 판검사 같은 고급 전문가와 같은 지위가 보장되는 것은 아니다. 설사 하급 전문직 피고용자들이 관리자나 고급 전문가들을 자신의 준거집단으로 삼고 있을지라도 말이다.

이런 점에서 전문 자격증을 가지고 직무를 수행하는 피고용자들을 계급적 성격보다 직업적 성격이 강한 집단이라고 보는 것은 잘못이다. 사회학자들은 교사나 간호사 같은 전문직 피고용자들은 직업

집단 성격이 강하다며 신중간계급이나 신중산층으로 분류하기도 한다.[15] 라이트의 '기술재'(전문적 지식이나 기술 자산) 개념은 비록 직업 범주에 따른 것은 아니지만 이와 비슷한 문제점을 드러낼 수 있다. 라이트의 계급론을 적용한 신광영 교수는 "전문적 지식이나 기술을 소유한 사람들"을 "경영이나 감독의 권위를 행사하거나 조직의 의사결정에 참여하는 사람들"과 함께 중간계급에 포함시키고 있다. 조돈문 교수도 "조직재나 기술재 가운데 하나라도 갖고 있으면 중간계급으로 분류"한다. 그런데 '기술재' 개념은 전문지식·기술 보유와 그 독점적 성격을 주장한다는 점 등에서 직업 분류상의 전문가 분류 기준과 상당히 유사한 점이 있다. 이런 식으로 본다면, 신중간계급의 규모를 과장되게 추산할 수 있다. 사무직까지 포함할 때보다는 작겠지만 말이다. 조돈문 교수는 2000년대 초 신중간계급이 전체 피고용자의 31퍼센트나 되는 것으로 분석했다.[16]

　1980년대 전문직 피고용인을 신중간계급으로 분류한 것은 이해할 만한 측면이 꽤 있었다고 할 수 있다. 그러나 1990년대 이후 피고용자 중 전문가 비중이 늘어나고 그들 가운데 상당 부분이 상대적 지위 하락을 겪고 있는 오늘날, 전문가들을 모두 신중간계급으로 분류하는 것은 매우 부적절해지고 있다. 이것은 청년층의 경우를 보면 더 분명해진다. 청년 취업자(15~29세)의 관리·전문직 비율을 보면, 1998년 28.4퍼센트이던 것이 2014년 무려 41.6퍼센트까지 증가했다.[17] 그러나 청년 취업자들의 노동조건은 중장년 세대에 견줘서도, 20년 전 청년층에 비교해서도 결코 더 낫지 않다.

　전문직의 업무 성격과 처지가 어떻게 변해 왔는지 살펴보자. 먼저,

'전문가'의 임금 수준을 살펴보면, <표 4-12>에서 보듯이 2014년 현재 이들의 월급여액은 사무 종사자보다 근소하게 높은 수준에 그치고 있다. '관리자'의 절반 수준이다. <표 4-10> 직종별 임금 변화 추이를 보면, 전문가의 급여 수준은 꾸준히 하락하는 추세를 보이면서 관리자와는 멀어지고 사무 종사자와 가까워지고 있다. 전문가 가운데 '법률 및 행정 전문직'만이 관리자와 비슷한 급여 수준을 보이는데, 이들이 전체 전문가에서 차지하는 비중은 0.4퍼센트에 불과하다. 이것은 교육을 받아서 특정 임무를 수행하는 전문적 노동자들 가운데 특정 직종의 숙련이 시간이 지남에 따라 탈숙련화하고 있음을 반영하는 변화다. 전문적 지식이나 기술은 한동안은 소수가 독점할 수 있지만, 자본주의는 필요한 능력을 가진 노동자를 점차 재생산하고, 숙련 작업을 비숙련화하는 경향이 있다.

<표 4-12>를 보면, 전문가의 평준 급여 수준을 끌어내리고 있는 것이 주로 전문직 여성들임을 한눈에 알 수 있다. 전문가 중 여성의 비율은 40퍼센트 이상으로 매우 높다. 그런데 내부 구성을 자세히 들여다보면, 여성은 주로 하급 전문직에 분포해 있고, 임금 수준도 낮다. 특히, 간호사나 간호조무사 등이 많이 포함된 보건·사회복지 관련직 여성의 임금 수준이 가장 낮다. 이들의 급여는 전체 사무 종사자는 물론 여성 사무 종사자보다도 더 낮다. 그런데 전문가 여성 100명 중 무려 57명이 보건·사회복지 관련직에 종사한다. 그다음으로 임금 수준이 낮은 문화·예술·스포츠 관련직, 교육 관련직, 공학전문·기술직 여성들은 여성 사무 종사자와 엇비슷한 수준의 임금을 받고 있다. 이를 종합해 보면, 전문가 여성 가운데 무려 87.6퍼센트

<표 4-12> 전문가와 사무 종사자의 임금 비교 (2014년 월 급여액, 단위: 천 원)

	계	남	여
1. 관리자	6,170	6,325	4,908
2. 전문가 및 관련 종사자	3,146	3,668	2,346
21. 과학 전문가 및 관련직		4,137	3,058
22. 정보통신 전문가 및 기술직		3,685	2,999
23. 공학 전문가 및 기술직		3,433	2,531
24. 보건·사회복지 및 종교 관련직		3,796	2,074
25. 교육 전문가 및 관련직		4,240	2,660
26. 법률 및 행정 전문직		6,281	5,040
27. 경영·금융 전문가 및 관련직		4,028	3,097
28. 문화·예술·스포츠 전문가 및 관련직		2,927	2,398
3. 사무 종사자	3,007	3,497	2,327

원자료: 《2015 고용노동통계연감》 재구성.

가 여성 사무 종사자와 임금 수준이 비슷하다고 할 수 있다.

전문가와 준전문가를 구분해서 통계를 낸 자료(2000년)를 보면 (표 4-13), 전문직 여성의 임금 수준이 상대적으로 낮다는 것이 잘 드러난다. 준전문가 여성의 평균 월 급여는 전체 사무 종사자보다 조금 더 낮고, 남성 전문가의 절반가량이다. 여성 전문가의 급여는 여성 준전문가보다 약간 높을 뿐이고 남성 준전문가보다도 낮다. 물론 남성 전문가들이라고 해서 임금이 다 높은 것은 아니다. 가령 문화·예술·스포츠 관련직 남성의 급여는 2014년 현재 사무 종사자 평균 급여에 미치지 못한다. 또, 보건·사회복지직 일부, 공학 전문·기술직과 정보통신 전문·기술직 일부의 남성 종사자 급여도 비교적 낮은 것으로 나타난다. 전문가의 임금 수준을 종합해 보면, 2014년 현재 전체 전문가 중 사무 종사자 평균 이하의 임금을 받는 사람들이 40

〈표 4-13〉 전문가와 준전문가의 성별 월 급여액 비교 (2000년. 단위: 천 원)

	계	남	여
고위 임직원 및 관리자	2,312	2,339	1,942
전문가	1,786	2,026	1,352
준전문가	1,491	1,565	1,115
사무 종사자	1,170	1,386	942

원자료: 《2000년 임금구조기본통계조사보고서》 재구성.

퍼센트이고, 남성 사무 종사자 이하의 임금을 받는 사람은 68.5퍼센트에 달한다.

둘째, 업무 성격을 봐도 하급 전문직 피고용자들은 상관의 감시와 평가를 받으며 쥐어짜이는 처지이지, 남을 통제·감독하거나 자율성을 누리는 처지가 못 된다. 가령 초·중등 교사들은 1인당 학생 수가 많은 학급 과밀뿐 아니라 과도한 잡무에 시달리고, 여느 노동자들처럼 업무 성과 평가를 받으며 점점 더 관리자들의 눈치를 봐야 하는 처지가 되고 있다. 업무 평가가 승진과 성과급의 근거가 되는 조건에서 업무 자율성의 여지는 점점 줄어들 수밖에 없다. 표준화된 체크리스트 평가 방식은 교사들이 자신의 업무를 그에 맞춰 나가도록 만듦으로써 교육을 획일화하는 효과를 낸다. 이런 평가 체제 아래서 관리자의 통제가 강화되는 것은 물론이다. 이와 같은 평가·통제 체제는 교사뿐 아니라 공기업이나 연구기관 같은 다른 공공부문의 전문직에도 두루 확산되고 있다.

간호사를 비롯한 보건의료 노동자들은 또 다른 대표적 사례다. 너무 많은 1인당 병상 수, 힘든 야간 근무와 교대제, 혹독한 업무 때문에 간호사들의 근속 연수가 매우 짧다는 것은 잘 알려져 있다. 입사하고 100일을 버틴 간호사를 위한 '백일잔치'가 관행이 될 정도다. 병원들은 경쟁적으로 설비 투자를 하면서 인력을 충원하지 않아, 보건의료 노동자들의 노동강도가 매우 높은 것이다. 보건의료노조가 2015년 전국 83개 병원의 직원들을 대상으로 조사한 것을 보면, 보건의료 노동자들의 노동조건은 건강을 해칠 정도로 열악하다. 응답자의 54.2퍼센트가 '업무 스트레스로 인해 상담치료를 받았거나 필요한 상태'라고 했고, 22.5퍼센트가 수면장애에 시달리고 있다. 20~30대 기혼 여성 간호사 10명 중 1명은 유산이나 사산을 경험했다.[18] 게다가 보건의료 노동자들은 관리자들의 폭언과 폭행에도 노출돼 있다. 보건의료노조와 노동환경건강연구소가 전남대병원 간호사와 간호조무사를 대상으로 조사한 결과, 그 전 1년 동안 응답자의 60.8퍼센트가 폭언을, 13.1퍼센트가 폭력을 경험했다.

하급 전문직 피고용자들의 처지가 틀에 박힌 일을 하는 일반 사무직 노동자들과 크게 다를 바 없다는 것은 그들의 직종 이동 '궤적'에서도 드러난다. 한 연구 결과를 보면, 준전문직은 (전문직과 비교해) 사무직, 판매·서비스, 숙련 육체 노동으로의 이동이 빈번한 편이다.[19]

요컨대 하급 전문직 피고용자들은 일반 사무직 노동자들과 마찬가지로 노동계급 구성원이라고 할 수 있다. 전문가 중에서 그들의 비중은 점점 커지고 있는데, 여러 통계들을 종합해 보면, 전문가의 적어도 60퍼센트 이상이 하급 전문직이라고 할 수 있다. 이렇게 보면, 신중간계급의 실제 규모는 전문가를 전부 또는 대부분 신중간계급으로 분류할 때보다 훨씬 작을 것이다 물론 앞에서도 지적했듯이 신중간계급의 경계를 절대적 기준으로 명확하게 그을 수는 없다. 그럼에도 위의 논의들을 종합해 그 규모를 추산해 보면, 이렇다. 첫째, 피고용자 중 '관리자'는 대부분 신중간계급에 포함할 수 있다. '관리자' 중 극히 일부(최고경영자나 최고위 공무원 등)만이 지배계급에 속한다. 피고용자 중 '관리자' 비중은 약 1.5퍼센트다. 둘째, '전문가' 중 노동계급으로 분류할 수 있는 하급 전문직 피고용자들을 제외하면 약 40퍼센트가 남는다. 그들이 전체 피고용자에서 차지하는 비중은 약 8.8퍼센트다. 물론 고급 전문직 종사자의 경우도 실제로 그들 중 어느 정도가 통제·관리의 구실을 하는지, 얼마나 업무 자율성을 갖고 있는지는 자세한 조사를 해 봐야 알 수 있다. 기업마다 상황이 다르기 때문이다. 셋째, '사무 종사자'의 경우 대부분이 노동계급에 속한다. '사무 종사자' 중 관리·통제 기능을 하는 소수(10~20퍼센트)가 있다고 가정해도 그 비중은 전체 피고용자의 4퍼센트를 크게 넘지 않는다. 마지막으로, 나머지 직종들에서 일선 감독자를 신중간계급으로 분류해야 한다는 점을 감안할 수 있다. 이런 점까지 고려해 추산하더라도 신중간계급의 비중은 전체 피고용자의 20퍼센트를 넘지 않을 것이다(1.5+8.8+4.2+α). 신중간계급의 비중을 최대 15~20퍼센트 안팎이라고 하면, 그 수는 2015년 현재 290만~380만 명가량이 된다.

3. 압도적 규모인 노동계급

전체 피고용자 중 신중간계급을 제외한 노동계급의 비중은 최소 80~85퍼센트에 이르며, 그 수는 1550만~1640만 명이다. 여기에 자영업자로 분류돼 있는 특수고용 노동자 등을 포함하면,* 현재 고용돼 있는 **노동계급의 규모**를 추정할 수 있다. 그 수는 1650만~1740만 명이다. 물론 이 수는 고용된 경우이고, 그 밖에 그들의 자녀, 그들의 임금에 기대어 사는 가족 구성원, 실업자, 퇴직 노인 등이 모두 한국 노동계급 구성원이다.

한국 노동계급의 규모는 놀라운 속도로 증가해 왔다. 해방 직후는 물론 산업화가 시작된 1960년대 초·중반과 비교해도 그렇다. 1946년 노동자 수는 약 12만 명이었고(미군정 노동과 조사), 1963년 임금근로자(피고용자) 수는 238만 명에 불과했다. 현재 고용돼 있는 노동계급의 규모는 1650만~1740만 명으로, 1963년보다 7배 이

---

* 조돈문 교수에 따르면, 자영업자로 분류된 특수고용 노동자는 약 96만 명이다. '특수형태근로 종사자의 인권상황 실태 파악 및 보호 방안 마련을 위한 토론회', 2015.12.18.

상으로 증가했다. 〈표 4-14〉에서 보듯이, 경제활동인구에서 차지하는 비중도 매우 커, 약 67퍼센트에 이른다. 2015년 현재 농민은 약 130만 명, 농민을 제외한 자영업자와 무급가족종사자는 약 450만 명, 신중간계급은 290만~380만 명이다.

1980~1990년대에는 민중운동 활동가들이 농민과 도시 자영업자 등 전통적 중간계급의 규모와 비중이 노동계급만큼 크다고 주장했다. 그래서 한국에는 두 가지 생산양식이 공존한다거나 반+주변부적 사회의 속성이 있다는 주장이 광범하게 수용됐다. 그런 주장은 변혁의 성격과 행위 주체 문제와 연결된 것으로, 계급 동맹 전략으로 나타났다(노농빈 동맹). 민중운동 내 자민통NL 경향은 농민을 좀 더 강조했고, 민중민주PD 경향은 빈민(영세 자영업자)을 좀 더 강조했다. 그러나 앞에서 살펴봤듯이, 농민의 비중은 노동계급의 증가와 함께 빠르게 감소했다. 한편 한국은 남아공과 브라질 같은 다른 신흥공업국들과 달리 노동자로 흡수되지 못한 도시 빈민층이 광범하게 양산되지 않은 편이었다. 도시 자영업자는 IMF 이후 일시 증가했다가 이내 감소세로 접어들었다.

〈표 4-14〉 경제활동인구 중 노동계급의 수와 비중 추정 (2015년, 단위: 명, %)

			수	취업자 중 비중
취업자* (2600만)	비임금근로자	자영업자	460만**	17.7
		무급가족종사자	114만	4.4
	임금근로자 (피고용자)	신중간계급	290만~380만	11.1~14.6
		노동계급	1650만~1740만	63.5~67

* 경제활동인구에서 실업자를 제외한 취업자를 기준으로 했다.

** 특수고용을 제외한 수.

그러나 농민과 도시 자영업자를 합친 규모가 꽤 컸던 20~30년 전과 달리 오늘날 한국 사회는 노동계급이 압도 다수가 됐다. 그런데도 계급 동맹 문제가 사라지지는 않았다. 여전히 많은 진보·좌파가 농민, 중소상공인, 지식인 등 중간계급을 노동계급과 함께 동등한 사회변혁의 주체로 여기고 중간계급과의 계급 동맹을 추구하는 민중주의 전략을 견지하고 있다.*

노동계급은 중간계급과 어떤 관계를 맺어야 하는가?

물론 노동계급은 중간계급 일부를 자기 편으로 만들어야 한다. 노동계급은 중간계급의 일부와 밀접한 관계를 맺고 살아간다. 영세 소농이나 영세 자영업자는 노동계급의 가족이나 이웃이기 쉽고, 신중간계급 하층은 노동계급의 직속 상관이기 쉽다. 노동계급은 이들과 어떤 정치적 관계를 맺어야 그들의 지지를 얻으면서도 노동계급 운동을 약화시키지 않고 강화시킬 수 있을까?

첫째, 일부 사람들은 전통적 중간계급, 특히 소농이나 자영업자가 노동계급보다 소득 수준이 낮고 복지 혜택도 제대로 누리지 못하는 고통받는 집단이라는 것에 주목한다. 대기업 정규직 노동자 '아래' 자영업자가 있다는 주장도 흔하게 들을 수 있다.

---

* 민중주의에 관한 더 자세한 설명으로는 최일봉, "민중주의란 무엇인가", 〈노동자 연대〉 168호(2011. 3. 2).

물론 고통받는 사람들은 꽤 저항에 나설 수 있다. 특히, 경제 위기로 삶이 궁지에 몰리면 그럴 수 있다. 그러나 고통이 꼭 힘의 원천은 아니다. 마르크스주의자들이 노동계급을 사회 변혁의 주체로 보는 이유는 그들이 가장 고통받는 집단이기 때문이 아니다. 노동계급은 자본주의 착취 체제에서 점하는 위치 덕분에 이윤에 타격을 가할 수 있고, 또 대규모로 조직돼 있기 때문에 생산을 새로운 원리로 재편할 수 있는 것이다. 이것은 자본주의에서 착취당하고 억압받는 사람들 가운데 노동계급만이 가진 능력이다.

　반면 중간계급은 자본주의 체제에서 차지하는 위치가 노동계급과 같지 않다. 전통적 중간계급은 자신의 생산수단을 가지고 스스로 노동하며 생계를 영위한다. 이들은 점차 번영해 다른 사람들을 여럿 고용하는 소자본가가 될 수도 있고, 점차 영락해 다른 고용주 밑으로 들어갈 수도 있다. 그들은 생산수단을 소유한 자본가이자 자기 자신에게 임금을 받는 노동자라는 이중적(모순된) 처지에 있다. 이런 이중성(모순) 때문에 그들은 자본가 계급에게 동질성을 느끼기도 하고, 노동계급에 동질성을 느끼기도 한다. 동시에, 양쪽 모두의 압력에 시달리며 양쪽에 적대감을 갖기도 한다. 위로부터 효율적인 자본에 의해 도태 위협에 직면하고, 밑으로부터 노동자들의 저항에 애를 먹기도 한다. 그들은 경제가 잘나갈 때는 번영하고 생활수준도 높아지지만, 경제 위기가 닥치면 대부분 어려움에 직면하고 파산의 나락으로 떨어질 수 있다. 이런 불안정성 때문에 그들의 정치적 태도는 변덕스럽다. 이처럼 양대 계급 사이에서 우왕좌왕하고 동요하는 것이 중간계급의 특징이다.

경제 위기로 타격을 받아 절망에 빠질 때 중간계급은 급작스럽게 중요한 정치 세력이 될 수 있다. 이럴 때 그들 중 일부는 자본주의와 대자본에 적개심을 품고 저항의 일부가 될 수 있다. 그러나 그럴 때 조차 그들의 이해관계와 염원은 노동계급과 다르다. 마르크스는 소공장주, 상점 주인, 농민 등은 "중간계급의 일부로서 자신의 존재가 소멸되는 것을 막기 위해 부르주아 계급에 맞서 싸운다"고 지적했다. 그들은 사회 대다수 사람들의 이해관계에 맞게 사회를 재편하려 하지 않는다. 그보다는 "역사의 수레바퀴를 뒤로 돌리려 하기 때문에 [그들은] 반동적[이다.]" 오직 노동계급만이 자본주의를 사회주의적으로 변혁할 잠재력을 가지고 있다.

노동계급이 중간계급의 좀 더 많은 부분의 지지를 얻으려면 어떻게 해야 할까? 이 점에서 마르크스주의와 민중주의는 큰 차이가 있다. 민중주의는 노동계급이 자신의 고유한 이해관계를 고집하지 말고 중간계급의 이해관계와 조율해야 한다고 주장한다. 노동계급이 운동을 주도하려 하면 중간계급이 놀라서 달아난다면서 말이다. 그러나 마르크스주의는 사회적 위기 시기에 중간계급이 어느 방향으로 이끌릴지는 노동계급이 위기의 해결책을 힐끗 보여 줄 수 있는지에 달렸다고 주장한다. 노동계급이 주도력을 발휘하면서 투쟁을 단호하게 이끌면 중간계급도 이 방향으로 이끌릴 수 있다. 이것은 노동계급이 자기 계급의 이해관계, 목표, 투쟁 방법을 포기하거나 절충하지 않고 확고하게 추구할 때만 가능하다. 그래야 계급투쟁을 전진시키면서 노동계급의 힘을 보여 줄 수 있기 때문이다. 그럴 때만 중간계급의 좀 더 많은 부분이 노동계급 운동에서 대안을 발견할 수 있다. 민중주의적 방식으로는 민중 내부 계급들 간의 상충하는 이해관계 때문에 결국 민중을 단결시킬 수 없다. 노동계급이 확고한 대안을 제시하지 못하면, 중간계급은 정반대 방향으로 이끌려 우파나 심지어 파시즘의 지지 기반이 될 수도 있다.

엥겔스가 베벨에게 보낸 충고(1897년 편지)는 오늘날에도 유용하다. "프티부르주아지와 농민이 접근해 온다는 것은 실로 급속한 운동 발전의 표시입니다. … 그들의 접근은 프롤레타리아트가 진실로 지도적 계급이 됐음을 말해 주는 것입니다. 그러나 그들은 프티부르주아적 이해와 열망을 가지고 있기 때문에 만약 프롤레타리아가 이런 이해와 열망에 조금이라도 양보한다면 역사에서 프롤레타리아트의 지도적 역할은 그것으로 끝장난다는 것을 잊어서는 안 될 것입니다."

둘째, 어떤 사람들은 전통적 중간계급이 줄어드는 반면 신중간계급은 증가하고 있다며, 후자와의 동맹이 점점 더 중요해지고 있다고 한다. 신중간계급이 교육 수준이 높은 사람들로서 진보적 의식을 가졌다는 점에 주목하기도 한다.

그러나 신중간계급도 전통적 중간계급과 마찬가지로 자본가와 노동자 사이에 낀 계급이다. 그들은 전통적 중간계급과 달리 소기업(소사업)을 운영하지는 않는다. 그들은 피고용자라는 점에서 노동계급과 결속될 수 있는 이해관계를 갖고 있다. 그러나 동시에, 그들은 노동자들 위에 군림하며 통제하는 위치에 있는데, 이것은 그들로 하여금 자본가와 손잡게 만든다. 신중간계급은 결코 단일한 집단이 아니다. 그 상층은 조금씩 지배계급으로 진입하고, 하층은 노동자 대중과 뒤섞인다. 상층은 높은 봉급과 수당 등으로 노동자 착취의 혜택을 누리지만, 하층은 특히 경제 불황기에는 노동자들과 다를 바 없이 조건이 악화되기 쉽다.

계급투쟁이 벌어지면 전통적 중간계급과 마찬가지로 신중간계급도 양대 계급의 힘이 작용하는 두 방향으로 이끌린다. 신중간계급의 하층은 노동계급 쪽으로 이끌릴 가능성이 있지만 이는 결코 정해져 있는 것은 아니다. 노동자들이 단호하고 효과적인 투쟁을 통해 아래로부터 압력을 극대화해야 신중간계급의 일부를 견인할 수 있다. 만약 그러지 못한다면, 신중간계급 하층은 물론이지만 그 바로 밑의 화이트칼라 노동자들도 오히려 신중간계급 상사들의 영향을 받아, 집단행동보다는 승진 같은 개인주의적 해결책에 기댈 수 있다.

노동자들이 직장에서 신중간계급과 일상적 관계를 맺고 지낸다는 점 때문에 신중간계급은 노동자들에게 다양한 영향을 미칠 수 있다. 단지 노동자들의 직업적 준거집단이라는 점에서뿐 아니라 노동조합 활동을 온건하게 만드는 데에도(가령 경영 문제에 더 관심을 갖게 하는 식으로) 그럴 수 있다. 또, 민영화나 공공부문 개혁, 구조조정 같은 문제가 벌어질 때 신중간계급의 하층은 이런 정책에 반대하는 태도를 취할 수 있다. 이것은 관료 조직에 타격을 줄 수 있고, 어쩌면 더 많은 노동자들이 저항에 나서는 데에도 도움을 줄 수 있다. 그러나 그들은 중간에 끼어 있다는 똑같은 이유로 노동자 투쟁의 확산을 두려워하고 노동자보다 먼저 동요하면서 정부와 기업의 안정을 추구하는 방향으로 돌아설 수 있다. 그렇기 때문에 노동자들은 몇몇 쟁점을 둘러싸고 상사들인 신중간계급 하층과 한편에 서 있을 때도 독립성을 잃지 말고 투쟁을 조직해야 한다.

내부적 이질성이 강한 집단인 신중간계급은 다양한 정치적·이데올로기적 표현을 취할 수 있기 때문에, 그 일부는 정치적으로 급진적일 수도 있다. 그러나 그런 경우조차 노동계급의 이해관계에 충실한 것은 아니다. 오히려 그들은 전통적 노동계급 운동과는 다른 관심사를 보이며, 사회운동이 노동계급의 이해관계를 앞세워서는 안 된다고 여긴다. 특정 계급의 이해관계가 아니라 국민의 이익을 추구해야 한다는 것이다.

마르크스는 프티부르주아 계급 내부에서 양대 계급의 이해관계가 혼재되고 무뎌지기 때문에 "프티부르주아지는 자신들이 일반적으로 계급 적대를 초월한 고상한 존재라고 생각하게 된다"고 지적했다 (《루이 보나파르트 브뤼메르 18일》). 이 말은 신중간계급에도 잘 들어맞는다. 그러나 계급 세력이 압도적으로 지배계급에 기울어 있는 사회에서 계급 적대 초월이라는 것은 결국 기울어진 것을 전제로 일부를 개선하는 것에 그칠 수밖에 없다. 신중간계급 급진주의가 개혁주의와 잘 어울리는 이유다.

특정 계급의 이익보다는 민중의 이익이 더 우월하고 숭고한 것처럼 보일 수 있다. 그러나 그것은 인구의 압도 다수를 차지하는 사람들, 즉 노동계급의 이익을 억제하라는 것일 뿐이고, 더 크게 단결하는 길이기는커녕 상충되는 이해관계 속으로 힘이 분산되는 길일 뿐이다. 오히려 노동계급 운동은 자기 계급의 독립적 이해관계를 확고하게 추구함으로써 인구의 압도 다수인 노동계급을 단결시키고, 그 강력한 힘으로 신중간계급의 일부를 견인해야 한다. 이런 접근법이 가능하고 효과적이라는 것은 1987년 투쟁 이후 몇 년 동안 화이트칼라 노동조합이 성장해 신중간계급 하층에도 상당한 영향을 미쳤던 것을 봐도 알 수 있다.

5장
'탈산업화'와 노동의 변화

1. 제조업 육체 노동자들은 쇠퇴했는가?

1990년대 중후반 이후 '한국 사회가 근본적으로 변화했고, 이것이 노동계급에 심대한 영향을 미쳤다'는 다양한 유형의 주장들이 있다.

이 장에서는 그런 주장 가운데 먼저 '탈산업화'론을 살펴보려 한다. 경제가 제조업 중심에서 서비스업 중심으로 재편되면서 사회가 근본적으로 변했다는 탈산업화론은 이후 등장한 다양한 자본주의 변모론들에 큰 영향을 줬기 때문이다. 탈산업화는 다른 말로 '정보사회', '지식사회', '서비스사회화'라고도 한다.

'탈산업화'론의 정치적 함의

탈산업화론의 시조 하나는 미국의 사회학자 다니엘 벨이다. 다니엘 벨은 1960년대 초 '탈산업사회'라는 개념을 정식화했고, 1973년에 《탈산업사회의 도래》를 출판했다.* 그는 농업에 기반한 전통 사회(전前 산업사회)가 제조업에 바탕을 둔 산업사회로 변했다가, 이제는 탈산업사회로 변모하고 있다고 주장했다. 그의 탈산업화 개념에서 가장 중요한 것은 '이론적 지식'이다. "대략적으로 말해서 산업사회가 기계 기술에 토대를 두고 있다면, 탈산업사회는 지적 기술에 의해 형성된다. 그리고 자본과 노동이 산업사회의 주요한 구조적 특징이라고 한다면, 정보와 지식은 탈산업사회의 주요한 구조적 특징을 이룬다."

벨은 산업사회와 대비되는 탈산업사회의 으뜸가는 특징으로 제조업에서 서비스업으로의 이동을 꼽았다. 이와 함께 '지식 계급'(기술·전문가)의 확산, 노동 성격의 변화, 사회이동의 토대로서 교육의 확대, 금융자본과 인적자본의 중요성 증대 등도 꼽았다. 벨은 탈산업사회가 마르크스가 말한 계급으로 분단된 사회가 아니라며 "계급의 사망"을 선언했다. 소유와 경영의 분리로 "자본가 없는 자본주의 체제"가 되고 있고, 산업 노동계급은 쇠퇴하고 기술 전문가(테크노크라트)가 지배하는 사회가 되고 있다는 것이다. 이것의 정치적 함의는 탈산업사회에서 노동계급은 전혀 주요 계급이 되지 못하며, 사회변혁을 추구하는 양극화된 계급투쟁의 시대는 끝났다는 것이었다.

벨뿐 아니라 1960년대 이후 다양한 논자들이 탈산업사회론을 내놓기 시작했다. 그 대열에 좌파 지식인들도 상당히 합류했다. 이들의

---

* 한국에서는 원서가 출판된 지 33년 만인 2006년에 처음 번역·출판됐다. 다니엘 벨, 《탈산업사회의 도래》, 아카넷, 2006.

주장은 서로 차이가 있었지만, 탈산업화로 산업 프롤레타리아가 사라지고 있고 그래서 더는 사회 변혁의 주체가 되기 어렵다는 회의를 공유했다.

그러나 선진 자본주의도 나라마다 산업 구조가 상이해 특정 나라의 상황을 일반화하기 어려웠고, 1968년 프랑스나 1970년대 초 영국처럼 노동자들은 여전히 사회 변혁의 주체로서 잠재력을 보여 주고 있었다. 또, 세계적으로 보자면, 자본 축적의 새로운 중심지들이 형성되면서 1970~1980년대 신흥공업국들에서 산업 노동계급의 엄청난 성장이 있었다. 한국도 그런 나라의 하나였다. 이런 점들을 보면 탈산업화와 그에 따른 계급의 변화 같은 주장이 현실의 검증을 견뎠다고 하기 어렵다.

그런데도 '탈산업사회론은 너무 앞서 나간 것이 문제였을 뿐, 선견지명을 보여 준 이론'이라며 여전히 각광받고 있다. 더 나아가, 이제는 선진 자본주의 나라들에서뿐 아니라 전 세계적으로 서비스화 과정이 진행되고 있다고 한다. 세계의 중심부에서 1960년대 이후 탈산업화가 진행됐다면 이제는 반주변부 나라들까지 서비스업 중심 산업 구조가 급격히 확산되고 있다는 것이다. 한국에서도 1990년대 말이후 탈산업화론이 일종의 상식처럼 퍼졌다. 제조업에서 서비스업으로 산업의 상대적 비중이 달라짐에 따라 자본주의 생산방식, 고용관계, 노동의 성격, 계급 구조 전반이 '근본적으로 변화했다'는 주장이 확산된 것이다. 진보 사회학계나 노동운동 내에서도 탈산업화 또는 서비스사회화라는 주장이 폭넓게 수용됐다.[1]

물론 한국에서 제조업 고용 비중이 줄고 서비스업 고용 비중이 늘어난 것은 1990년대 이후 나타난 중요한 변화라고 할 수 있다. 그러나 산업 구조 변화의 진정한 추세와 그 의미가 무엇인지, 그것이 노동계급에 어떤 변화를 가져왔는지 등은 면밀하게 분석해 봐야 할 문제다. 일각에서는 엄밀한 분석에 근거하지 않은 채 제조업 자체가 쇠퇴한 듯한 인상을 풍기며 과장하기도 한다. 그러나 미국이나 유럽 일부 나라의 학술적 유행을 고스란히 옮겨 놓은 탈산업화론은 한국의 현실에 전혀 맞지 않는다. 게다가 그런 변화가 노동계급에 미치는 영향에 대한 분석도 일면적이고 치우친 것이 많다. 여기서는 한국 제조업과 서비스업의 현황과 고용 상황, 그리고 산업 구조 변화가 노동계급에 미친 영향 등을 살펴보면서 이것이 노동운동에 함의하는 것이 무엇인지 다루려 한다.

한국 제조업 쇠퇴는 부정확한 진단

산업 분류 방식이 계속 변해 일관된 통계를 구하기가 어렵지만,* 근래 한국의 제조업 고용이 줄어 온 것은 분명한 사실이다. 〈표 5-1〉을 보면, 제조업 고용 비중은 1963년 7.9퍼센트에서 1989년 27.8퍼센트로 늘어나 정점을 찍었다. 그 후 계속 감소해 2000년경부터 20퍼센트 이하로 낮아졌고, 2009년 최저치인 16.3퍼센트까지 떨

---

* 한국표준산업분류상 이전에는 제조업으로 분류되던 것들 중 일부가 지금은 서비스업으로 분류되고 있다.

〈표 5-1〉 제조업 고용 비중 추이 (단위: %)

1963년	1970년	1980년	1989년	2000년	2006년	2009년	2015년
7.9	9.4	21.6	27.8	20.3	17.5	16.3	17.3

주: 산업대분류에 따른 제조업 취업자 추이.
2006년까지는 8차 이전 산업분류, 2006년 이후는 9차 산업분류에 따름.
원자료: 《경제활동인구조사》 각 연도.

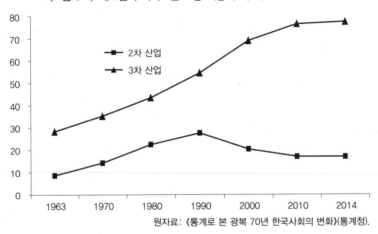

〈그림 5-1〉 제조업과 서비스업 고용 비중 추이 비교 (1963~2014년)

원자료: 《통계로 본 광복 70년 한국사회의 변화》(통계청).

어졌다. 그러다가 반등하기 시작해 2015년 현재 17.3퍼센트를 기록하고 있다. 서비스업과 비교해 보면(그림 5-1), 서비스업 고용 비중이 1980년대 말 이후 계속 증가한 것과 달리 제조업 고용 비중은 줄어들었음을 확인할 수 있다.

그러나 제조업 자체가 쇠퇴한 것은 아니다. 제조업 고용의 감소와 제조업 자체의 쇠퇴를 혼동하면 안 된다. 국내총생산GDP에서 제조업이 차지하는 비중을 살펴보면(표 5-2), 1960년 12.1퍼센트에서 1988년 30.1퍼센트까지 증가했다. 이후 조금 감소해 26~28퍼센트를 유

<표 5-2> GDP에서 제조업이 차지하는 비중 (1953~2014년, 단위: 십억 원)

	총부가가치(기초가격)	제조업(비중)
1953년	46.09	3.58 (7.8%)
1960년	232.24	28.05 (12.1%)
1970년	2,549.80	479.80 (18.8%)
1980년	35,086.40	8,518.80 (24.3%)
1988년	130,131.20	39,156.70 (30.1%)
1990년	178,400.90	48,640.90 (27.3%)
2000년	570,222.60	165,229.20 (29.0%)
2010년	1,145,124.10	351,770.60 (30.7%)
2014년	1,354,286.40	410,214.20 (30.3%)

원자료: 한국은행 《국민계정》.

<그림 5-2> GDP에서 제조업과 서비스업이 차지하는 비중 (1953~2014년)

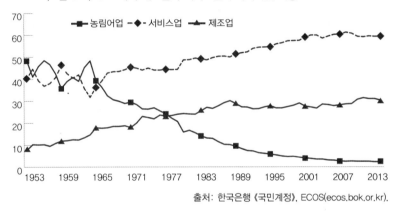

출처: 한국은행 《국민계정》, ECOS(ecos.bok.or.kr).

지하다가 2008년 경제 위기 이후 오히려 더 증가해 2014년 현재까지 30퍼센트를 웃돌고 있다. 〈그림 5-2〉는 GDP에서 제조업과 서비스업이 차지하는 비중을 그래프로 나타낸 것인데, 〈그림 5-1〉의 제조업 고용 곡선과 달리 제조업 비중 곡선은 하락하지 않고 일정 수준을 유지하고 있음을 확인할 수 있다.

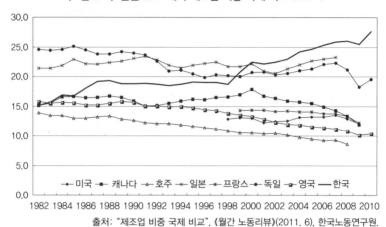

〈그림 5-3〉 실질 GDP 대비 제조업 비중 국제 비교 (단위: %)

출처: "제조업 비중 국제 비교", 《월간 노동리뷰》(2011. 6), 한국노동연구원.

이를 국제 수준과 비교하면 한국의 제조업 비중이 매우 높다는 것을 알 수 있다. 세계 총생산 대비 제조업 비중은 1970년 25.7퍼센트에서 2014년 16.5퍼센트로 줄었다. 미국과 영국의 제조업 비중은 이보다 훨씬 낮다. 선진국 가운데 제조업 비중이 가장 높은 편인 독일이나 일본과 비교해도 한국의 제조업 비중은 월등히 높다. 독일의 제조업 비중은 2009년 19.9퍼센트까지 축소됐으나 2014년 22.6퍼센트로 다시 확대됐고, 일본의 제조업 비중도 같은 기간 17.8퍼센트에서 19퍼센트로 증가했다. 이 두 나라의 최근 반등한 수치들과 비교해도 한국은 독일이나 일본보다 제조업 비중이 8~10퍼센트가량 더 높다.

〈그림 5-3〉은 주요국들의 실질 GDP 대비 제조업 비중을 비교한 것이다. 한국의 제조업 비중이 두드러지게 높다는 것을 확인할 수 있다. 통계청도 한국 서비스업 통계를 종합 분석한 《한국의 서비스산

업 — 서비스업 총조사 종합보고서》에서 한국이 "주요 국가 가운데 서는 예외적으로 높은 제조업 비중, 낮은 서비스업 비중이라는 특징을 보이고 있다"고 지적했다. "이와 같은 제조업 고_高/서비스업 저_低 현상에 대해 좋고 나쁘다는 식의 일률적 판단을 내리는 것은 아직 성급하다고 할 것이며, 단지 우리 경제의 특징의 한 단면으로 이해하는 것이 좋을 것이다."[2]

국내총생산에서 제조업 비중이 떨어지고 있는 나라들에서조차 탈산업화론은 과장인 경우가 흔하다. 장하준 케임브리지대 교수가 2011년 〈이코노미스트〉에 기고한 글에서 "제조업의 쇠퇴는 착시 현상"이라고 지적한 것은 일리가 있다. 그는 물량 차원에서 보면 제조업 제품의 생산과 소비는 늘어나고 있는데, 제조업 제품의 급격한 가격 하락으로 액수 차원에서 제조업 비중이 떨어질 뿐이라고 주장했다. 제조업 제품의 가격 하락은 생산성 증가로 말미암은 컴퓨터 가격의 하락 같은 것을 생각하면 쉽게 이해할 수 있다. 이처럼, 제조업 쇠퇴는 (특히 2008년 경제 위기 이후) 세계적으로도 논란이지만, 제조업 비중이 하락하지도 않은 한국에서 제조업 쇠퇴, 탈산업화를 주장하는 것은 유행을 쫓느라 현실에 눈감는 것이라고밖에 할 수 없다.

제조업 육체 노동자의 규모와 잠재력

한국의 제조업 비중 추이를 보면, 제조업 고용 비중의 감소가 제조업의 쇠퇴에 따른 것이 아님을 알 수 있다. 일반으로 말해 제조업 생

	제조업 생산고	제조업 취업자 수
1963년	65.81	601
1970년	479.80	1,268
1980년	8,518.80	2,955
1987년	31,655.40	4,416
1990년	48,640.90	4,911
2000년	165,229.20	4,294
2010년	351,770.60	4,028

원자료: 한국은행 《국민계정》, 통계청.

〈그림 5-4〉 제조업 노동생산성 (1975~2002년, 다른 산업과의 비교)

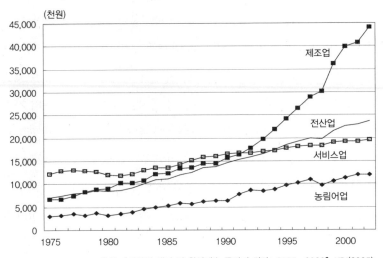

출처: "산업별 생산 및 취업계수 중장기 전망: 2005~2020", KDI(2005).

산의 감축은 분명 제조업 고용 감소의 한 원인이 되지만, 한국은 이런 경우에 해당하지 않는다. 〈표 5-2〉에서 보듯이 제조업 생산고는 단 한 해도 감축된 적이 없다. 1988년~1990년처럼 그 비중이 줄어든 시기에조차 생산고는 줄어들지 않았다. 그런데 〈표 5-3〉을 보

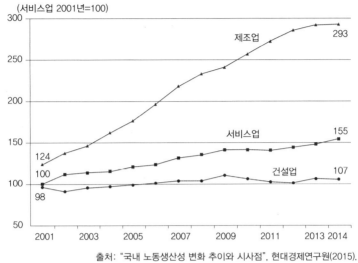

〈그림 5-5〉 제조업 노동생산성 (2001~2014년)

(서비스업 2001년=100)

출처: "국내 노동생산성 변화 추이와 시사점", 현대경제연구원(2015).

면 제조업 생산고가 계속 늘어나는 동안 제조업 취업자 수는 1990년 이후 오히려 감소한 것을 볼 수 있다. 1990년부터 2010년까지 제조업 생산고는 7.23배로 늘었지만 제조업 취업자 수는 17퍼센트가량 감소했다. 말하자면, 20년 전보다 더 적은 인원으로 훨씬 더 많은 상품을 생산해 내고 있는 것이다. 이것은 한국 제조업 고용 비중의 감소가 제조업 쇠퇴의 결과가 아니라 제조업의 노동생산성 향상에 따른 것임을 뜻한다.

제조업 노동생산성은 1975년부터 2002년까지 연평균 7.2퍼센트 증가했는데, 특히 1997년 경제 위기 이후 그 증가폭이 매우 컸다. 〈그림 5-4〉는 1990년대 초부터 2000년대 초까지 제조업 노동생산성이 서비스업과 격차를 벌리며 빠르게 증가했음을 보여 준다. 〈그림 5-5〉를 보면, 이 추세는 2014년까지 지속되고 있다. 제조업의 노동생산성 증가는 대개 더 효율적인 기계·설비류 도입의 효과다. 더 효율적인 기계·설비류가 도입되면 노동자 한 명이 시간당 더 많은 가치를 생산하게 되고, 그에 따라 훨씬 더 적은 노동자들로도 기존 생산량 수준을 유지할 수 있게 된다. 그래서 노동자들이 생산 과정에서 밀려나는 일이 벌어진다. 이른바 제조업의 '고용 없는 성장'은 자본가들이 노동력보다 기계·설비류에 더 많은 투자를 하는 데서 비롯한 것이다. 마르크스는 이를 '자본의 유기적 구성' 고도화라고 불렀다.* 마르크스는 경제가 발전할수록 생산물의 양은 같은 수준을 유지하면서도 생산적 인구의 비율은 작아진다고 했다. 그는 생산적 인구의 상대적 소규모성은 상대적으로 높은 노동생산성을 표현하는 또 다른 방식일 뿐이라고 지적했다.

제조업 고용 비중의 감소가 제조업 구조조정 과정과 맞물린 것도 이런 설명을 뒷받침한다. 노동집약적인 경공업의 비중이 점점 줄고 자본집약적인 중화학공업 비중이 점점 늘면서 제조업 고용 인원이 줄어든 것이다. 축소되는 경공업에서는 노동력이 대폭 빠져나간 반면 늘어나는 화학·기계·전기전자 업종은 노동력이 그만큼 많이 필요하지 않았던 것이다. 〈그림 5-6〉을 보면, 1993~2006년 감소한 제조업 취업자 수의 90퍼센트 가까이가 경공업 부문에서 나왔음을 알 수 있다. 현재 제조업 (내의 업종) 구성을 보면 정보통신기술, 자동차, 화학, 1차금속, 석유정제 업종이 주력 제조업으로, 전체 제조업

---

* 임금(가변자본)에 대한 생산수단(불변자본) 구입 비용의 비율을 자본의 유기적 구성이라고 한다. 마르크스는 이 비율이 증가하면 이윤율이 장기적으로 하락하는 경향이 있다고 지적했다. 유기적 구성의 고도화는 자본 축적의 논리적 귀결이다.

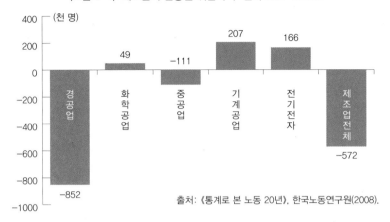

〈그림 5-6〉 제조업의 업종별 취업자 수 변화 (1993~2006년)

출처: 《통계로 본 노동 20년》, 한국노동연구원(2008).

생산액의 약 66퍼센트를 차지하고 있다. 1980년대 중반까지만 해도 17퍼센트를 육박하던 섬유·의복·신발업의 비중은 2014년 현재 3퍼센트로 떨어졌다.

위 사실들은 한국 경제에서 제조업의 고용 비중이 줄었지만 여전히 매우 중요하다는 것을 보여 준다. 제조업은 전체 생산에서 차지하는 비중(30퍼센트)이 클 뿐 아니라 경제 성장을 이끄는 견인차 구실을 하고 있다. 제조업의 GDP 성장 기여율은 1997~1999년 '외환위기'를 거치면서 더욱 커져 1990년대 20퍼센트에서 2000~2009년 37퍼센트, 2010~2013년 43퍼센트에 이르고 있다.[3] 한국이 다른 나라들에 비해 제조업 비중이 큰 것은 수출 주도 성장을 해 온 것과 관련이 깊다. 수출을 늘리기 위해 수출 제조업에 자원을 쏟아부어 육성한 것인데, 이런 성장 전략에서 비롯한 구조적 특징이 지금까지 지속되고 있다. 수출이 경제 성장에서 차지하는 비중은 앞으로도 지속될 가능성이 크고, 이 점에서 제조업의 중요성도 앞으로 상당 기간 지속될 것이다.

지금까지 살펴본 제조업 상황은 노동운동에 시사하는 바가 크다. 즉, 제조업 고용 비중이 줄었다 할지라도 제조업에 고용된 노동자들의 잠재력이 여전히 막강하다는 것이다. 만약 제조업이 쇠퇴했다면 그 분야에서 고용주에 맞설 노동자들의 능력이 약화됐겠지만, 생산성 증가에 따른 고용 비중의 감소는 그런 효과로 이어지지 않는다. 비록 고용 인원이 줄었다 해도 적어진 인원으로 인원이 많았을 때만큼 강력한 잠재력을 발휘할 수 있는 것이다. 한국 경제에 매우 중요한 제조업 생산을 마비시켜 이윤 체제에 심대한 타격을 줄 수 있기 때문이다. '탈산업화'로 제조업 노동자가 그 중요성을 잃었다거나 노동자 투쟁에서 전과 같은 주도력을 발휘하기 어렵게 됐다는 것은 피상적 주장일 뿐이다. 비록 그 규모가 조금 줄었다 해도 한국 제조업 노동자의 중요성은 20~30년 전보다 오히려 더 커졌다고 할 수 있다.

게다가 제조업 고용 인원의 절대 수는 그렇게 많이 줄어들지 않았다. 고용 비중의 감소가 곧 고용 인원의 감소는 아닌 것이다. 〈표 5-4〉를 보면, 제조업 취업자 비중은 1990년 27.2퍼센트에서 2015년 17.3퍼센트로 줄었지만, 같은 기간 제조업 취업자 수는 491만 1000명에서 448만 6000명으로 42만 명 정도밖에 줄지 않았다. 제조업 임금 노동자 수만 따지면, 그 수가 최고 수준에 이르렀던 1991년 430만 명에서 2015년 현재 약 400만 명으로 30만 명 정도만이 줄었을 뿐이다. 어떤 사람들은 1980년대 후반 제조업 노동자는 규모가 크고 막강해 1987년 대투쟁의 주력부대 구실을 할 수 있었다며 마치 그것이 '과거의 영광'일 뿐인 듯이 말한다. 그러나 2015년 제조업 임금 노동자

<표 5-4> 제조업 취업자와 임금 노동자 수의 변화 (단위: 천 명, %)

	1963년	1970년	1980년	1990년	2000년	2010년	2015년
취업자 수	601	1,268	2,955	4,911	4,294	4,028	4,486
비중	7.9	9.4	21.6	27.2	20.3	16.9	17.3
임금 노동자 수	–	–	–	4,300*	3,579**	3,440	3,996

* 1991년 수치.

** 광공업 임금 노동자 수치.

원자료: 통계청, 《2015년 경제활동인구연보》, 《2003 노동통계연감》.

수는 1987년 당시와 비슷하거나 오히려 약간 많은 것으로 보인다.* 한국 제조업 노동자들은 절대적 규모로 보나 경제에 영향을 미칠 수 있는 잠재력으로 보나 1987년과 마찬가지로 여전히 중요하고 강력하다. 그들이 집단적 힘을 사용하고자 한다면 강력한 힘을 발휘할 수 있다. 불가항력적인 객관적 변화 때문에 그것이 불가능해진 것은 결코 아니다(물론 그 부문 노동자 운동의 투쟁성 문제는 노조 상근 간부층의 등장 등등 주관적 요인들을 고려해야 한다).

---

* 1990년 이전의 산업별·종사상지위별 취업자 수 통계가 없지만, 1987년 임금근로자가 취업자의 90퍼센트 가까이 된다고 가정해도, 그 수는 2015년 임금근로자 수를 넘지 않는다.

2. 서비스 노동자 증가로 노동계급은 약화됐는가?

많은 사람들은 제조업이 쇠퇴하고 서비스업이 성장하는 방향으로 한국 경제가 변화했다고 여긴다. 제조업의 시대는 가고 서비스 경제가 오고 있다는 것이다. 어떤 사람들은 그런 변화가 산업 구조 '선진화'의 필연적 과정인 듯이 주장하기도 한다. 2000년대 이후 역대 정부들도 서비스업 활성화에 한국 경제의 미래가 달린 듯이 주장해 왔다. 그러나 2008년 세계경제 위기 이후 서비스업의 잠재력에 대한 회의와 제조업 기반의 중요성에 대한 재고가 선진국을 중심으로 확산되면서 서비스화가 전만큼 의문의 여지 없는 시대정신이라고 말하기는 어렵게 됐다. 물론 이것은 무엇으로도 경기 침체 장기화를 해결하지 못하는 세계 지배계급들의 갈팡질팡을 보여 주는 것일 뿐이다.

앞에서 살펴봤듯이 한국의 제조업은 결코 쇠퇴하고 있지 않다. 그럼에도 서비스업 부문*의 생산과 고용이 증가한 것은 엄연한 사실이

---

* 한국표준산업분류(9차 개정)에서 농림어업, 광업, 제조업, 전기·가스·증기 및 수도사업, 건설업을 제외한 다음 16개 부문을 서비스업으로 분류한다. 하수·폐기물처리, 원료재생 및 환경복원업, 도매 및 소매업, 운수업, 숙박 및 음식점업, 출판·영

〈표 5-5〉 GDP에서 서비스업이 차지하는 비중 (1953~2014년, 단위: 십억 원)

	총부가가치(기초가격)	서비스업(비중)
1953년	46.09	18.59 (40.3%)
1960년	232.24	99.03 (42.6%)
1970년	2,549.80	1,128.40 (44.3%)
1980년	35,086.40	17,071.30 (48.7%)
1988년	130,131.20	65,003.60 (50.5%)
1990년	178,400.90	92,645.80 (51.9%)
2000년	570,222.60	327,961.40 (57.5%)
2010년	1,145,124.10	678,590.80 (59.3%)
2014년	1,354,286.40	804,774.10 (59.4%)

원자료: 《통계로 본 광복 70년 한국사회의 변화》 산업구조 통계편.

다. 〈표 5-5〉에서 보듯이 국내총생산에서 서비스업이 차지하는 비중은 1953년 40.3퍼센트에서 2014년 59.4퍼센트로 증가했다. 특히, 1980년대 말 이후 제조업 비중이 대체로 30퍼센트 수준을 유지한 것과 달리, 서비스업 비중은 1988년 50퍼센트에서 2014년 59.4퍼센트로 약 10퍼센트포인트 더 증가했다.

흔히들 오해하듯이 서비스업의 성장은 제조업의 축소와 짝을 이룬 변화가 아니었다. 서비스업이 성장하는 동안 제조업도 성장하거나 일정 수준을 유지했다. 1953~1988년 제조업의 생산 비중 증가폭

상·방송통신 및 정보서비스업, 금융 및 보험업, 부동산업 및 임대업, 전문·과학 및 기술 서비스업, 사업시설관리 및 사업지원 서비스업, 공공행정·국방 및 사회보장 행정, 교육 서비스업, 보건업 및 사회복지 서비스업, 예술·스포츠 및 여가 관련 서비스업, 협회·단체·수리 및 기타 개인 서비스업, 가구내 고용활동 및 달리 분류되지 않은 자가소비 생산활동, 국제 및 외국기관.

〈표 5-6〉 서비스업 취업자 수와 비중의 변화 (단위: 천 명)

	1963년	1970년	1980년	1990년	2000년	2010년	2015년
서비스업			5,065 (37.0%)	8,441 (46.7%)	12,955 (61.2%)	16,384 (68.8%)	18,176 (70.1%)
건설업	2,140 (28.3%)	3,395 (35.3%)	843 (6.2%)	1,346 (7.4%)	1,580 (7.5%)	1,753 (7.4%)	1,823 (7.0%)
전기·가스 및 수도			44 (0.3%)	70 (0.4%)	64 (0.3%)	78 (0.3%)	93 (0.4%)

원자료: KLI 노동통계, 《통계로 본 광복 70년 한국사회의 변화》.

은 서비스업보다 더 컸고, 1988~2014년은 30퍼센트 안팎을 유지했다. 〈그림 5-2〉를 보면, 서비스업 생산 비중의 증가는 제조업보다는 농업의 쇠퇴와 맞물려 있음을 확인할 수 있다. 농업 비중의 하락선과 서비스업 비중의 상승선은 거의 대칭을 이루고 있다.

그래서 한국이 서비스사회화했다는 주장이 널리 퍼져 있으면서도, 선진국들에 비해 제조업 비중이 여전히 너무 높고 서비스업의 발전이 뒤처졌다는 불만이 공존하고 있다. G7 국가들의 경우 서비스업이 GDP에서 차지하는 비중은 2014년 기준으로 대개 70퍼센트를 넘지만, 한국은 아직 59.4퍼센트에 불과하다.

한편, 고용 비중은 생산 비중과는 조금 다른 양상이다. 서비스업 고용은 제조업 고용이 감소로 돌아선 후에도 계속 증가했다. 〈표 5-6〉에서 보듯이, 서비스업 고용 비중은 1963년 28.3퍼센트에서 2015년 70.1퍼센트까지 늘었다. 반면 제조업 고용 비중은 줄었는데, 이것은 제조업의 노동생산성 증가에 따른 것임을 앞 절에서 살펴봤다. 그런데 〈그림 5-4〉와 〈그림 5-5〉를 보면 한국 서비스업의 노동생산성은 제조업에 크게 뒤처져 있다. 일반으로 말해 노동생산성

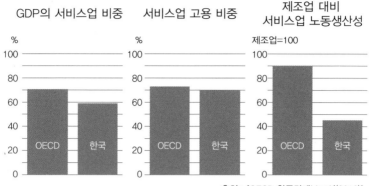

〈그림 5-7〉 한국 서비스업의 노동생산성 (OECD 평균과 비교, 2014년)

출처: 《OECD 한국경제보고서(2016)》.

의 증가는 기계화와 기술혁신이 쉬운 제조업에서 두드러지게 마련이지만, 그 격차가 한국은 더욱 크다. 이것은 앞 절에서 살펴본 수출주도 성장 전략과 관계가 있다. 〈그림 5-7〉의 OECD 자료를 보면, 2014년 현재 OECD 평균 서비스업 생산성은 제조업 생산성의 90퍼센트인 반면 한국은 45퍼센트에 불과하다.

그러나 제조업의 노동생산성 증가가 서비스업과 아무 관계가 없는 것은 아니다. 제조업의 노동생산성이 증가하면, 제조업에서 노동인구가 빠져 나가 서비스업으로 이동하게 된다. 그리고 제조업 생산물 가격이 하락해 노동자들의 구매력이 증가함에 따라 소매업이나 음식·오락·여가 관련 서비스 부문이 확장될 수 있는 기반을 제공한다. 제조업이 발전할수록 기반 서비스는 더 많이 필요해진다. 가령 자본 간 경쟁이 심해지면 물류(운수·보관업)는 더욱 중요해진다. 상품을 생산지에서 소비지로 더 빠르게 운반해야 하기 때문이다. 일찍이 마르크스는 이를 "시간에 의한 공간의 폐지"라고 불렀다. 상품을 화폐로 교환하는 일인 유통(도매·소매업)도 마찬가지로 중요하다. 마르크스가 지적했듯이, "생산 규모가 확대됨에 따라 산업자본의 재순환에 끊임없이 필요한 상업 활동도 … 증대한다는 것은 명백하다." 생산이 복잡해지면서 회계·세무와 마케팅·광고 같은 기능, 연구 개발이나 교육, 법무 서비스, 컴퓨터 관련 서비스의 중요성도 점점 커지고 있다. 이처럼 서비스업은 제조업을 대체하면서 성장한다기보다 상당 부분 제조업과 밀접한 관계 속에서 성장한다.

서비스업에 관한 오해들

한국 서비스업의 변화 과정을 봐도, 1차산업-2차산업-3차산업이 순차적으로 발전한다는 말은 현실과 전혀 맞지 않는 단순한 기계적 발상일 뿐이다. 서비스업은 제조업이 쇠퇴하면서 성장의 바통을 이어받아 확대된 것이 아니라, 제조업의 변화를 반영하며 그와 연동해서 발전했다. 산업화 전과 그 초기에는 서비스업 중 도소매·음식숙박업의 규모가 압도적으로 컸다. 그러나 제조업이 성장하면서 서비스업의 다른 부문들이 성장하기 시작했다.

〈표 5-7〉을 보면, 1950~1970년대에는 도소매·음식숙박업이 서비스업의 3분의 1 이상을 차지했다. 그러나 1970~1980년대 제조업의 발전과 함께 운수업, 금융·보험업이 빠르게 성장했다. 운수업은 1960년 8.9퍼센트에서 1980년 13.3퍼센트로 성장했고, 금융·보험업은 1960년 3.4퍼센트에서 1980년 11.4퍼센트로 성장했다. 또, 한

<표 5-7> 서비스업 세부 구성 변화 추이 (1953~2014년, 단위: %)

	1953년	1960년	1970년	1980년	1990년	2000년	2010년	2014년
도소매·음식숙박	34.7	26.3	35.9	30.2	27.4	21.9	19.2	18.9
운수·보관업	3.8	8.9	12.9	13.3	8.8	7.5	6.6	6.2
금융·보험	1.6	3.4	4.8	11.4	9.9	9.9	10.6	9.4
부동산·임대업	32.3	17.9	9.1	8.0	12.2	16.3	13.4	13.4
정보통신업	0.4	2.3	3.2	4.3	5.8	7.8	6.7	6.5
사업 서비스업	0.4	1.2	2.4	3.8	6.7	8.9	11.5	12.4
공공행정·국방	20.0	23.1	16.1	14.5	11.8	10.7	11.6	12.2
교육 서비스업	2.7	10.1	8.2	8.6	8.7	8.3	9.4	9.2
보건·사회복지	2.2	2.4	1.5	1.9	3.8	4.3	6.5	7.1
문화 및 기타	1.9	4.5	5.9	4.1	4.9	4.5	4.6	4.6
계	100.0	100.1	100.0	100.1	100.0	100.1	100.1	99.9

원자료: 통계청.

국 지배계급이 고도기술 산업으로 전환을 모색한 1990년대 이후에는 정보통신업과 사업서비스업이 빠르게 성장했다. 연구·개발 같은 분야가 제조업 생산성 증가를 위해 점점 더 중요해진 것이다. 정보통신업은 1980년 4.3퍼센트에서 2014년 6.5퍼센트로, 사업서비스업은 1980년 3.8퍼센트에서 2014년 12.4퍼센트로 성장했다. 이것은 도소매·음식숙박업의 감소와 대조를 이룬다. 1970년 무려 35.9퍼센트에 이르던 도소매·음식숙박업은 2014년 18.9퍼센트로 감소했다.

서비스업 하면 음식숙박업이나 소매업을 떠올리기 쉽지만, 한국 서비스업에서 그 비중은 현격히 줄어 온 것이다. 반면, 컨설팅, 법무, 조사, 연구 개발 같은 '전문과학기술 및 사업지원 서비스' 등의 비중이 지속적으로 증가하고 있다. 생산자(제조업)에게 제공되는 첨단 서

<표 5-8> 1990년대 이후 서비스업 내 비중 변화 추이 (단위: %)

	1991~1995년	1996~2000년	2000~2005년	2006~2010년	2011~2014년
금융 및 보험	10.8	11.1	11.5	11.1	10.3
정보·통신	5.9	7.1	8.2	7.2	6.6
기타 서비스	4.3	4.4	4.4	4.4	4.5
전문과학 기술 및 사업지원	7.0	8.3	8.7	9.9	11.5
공공서비스·교육· 사회복지	23.3	23.7	25.4	28.0	28.5
부동산	14.8	16.8	14.7	13.5	13.1
도소매·숙박·음식업, 수송과 보관업	33.9	28.6	27.1	25.8	25.6

자료: United Nations Statistics Division — National Accounts.

출처: "G7 국가와 한국의 산업구조 변화와 시사점", 현대경제연구원(2016).

비스업이 빠르게 발전하고 있는 것이다.* <표 5-8>을 보면 서비스업 중 전문과학기술 및 사업지원 서비스가 차지하는 비중이 1991~1995년 평균 7.0퍼센트에서 2011~2014년 평균 11.5퍼센트로 4.5퍼센트포인트 증가했다. 다른 선진국들과 비교하면 그 비중이 아직 낮은 편이지만 증가 속도는 빠르다. 주요 선진국들의 전문과학기술 및 사업지원 서비스의 비중은 같은 기간 1~2퍼센트포인트 증가해

---

* 서비스업 분류법은 여러 가지가 있다. 서비스업을 유통서비스, 생산자서비스, 공공(사회)서비스, 개인서비스로 나누면, 현재 생산자서비스의 비중이 가장 크다. 각 부문에는 다음의 업종들이 포함된다.
  - 유통서비스: 도소매업, 운수업, 출판·영상·통신·정보서비스.
  - 생산자서비스: 금융 및 보험업, 부동산업 및 임대업, 전문, 과학 및 기술 서비스업, 사업시설관리 및 사업지원 서비스업.
  - 공공(사회)서비스: 공공·사회보장 행정, 교육서비스, 보건·사회복지서비스 등.
  - 개인서비스: 숙박·음식업, 예술·스포츠·여가 관련 서비스, 단체·수리·개인서비스 등.

2011~2014년 평균 약 15퍼센트다.[4]

한편, 교육, 보건·사회복지, 공공행정 서비스의 비중도 상당히 높다. 2014년 현재 교육 서비스가 9.2퍼센트, 보건·사회복지 서비스가 7.1퍼센트, 공공행정 서비스가 12.2퍼센트에 이른다. 다니엘 벨은 산업사회와는 달리 '탈산업사회'에서는 "보건·교육·연구·정부" 서비스가 결정적으로 중요해진다고 주장했다. 그러나 한국에서 1990년대 이후 이들 부문의 증가를 탈산업화의 증거로 보기는 어렵다. 1990년대 이후 이들 부문이 증가하고 있는 것은 사실이지만, 공공행정과 교육 서비스의 비중은 산업화 초기부터 매우 높았다. 1960년에 그 비중은 각각 23.1퍼센트, 10.1퍼센트에 달했다. 이것은 한국 자본주의 성장이 강력한 국가 개입에 의해(국가자본주의), 선진국의 경험을 따라 배우면서(앨리스 암스덴의 강조) 이뤄진 특징을 반영하는 것이라고 할 수 있다. 읽고 쓰고 셈하기부터 고급 지식에 이르기까지 잘 교육된 노동력인구를 길러 내는 것(노동력 재생산)은 후발 자본주의 한국이 국제 경쟁에서 살아남는 데 특히 중요한 일이었다. 교육 서비스는 1980년대 이후 대학의 팽창과 함께 계속 확장됐지만, 결코 그것은 산업사회에서 볼 수 없었던 '탈산업사회'의 특징이라고 할 수 없다.

이처럼 서비스업은 제조업의 변화와 밀접한 관계를 맺으며 성장했다. 사람들은 서비스업을 재화 생산에 본질적으로 중요하지 않거나 심지어 무관한 것으로 여기는 경향이 있는데, 그렇지 않다. 물론 유흥업처럼 재화 생산과 관계없는 것도 있지만, 산업에 매우 중요한 부문도 있다. 예를 들어, 물류는 생산(을 완성하는) 과정의 일부이고, 정보통신, 전문·과학기술 및 사업지원 서비스 등은 생산 과정에 투입되는 요소의 성격을 지닌다. 부품 조달, 상품 운송·보관이 안 되면 생산물은 완성돼 소비지에 도달하지 못한다. 자동화된 기계를 사용해 상품을 만들어 내는 노동만큼이나 그 기계를 가동하기 위해 소프트웨어를 개발하고, 기계를 점검하는 일도 필수적이다. 또, 제품의 질을 향상시키거나 새로운 제품을 개발하기 위한 연구·개발도 마찬가지다. 그래서 여전히 많은 제조업 기업들이 연구·개발이나 물류 등의 부서를 기업 내에 두고 있다.

사실, '서비스'라는 범주는 매우 모호해 여러 혼란을 초래하기 쉽다. 대개 농업과 광공업, 건설업, 전기·가스·수도업을 제외한 업종들을 모두 서비스업으로 분류한다.[*] 그러다보니 이질적 부문들이 한데 섞이고 제조업과의 경계도 생각만큼 선명하지 않다. '한국표준산업분류'를 봐도 무엇이 제조업이고 무엇이 서비스업인지가 시기마다 달라졌다. 예를 들어, 출판인쇄업은 2000년대 중반까지만 해도 제조업에 포함됐지만, 지금은 서비스업으로 분류된다. 인쇄 노동자가 하는 일이나 최종생산물은 전이나 지금이나 본질적으로 같은데, 전에는 제조 노동자였고 지금은 서비스 노동자인 것이다. 재생원료 생산업도 2000년대 중반까지 제조업에 포함됐지만 지금은 서비스업으로 분류된다.

또, 제조업 기업 내부에서 하던 업무가 외주화되면, 전에는 제조업 일자리로 분류되던 것이 이제 서비스업 일자리로 분류된다. 전에는

---

[*] 일부 통계는 '전기·가스·수도사업'이나 '건설업'까지 서비스업에 포함시키기도 한다.

제조 기업의 법무팀이나 고객관리, 시설관리실 등에서 하던 법무·회계·광고, 청소·경비·시설관리 등의 업무를 이제 외주 계약을 맺은 서비스업체가 담당하는 것이다. 이런 경우 통계상으로는 서비스업의 비중과 그 일자리가 증가한 것으로 나타나지만, 실제로는 전에 제조업으로 분류되던 경제 활동이 서비스업으로 재분류된 것에 불과하다. 그래서 이를 '통계적 환상'이라고도 한다.[5]

최근에 서비스업과 제조업의 '융합'을 강조하는 경향이 대두하고 있는 것을 봐도 둘 사이의 긴밀한 연관을 확인할 수 있다. 쉽게 접할 수 있는 예로 렌탈 서비스를 들 수 있다.* 상품을 판매하거나 대여하면서 제품 관련 자문과 유지·보수 계약을 함께 맺는 것도 비슷한 사례다. 유지 관리 서비스는 가정 내에서 사용되는 작고 간단한 가전 기기뿐 아니라 공장의 복잡한 기계 설비, 선박, 에너지 시스템에도 적용된다. 기기의 운영 과정을 모니터링해 최적화된 사용이 가능하도록 유지 관리 서비스를 제공하는 것이다. 제조업 기업들은 판매뿐 아니라 연구·개발, 생산, 폐기에 이르기까지 모든 단계에서 서비스와의 융합을 강조하는 추세다. 이를 "제조업의 서비스화"라고 부르는데, 제품의 제공보다 서비스의 제공에서 차별화와 경쟁력을 추구하겠다는 것이다. 그러나 뒤집어 말하면, 제품의 판매를 늘리도록 제조업을 뒷받침하는 일이라고 할 수 있다.

물론 융합이 강조되는 추세라고 해서 둘의 차이가 사라지는 것은

---

* 고객이 렌탈료를 정기적으로 지불하고 제품을 사용하면서 유지 관리 서비스를 받는 것.

아니다. 서비스업 가운데 일부는 가치를 창출(더 많은 축적을 위해 사용될 수 있는 자원을 창출)하지만, 다른 일부는 그렇지 않다. 서비스업 가운데 제조업 관련 부문이 상당하다고 필자가 지적하는 이유는 둘의 차이를 무시하려는 것이 아니라, 서비스업의 증가가 제조업의 '쇠퇴' 또는 '탈산업화'를 뜻하는 것이 아님을 강조하려는 것이다. 가령 성장 추세인 생산자서비스, 즉 생산자인 기업에 제공하는 서비스는 제조업이 쇠퇴해 수요가 없다면 성장할 수 없다는 게 명백하다. 또, 제조업과 직접 관련이 없는 개인서비스업조차 각종 기계·설비류와 운송 장비 등 수많은 재화의 생산에 의존한다. 커피숍이나 푸드트럭, 식당을 연다고 생각해 봐도 서비스업이 제조업을 대체하는 경향이 있다는 주장은 타당하지 않다. 여성의 경제 활동 참가 증가로(대체로 서비스업 종사 비율이 높다) 간편 조리를 위한 냉동·건조식품과 각종 가전 제품 같은 공산품 수요가 많아진 것도 한 사례다.

서비스 노동자는 정보(화)사회 엘리트?

위에서 살펴봤듯이, 서비스업에 관한 다양한 오해가 있다. 이런 오해와 혼란은 서비스 노동에 대한 오해와도 흔히 관계있다. 가장 흔한 오해 하나는 서비스업의 성장을 화이트칼라 피고용자의 증가와 등치시키는 것이다. 그러나 제조업과 육체 노동을, 서비스업과 화이트칼라 노동을 연관시키는 것은 큰 착각이다. 여기에 제조업 육체 노동자만 노동계급이고 화이트칼라는 모두 신중간계급이라는 착각이 더해지면, 서비스업 고용의 증가는 노동계급의 쇠퇴를 의미한다는 결론으로 쉽게 이어진다.

서비스업의 성장과 화이트칼라 피고용자의 증가를 뒤섞는 혼란을 잘 보여 주는 것은 다니엘 벨이다. 그는 이렇게 주장한다. "서비스 경제의 확대는 사무 노동, 교육, 정부에 대한 중시와 함께 자연히 화이트칼라 직업으로의 전환을 초래했다." "[서비스산업에서] 중요한 것은 근육의 힘이나 에너지가 아니라 정보"이고, "전문가들이 중심적인 인물이 된다."[6] 서비스업으로 중심이 이동함에 따라 전통적 노동계급은 줄어들고, "전문직, 기술직, 관리직, 행정직"이 증가해 노동인구의 다수를 차지하게 된다는 것이다.

이런 식으로 본다면, 서비스 노동자는 보수가 괜찮고 기름때 묻힐 일 없이 안락한 환경에서 자기 노동을 어느 정도 통제하며 일하는 사람들이라는 인상을 받기 쉽다. 서비스 노동자들이 모두 '정보(화)사회' 엘리트, '지식 노동자'나 되는 것처럼 말이다. 벨이 서비스 노동의 성격을 이렇게 그린 것은 아마도 (1940년대부터 1960년대까지) 전후 장기 호황을 배경으로 했던 그의 낙관이 반영된 것일 듯하다. 그는 "서구 세계는 어떤 유토피아주의자도 꿈꾸지 못한 생산성의 폭발과 기술적 성장을 보여 줬다"고 썼다.

그러나 서비스업 고용 실태를 살펴보면, 현실은 정보화사회 엘리트론과는 사뭇 다른 모습이다. 첫째, 무엇보다, 서비스 노동자의 상당수는 육체 노동자다. 청소·경비 노동자, 환경미화 노동자, 식당 조리·배식 노동자, 호텔 룸메이드 노동자, 마트의 상품 운반 노동자, 택배 노동자, 화물 트럭 노동자, 항만 노동자, 철도 노동자, 우체국 노동자, 패스트푸드점 노동자, 자동차 정비나 각종 기기 수리 노동자, 병원 보조 노동자, 배달 노동자 등이 그런 사례다. 이들은 지식이나 정보를 다루는 게 아니라 산업 노동자들과 마찬가지로 '근육의 힘'을 사용해 고된 육체 노동을 한다.

정보통신기술의 발달로 육체 노동이 사라질 것이라는 주장이 상식처럼 수용된 게 10~20년 된 일이 아니지만, 실제 경험은 그 주장이 과장임을 보여 준다. 가령 마트에 갈 필요 없이 컴퓨터 클릭 한 번으로 쇼핑을 할 수 있다는 정보화사회의 이미지 이면에 엄청나게 늘어난 택배 노동자들이 있듯이 말이다. 인터넷의 발달로 종이 문서나 종이 우편이 사라질 것처럼 보였지만, 여전히 우편 노동자들은 감당하기 이려운 우편량과 장시간 노동으로 고통받는다. 여전히 우리는 공공 화장실 청소의 기계화나 원격조종 같은 것을 경험하지 못하고 있다.

흔히 서비스 노동은 상품을 생산하기보다 사람들과 상호작용하는 노동이라고 한다(벨은 이를 두고 '사람들 간의 게임'이라고 했다). 그러나 그렇다고 해서 그런 노동이 육체 노동과 예리하게 분리되는 것은 아니다. 마트 계산대에 하루종일 서서 상품의 바코드를 찍으며 손님에게 친절한 미소도 잊지 말아야 하는 캐서 노동자들은 육체 노동을 하지 않는 것인가? 화장실 갈 시간도 없이 여러 명의 아동을 돌보는 보육 노동자들이나 몸을 가누기 어려운 환자들을 돌보는 간병인 노동자들은 또 어떤가?

둘째, 서비스 노동자들을 정보화사회 엘리트로 그리는 게 어불성설이라는 것은 임금 수준을 봐도 잘 드러난다. 서비스 노동자들의 임금은 제조업 노동자들보다 결코 더 나은 수준이 못 된다. 물론 서비스업에는 이질적 업종이 포괄돼 있고 임금 편차도 커, 서비스업 피고용자들을 하나로 뭉뚱그려 제조업 피고용자들과 임금을 비교하는 것은 큰 의미가 없을 수도 있다. 그러나 1999년 이후 제조업 임금이 서비스업 임금을 앞지르기 시작해 격차가 점점 벌어진 것을 보면, 서비스업의 확대와 함께 엘리트화가 진행됐기는커녕 오히려 저임금층이 확대됐다는 것만큼은 분명히 알 수 있다. 1983년 서비스업 임금은 제조업 임금의 1.6배였는데, 2004년에는 0.8배로 떨어졌다.[7]

통계청 고용 통계를 보면, 서비스업 노동자들 가운데 저임금 노동자의 비율은 상당히 높다. 2015년 현재 100만 원 미만 임금을 받는 노동자 비율이 제조업은 3.6퍼센트인데, 서비스업 내에는 그 비율이 이보다 훨씬 높은 업종이 수두룩하다(표 5-9). 운수업은 4.4퍼센트, 도소매업은 13.6퍼센트, 교육 서비스는 14퍼센트, 사업시설관리·사업지원 서비스는 14.6퍼센트, 수리·개인 서비스는 18.4퍼센트, 보건·사회복지 서비스는 19.2퍼센트, 공공·사회보장 행정은 20.1퍼센트, 예술·스포츠·여가 관련 서비스는 26.4퍼센트, 그리고 숙박·음식점업은 무려 32.1퍼센트의 노동자들이 100만 원 미만의 임금을 받는다.[8] 400만 원 이상 임금을 받는 피고용자 비율이 제조업(15.7퍼센트)보다 큰 서비스 업종은 교육 서비스(19.3퍼센트), 공공·사회보장 행정(22.5퍼센트), 출판·영상·정보(26.3퍼센트), 전문·과학·기술(30.6퍼센트), 금융·보험(31.3퍼센트)뿐이다. 눈길을 끄는 것은 흔한 편견과 달리 교육 서비스, 공공·사회보장 행정 서비스 부문에 고소득 피고용자뿐 아니라 저임금 노동자들도 매우 두텁게 분포해 있다는 것이다.

셋째, 서비스업 내 화이트칼라 직종으로 분류되는 피고용자들이

〈표 5-9〉 100만 원 미만 임금을 받는 서비스 노동자 비율 (제조업과 비교, 2015년, 단위: %)

	100만 원 미만	400만 원 이상
제조업	3.6	15.7
도매·소매업	13.6	7.8
운수업	4.4	12.2
숙박·음식업	32.1	0.9
출판·영상·방송통신·정보 서비스업	3.2	26.3
금융·보험업	2.0	31.3
부동산·임대업	10.4	5.6
전문·과학·기술 서비스업	2.3	30.6
사업시설관리·사업지원 서비스업	14.6	2.8
공공행정·국방·사회보장행정	20.1	22.5
교육 서비스업	14.0	19.3
보건·사회복지 서비스업	19.2	6.3
예술·스포츠·여가 관련 서비스업	26.4	5.6
협회단체·수리·기타 개인 서비스업	18.4	3.8
기타	17.4	19.2

출처: 《2015년 상반기 지역별 고용조사 — 취업자의 산업 및 직업별 특성》, 통계청.

라고 해서 모두 괜찮은 보수를 받고 자기 노동을 어느 정도 통제하며 일하는 것도 결코 아니다. 영업·판매원이나 사무원으로 일하는 평범한 화이트칼라 서비스 노동자들은 임금 수준이나 노동 환경 면에서 생산직 노동자나 서비스업 육체 노동자들보다 특별히 더 나을 것도 없다. 판매직의 임금은 2015년 현재 반숙련 생산직보다 낮다. 사무직 임금은 2000년 반숙련 생산직 수준으로 떨어졌다가 최근에 조금 반등한 정도다.

평범한 화이트칼라 서비스 노동자들은 업무 자율성도 갖지 못한다. 가령 매장 계산원, 매표원이나 전화상담원은 첫인사, 고객 응대,

문제 발생시 대처 요령 등 표준화된 업무 매뉴얼에 따라 단순 반복적 업무를 수행한다. 김종진 노동사회연구소 연구원은 서비스 노동에 관한 조사 연구에서 서비스업 내 일부 직종은 "작업 지시, 결정, 속도 등에 대한 본인 결정 권한이 낮은 편"이라고 지적한다. "제조업 컨베이어시스템처럼 작업 과정에 테일러주의적 시스템이 도입(유통 계산대)되어 있거나, 업무 분장 세분화 과정(주문-계산-제공)에서 업무 자율성을 낮추었기 때문이다."[9]

판매 노동뿐 아니라 사무 노동도 노동과정을 세밀하게 측정해 효율화하기 위한 표준화 작업이 이뤄져 왔다. 생산성 향상 시도 때문에 사무 노동은 공장 노동과 마찬가지로 단조로운 작업의 무한 반복이 되고 있다. 중앙 컴퓨터 시스템 같은 사무자동화는 작업 강도와 노동 통제를 강화하는 구실을 한다. 해리 브레이버먼은 사무 노동이 합리화되면 '사무직 노동은 생각하는 노동이고 생산직 노동은 생각 없이 하는 노동'이라는 대조는 힘을 잃게 된다고 지적한다. 기계에 의한 작업 속도 조정이 공장에서와 마찬가지로 사무 노동에도 적용되면서 사무 노동자들은 지위 하락을 경험한다. "사고와 계획의 기능은 사무실 안에서도 갈수록 소수의 집단에게 집중되고, 사무직 피고용자 대부분에게 사무실은 생산직 노동자에게 공장과 같은 장소가 된다." 사무·판매 서비스 노동자들은 관리자의 통제와 감시 아래서 일하며, 표준화에서 벗어나면 제재의 대상이 된다. 작업 강도를 감시·측정하는 각종 기계나 CCTV가 그들을 노려보고 있다.

흔히들 서비스 노동자 가운데 전문가로 분류되는 노동자들은 사무·판매 노동자들보다는 처지가 낫다고 생각한다. 보건 서비스와 교육 서비스 노동자들을 대표적 사례로 든다. 다니엘 벨은 의료, 교육, 연구 부문을 "고등교육에 토대"를 두고 있는 "탈산업적 고용"이라고 봤고, 이런 분야에 종사하는 사람들이 "중간계급의 중심을 이룰 것"이라고 했다. 물론 보건 서비스와 교육 서비스 피고용자의 교육 수준은 실제로 매우 높다. 2015년 현재 교육 서비스업 종사자의 대졸 이상 비율은 82.9퍼센트로, 전문·과학·기술 서비스업(84.6퍼센트)과 함께 가장 높은 수준이다. 보건·사회복지 서비스업 종사자의 대졸 이상 비율도 62.9퍼센트로 상당히 높은 수준이다(서비스업 가운데 대졸 이상 비율이 60퍼센트를 넘는 그 밖의 업종은 전문·과학·기술 서비스업, 출판·영상·방송통신·정보 서비스업, 금융·보험업뿐이다).[10] 벨은 이런 분야가 여성에게 개방돼 있는 것을 탈산업사회의 중요한 특징으로 꼽는데, 이들 부문의 여성 비중이 높은 것도 사실이다. 교육 서비스업의 여성 비중은 66.1퍼센트이고, 보건·사회복지 서비스업의 여성 비중은 무려 80퍼센트에 육박한다.

그러나 4장에서 살펴봤듯이, 교육 서비스와 보건·사회복지 서비스를 제공하는 여성 노동자들의 조건은 사무직 노동자에 비해 크게 낮지 않다. 교육 서비스 여성 종사자는 여성 사무 종사자와 임금 수준이 비슷하고, 보건·사회복지 여성 종사자는 여성 사무 종사자보다 임금 수준이 더 낮다. 여성들이 교육 수준이 높아짐에 따라 교육 서비스나 보건·사회복지 서비스 부문으로 많이 진출했지만, 여성의 지위가 크게 개선되지는 않았다. 일반으로 말해 고등교육의 확대가 노동자들의 조건 개선을 보장하지 못했는데, 여성의 경우 이 점이 더 두드러진다. 2014년 현재 4년제 대학을 졸업한 노동자의 임금 하위

20퍼센트와 전문대를 졸업한 노동자의 임금 하위 50퍼센트가 고졸 노동자보다 더 낮은 임금을 받는다.[11] 대졸자 내의 남녀 임금 차별도 심하다. 대졸 이상 비율이 90퍼센트를 육박하는 '전문가 및 관련 종사자' 중 여성의 임금은 남성의 63.9퍼센트에 불과하다. 특히 보건·사회복지 서비스 부문의 여성 임금은 남성의 55퍼센트도 안 된다.

서비스 노동자는 불안정 취약 집단?

지금까지 서비스 노동자를 '정보(화)사회' 엘리트처럼 여기는 것이 얼마나 현실과 동떨어진 것인지 살펴봤다. 그러나 그렇다고 해서 정반대로 서비스 노동자를 불안정성과 주변화로 특징짓는 것도 부정확하다. 경제가 장기 침체를 겪는 지금, 벨 같은 류의 낙관보다는 이런 주장이 더 현실적으로 보이긴 하지만 말이다. 그러나 이른바 서비스사회화가 전통적 노동계급과는 전혀 다른 계급(또는 집단)을 만들어 낸다고 본다는 점에서 서로 거울처럼 마주 보고 있는 이 두 주장에는 공통된 약점이 있다.

진보 사회학계나 노동운동 내에는 서비스업과 그 고용이 증대되면서 불안정 노동이 특징인 사회('서비스사회')가 됐다는 주장이 많다. 그런 특징을 서비스업의 성격에서 직접 끌어내기도 한다. "서비스업의 성격상 수요의 변화에 따른 생산의 즉각적 변동이 요구"되고 "제조업에 비해 기업 특수적 숙련에 대한 수요가 적다"는 것 등이다. 그래서 서비스업에서 노동 유연화가 확산되고 비정규직을 채용하거

나 외부 노동력을 일시적으로 활용하는 경우가 많다고 한다.[12]

그러나 흔히 서비스 노동의 특징으로 거론되는 생산과 소비의 동시성, 저장 불가능성, 비가시성, 비물질성, 대면적 상호작용, 표준화되지 않은 다변적 작업 방식, 미숙련 등등은 일부 서비스 노동의 특징일 뿐 모든 서비스 노동이 그런 것은 결코 아니다. 가령 '생산과 소비의 동시성'과 '저장 불가능성'은 주로 대인 서비스에는 해당되지만, 그렇지 않은 서비스 노동도 많다. 상품 보관 및 배송, 시설관리나 청소, 회계, 법률 자문, 디자인이나 프로그램 개발 등은 생산과 소비가 분리되고 저장도 가능하다. 독립된 물질적 생산물을 산출하지 않는다고 해서 서비스 노동을 '비물질 노동'이라고도 일컫지만, 흔히 감정 노동으로 분류되는 서비스 노동에서조차 소비자는 친절과 함께 유형의 결과물이 결합된 서비스를 제공받는다. 헤어디자이너, 패스트 푸드 점원, 승무원의 노동 등이 그런 사례다. 모든 서비스 노동이 '대면적 상호작용'을 하고 '관계적 특성'을 갖는 것도 아니다. 하루종일 컴퓨터와 씨름하는 컴퓨터 프로그램 개발자, 짐을 운송하고 하역하는 화물운송 노동자, 호텔방을 청소하는 룸메이드 등은 고객과 거의 또는 전혀 마주치지 않는다.

서비스 노동이 모두 표준화되지 않은 다변적 작업 방식으로 이뤄지는 것도 아니다. 콜센터를 보면, 수많은 여성들이 줄을 맞춰 책상에 앉아 헤드셋을 쓰고 표준화된 방식으로 제품을 홍보하거나, 주문을 받거나, 문의에 답하거나, 상담을 한다. 콜센터 여성 노동자들이 일하는 광경은 봉제공장이나 전자공장 생산라인의 여성 노동자들과 닮았다. 패스트푸드점에서 주문받고 음식을 만드는 일도 작업 방식이 표준화돼 있기는 마찬가지다. 이와 같은 작업 과정 표준화는 노동 통제를 쉽게 만들고, 숙련을 제거하는 효과를 낸다.

그러나 대단한 숙련이 필요치 않다고 해서 이런 부문의 사용자들이 대체로 '일회용' 노동자를 선호하는 것은 아니다. 피자나 패스트푸드 배달업체 같은 경우도 홀, 주방, 배달 같은 현장 업무를 수개월 익힌 사람들 가운데서 매니저급 직원을 채용한다. 서비스 노동 중에는 높은 숙련 수준을 요하는 것들이 많다. 은행이나 증권사의 텔러, 항공 승무원, 간호사, 교사, 철도 기관사, 실험실 연구원, 사회복지사, 컴퓨터 프로그램 개발자, 수리 노동자, 전기시설관리 노동자 등등이 그런 사례다. 이와 같은 숙련 노동력을 관리하는 것은 사용자들에게 매우 중요한 일이다. 서비스업이 '기업 특수적 숙련'이 별로 필요하지 않다는 것도 사실이 아니다. 가령 정원 관리나 회계 같은 업무는 특정 기업에만 필요한 숙련은 아닐 수 있다. 그러나 여러 기업들에 정원 관리나 회계 같은 서비스를 제공하는 기업의 입장에서 보면, 그 기업에 취업해 있는 노동자들은 기업 특수적인 숙련을 지닌 필수적 노동자들이다.

서비스 노동의 특징으로 흔히 거론되는 것들은 대개 서비스 노동이 제조업과 달리 불안정하고 유동적이고 언제든 대체 가능하다는 그릇된 이미지를 만들어 낸다. 또, 서비스 노동자들은 제조업 노동자들과 달리 표준화되지 않은 노동 속에서 서로 모래알같이 파편화돼 있고 유목민처럼 늘 옮겨 다녀서 조직하기 힘들다는 오해도 많다. 그러나 이것은 특정 서비스업만을 머리에 떠올린 데 따른 과장이다. 한국 서비스업의 구성이 점점 변해 왔다는 점을 유의해야 한다.

〈표 5-10〉 서비스 업종별 피고용자 비중 (2015년, 단위: 천 명)

	취업자 수와 비중	피고용자 수와 비중
도매·소매업	3,775 (20.7%)	2,265 (16.7%)
운수업	1,415 (7.7%)	797 (5.9%)
숙박·음식업	2,112 (11.6%)	1,318 (9.7%)
출판·영상·방송통신·정보서비스업	770 (4.2%)	698 (5.1%)
금융·보험업	784 (4.3%)	746 (5.5%)
부동산·임대업	523 (2.9%)	350 (2.6%)
전문·과학·기술 서비스업	1,009 (5.6%)	858 (6.3%)
사업시설관리·사업지원서비스업	1,246 (6.9%)	1,174 (8.6%)
공공행정·국방·사회보장행정	956 (5.3%)	956 (7.0%)
교육서비스업	1,796 (9.9%)	1,448 (10.6%)
보건·사회복지 서비스업	1,759 (9.7%)	1,636 (12.0%)
예술·스포츠·여가관련 서비스업	446 (2.5%)	296 (2.2%)
협회단체·수리·기타 개인서비스업	1,288 (7.1%)	781 (5.7%)
기타	301 (1.7%)	274 (2.0%)
계	18,180 (100.1)	13,597 (99.9)

원자료: 《2015년 상반기 취업자의 산업 및 직업별 특성》.

주: 각 업종의 임금근로자 비중으로 취업자 중 피고용자 수를 계산함.

영세 도소매나 숙박·음식업의 고용 비중이 여전히 크지만, 생산자 서비스나 공공서비스의 고용 비중이 더 크다. 자영업자를 제외하고 피고용자만으로 통계를 내보면 이 점이 확연하게 드러난다(표 5-10). 도소매업과 숙박·음식업은 자영업자 비중이 높기 때문에 자영업자를 포함한 취업자 비중이 32.3퍼센트나 되지만, 피고용자 비중은 26.4퍼센트로 떨어진다. 거꾸로, 생산자 서비스와 공공서비스의 경우 취업자 비중은 각각 19.7퍼센트와 24.9퍼센트이지만, 피고용자만으로 통계를 내면 그 비중은 각각 23퍼센트, 29.6퍼센트로 높아진다. 그 결과 〈그림 5-8〉에서 보듯이, 2015년 현재 생산자서비스와

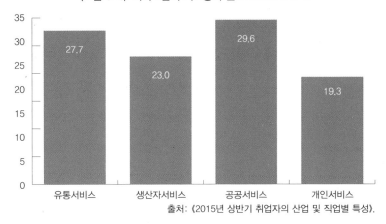

〈그림 5-8〉 서비스업의 피고용자 분포 (2015년, 단위: %)

출처: 《2015년 상반기 취업자의 산업 및 직업별 특성》.

공공서비스의 고용 비중(52.6퍼센트)이 유통서비스와 개인서비스의 고용 비중(47퍼센트)보다 오히려 조금 더 크다.

그러나 생산자서비스와 공공서비스 노동자 부문을 불안정하고 주변적이라고 뭉뚱그려 말하기는 어렵다. 생산자서비스에 속하는 은행 노동자나 공공서비스에 속하는 교사, 간호사, 공무원 노동자 등을 떠올려 보면 알 수 있듯이 말이다. 요컨대 서비스 노동자들이 임금이나 고용 안정성, 집단적 잠재력 면에서 모두 취약한 것은 결코 아니다. 예를 들어, 서비스업 전체의 근속 연수는 제조업보다 짧지만, 서비스업 내 세부 업종을 살펴보면 공공·사회보장행정, 금융·보험, 교육, 출판·통신·정보, 운수업 등은 제조업보다 근속 연수가 길다.[13] 물론 서비스업 내 일부 업종은 영세한 사업체가 많아 불안정성이 크다. 그러나 그런 업종조차 일률적으로 말할 수는 없다. 영세성의 대명사로 여겨지는 도소매업과 음식·숙박업의 경우 대형화·국제화하고 있고, 이런 변화 속에서 마트 노동자들은 투쟁과 조직화의 기회를 얻을 수 있었다.

서비스 노동자들은 제조업 노동자들과 달리 자본주의 생산에 타격을 줄 수 없어 힘이 약하다는 주장도 있는데, 이 또한 사실이 아니다. 재화 생산은 생산적 노동이고 서비스 생산은 비생산적 노동인 것도 아니다. 서비스 생산 가운데는 생산적 노동도 있고 비생산적 노동도 있다. 어떤 서비스는 사용가치를 가지며 다른 상품에 유용성을 더해 주기도 하는데, 이런 서비스 노동은 자본가에게 새로운 잉여가치를 가져다준다. 운송, 숙박·음식, 영화 등 서비스 부문의 많은 노동자들이 이 같은 생산적 노동을 하며, 이런 노동자들은 고용주들의 이윤에 타격을 가할 수 있다.

물론 어떤 서비스 부문은 잉여가치를 직접 생산하지 않는다. 상업 노동이나 금융 노동이 그런 사례다. 이러한 비생산적 부문에 고용된 서비스 노동자들은 자기 고용주들이 생산적 부문에서 창출된 잉여가치의 일부를 분배받는 데 필요한 노동을 한다. 따라서 이런 부문의 노동자들도 노동을 멈춰 자기 고용주의 이윤에 타격을 가할 수 있다.

교육이나 복지 서비스를 제공하는 공공부문 노동자들에 관해 매우 간단히 덧붙이고자 한다. 그들은 자본가의 이윤에 직접 타격을 주지는 못하지만 자본주의 생산에서 필수적 구실을 한다. 그들의 노동은 적절한 양과 질의 노동력을 지배계급 전체에 지속적으로 공급하는 것으로, 현대 자본주의에서 점점 중요성과 비중이 커지고 있다. 이런 점 때문에 그들의 집단적 행동은 정치적 효과가 크고 민간부문에도 큰 파장을 미칠 수 있다.

3. 산업 구조의 변화와 노동계급 구조의 변화

'탈산업화' 또는 '서비스사회화'로 계급 구조가 변화했다는 주장은 크게 두 유형이 있다. 하나는 전통적 노동계급이 쇠퇴하고 화이트칼라 중간계급이 증가했다는 것이다. 이 주장의 난점은 앞에서 충분히 다뤘다. 다른 하나는 계급 구조가 다층화·파편화했다는 주장이다. 새로 등장한 서비스 노동자들은 전통적 노동자들과는 전혀 다르고, 서비스 노동자들도 다층적으로 분화돼 있다는 것이다. 서비스 노동은 "전문적인 지식과 기술을 바탕으로 하는 전문 서비스 노동"과 "특별한 지식과 기술을 필요로 하지 않는 단순 서비스 노동"으로 분화돼 있다고 한다. 전문 서비스 노동자는 "대단히 높은 소득과 사회적 지위를 누리"는 반면, 단순 서비스 노동자는 "전통적인 노동계급인 공장 노동자에 비해 더 낮은 소득[과] 더 심한 고용불안"에 시달린다고 한다. 즉, 탈산업사회가 됨에 따라 노동계급 내의 격차와 이질성이 증대한다는 것이다.

그래서 일부 사회학자들은 탈산업사회에 걸맞은 새로운 계급·계층 구조를 제안하기도 했다. 산업사회에 적용됐던 계급 범주는 '낡았다'면서 말이다. 덴마크 사회학자 요스다 에스핑-안데르센이 한 사례인데,[14] 그의 연구는 노동의 양극화나 불평등 심화와 관련해 복지국가를 연구하는 국내 학자들의 관심을 끌었다. 에스핑-안데르센은 "포드주의적 직업"과 "포스트포드주의적 직업"으로 세분한 계층 구조를 제시했다. 그리고 경영자, 사무·판매직, 숙련·미숙련 생산직은 포드주의적 위계에, 전문·반전문직과 숙련·미숙련 서비스직은 포스트포드주의적 위계에 포함시켰다. 그는 후기 자본주의에서는 포드주의적 위계에 기초한 계급은 약화되고, 지식과 교육에 따라 전문·반전문가 계층과 미숙련 서비스 계층 사이에 양극화가 발생한다고 주장했다. 즉, 자본주의가 변하면서 노동계급은 동질성을 잃고, 다양화·양극화하고 있다는 것이다. 그러나 그가 제안한 새로운 계급 구조는 생산 관계가 아니라 직업에 따른 것이라는 난점이 있다. 이 난점에 관해서는 필자가 앞에서도 논의했지만, 핵심적으로 이런 분류는 노동계급을 잘게 세분화하고 차이에 주목하게 만든다. 서비스 부문을 '포스트포드주의' 직업이라고 분류한 것도 현실과 거리가 있다. 예를 들어 청소, 우편배달, 서빙 등은 '포드주의'나 '포스트포드주의'라는 말이 생기기 전부터 있었던 서비스 부문이다(포스트포드주의와 숙련에 의한 양극화 논의는 7장에서 더 자세히 다룰 것이다).

자본주의의 새로운 단계가 도래해 계급 구조가 바뀌었다고 보는 또 다른 사례로 스페인 사회학자 마누엘 카스텔스를 들 수 있다.[15] 카스텔스는 '정보자본주의' 사회에서는 전통적 노동계급이 쇠퇴하고 대신에 비육체 노동과 여성 노동으로 대체되며, '지식 창출자'와 '정보 처리자'인 새로운 계급이 출현한다고 주장했다. 정보를 특정한 지식으로 가공할 수 있는 정보노동 능력에 따라 노동계급이 다층적으로 분화하고 불평등이 심화된다는 것이다. 이에 따라 대다수 보통 노동자들은 과거처럼 생산의 담당자가 못 되고 경제에 높은 기여도 하지 못하는 '일회용 노동력'이 됐을 뿐이라고 한다.

자본주의의 변화로 전통적 자본-노동 관계가 해체되고, 노동자들은 더는 자본에 필요한 존재도, 따라서 자본에 타격을 가할 수 있는 존재도 아니게 됐다는 견해가 매우 광범하게 퍼져 있다. 물론 자본주의는 역동적 체제여서 끊임없는 혁신을 해 온 것이 사실이다. 새로운 산업이 성장하고 기존 산업이 쇠퇴할 때마다 노동계급은 구조 변화를 겪었다. 기존 산업이 쇠퇴하면 거기에 집중돼 있던 '전통적' 노동자들이 사라지고 성장하는 새로운 산업이나 업종의 노동자들이 그 자리를 대체한다. 계급을 생산관계가 아니라 산업, 직업, 소득, 교육 수준 같은 표면적 특징들로 이해하는 사람들은 이런 변화를 노동계급의 쇠퇴나 새로운 계급의 등장으로 오해하기 쉽다. 그러나 노동계급의 구조는 산업 구조조정에 따라 변화했지만, 임금노동과 자본이라는 기본적인 사회적 관계가 달라진 것은 아니다.

한국 노동계급도 이런 변화를 겪어 왔다. 현재 노동계급의 구조가 1960~1970년대와 다르다는 것은 분명하다. 산업화 초기에 한국 노동계급의 표상은 농촌에서 막 올라온 봉제공장 여공이었다. 1980년대에는 철강·기계·조선·자동차 등의 중공업 남성 노동자들이 바통을 이어받았고, 1990년대 이후에는 정보통신기술ICT 업종의 비중이 점점 커졌다. 1990년대 이후의 중요한 변화 또 하나는 서비스 노동자들의 비중이 커졌다는 것이다. 이 변화는 공공서비스 부문의 확대, 여성 고용의 증가라는 또 다른 중요한 변화와 맞물렸다. 2015년 현재 서비스 부문의 피고용자 규모(약 1360만 명)는 제조업 부문 피고용자(약 400만 명)의 3배가 조금 넘는다. 서비스 부문 가운데 공공서비스의 고용 비중은 30퍼센트 가까이 된다. 여성의 경제활동참가율은 2014년 51.1퍼센트로, 1980년보다 8.3퍼센트포인트 높아졌다. 2014년 전체 취업자 중 여성이 42퍼센트를 차지한다.

그러나 1990년대 이후 서비스 노동자 부문이 증대했다고 해서 노동계급의 힘이 약화했거나 노동운동에 불리한 조건이 조성됐다고 보는 것은 옳지 않다. 앞에서 살펴봤듯이, 불안정성·비생산성·영세성 등을 서비스 부문의 일반적 특징으로 볼 수 없다. 또, 서비스 노동자들 사이의 격차도 과장해서는 안 된다. 교육 수준과 숙련도가 높아 양극화의 한 축을 형성하는 것으로 여겨지는 전문 서비스 종사자들이 모두 높은 보수를 받는 신중간계급과 처지가 같은 것은 아니다. 한때 '특권층'으로 간주되던 교사·간호사·연구원 등도 다른 업종에 종사하는 노동자들과 처지가 점점 비슷해지는 방향으로 노동조건이 하락해왔다. 직업 집단의 성격이 더 크다고 인식됐던 노동자 부문이 지난 20여 년 동안 기꺼이 투쟁에 나서게 된 것은 이런 변화 때문이다.

서비스 노동자들은 여러 어려운 조건 속에서도 투쟁에 나서 조건을 개선하고 조직화할 수 있음을 보여 줬다. 서비스 노동자들은 2000년대 이후 한국 노동자 투쟁의 가장 빛나는 순간들의 일부를 장식했다. 금융 노동자, 철도 노동자, 화물 노동자, 마트 노동자, 보건의료 노동자, 교사 노동자, 학교비정규직 노동자, 그리고 수리 노동자에 이르기까지 이런 노동자들을 포괄하는 노동조합들은 규모와 조직력 모두에서 민주노총을 떠받치는 주요 조직들이다.

6장
세계화와 노동의 변화

1. 신자유주의의 추진 배경과 성격

  흔히들 1990년대 후반 이후 한국 노동계급은 흔히 신자유주의라
는 '거역할 수 없는 흐름' 속에서 심대한 변화를 겪었다고 한다. 그 변
화란 '종신고용은 과거지사'라는 말이 상징하는 고용 불안정, 비정규
직 증가, 노동계급 내부 격차 증대 같은 것들이라고 한다. 여기서 더
나아가, '노동계급의 내적 분화와 계급의 재구성', '기존 노동계급과는
다른 새로운 불안정 계급의 등장' 등을 주장하는 사람들도 있다.

  두루 알다시피, 한국에서 신자유주의가 지배적 정책으로 자리 잡
은 것은 국제통화기금IMF를 불러들인 1997년 경제 위기가 결정적 계
기였다. IMF 구제금융 합의문에는 무역자유화, 자본시장 개방, 금융
개혁, 기업 구조조정, 노동시장 및 세제 개혁을 추진한다는 내용이
담겼다. IMF는 위기에 처한 동아시아 경제에 미국 자본이 침투하기
쉽도록 동아시아 정부들에 경제 자유화 확대를 요구했다. 그래서 일
부 사람들은 한국에서 신자유주의를 확립시킨 추진력은 '미국 중심
의 초국적 금융자본'에서 나왔다고 주장한다.[1] 이 주장에는 일말의 진
실이 있다. IMF나 세계은행의 부채 조정 프로그램은 늘 채무국의 상

황 개선보다 서방 은행들의 이익 보호에 관심을 기울였기 때문이다.

그러나 영·미 중심의 신자유주의가 선진국을 넘어 확대되는 과정이 그렇게 일방적인 것은 결코 아니었다. 한국의 국가 운영자들과 기업 경영자들은 대체로 IMF식 구조조정 방향을 반겼고, 전부터 추진하려 했지만 지지부진했던 시장 지향의 '개혁'들(금융, 기업, 노동 등)을 경제 위기를 기회로 시행하려 했다. 당시 어느 중앙 일간지가 "우리는 IMF가 요구하기 이전에도 우리 경제에 대한 개혁 프로그램을 가지고 있었다. 다만 이를 실행에 옮기지 못했을 뿐이었다"고 썼듯이,[2] 한국 경제는 구조조정의 필요성에 직면해 있었다. 한국은 제3세계 국가 중 경제 성장에 성공한 몇 안 되는 신흥공업국으로 '아시아의 용'이라고 불리며 자본주의의 '희망'으로 주목받았지만, 이미 1980년대 말~1990년대 초에 근본적 난관에 봉착했기 때문이다.

한국은 여느 신흥공업국들처럼 국가 (주도) 자본주의의 길을 걸었었다. 1960년대부터 국가가 경제에 강력하게 개입해 은행을 국유화하고, 경제계획과 산업 정책을 추진하고, 직접 공기업을 운영하기도 하면서 축적 과정을 지도했다. 몇몇 산업에 자원을 집중시켜, 수출용 공산품을 생산하는 전략이었다. 한국보다 10~20년 앞서 라틴 아메리카나 아프리카의 신흥공업국들이 수입 대체 공업화를 추진한 것과 달리, 한국을 비롯한 동아시아 신흥공업국들은 산업화 과정의 매우 초기부터 수출에 집중하면서 세계 시장에 통합되는 길을 택했다. 이 방식이 성과를 거둔 데는 특히 두 요인이 주효했다.

하나는 노동계급이 높은 착취율을 감내하도록 만드는 것이었다. 후발국인 한국이 특정 상품들의 세계 시장 점유율을 높일 수 있을 만큼 높은 수준의 투자를 지속하려면 노동자 대중의 소비를 억제해야 했다. 국가는 실질임금 인상을 억제하고 복지 제공을 최소화해 소득의 많은 부분을 저축하도록 강요하는 식으로 노동계급의 생활 수준을 낮게 억누름으로써, 축적을 위한 재원을 지원했다. 수출 지향 경제는 어차피 대중의 구매력에 의존하지 않았다.

다른 하나는 지정학적 조건이었다. 지정학적 조건이란 냉전 시기 동아시아에 형성된 정치 지형을 뜻하는데, 미국은 대소 전초기지인 한국에 군사 안보와 경제 성장을 지원할 이해관계가 있었다. 덕분에 한국은 경제 성장의 기회를 붙잡을 수 있었다. 미국은 원조와 차관을 (나중엔 일본을 통해) 제공했고, 어느 정도의 무역 적자를 감수하고 미국 시장도 열어 줬다. 한국은 미국의 동아시아 핵심 동맹이자 이미 높은 경제 성장을 이룩한 일본의 경제적 하위 파트너가 됐다. 일본에서 생산설비와 원자재를 수입해 가공해서 미국에 수출하는 이 (삼각무역) 구조는 1980년대까지 한국의 주된 성장 방식이었다. 중국이나 동남아 국가들이 아직 떠오르지 않아, 특별히 위협적인 지역 경쟁자가 없었던 것도 한국에게는 행운이었다.

그러나 1980년대 후반부터 이런 조건들이 점차 변화하기 시작했다. 미국은 보호관세 등을 문제 삼으며 국가가 고도로 통제하고 보호하는 한국 경제에 개방 압력을 가하기 시작했다. 이것은 미국을 비롯한 선진 자본주의가 겪고 있던 경제 위기의 영향이었다. 1970년대 초 이래 이윤율 하락 문제에 봉착한 선진국 자본가들이 아무리 작은 것일지라도 수익을 얻을 수 있는 새로운 기회를 찾아 나서게 된 것이다. 이것은 선진국 경제가 장기 호황(1940년대부터 1960년대까지)을 누리며 잘나가던 때와 달리 국제 환경이 더는 한국에 관대하지 않게 됐음을 뜻했다.

그리고 비슷한 때, 경제 성장과 함께 강력한 힘을 갖게 된 노동자들이 폭발적 대투쟁에 나섬으로써 한국 경제를 지탱해 온 한 축인 저임금 체제를 위협했다. 1990년대 초부터 한국 기업은 세계적 다국적기업들이 중국이나 동남아시아에 세운 하청 공장의 생산품에 비해 가격 경쟁력을 갖기 어려웠다. 위에서는 개방 압력이 가해지고 아래서는 차세대 신흥공업국들이 치고 올라오는 상황에서 샌드위치 신세가 된 한국은 경제 구조를 개편하지 않으면 안 된다는 압력을 강하게 받았다. 더구나 한국 경제도 선진국 경제들의 뒤를 이어 이윤율이 하락하고 있었다. "제조업 부문의 이윤율이 1970년대 초반 평균 16퍼센트에서 1980년대에는 평균 11퍼센트로, 1996년에는 평균 5.4퍼센트로 저하했[다.]"[3]

이런 문제들은 한국 경제의 성공 비결이 한계에 다다랐음을 보여 주는 것이자, 그동안의 자본 축적 방식이 낳은 모순을 드러내는 것이기도 했다. 그동안 강력한 국가 통제와 보호 속에서 날로 세계 시장으로 통합을 증대시켜 온 한국 경제는 개방 압력에 직면해 딜레마를 느낄 수밖에 없었다. 국가가 경제를 통제하고 보호하지 못하면 불안정이 증대하겠지만, 세계 시장에서 물러나 제한된 국내시장에만 의존했다가는 성장을 이어 가기 어렵다는 것도 분명했다. 경제 성장 속에서 강력하게 성장한 노동계급이 제기하는 도전 때문에라도 한국 경제는 고도기술 산업과 고부가가치 상품 생산으로 이동하고 생산성을 높여야 했다. 그러려면 세계 수준의 최신 고급 기술에 접근할 수 있어야 하고 자본 설비를 위한 투자도 끌어와야 했다.

이런 점에서 개방은 단지 한국 경제에 대한 외국 자본의 압력이 아니라 주요 국내 자본의 필요와 바람이기도 했다. 특히, 재벌은 수출뿐 아니라 생산에서도 국제적 자원을 동원함으로써 선진국의 대기업들처럼 세계적 다국적기업으로 성장하기를 바랐다. 산업화 초기에 너무 취약해 홀로 설 수 없었던 민간 자본들은 국가의 후원을 받아 성장한 덕분에 이제 크고 강력해져서 이런 야심을 키우고 있었다. 재벌은 더는 국가 관료가 시키는 대로 기업을 운영하고 싶지 않았고, 어떤 보호와 규제는 오히려 거추장스러웠으며, 점점 더 자신의 경제·정치 활동의 여지를 확대하고 싶어 했다.

주요 국가 운영자들도 이런 전환의 필요를 잘 알고 있었다. 김영삼 정부는 《신경제 5개년계획(93~97)》에서 이렇게 주장했다. "과거 개발년대에 우리 경제의 발전원동력이 되었던 정부의 지시와 통제에 의한 경제운용은 우리 경제의 규모가 커지고 다양해짐에 따라 점차 그 한계를 보이게 되었[다.]" 이에 따라 김영삼 정부는 외환 관리 철폐, 금융 자율화, 각종 규제 완화(안전과 환경 등), 민영화, 재벌 개혁(업종 전문화 지원) 등의 방향을 제시했다. 또한 노사관계 개혁을 강조했는데, 그 핵심은 "생산성 제고"를 위한 협조였다. 정부는 "분배의 극대화를 추구"하는 노동조합을 "구시대적"인 것으로 규정하고, 세계화 시대에 걸맞게 노사 관계를 변화시켜야 한다고 주장했다.

이처럼 김영삼 정부의 '신경제'는 신자유주의적 전환을 뜻했다. 자본가들에게 규제 부담을 덜어 주고, 이윤의 새로운 원천을 찾아 주고, 기업을 구조조정해 효율화하면서 국제적 확장의 길을 열어 주려는 것이었다. 동시에, 노동자들을 어떻게든 더 쥐어짜려고 온갖 방법을 동원하는 것이었다. 노동자들을 지나치게 박대하는 기업 경영 방식에 대한 비판을 섞긴 했지만, 김영삼 정부가 추구한 노사관계 변화의 핵심은 국제경쟁력 향상을 위한 노동자들의 희생이었다. 김영삼 정부는 "신노사관계 구상"에서 이른바 '3제'(정리해고제, 변형근로제, 파견근로제) 도입의 의지를 노골적으로 밝혔다. "우리나라의 근로기준법은 개정 때마다 근로자 보호 규정이 강화되어 과보호적인 성격을 강하게 지니게 되었다. … 개별적 근로관계에서 또 하나 특징적인 점은 변형근로시간제가 1980년에 도입되었다가 1987년에 폐지됨으로써 이른바 '3제'(정리해고제, 변형근로제, 파견근로제)에 관한 법규정이 없다는 점이다. 이들 제도는 기업이 노동시장이나 기술·경영환경 등의 변화에 유연하게 대응할 수 있게 하는 것으로써 선진국에서는 대체로 입법이나 관행으로 정착되어 있다."[4]

그러나 세계화에 대응한 이런 신자유주의적 전환이 뜻대로 이뤄진 것은 아니다. 전환의 큰 방향에 공감대가 있었지만, 일단 구조조정이 시작되자 그 방식과 속도를 둘러싸고 이해관계가 상충하는 자본 분파 간 그리고 그들과 연계된 정치세력 간 갈등이 불거져 개혁의 속도를 내기 어려웠다. 무엇보다 1987년 대투쟁을 통해 강력한 조직을 구축하기 시작한 노동자들은 정부의 고통 전가를 호락호락 수용하지 않았다. 1996년 말 정부와 집권당이 정리해고제 등을 도입하는 노동법 개정안을 날치기 통과시키자 민주노총 노동자들은 최대 38만 명이 참가한 대규모 파업으로 맞섰다. 파업이 이듬해인 1997년 초까지 이어져 보름 이상 지속되자 결국 김영삼은 고개 숙여 사과하고 노동법 개정 논의를 다시 국회로 돌려보내야 했다.

바로 그해 한국은 산업화 이래 처음으로 심각한 경제 위기를 겪었고, 연말에 '국가 부도' 위기 속에서 IMF 관리 체제 아래로 들어갔다. 이미 1997년 초부터 한보철강을 시작으로 부채 비율이 높은 대기업들(기아, 삼미특수강, 한신공영 등)이 줄줄이 부도 사태를 맞고 있었다. 기업들은 (앞서 설명한) '샌드위치' 신세를 개선하고자 1990년대 초반부터 신기술을 도입하고 설비를 확장하는 등 반도체, 전자, 자동차, 철강 등의 분야에 대규모 투자를 했다. 기업들은 투자 자금을 해외에서 많이 차입했다. 해외 자본 차입이 자유화된 1990년대 중엽 이후 특히 단기 해외 자본을 많이 끌어다 썼다. 1996년 말 해외 부채(1635억 달러)는 1993년의 무려 3배를 넘어섰다.

그러나 세계 시장을 조금이라도 더 차지하려고 몸부림친 것은 한국 기업들만이 아니었다. 비슷한 처지의 각국 기업들 간 눈먼 경쟁은 그렇지 않아도 부진한 세계 시장이 감당할 수 있는 것보다 더 많은 생산물을 쏟아 냈다. 한국 기업들은 대규모 투자를 통해 생산한 반도체와 철강 등을 야심 차게 세계 시장에 내놓자마자 포화 상태에 따른 수출 정체와 가격 폭락에 부딪혔다. 1997년 6월 한국의 설비가동률은 70퍼센트로 떨어졌다. 그러자 해외 투자자들은 대부를 연장해 주지 않고 급속한 자금 회수에 나섰고, 한국 기업과 금융기관은 만기일에 채무를 상환하기 어렵게 됐다. 그해 여름 해외 금융기관들의 자금 회수로 태국 바트화가 폭락한 것을 시작으로 인도네시아, 말레이시아, 홍콩, 싱가포르 등 동아시아 나라들이 비슷한 상황을 맞았다. 그리고 마침내 11월 한국도 IMF에 구제금융을 요청하기에 이르렀다.

해외 자본의 자유로운 유출·유입이 이 위기의 직접적 계기를 제공했다는 점에서 자본시장 개방 같은 신자유주의 조처는 1997년 경제 위기의 책임을 면할 수 없다. 그러나 금융의 자유 이동은 위기 분출의 여러 계기 가운데 하나일 뿐, 한국 기업들이 노동계급의 생활수준을 억누르면서 생산을 확장해 온 것도 위기가 분출케 하는 주된 계기의 하나였다. 사실 1990년대 초에 신자유주의적 전환이 시작된 것은 이미 한국의 국가자본주의적 발전이 모순을 드러내고 구조적 위기에 봉착했기 때문이다. 따라서 정확하게 말하면, 1997년 경제 위기는 신자유주의적 전환이 한국 자본주의가 안고 있는 문제를 해결할 대안이 되지 못하고 오히려 불안정만 가중시킬 뿐임을 보여 준 것이었다고 할 수 있다. 위중한 환자에 대한 돌팔이 의사의 처방이 병세를 악화시키는 부작용을 낳은 셈이다.

그러나 IMF와 세계은행, 그리고 한국의 주류 정치 세력들은 '약물'이 부족했다고, 즉 신자유주의 조처들이 충분히 이뤄지지 않은 게 문제라고 주장했다. 이 신자유주의자들은 1997년 경제 위기의 원인을 여전히 강력한 국가 개입 탓으로 돌렸다. 이른바 "정실 자본주의" 또는 "연고 자본주의"를 문제 삼았는데, 국가·은행·기업을 운영하는 자들이 서로 유착했기 때문에 '자유' 시장경제라면 해결됐을 문제들이 해결되지 못하고 누적돼 위기를 낳았다는 것이다. 국가의 개입이나 노동조합의 '독점적 지위'처럼 시장의 자유로운 운동을 방해하고 왜곡하는 요인들을 제거하면 경제가 잘 돌아갈 수 있다는 것이 이들의 처방이었다.

국가가 경제에 개입하지 말아야 한다는 신자유주의는 주류 세계화론과 긴밀히 관련돼 있었다. 이제 세계는 자본이 원하면 국경을 넘어 어디든 마음대로 옮겨 다닐 수 있는 초국적 자본의 시대가 됐다는 것이다. 이는 거부할 수 없는 추세이고, 정부로서도 '고삐 풀린' 자본들을 어쩔 수 없고, 국가 개입이 유익한 구실을 할 수 있는 시대는 끝났다는 것이다. 정부가 할 수 있는 일이라고는 기업 하기 좋은 환경을 만들어 투자를 유치하는 것뿐이라고 말이다.

이와 같은 신자유주의 이데올로기는 당시 IMF와 한국 관료들이 추진한 일들, 즉 고금리와 긴축처럼 한국 사람들에게 전례 없는 고통과 충격을 안겨 준 조처들을 정당화하는 구실을 했다. IMF 관리 체제라는 것 자체가 막강한 국제 금융자본 앞에 '을'이 된 국가의 처지를 상징하는 듯했다. 가혹한 긴축과 고금리 정책은 경제를 위축시켜 수익성 없는 기업을 쥐어짜고, 무엇보다 노동자들이 실업 위협 속에 노동조건 악화를 수용하도록 겁주는 구실을 했다. 공황의 공포를 이용해 착취율을 끌어올리는 조처들을 취한 것이다. IMF와 한국의 주요 자본가들과 정치 세력은 경제 위기와 IMF 관리 체제라는 초유의 사태를 이용해 그 전 몇 년 동안 속도가 더뎠던 자본시장 전면 개방, 금융 개혁, 기업 구조조정, 노동시장 유연화 등을 본격적으로 추진했다.

당시 정리해고제가 도입된 것은 경제 위기와 IMF 관리 체제의 '효과'를 단적으로 보여 주는 사건일 것이다. 바로 1년 전에 노동자들이 총파업으로 유예시켰던 바로 그 정리해고제가 IMF 관리 체제 시작한 달 남짓 만에 도입됐다. 1997년 말 대통령에 당선한 김대중은 선거운동 기간에 정리해고 유예와 임금동결을 공약했지만, 당선 며칠 만에 말을 바꿨다. 미국 재무부 차관 립턴을 만나 정리해고제 도입을 약속한 것이다. 그 직후 작성된 IMF와 한국 정부의 추가 합의문에는 "노동시장 유연화 및 정리해고"와 "파견근로자 제도 입법"이 시행 일정과 함께 명시됐다. 김대중은 TV로 방영된 '국민과의 대화'에서 "나는 오랫동안 노동자를 위해 왔지만 [정리해고가] 불가피한 방향으로 가고 있다"고 주장했다. 35년 만에 정권 교체를 이룬 지지자들에게 그는 '돈줄을 쥔 해외 투자자들 앞에서 할 수 있는 일이 없다'고 거듭 강조한 것이다.

신자유주의 이데올로기의 기능 하나는 경제가 통제 불능이어서 정부든 노동자들이든 아무 도전도 할 수 없다는 인상을 주는 것이다. 김대중은 IMF 관리 체제를 핑계로 이런 인상을 주면서 노동자들의 양보를 받아 내려 했다. 군사독재 시대에 정치적 박해를 받은 전력 덕분에 그가 갖고 있던 노동운동 내 영향력이 노동조합 지도자들을 설득하는 데 한몫했다. 한국의 진보·좌파에 편만한 민중주의(포퓰리즘) 정서도 큰 몫을 했다. 그 결과 김대중은 IMF와의 추가 합의문에 명시한 일정대로 정리해고제와 근로자파견제를 도입하자는 노사정 선언을 이끌어 낼 수 있었다.* 이 합의에 당시 민주노총 지도부도 참여했다.

그러나 정리해고제와 근로자파견제 도입이라는 노동조합 지도자

---

* 1998년 1월 20일 "경제위기 극복을 위한 노사정간의 공정한 고통분담에 관한 공동선언문"을 발표한 데 이어 2월 6일 "경제위기 극복을 위한 사회협약"을 체결했다.

들의 타협이 불가피한 것은 아니었다. 김대중의 말처럼 세계화로 노동자들이 싸울 수 없게 된 것은 아니었다. 불과 1년 전에 조직 노동자들은 위력적인 총파업 투쟁으로 전 세계를 놀라게 했었다. 오히려 김대중 정부는 노동자들에게 신자유주의적 구조조정에 상당한 차질을 빚게 할 힘이 있다는 것을 잘 알았기 때문에 그토록 노동조합 지도자들의 동의를 얻어 내려 했던 것이다. 그렇게 함으로써 세계화 시대에는 전과 달리 노동자들이 무력할 수밖에 없다는 이데올로기를 더욱 강화하고, 해고의 불안감을 심어 주고, 인력 구조조정에 맞서는 투쟁이 벌어지더라도 그 정당성을 훼손하고 고립시키고자 했다.

신자유주의의 모순과 약점

이와 같은 과정 속에서 신자유주의는 유력한 정책 방향으로 자리를 잡았다. 그 이후 정부들도 규제 완화, 법인세 감면, 공공부문 민영화(또는 경쟁 체제 도입), 노동시장 유연성 확대, 노동조합 '특권' 제한 등을 추진해 갔다. 신자유주의 정책들은 단지 노동조건뿐 아니라 환경·안전·보건·교육 등 다른 모든 면에서 보통 사람들의 삶을 악화시켰다.

그러나 신자유주의가 지배자들의 일관된 전략으로서 한결같이 추진됐다기보다는 오히려 그때그때 실용주의적이고 주먹구구식으로 추진됐다고 하는 것이 진실에 가깝다. 이데올로기로서의 신자유주의와 실천으로서의 신자유주의는 간극이 컸다. 가령 국가 개입에 반

〈표 6-1〉 GDP 대비 정부 지출 비중 (단위: 십억 원, %)

	1970년	1980년	1990년	2000년	2010년	2014년
일반정부 총지출	557.8	9,081.5	42,316.1	156,968.6	392,264.1	474,488.8
GDP 대비 비중	20.2	23.0	21.4	24.7	31.0	32.0

자료: 한국은행 《국민계정》 ECOS(ecos.bok.or.kr).

대하는 담론이 무성했지만, 국가의 구실은 결코 줄어들지 않았다. 국가가 나서서 신자유주의 정책들을 추진한 점만 봐도 그렇다. 작은 정부에 관해 무성하게 떠들었지만, 총수요의 상당 부분을 차지하는 정부 지출의 비중은 〈표 6-1〉에서 보듯이 1997년 이후에도 계속 증가했다. GDP 대비 정부 지출 비중은 1997년 23.3퍼센트에서 2014년 32.0퍼센트로 늘었다. 국가가 경제에서 손을 떼기는커녕 경제가 위기에 빠질 때마다 번번이 기업과 금융기관 구제에 나섰다. 이런 현실은 2008년 경제 위기 때도 반복됐다.

물론 신자유주의가 시장에 모든 것을 맡기자는 단기적 시도를 부추기고 조직 노동자들을 공격하기 위한 이데올로기적 응집력을 제공한 것은 사실이다. 그러나 지배계급 내에는 신자유주의 정책의 추진 범위와 정도, 속도, 방식 등을 둘러싸고 늘 분열과 긴장이 있었고, 지금도 마찬가지다. 이것은 무엇보다 신자유주의의 효과를 아무도 확신하지 못하는 것과 관련이 있다. 가령 금리를 높여야 한다고 목소리를 높이며 저돌적으로 추진하다가도 고금리의 부작용이 너무 크다 싶으면 금리를 낮춘다. 긴축이나 규제 완화, 민영화, 그리고 금융화의 정도 등도 마찬가지다. 그래서 신자유주의는 각 나라의 구체적 경제 여건, 주요 자본 분파들의 이해관계, 그리고 계급 세력 관계에 따라 서로 다른 양상으로 나타났다. 게다가 경제 위기의 대가를 서로 떠넘기려는 국가 간 갈등과 이해관계의 상충은 신자유주의 정책의 일관성을 더욱 어렵게 만든다.

신자유주의가 그 이데올로기 그대로 적용된 한결같은 전략이 아니라는 점을 이해하는 것이 매우 중요하다. 신자유주의는 자본주의 위기에 대한 실용주의적 정책 대응일 뿐이다. 신자유주의적 정책들은 무엇보다 그 추진자들이 원하는 효과(이윤율 회복)를 제대로 내고 있지 못하다. 어떤 사람들은 지배자들이 위기 극복 노력을 기울인 결과 새로운 '신자유주의 축적 체제'를 태동시켰다고 주장한다. 그러나 신자유주의를 이처럼 일관되고 보편적인 전략이나 단일한 '축적 체제'로 본다면, 오늘날 자본주의의 안정성이나 지배자들의 자신감을 과대평가하기 쉽다. 그러나 그들은 자본주의의 기존 유형(흔히 '포드주의'라고 불리는)의 위기를 극복한 새로운 유형의 자본주의('포스트포드주의' 또는 '신자유주의 체제')를 안정적으로 확립한 것이 아니다.

그리고 그 '체제'가 한 세기도 더 전에 종식된 '자유' 시장경제인 것도 아니다. 현 단계의 자본주의는 국가가 후퇴한 '비영토 자본주의'이기는커녕, 자본이 여전히 자신의 국가에 의존하면서도 국경을 넘어 뻗어나가 다른 나라들이나 그 나라들의 자본들과도 연계를 맺고 있는 체제다. 이 때문에 세계는 한층 혼란스럽고 불안정해졌다. 한국에 도입된 지 20년, 세계적으로는 거의 40년째인 신자유주의적 처방은 결코 체제를 안정과 성장으로 이끌지 못했다. 위기를 겪고 있는 노후하고 거대해진 자본주의는 난관을 해결하려고 애쓰면 애쓸수록 또 다른 모순과 갈등에 직면하고 있다. 이와 같은 신자유주의의 모순과 약점을 알아야 자본주의의 취약성과 지배계급이 처한 딜레마를 알고, 그에 대한 효과적 저항을 건설할 수 있다.

신자유주의가 자본주의의 기존 유형과는 다른 새로운 유형을 나타낸다고 보는 사람들은 신자유주의로 한국 노동계급이 근본적 변화를 겪었다고 보는 경향이 있다. 이 새로운 유형의 특징 때문에 노동세계가 변하고 노동계급의 처지가 근본적으로 불리해졌다고 한다. 많은 사람들이 공통으로 꼽는 신자유주의 시대 노동의 근본적 변화는 불안정성의 증대다. 논자에 따라 강조점이 상이하지만, 대개 자본의 국제 이동성 증대, 금융화와 그에 따른 단기 수익 극대화 추구, 생산의 분산과 노동 조직의 유연화 등 신자유주의의 특징이라고 주장되는 것들이 이런 변화를 불러온 요인들로 꼽힌다.

물론 신자유주의라는 것이 노동자들에게 더 많은 이윤을 쥐어짜려고 갖은 방법을 동원하는 것이기 때문에, 신자유주의가 득세하면서 노동자들이 여러 고통스런 변화를 강요당한 것은 사실이다. 정부와 기업 경영인들은 기업의 필요에 따라 노동자들을 더 쉽게 해고하고, 남은 사람들을 더 오래 일 시키고, 이들의 임금과 노동조건을 악화시키고, 불안정 고용을 증대시키고, 공공부문을 공격하고, 노동조합 권리와 단체행동을 제약하는 조처들을 추진했다. 그들은 생산관계에서 차지하고 있는 우월한 지위(생산수단에 대한 지배력)를 이용해 그 전 10년 동안 노동자들이 쟁취한 작은 개선마저 도로 빼앗으려 했고, 무엇보다 노동자들을 분열시키고 전투성과 조직력을 분쇄하고자 했다. 그 결과 빈부 격차가 커지고 각종 해악이 증대했다.

그러나 그렇다고 해서 그들이 원하는 만큼의 성과를 거둔 것은 아니다. 특히, 노동자들이 너무 취약해지고 파편화돼 체제에 저항할 힘을 더는 갖지 못하게 된 것은 아니다.

노동계급은 끊임없이 변하는 자본주의 체제와 함께 변하기 마련이다. 한국 노동계급도 변화를 거듭해 왔다. 그러나 변화의 내용과 정도, 변화의 원인, 변한 점과 본질적으로 변하지 않은 점을 명확히 알아야 한다. 진보·좌파들이 신자유주의가 노동자들의 처지를 악화시킨 측면을 들춰내고 그 문제의 심각성을 강조하는 것은 당연하다. 그러나 그것이 노동자들에게 미친 파괴적 영향을 과장해, 노동계급이 자본에 맞서기 어려운 취약한 존재가 됐다는 인식을 확산시키는 것은 큰 실수일 것이다.

2. 저임금을 찾아 해외로 떠나는 한국 기업들?

노동계급의 처지를 악화시킨 중요한 변화로 많은 사람들이 세계화를 지목한다. 기술 발전으로 자본이 지리적 제약에서 벗어나 해외로 자유롭게 이동할 수 있게 된 반면, 그동안 안정성과 협상력을 누리던 노동자들은 그 지위를 잃게 됐다는 것이다. 정부와 기업주는 세계화의 위력과 무한 경쟁 시대의 공포를 노동자들에게 심어 주려 애썼다. 노동의 유연화가 대세이며 전투적 노동조합 운동이 통하는 시대는 지났다는 것이 핵심 메시지였다. 김대중 정부의 위탁으로 작성된 "신노사문화와 노동운동"은 세계화로 "경제 부문에 대한 국가의 통제력이 사라지고 … 초국적 기업의 사용자들은 일국 차원 노사관계 제도의 규제력을 벗어날 수 있게 됐다"고 했다.

그러나 기업주가 언제든 회사를 해외로 이전할 수 있고 노동자들이 꼼짝없이 불리한 처지가 됐다는 주장은 신자유주의 옹호자들로부터만 들을 수 있었던 것이 아니다. 이런 인식은 신자유주의에 반대하는 진보·좌파 진영에서도 광범하게 통용됐다. 조계완 〈한겨레〉 기자는 《우리 시대 노동의 생애》에서 세계화 시대 노동의 처지를 다음과 같이 묘사했다. "[자본은] 컴퓨터 자판을 두드리는 것만으로도 세계 곳곳에 투자하거나 철수할 수 있다. … 자본이 빠져나간 국가는 제조업 공동화로 실업이 증가하게 된다. … 지구화 시대 자본은 전에는 꿈에도 생각하지 않았던 새로운 이동의 자유를 얻음으로써 노동에 대한 의존에서 벗어났다. … 이에 따라 노동의 교섭력은 약해지고, 전 세계적으로 임금과 노동조건의 '바닥을 향한 경주'가 폭주하고 있다."[5]

노동조합들도 세계화를 외부 환경의 중요한 변화로 여기고 있다. 금속노조 노동연구원은 2012년에 낸 보고서에서 이렇게 썼다. "신자유주의 세계화가 거역할 수 없는 흐름으로 자리 잡은 이후, 자본은 국경을 넘나들며 값싼 임금과 규제가 작은 나라들을 찾아 옮겨 다니고 있는 상황이다. … 국내 자본들 역시 해외투자 및 사업장 신설에 적극 나서고 있[다.] 세계화의 심화는 … 자본 간의 경쟁을 한층 격화시키고 … 이에 따라 사용자들은 상시적인 구조조정과 노동시장의 유연화[를] 추진[한다.]"[6]

이런 주장들은 노동의 열악한 처지를 폭로함으로써 노동 의제를 쟁점화하려는 시도의 일환일 것이다. 그러나 세계화론자들이 세계 체제를 설명하는 방식을 너무 많이 수용하고 전제를 공유하면, '세계화 공포'에 코러스를 넣는 격이 될 수도 있음을 경계해야 한다.

물론 오늘의 세계는 30~40년 전에 비해 여러모로 달라졌다. 국제무역이 증가하고 해외직접투자가 빠르게 늘었다. 1990년대 초반 3000억 달러에도 미치지 못하던 전 세계 해외직접투자FDI(유입 기준)는 2007년 2조 달러까지 증가했다. 그 뒤 2008년 세계경제 공황으로 급락했다가 2015년 현재 약 1조 4000억 달러로 회복한 상태다. 유엔무역개발회의UNCTAD에 따르면, 2013년까지 전 세계의 해외직접투자 누계액은 26조 3100억 달러로,[7] 이는 세계 GDP의 35퍼센트에 해당하는 액수다.* 금융의 국제 이동이 폭발적으로 성장했을 뿐 아니라 국경을 뛰어넘는 생산 시스템이 발전했다는 점은 전과 두드러진 차이점이다. 이제 주요 산업부문의 세계적인 기업은 여러 나라에 자회사를 설립하고, 다른 나라 기업들을 인수·합병하거나 그들과 제휴하면서 글로벌 생산네트워크를 구축하고 있다. 개발, 생산, 판매를 국제적 규모에서 조직하고 있는 것이다. 신흥공업국들도 이런 과정에 빠르게 빨려 들어갔다.

자본 이동의 한계

그러나 자본의 세계 이동성에 관한 세계화론자들의 주장은 상당히 과장돼 있다. 기업들이 언제든 회사 문을 닫고 더 낮은 임금을 찾아 세계 곳곳을 옮겨 다닐 수 있다는 이미지는 실제 현실과는 상당한 거리가 있다. 물론 화폐자본(금융자본)과 상품자본은 국가 규제 같은 방해만 없다면 비교적 쉽게 국경을 넘어 이리저리 이동할 수 있다. 그러나 생산자본(산업자본)은 그러지 못한다. 생산자본의 공장 설비는 컴퓨터 자판 하나를 두드려 지구 반대편으로 순식간

---

* 2013년 세계 GDP 총액은 74조 9000억 달러.

에 이동시킬 수 없다. 금융 전산과 달리 부피와 질량을 가진 생산 설비의 이동성은 물리적 제약이 크다. 10억 원을 송금하는 것과 10억 원의 가치가 있는 공장을 이전하는 것은 전혀 다른 문제다. 이와 같은 제약은 고정자본 비중이 높은 산업일수록 더욱 크다. 심지어 물질적·인적 인프라처럼 특정 지역에 박혀 있어 이동이 불가능한 것들도 있다.

무엇보다 생산자본의 이동에는 더 넓은 의미에서 활동 기반이 문제가 된다. 생산자본은 생산수단을 확실히 통제할 수 없거나 노동력을 안정적으로 확보할 수 없으면 제 기능을 할 수 없다. 모든 기업들은 생산수단과 원료와 노동력을 결합하고, 자금을 조달하고, 유통·판매망을 관리하는 노하우가 있다. 이런 문제에서 기업들은 국가에 의존할 수밖에 없고, 다른 기업들과의 관계도 중요하다. 국가를 설득하고 다른 기업들과 관계를 터 금융시스템, 숙련 노동력, 전기와 공업용수, 각종 원자재·부품·완제품을 운반할 수 있는 교통망 등을 안정적으로 제공받아야 한다. 그러지 못하면 기업 운영이 불안정해질 수 있다. 경제학 교과서의 완전경쟁 모델은 자본을 서로 경쟁하는 고립된 원자들로 보지만, 실제 기업 경영자들은 국가 운영자들과 유착하고 다른 자본들과의 관계 속에서 움직인다. 그리고 이런 상호작용은 고정된 지리적 위치에서 일어난다. 공간의 중요성은 결코 사라지지 않았다. 이동이 쉬운 화폐자본조차 이런 관계를 완전히 무시할 수는 없다.

자본이 국제 이동을 하지 못한다는 얘기는 아니다. 자본은 지리적 장벽을 뛰어넘으려 고군분투하지만, 지리적으로 고정된 국가나 다른 자본과의 관계 형성이 중요하기 때문에, 이동성에 한계가 있음을 알아야 한다는 것이다. 그 결과 오늘의 세계 체제는 세계화론자들이 주장하는 것과는 상당히 다른 양상을 보인다.

첫째, 흔히 다국적기업들이 본국과의 연계를 끊고 보편적인 글로벌 조직 형태를 구축한 것처럼 여기지만, 실제로는 본국에서 하는 기업 활동 비중이 상당히 크다. 해외직접투자 규모가 크게 늘었지만 국내 투자보다 한참 적은 수준이다. 2006~2010년 OECD 국가들의 국내 고정투자 대비 해외직접투자 비중은 20.5퍼센트에 불과하다. 기업의 해외 자산 비중, 해외 판매 실적, 해외 고용 비중을 평균해 계산한 지수인 초국적지수Transnationality Index, TNI를 봐도 이런 점이 드러난다. 이 수치는 기업들이 얼마나 세계화했는지를 보여 주는 지표로 사용된다. 유엔무역개발회의의 자료를 보면, 세계 100대 다국적기업의 평균 초국적지수는 1993년 51.6, 2007년 62.7, 2013년 64.5로 점차 높아졌다. 그러나 거꾸로 말해, 이 수치는 세계에서 가장 잘나간다는 100대 다국적기업들조차 기업 활동의 상당 부분을 본국에서 하고 있음을 보여 준다. 2013년 리스트를 자세히 살펴보면, 100대 다국적기업에 포함된 미국 기업들(22개)의 초국적지수는 평균 53.9로, 이는 미국 상위 22개 다국적기업이 활동의 46퍼센트를 본국에서 한다는 뜻이다. 100대 다국적기업에 포함된 일본 기업들(10개)의 초국적지수는 평균 59.5로, 100대 다국적기업 평균보다 낮았다. 중국 기업들(3개)의 초국적지수는 28.2에 불과했다.

둘째, 자본은 전 세계를 활보하기보다 선진국과 극히 일부 신흥 공업국 사이에서 이동하는 경향을 보인다. 유엔무역개발회의의 통계

〈표 6-2〉 지역별 해외직접투자액 추이 (단위: 억 달러)

	유출액				유입액			
	2013년	2014년	2015년		2013년	2014년	2015년	
				비중				비중
선진국	8,259	8,007	10,652	**72.3%**	6,803	5,220	9,625	**54.6%**
개발도상국	4,089	4,456	3,779	**25.6%**	6,624	6,985	7,647	**43.4%**
체제전환국	758	722	311	**2.1%**	845	565	350	**2.0%**
합계	13,106	13,185	14,742	100	12,770	12,770	17,622	100

출처: "2015년 세계 해외직접투자 동향 및 전망", 한국수출입은행.

〈표 6-3〉 개발도상국으로 유입된 해외투자의 최종 종착지 비중 (단위: 억 달러)

	2015년 (비중)	
개발도상국 전체	7,647	
아시아	5,407 **(70.7%)**	중국과 홍콩 3,105 **(57.4%)**
		동남아시아 1,257 (23.2%)
		남아시아 505 (9.3%)
		기타 540 (10.0%)
		합계 5,407 (99.0%)
중남미	1,676 (21.9%)	
아프리카	541 (7.0%)	
기타	23 (0.3%)	

자료: UNCTAD 자료 재구성.

(2016년)를 보면, 전 세계 해외직접투자의 70퍼센트 이상이 선진국에서 유출되고, 절반 이상이 선진국(북미, 유럽, 일본)으로 유입되고 있다(표 6-2). 선진국으로 유입되는 해외직접투자 비중은 지난 10여년 동안 계속 줄어들었는데도 여전히 절반 이상을 차지한다. 개발도상국으로 유입되는 비중은 늘었지만, 개발도상국 나라들로 고르게 향하는 것은 아니다. 〈표 6-3〉에서 보듯이, 개발도상국으로 유입

된 해외직접투자의 70퍼센트 이상이 아시아에 집중됐고, 그 가운데 60퍼센트 가까이가 중국(과 홍콩)에 투자됐다. 미국·홍콩·중국, 이 세 곳에 전 세계 해외직접투자액의 무려 40퍼센트가 몰렸다. 반면 고작 3퍼센트 정도만이 아프리카로 향했다.

위 사실은 일국에만 기반을 둔 생산이 대세인 상황은 더는 아니지만 그렇다고 국가에 의존하지 않고 세계 곳곳을 자유롭게 돌아다니는 '초국적' 자본의 시대가 된 것도 아님을 뜻한다. 세계적 거대 기업들은 본국에 상당한 기반을 유지한 채 몇몇 유력한 지역에 투자를 집중하고 생산을 재배치하고 있다. 이것은 두 가지를 뜻한다.

첫째, 자본에게 국가가 여전히 중요하다는 것이다. 자본 축적을 위한 여건을 제공하는 국가의 구실을 절대 경시해서는 안 된다. 자본이 특정 지역에서 사업을 하려면, 시장의 작용만으로 보장되지 않는 여러 기능이 필요하다. 운송과 에너지 같은 물질적 인프라, 안정적 통화 공급과 신용 시스템, 군대와 경찰 같은 물리력, 자본 간 관계 또는 자본과 노동 관계를 조율하는 각종 제도, 교육과 의료 같은 노동력 재생산 등등. 기업 활동이 국제화하면 국가의 지원에 덜 의존하게 된다고 여기기 쉽지만, 이는 큰 착각이다. 새로운 시장에 접근하기 위한 무역 협상, 해외 자산과 지적재산권 보호, 외국 정부나 지자체와의 계약 등에서 국가의 지원이 한층 중요해진다. 가령 환율은 그 국가에 기반을 둔 기업의 국제경쟁력에 결정적 영향을 미친다. 무역이나 환율을 둘러싼 국가간 갈등이 박 터지게 벌어지는 이유다. 기업이 위기에 빠졌을 때 구제를 위해 기댈 곳도 국가뿐이다. 따라서 자본이 국가와의 관계를 고려하지 않고 그저 노동자들의 임금이 올랐다거나 조건 개선 요구가 골치 아프다고 훌쩍 공장을 이전하는 것은 아님을 알아야 한다.

둘째, 오늘날 '세계화'라고 불리는 변화가 실제로는 '지역화'라는 것이다. 해외직접투자의 증가로 세계 여러 곳이 두루 발전하고 '평평해진' 것이 아니다. 투자는 이전 시기에 발전을 이룬 지역들(주로 북미, 유럽, 일본)로 집중되고 있다. 의미 있는 예외가 있다면 아시아의 신흥공업국들로서, 주로 중국 일부 지역을 중심으로 생산의 재배치가 이뤄졌다. 어느 기업이 대규모 기술혁신 투자를 하면 그 주변에 다양한 납품업체, 유통·서비스 산업, 숙련 노동력이 모여드는 것에서 알 수 있듯이, 자본주의 발전은 본질상 공간적으로 뭉쳐서 이뤄진다. 그리고 이렇게 형성된 산업 단지는 더한층의 발전을 이루는 데서 다른 지역보다 이점을 누릴 수 있다. 기존에 획득한 이윤으로 생산성을 높이는 투자를 할 수 있을 뿐 아니라 잘 갖춰진 생산 여건 덕분에 투자를 유치할 수 있고, 그러면 또다시 다양한 연관 업체들과 노동 인력이 모여들게 된다. 말하자면, 성공이 성공을 부르고, 투자와 생산과 소비가 특정 지역에 집중되는 경향이 나타난다. 일부 지역은 쇠퇴하고 일부 지역은 새로 부상하기도 해, 불균등성이 지속되는 불균등·결합 발전이라고 할 수 있다.

이것은 왜 지난 20~30년 동안 해외직접투자가 가난한 나라들을 비켜 갔는지, '세계화'가 왜 세계적 불평등을 심화시켰는지를 설명해 준다. 그리고 해외투자나 공장 이전이 단지 저임금만을 노리고 이뤄지는 게 아니라는 것도 보여 준다(만약 그랬다면 해외직접투자는 대부분 사하라 이남 아프리카로 향해야 했을 것이다). 그리고 이와 같은 지역화는 글로벌 생산네트워크가 끊임없이 움직이는 자본의 이동성을 보여 준다기보다 오히려 해당 지역에 뿌리내리는 과정임을 보여 주는 것이기도 하다.

한국의 '세계화' 수준에 대한 과장들

이와 같은 '세계화'의 실제 양상은 한국 기업들의 세계 진출의 성격에 결정적 영향을 미쳤다. 첫째, 한국 기업들의 '세계화' 수준은 그리 높지 않다. 해외투자든 해외 생산이든 선진국 기업들에 한참 못 미친다. 경제 신문들은 각종 규제와 노사관계 불안 등으로 "대기업들이 해외로 떠나고 있다"며 이들을 붙잡을 특단의 대책이 필요하다는 주장을 자주 내놓는다. 특히, 파업 시기에 빈도가 높아진다. 그러나 이것은 과장이다.

유엔무역개발회의 통계를 보면, 한국의 해외직접투자는 유출·유입 모두 세계에서 차지하는 비중이 매우 낮다.* 해외직접투자 유출이 유입(외국인직접투자)보다는 크지만, 2015년 276억 달러로 세계 해외직접투자의 1.9퍼센트에 불과했다(표 6-4). 누계액 기준으로 보면 그 비중은 더 낮아진다. 한국의 해외직접투자 누계액(2011년 1593억 달러)은 전 세계 해외직접투자 누계액의 0.8퍼센트로, 세계 25위다(표

---

* 해외 통계는 해외직접투자를 유출(outflow)과 유입(inflow)으로 나눠 작성하고, 통상 한국에서는 유출을 해외직접투자로, 유입을 외국인직접투자라고 한다.

<표 6-4> 한국의 해외직접투자 유출입 동향 (단위: 억 달러)

	유출			유입		
	2013년	2014년	2015년	2013년	2014년	2015년
액수	284	280	276	128	93	50
세계 비중	2.2%	2.1%	**1.9%**	0.9%	0.7%	**0.3%**
개발도상국 비중	6.9%	6.3%	7.3%	1.9%	1.3%	0.7%
세계 순위	14	14	16	25	30	43

자료: UNCTAD 자료를 근거로 재구성.

<표 6-5> 주요국과 한국의 해외직접투자(누계) 세계 비중 (2011년, 단위: 억 달러)

순위	국가	액수	비중
1	미국	45,000	21.3%
2	영국	17,311	8.2%
3	독일	14,416	6.8%
7	일본	9,628	4.5%
15	중국	3,660	1.7%
25	한국	1,593	**0.8%**

자료: UNCTAD.

<표 6-6> 국내 고정투자와 해외투자 비중 비교 (단위: %)

GDP 대비 해외직접투자 (2010년)	GDP 대비 국내 고정투자 (2005~2010년 평균)	국내 고정투자 대비 해외직접투자 (2006~2010년 평균)
4.1	28.8	6.7

6-5). 해외직접투자 누계액의 국내총생산 대비 비중은 13.8퍼센트로, 선진국(41.4퍼센트)은 물론 세계 평균치 32.6퍼센트보다도 낮다.[8] 국내 투자에 견줘도 해외직접투자 규모는 결코 크지 않다(표 6-6). 2006~2010년 국내 고정투자 대비 해외직접투자 비율은 6.7퍼센트로(기간 평균), 같은 기간 OECD 평균인 20.5퍼센트보다 훨씬 낮은

<표 6-7> 30대 기업집단의 국내외 고용 현황 (2012년, 단위: %)

		국내 고용 비중	해외 고용 비중
전 산업	30대 기업 전체	88.0	12.0
	4대 기업	83.1	16.9
제조업	30대 기업 전체	84.6	15.4
	4대 기업	81.8	18.2

자료: "30대 기업집단의 국내외 고용 현황과 시사점", 한국경제연구원, 2013.

수준이다.[9]

세계 100대 다국적기업(해외 자산 기준)에 포함되는 한국 기업은 2010년 삼성전자와 현대자동차 둘뿐이었고, 2013년에는 삼성전자가 유일했다. 유엔무역개발회의 통계를 보면, 삼성전자와 현대자동차의 2010년 초국적지수는 각각 55.2, 36.9로 세계 71위와 94위였다. 삼성전자는 기업 활동의 45퍼센트를 본국에서, 현대자동차는 63퍼센트를 본국에서 한다는 뜻이다. 이 기업들은 판매의 해외 비중(각각 83.3퍼센트, 50.7퍼센트)이 높은 데 반해 해외 자산 비중(각각 36.2퍼센트, 31.3퍼센트)과 해외 고용 비중(각각 46퍼센트, 28.7퍼센트)은 더 낮았다.[10] 2013년 삼성전자의 초국적지수는 58.3으로 조금 높아졌지만, 세계 순위는 여전히 70위였다. 한국의 다른 대기업들의 초국적지수는 삼성전자와 현대자동차보다 더 낮다. 특히, 30대 기업집단의 해외 고용 비중은 2012년 현재 12퍼센트에 불과하다(표 6-7). 국내 고용 비중이 88퍼센트로 압도적이라는 의미다. 4대 기업의 해외 고용 비중도 17퍼센트를 넘지 않았다. 이들 기업의 생산 활동이 대부분 국내에서 이뤄지고 있음을 보여 준다. 중소기업의 경우 이 점은 훨씬 더하다. 한국의 해외직접투자에서 중소기업이 차지하는 비

중은 2013년 현재 9퍼센트 남짓밖에 안 된다.[11]

이런 사실은 자본이 이동의 자유를 얻음으로써 "노동에 대한 의존에서 벗어[났다]"는 주장이 (한국의 경우에는 더욱) 과장임을 보여 준다. 한국 기업들은 대부분 국내 노동자들의 노동에 의존해 생산하고 있다. 한국 기업들의 이윤 획득이 압도적으로 국내 노동자들의 착취에 달려 있다는 의미다. 이처럼 한국 기업들이 이윤 획득을 위해 국내 노동자들에게 의존한다는 것은 노동자들이 기업을 상대로 여전히 강력한 협상력을 가지고 있음을 뜻한다. 또한 자본의 이동성 때문에 국가가 할 수 있는 일이 없어졌다는 주장도 참말이 아님을 보여 주는데, 이것은 노동자들이 정부를 상대로도 정책 폐기나 개선을 얻어 낼 수 있음을 뜻한다.

노무현은 "권력은 시장으로 넘어갔다"고 말했다. 하지만 그때든 후임 정부들 하에서든 국가의 경제적 구실은 결코 약화되지 않았다. 박근혜 정부와 재벌들의 유착·부패는 국가가 경제에 막강한 영향력을 가지고 있다는 공공연한 비밀을 새삼 일깨웠을 뿐이다. 사업 선정과 각종 기업 활동에 대한 광범한 영향력(면세점 선정, 삼성물산-제일모직 합병에서 드러난), 공기업은 물론 민영화된 기업에 대한 인사 영향력(포스코와 KT 임원 인사 개입에서 드러난) 등은 자잘한 사례에 불과하다. 역대 정부들은 '기업 하기 좋은 환경'을 제공하고, 노동자 착취 강화에 유리한 법·제도를 추진하고, 재벌들의 해외 활동을 지원해 왔다.

오늘날 한국 기업들과 정부가 맺고 있는 관계가 단지 국가 주도 성장을 이룬 국가자본주의의 유산인 것은 아니다. 한국 기업들은 과

거의 관성 때문이 아니라 현 경제 상황에서 비롯하는 필요 때문에 자신의 이해관계를 보호해 줄 국가를 원하는 것이다. 역설이게도, 기업은 덩치가 커질수록 위기 시 국가 의존도가 더욱 커지고, 세계 무대로 나갈수록 유수의 다국적기업들과 경쟁하는 데서 국가의 후원이 더욱 절실하다. 한편 국가가 기업의 이해관계를 떠받쳐 온 것은 국가 운영자들이 '몸통'인 기업의 '깃털'이거나 단지 뇌물로 포섭됐기 때문은 아니다. 국가 운영자들은 국가 권력을 유지·강화하고자 투자를 활성화하고 나라 경제의 활력을 유지하는 데 독자적 이해관계를 갖는다. 영국의 혁명적 마르크스주의자인 크리스 하먼은 이와 같은(긴장된 관계이지만 기본적으로 이해관계를 공유하는) 국가와 자본의 관계를 "구조적 상호의존관계"로 정식화한 바 있다.* 이렇게 보면, 세계화로 국가가 쇠퇴했다거나 자본에 종속됐다는 주장의 오류를 잘 알 수 있다.

기업들이 고임금 지역으로 가는 까닭

위에서 세계화의 실제 양상이 한국 기업들의 '세계화'에 미친 영향의 첫째 측면을 살펴봤다. 둘째, 한국 기업들의 해외 진출은 발전한 지역 중심지들에 끼어드는 양상을 띠고 있다. 한국의 해외직접투자는

---

* 자세한 설명은 최일봉 편저, 《자본주의 국가: 마르크스주의의 관점》, 책갈피, 2015를 참고하시오.

	아시아	북미	유럽	중남미	중동	아프리카
2005년(누계 기준)	45.4	25.8	15.3	8.3	1.7	1.5
2006~2014년(누적)	41.4	22.9	17.6	9.7	1.7	1.2

자료: 한국수출입은행.

압도적으로 북미와 유럽, 아시아로 향한다. 2006~2014년 누적 기준을 보면, 북미와 유럽에 40.5퍼센트, 아시아에 41.4 퍼센트가 투자됐다(표 6-8). 중남미에는 9.7퍼센트, 아프리카에는 고작 1.2퍼센트가 투자됐을 뿐이다. 이것은 전 세계 해외직접투자 흐름과 매우 비슷하다. 앞에서 살펴봤듯이 전 세계 해외직접투자는 주로 선진국(북미, 유럽, 일본)과 아시아 신흥공업국(주로 중국과 홍콩)으로 유입되며, 고작 3퍼센트만이 아프리카로 향했다. 2015년 한국의 해외직접투자 집중국을 살펴봐도 세계 동향과 매우 비슷하다. 2015년 한국의 해외직접투자가 가장 많이 흘러간 나라는 1위가 미국(21퍼센트), 2위가 중국(17.6퍼센트), 3위가 일본(6.7퍼센트)이었다. 세계적으로 해외직접투자가 가장 많이 유입된 곳도 1위가 미국(21.6퍼센트), 2위가 중국과 홍콩(17.6퍼센트)이다.

한국 기업들은 미개척지가 아니라 산업화가 충분히 진전된 곳들, 그래서 '발전이 발전을 부르는' 지역들에 투자를 집중하고 있는 것이다. 이것은 '해외투자' 앞에 습관처럼 따라붙는 "저임금을 향한"이라는 수식어가 맞지 않다는 것을 뜻한다. OECD의 피고용자 평균임금 통계를 보면, 한국의 해외투자처 1위인 미국과 3위인 일본의 연봉 수준은 한국보다 훨씬 높다.[12] 〈표 6-9〉에서 보듯이, 2013

〈표 6-9〉 한국, 미국, 일본 임금 비교 (2013년, 단위: 달러)

	피고용자 평균임금
한국	30,099
미국	55,708
일본	40,798
영국	49,231
프랑스	46,918
독일	46,960

자료: OECD 통계.

출처: 《2014 임금보고서》, 노사정위.

〈표 6-10〉 중국의 주요 도시별 임금 (2015년)

한국	중국 도시	평균 연봉
피고용자 평균 연봉 3240만 원 (중위 임금은 2465만 원)	베이징	3070만 원(17만 700위안)
	상하이	2788만 원(15만 5000위안)
	난징	2775만 원(15만 4300위안)
	톈진	2608만 원(14만 5000위안)
	푸저우	2464만 원(13만 7000위안)

* 주: 중국 통계는 중국 인사부가 발표한 "전국 50개 도시 평균 연봉"(2015).

한국은 2014년 고용노동부 통계.

년 평균 연봉이 한국은 3만 99달러였고, 미국과 일본은 각각 5만 5708달러, 4만 798달러였다. 중국의 평균임금은 한국에 비해 확실히 낮지만, 발전된 지역의 임금 수준은 평균치보다 훨씬 높아 한국과의 격차가 생각만큼 크지는 않다(표 6-10). 임금이 해마다 급속히 오르고 있다는 문제도 있다. 2013년 중국의 도시 노동자 평균임금은 2000년의 8.5배로 증가했다. 그래서 미국 보스턴컨설팅그룹 BCG은 2014년 연구보고서에서 미국에 대한 중국 제조업의 원가 경쟁력 우위가 2004년 14퍼센트에서 2014년 4퍼센트로 떨어졌다고

투자 목적	1991~2005년	2006~2014년
현지 시장 진출	15.9	41.8
제3국 진출	0.8	10.1
수출 촉진	39.1	13.3
저임금 활용	8.3	5.2
보호무역 타개	2.4	0.3
선진 기술 도입	3.8	3.3
자원 개발	10.6	24.2
원자재 확보	0.9	0.1
기타	18.1	1.7
계	100	100

출처: "해외직접투자 증가의 특징과 시사점", 현대경제연구원, 2015.

밝혔다.[13] 뒤에서 다시 다루겠지만, 한국과 비교한 중국의 임금 경쟁력 문제는 그렇게 단순하지 않으며, 한국의 중국 진출 목적을 저임금에서만 찾을 수 없다.

요컨대 한국 기업들은 저임금을 찾아 세계로 재빠르게 뛰쳐나가는 질주를 한다기보다 오히려 세계적 선진 기술과 잘 갖춰진 사회기반시설soc, 생산성 높은 노동력, 그리고 더 넓은 소비 시장을 향하고 있는 것이다. 이 같은 사실은 기업들의 해외투자 목적을 봐도 분명히 나타난다. 〈표 6-11〉을 보면 2006~2014년 기업들의 해외투자 목적이 단연 '현지 시장 진출'임을 알 수 있다. 제3국 진출까지 합치면 50퍼센트가 넘는다. '현지 시장 진출'은 현지에서 생산·가공·판매하는 것을 목적으로 하는 투자다. 수출 촉진을 목적으로 하는 해외투자 비중도 13.3퍼센트로 꽤 높지만, 추세를 보면 수출 촉진 비중은 점차 줄고(39.1 → 13.3), 현지 시장 진출 비중은 점차 늘어 왔다

(15.9 → 41.8). 현지 시장 진출에 비해 '저임금 활용'을 목적으로 하는 해외투자의 비중은 5.2퍼센트로 매우 낮은 편이다.

'현지 시장 진출'을 목적으로 하는 해외투자 비중이 매우 크고, 빠른 속도로 증가해 왔다는 것은 제조업 부문에서도 잘 드러난다. '현지 시장 진출'이 목적인 해외투자 비중은 1993~2002년 6.3퍼센트에서 2003~2012년 43.5퍼센트로 급증했다. 이런 경향은 기업들의 해외 진출 목적이 생산비 절감보다는 현지 시장을 겨냥한 '현지화'에 있음을 뜻한다. 흔히 비용 절감을 노리는 해외투자를 수직통합형(수직적 해외직접투자, Vertical FDI)이라고 하고, 시장 확대를 노리는 해외투자를 수평통합형(수평적 해외직접투자, Horizontal FDI)이라고 하는데, 한국의 해외투자는 후자의 성격이 강한 것이다. 수평통합형은 (생산 단계의 일부를 해외로 옮겨 생산하는 수직통합형과 달리) 생산의 모든 단계가 해외에서 이뤄지고 판매된다. 가령 현대·기아자동차의 해외 진출을 보면, 주요 지역(또는 나라)마다 R&D센터, 생산공장, 판매법인을 갖추고 있고, 전체 생산공정을 현지화하는 전략을 취하고 있다. 현대·기아차는 부품의 현지 조달 비중을 높이고자 부품 협력업체들과 동반 진출 방식을 취했다. 자동차산업 해외법인들의 현지 매출 비중은 2014년 현재 84퍼센트로 매우 크고, 현지 매입 비중도 73퍼센트에 이른다. 현지화 수준이 높다는 의미다.

물론 산업(업종)별로 해외투자의 주된 목적이 상이할 수 있다. 흔히 자동차산업이나 철강 및 1차금속, 화학산업 등이 '현지 시장 진출' 목적이 크다면, 전자산업, 섬유나 의류산업은 '저임금 활용' 목적이 큰 것으로 인식된다. 실제로 자동차산업이나 철강 및 1차금속,

〈표 6-12〉 제조업 업종별 해외투자 목적 (2013년, 단위: %)

	전자산업	자동차산업	1차금속	의류산업
현지 시장 진출 (제3국 포함)	52.1	69.0	62.0	27.0
수출 촉진	31.2	27.1	22.6	34.7
저임금 활용	11.3	5.1	1.2	36.5
보호무역 타개	1.9	0.5	1.1	0.0
선진 기술 도입	0.6	1.8	0.8	0.7
자원 개발	1.0	0.0	9.3	0.0
기타	2.0	1.4	2.9	0.9

자료: "산업별 해외투자의 현황분석과 진출기업의 유턴 가능성에 대한 연구", 산업연구원, 2014.

화학산업 등은 '현지 시장(과 제3국) 진출'이 목적인 해외투자 비중이 매우 크다. 〈표 6-12〉에서 보듯이, 자동차산업은 69퍼센트, 철강 및 1차금속은 62퍼센트에 이른다. 그러나 전자산업은 흔히 인식되는 것과 달리 '저임금 활용'을 목적으로 하는 해외투자 비중이 크지 않다. 11.3퍼센트만이 '저임금 활용' 목적의 투자이고, '현지 시장(과 제3국) 진출'이 목적인 투자가 52.1퍼센트나 된다. 물론 의류산업은 '저임금 활용' 목적의 해외투자 비중이 36.5퍼센트로 매우 높지만, 의류산업이 제조업 해외직접투자에서 차지하는 비중 자체가 작은 편이다(3.2퍼센트). 제조업 중 해외직접투자를 가장 많이 하는 산업은 전자, 자동차, 1차금속, 화학이고(62.4퍼센트), 이 산업들의 해외직접투자는 압도적으로 '현지 시장(과 제3국) 진출'을 목적으로 한다.

특히 해외직접투자 비중 1, 2위인 전자산업과 자동차산업은 좁은 내수 시장의 한계를 벗어나 현지화라는 좀 더 유리한 위치에서 세계 시장에 접근하고자 해외 생산을 확대하고 있다. 자동차산업은 "물류비용 절감 및 통상마찰 완화를 추진할 필요"가 있고, 전자산업은

"글로벌 과점체제 환경에서 수명주기가 짧고 기술 범용화가 빠른 제품의 특성을 감안해 … 해외 현지수요를 선점할 필요"가 있다.[14] 전자산업의 경우 아시아 투자 비중이 높아 저임금 활용을 주 목적으로 한다는 인상을 받기 쉽다. 실제로 전자산업의 아시아 투자 비중은 무려 80퍼센트나 되고 그중 80~90퍼센트가 중국으로 향한다. 그러나 중국 투자 역시 과거 '수출 촉진 및 저임금 활용'이 목적이던 것에서 시장 선점을 위한 투자로 전환되고 있다. 전자산업 대기업일수록 이 점이 더욱 분명하다. 전자산업 대기업은 '저임금 활용'이 목적인 투자 비중이 5퍼센트에 불과하다.

3. 기업의 해외 진출이 임금과 고용에 미치는 영향

이처럼 한국 기업들의 해외투자의 목적을 구체적으로 보면, 기업들이 국내 노동자들의 임금이 올라 해외로 나가고 있는 게 아님을 알 수 있다. 기업들은 해외시장 개척을 위해 선진국이나 선진국 접근성이 좋은 주변 국, 그리고 떠오르는 신흥 시장에서 현지화를 노린다. 이런 목적은 국내 여건이 어떻게 변화하든 결코 국내에서 성취할 수 있는 것이 아니다. 설 사 국내 노동자들이 스스로 임금을 낮춘다 해도, 해외시장 개척을 통해 얻을 수 있는 이점을 대체하지는 못한다. 그래서 해외 진출 기업들의 유턴(한국으로 재이전) 방안을 연구하는 연구자들도 한국 기업들의 해외 진출 목적이 점점 현지화에 맞춰짐에 따라 국내의 투자 환경이 기업들의 해외투자 결정에 별 영향을 미치지 못하고 있다고 지적한다.

바닥을 향한 경주?

저임금을 노린 해외투자가 없는 것은 아니지만, 위에서 봤듯이, 알려져 있는 것보다 실제로는 드물다. 게다가 저임금에 따른 경쟁력 우위는 생각만큼 크거나 지속적이지 않다. 20세기 중반 해외 진출의 선두 주자였던 선진국 기업들은 산업화가 가장 진전된 지역의 수익성이 그렇지 않은 곳보다 훨씬 좋다는 것을 경험했다. 선진 경제들의 노동생산성이 훨씬 높기 때문이다. 그들의 해외투자가 점점 선진국으로 향했던 이유다. 다른 조건이 동일하다면, 노동생산성이 높을수록 노동자들의 소득도 높고 착취율도 높다. 노동자들의 생산물에서 자본가가 가져가는 몫이 큰 것이다. 노동생산성이 낮으면, 노동자들에게 임금을 적게 줘도 자본가들의 이윤량은 크지 않다.

신흥국에 대한 다국적기업들의 투자가 늘어나고 있던 2006년 〈파이낸셜 타임스〉는 저임금 경쟁력 우위에 대한 과장을 이렇게 경고했다. "경영자들은 신흥 경제에 투자하려는 유혹에 빠지지 않도록 주의해야 한다. … 중국과 인도, 멕시코, 동유럽의 임금 수준이 낮은 것은 사실이지만 노동력의 생산성이 낮다는 점도 함께 고려해 보면 이런 곳에 투자해서 얻을 수 있는 비용 절감 효과는 흔히 크게 줄어든다. … 멕시코의 경우 제조업 노동자 임금이 미국 노동자의 10분의 1이다. 그러나 생산성 또한 미국 제조업 노동자들의 10분의 1에 그치고 임금마저 상승하고 있어 단위 노동비용은 거의 같다고 볼 수 있다. 중국과 인도는 아직 단위 노동비용이 매우 낮은데, 이는 미국에 비해 중국 제조업 부문의 평균임금이 생산성을 감안해도 매우 낮기 때문이다."[15] 그러나 그로부터 10년이 지난 지금 중국 제조업의 원가 경쟁력은, 앞서 인용된 보스턴컨설팅그룹의 연구보고서가 지적하듯이, 10퍼센트포인트 떨어졌다.

저임금을 목적으로 하는 해외투자는 시간이 지남에 따라 이점이 사라지기 쉽다. 경쟁 기업들도 곧 같은 저임금 지역으로 따라올 수 있고, 노동력 부족, 노동자들의 잦은 이직과 단체행동으로 인건비가 오를 수 있기 때문이다. 실제로 한국과 중국의 임금 격차는 빠르게 줄어들고 있다. 한국무역협회KITA 중국지부에 따르면, 2015년 중국 주요 도시의 시간당 최저임금은 한국의 60퍼센트선에 도달했다. 〈표 6-13〉에서 보듯이, 불과 5년 전인 2010년 40퍼센트였던 것과 비교하면 격차가 빠르게 줄고 있는 것이다. 중국은 각종 복지 비용이 많기 때문에, "생산성을 감안하지 않은 직·간접 고용비용은 한국 노동자의 70퍼센트를 넘어서는 것으로 평가되기도" 한다.[16] 생산성을 감안하면 단위 노동비용 격차는 더 줄어들 수 있다.

저임금 프리미엄이 줄어들면 기업들은 세 가지 방안 중 하나를 택할 수 있다. 현지화를 위해 인건비 증가를 감수하거나, 신기술 투자를 통한 이윤 증대를 꾀하면서 본국으로 유턴하거나, 임금이 더 낮은 지역으로 공장을 옮기는 것이다. 중국 진출 기업들 가운데는 중국 내륙이나 베트남 같은 인근 동남아시아 나라들로 공장을 이전하는 경우도 있다. 특히, 전자업체들은 베트남을 새로운 해외 생산 거점으로 삼고 있다. 베트남 북부가 중국의 대표적 IT산업단지와 가깝고 육로 운송로로 연결되기 때문이다. 그러나 베트남을 비롯한 동남아시아 나라들의 임금도 지난 몇 년 새 빠르게 오르고 있다. 베트남 상공회의소 조사에 따르면, 2007년과 2014년 사이 베트남 노동자의 소득은 2.7배로 증가했다.

이런 사실을 보면, "바닥을 향한 경주"라는 주장이 매우 일면적이

	2010년	2012년	2015년
한국(a)	4,110원	4,580원	5,580원
중국 5대 지역 평균(b)	9.7위안(1,657원)	13.1위안(2,340원)	18.4위안(3,303원)
비율(b/a)	40.3%	51.5%	59.2%

출처: "중국 최저임금 추이와 한·중 비교", 한국무역협회 북경지부, 2016.

라는 것을 알 수 있다. "바다를 향한 경주"라는 말은 중국이나 동남 아시아 노동자들이 선진국과 다른 신흥공업국 노동자들의 임금을 끌어내리는 압력으로 작용한다는 뜻이다. 그러나 오히려 생산이 재 배치된 지역에서 전에는 존재하지 않았던 노동계급이 출현하고, 새로 운 전투성을 보여 주며 노동조건을 개선하고 있다. 특히 중국 노동 자 투쟁은 대단하다. 애플 하청업체인 폭스콘 노동자 파업(2010년) 이나 혼다 부품공장 노동자 파업(2010년 포산공장, 2012년 난하이 공장)은 세계를 놀라게 한 강렬한 투쟁들이었다. 최근 몇 년 동안에 도 노동자 투쟁은 계속 증가했다. 2016년 상반기에는 체불임금 등 을 둘러싼 파업과 항의가 1400여 건이나 일어났다. 한국 기업들이 많이 진출하고 있는 베트남에서도 최근 외국계 공장 노동자들의 투 쟁이 늘고 있다. 2016년에는 한국 전자업체 공장 노동자 1000여 명 이 저임금에 항의해 파업을 벌이기도 했다.[17] 자본이 국경을 넘게 됨 에 따라, 세계 노동자들이 불리한 처지에서 "바다를 향한 경주"를 해 야 할 운명에 놓인 것은 아니다. 기업들은 그러기를 원하겠지만, 생 산의 재배치는 새로운 지역에서 새로운 노동계급과 투쟁들을 탄생시 키고 있다.

해외투자로 일자리가 유출되는가?

기업들의 해외투자와 관련해 노동자들의 위기감을 가장 부추기는 것은 고용 문제다. 기업들이 생산을 해외로 이전함에 따라 일자리가 유출된다는 것이다. 그러나 기업들이 해외에 투자하지 않고 국내에 투자했다면 일자리가 몇만 개 마련됐을 텐데 그러지 않고 해외에 투자했으므로 그만큼의 일자리가 유출된 셈이라는 계산은 허구에 가깝다. 왜냐하면 한국 기업들이 해외투자로 국내 생산을 대체하는 경우는 많지 않기 때문이다. "해외 이전"이라고 하면 국내 공장을 폐쇄하고 외국으로 옮기는 것을 생각하기 쉽지만, 한국 기업들의 해외 진출은 국내 생산을 유지한 채 신규 투자를 늘리는 형태가 대부분이다. 2000년대 초만 해도 해외투자를 하려는 기업 가운데 국내 공장을 폐쇄하거나 생산을 축소하려는 경우가 꽤 있었지만, 2013년 조사 결과를 보면 90퍼센트 이상의 기업들이 국내 생산을 유지하거나 확대하려 한다. 대기업일수록 이렇게 답변한 비율은 더 높았다(96.6퍼센트).[18]

고용 관련 통계를 살펴보면, 한국의 해외직접투자가 늘어난 기간에 국내 생산은 축소되지 않았고 일자리도 줄지 않았다. 한국 기업들의 해외 생산이 늘어나면서, "국내 산업과 일자리가 위축되는 제조업 공동화 현상이 심해지고 있다"는[19] 주장은 과장이다. 5장 1절에서 살펴봤듯이, 한국에서는 "탈산업화"라고 할 만한 제조업 쇠퇴가 일어나지 않았다. 제조업 고용 인원도 거의 줄지 않았다. 제조업 고용 인원이 소폭 감소한 주된 요인은 제조업의 생산성 증가와 구조조정

〈표 6-14〉 자동차산업의 국내 생산과 해외 생산 비중 (단위: 천 대)

	국내 생산	해외 생산
2009년	3,513 (64.9%)	1,902 (35.1%)
2010년	4,272 (62.1%)	2,605 (37.9%)
2011년	4,657 (59.7%)	3,141 (40.3%)
2012년	4,562 (55.7%)	3,635 (44.3%)
2013년	4,521 (52.4%)	4,108 (47.6%)
2014년	4,524 (50.6%)	4,414 (49.4%)
2015년	4,556 (50.8%)	4,412 (49.2%)

자료: 한국자동차산업협회. 국내 생산은 현대, 기아, 한국지엠, 쌍용, 르노삼성, 대우버스, 타타대우 합계.

이지, 일자리의 해외 유출이 아니다. 제조업 중 해외투자 비중이 가장 높은 전자산업과 자동차산업을 보면, 해외 생산 증가가 국내 생산과 고용의 축소로 이어지지 않았음을 알 수 있다.

먼저 자동차산업을 보자. 자동차산업의 해외 생산량은 해외투자가 늘어난 2000년대 중반 이후 빠르게 증가해 2016년 상반기에 국내 생산량을 넘어섰다. 〈표 6-14〉를 보면, 2015년에 자동차산업의 국내 생산과 해외 생산의 비중이 각각 50.8 대 49.2로 거의 같아졌음을 알 수 있다. 그러나 해외 생산량이 늘어나는 동안 국내 생산량이 줄어든 것은 아니다. 〈표 6-14〉에서 보듯이, 국내 생산의 비중은 줄었지만 그 양은 2009년 351만 대에서 2015년 456만 대로 오히려 늘었다. 2000년에 비해 50퍼센트 증가한 수치다. 이런 추이는 현대·기아차에서도 마찬가지로 나타난다. 〈표 6-15〉에서 보듯이, 현대·기아차의 해외 생산 비중은 이미 2012년 국내 생산보다 커졌고,

〈표 6-15〉 현대·기아차 국내 생산과 해외 생산 비중 (단위: 천 대)

	국내 생산	해외 생산
2009년	2,744 (59.3%)	1,887 (40.7%)
2010년	2,938 (53%)	2,604 (47.0%)
2011년	3,223 (50.6%)	3,141 (49.4%)
2012년	3,205 (46.9%)	3,635 (53.1%)
2013년	3,164 (43.2%)	4,153 (56.8%)
2014년	3,396 (42.8%)	4,416 (57.2%)
2015년	3,303 (42.8%)	4,412 (57.2%)

자료: 현대차, 기아차.

〈표 6-16〉 제조업 해외투자 비중 상위 3개 업종의 고용 추이 (취업자 수, 단위: 천 명)

	2009년	2010년	2011년	2012년	2013년	2009~2013년 증감
전자	463	508	488	493	484	+ 21
자동차	361	385	403	428	454	+ 93
1차금속	117	124	131	142	158	+ 41

자료: 통계청, 경제활동인구.

2015년 57.2퍼센트에 달했다. 그러나 해외 생산량이 늘어나는 동안 국내 생산이 줄어들지는 않았다. 2015년 국내 생산량은 330만 대로 2009년 274만 대보다 56만 대 늘어났다. 같은 기간 자동차산업의 국내 고용도 늘었다. 자동차산업 취업자 수는 2009년 36만 1000명에서 2013년 45만 4000명으로 93만 명가량 늘었다. 〈표 6-16〉을 보면, 자동차산업뿐 아니라 제조업 해외투자 비중 1, 2, 3위를 차지하는 전자, 자동차, 1차금속 부문에서 모두 고용이 증가했음을 알 수 있다.

〈표 6-17〉 전자산업 부문별 해외 생산 비중 (단위: %)

	스마트폰	LCD TV	냉장고
2011년	64	–	–
2012년	74	96.7	76.5
2013년	75	96.8	77.0
2014년	77	97.4	79.0

출처: "해외생산기지 이전의 우리 수출 영향", 한국무역협회, 2015.

〈표 6-18〉 전자산업 고용 추이 (단위: 명)

	2000년	2006년	2014년	2000~2014년 증감
전자산업 전체	595,279	651,028	716,850	+ 121,571
반도체	84,946	92,272	118,195	+ 33,249
전자부품	97,010	152,959	195,195	+ 98,185

자료: 금속노조.

다음으로 전자산업을 보자. 스마트폰이나 주요 가전 등의 해외 생산 비중은 자동차보다 훨씬 높다. 〈표 6-17〉을 보면, 2014년 해외 생산 비중은 스마트폰 77퍼센트, 냉장고 79퍼센트, 그리고 LCD TV가 97.4퍼센트에 달했다. 삼성전자의 해외 생산 비중은 평균보다 높아, 2014년 스마트폰 84.8퍼센트, 냉장고 78.3퍼센트, 그리고 LCD TV가 97.9퍼센트였다. 그러나 전자산업의 해외 생산이 급격히 늘어난 2000년대 중반 이후 국내 생산도 증가했다. 전자산업 국내 생산은 2000년 189조 원에서 2014년 265조 원으로 연평균 5.8퍼센트씩 증가했다. 전자산업 중 비중이 큰 반도체와 전자부품 부문의 증가 폭은 조금 더 커서 각각 12.6퍼센트와 7.1퍼센트였다. 〈표

6-18〉을 보면, 전자산업의 국내 고용도 전혀 감소하지 않았음을 확인할 수 있다. 전자산업 전체든, 반도체와 전자부품 부문이든 2000년 이후 고용이 오히려 늘었다. 반도체와 전자부품 부문에서만 고용이 2000년 18만 2000명에서 2014년 31만 3000명으로 13만 명 넘게 늘었다.

흔히들 자동차산업의 해외투자는 현지에서 최종재 생산과 판매, 부품 조달을 추진하기 때문에 해외 생산이 국내 수출을 잠식해 국내 일자리를 위협할 수 있다고 말한다. 전자산업 해외투자의 경우에는 주로 저임금을 활용해 완제품을 조립하는 것이어서 생산 이전과 최종재 역수입에 따른 일자리 감소가 나타난다고들 한다. 이처럼 해외직접투자 유형에 따라 고용에 영향을 미치는 요인과 효과를 전망하는 것도 일리가 없지는 않다. 단순하게 생각하면, 자동차 국내 생산 중 65퍼센트가량이 수출되기 때문에(2015년 통계) 주요 수출 대상국에서 현지 생산이 늘면 수출 대체 효과가 날 것으로 생각할 수 있다. 전자제품 최종재의 해외 생산도 국내 최종재 생산과 고용의 감소로 이어진다고 보기 쉽다.

그러나 위에서 봤듯이, 실제로는 그런 효과가 나타나지 않았다. 현실에서는 해외 생산과 국내 고용이 양자 관계 속에서 상호 영향만 주고받는 게 아니라, 그것들을 둘러싼 더 큰 경제 환경의 영향을 받으며 그에 따른 복잡한 직·간접 효과가 나타나기 때문이다. 자동차산업의 경우 세계 자동차 기업들의 경쟁이 치열해지는 가운데 현대·기아차가 세계 시장 점유율을 늘리고자 공세적으로 생산을 확장했기 때문에 국내 생산과 해외 생산이 모두 늘었다. 현대·기아차의 세계 시장 점유율은 2005년 5.8퍼센트에서 2015년 8.5퍼센트로 증가했다. 자동차 부품사들마저 해외 동반 진출을 하게 되면서 2010년대 초반 노동조합 안팎에서 '산업 공동화' 우려가 크게 일었다. 그러나 부품 부문에서도 이런 일은 벌어지지 않았다. 오히려 국내 부품 공장들의 생산과 가동률이 증가했다. 이는 현대·기아차 생산의 증가와 관련 있을 뿐 아니라, 일부 부품업체들이 다른 세계적 자동차 기업들로 납품을 다변화한 것과도 관련이 있다. 2008년 경제 위기로 미국 자동차 기업들이 부품 자회사를 매각하고 부품 조달 방식을 변경한 덕분이다. 이런 사실들은 업계 변화나 세계 시장 상황 등의 조건을 고려하지 않은 채, 해외 생산 증가가 국내 고용 감소를 낳는다고 일반적으로 말할 수 없음을 보여 준다.

이 점은 전자산업도 마찬가지다. 전자산업은 생산 거점을 해외로 옮기는 '수직통합형' 성격이 커서 (자동차산업 같은 수평통합형과 비교해) 일자리 감소 효과가 매우 명백한 것으로 흔히 여겨지고 있다. 그러나 전자산업의 해외 생산이 느는 동안 국내 고용은 전혀 줄지 않았다. 이것은 전자산업 국내 생산이 중국과 베트남 생산 기지에 중간재를 공급하는 것으로 개편된 것과 관련이 있다. 전자산업 최종재 생산을 중국이나 베트남으로 이전하면서, 국내 생산과 일자리가 사라진 것이 아니라 국제 생산네트워크에서 한국이 기획, 설계, 개발, 그리고 핵심(고기술高技術) 부품 조달을 담당하는 것으로 변모한 것이다. 한국의 대중국 수출에서 중간재, 특히 부품이 차지하는 비중이 크게 늘어난 것은 이와 같은 재편이 반영된 것이다. 중국 수출에서 중간재가 차지하는 비중은 2014년 74.6퍼센트에 달하고, 부품 수출은 2000년 41억 달러에서 2015년 753억 달러로 20배나 증가했다.[20] 중국으로 수출되는 부품들은 70퍼센트 이상이 전자·통신기기와 전기기계 부품이고, 대개 고기술 제품들이다.

이와 같은 재편을 고려하지 않은 채 중국과 베트남으로 일자리가 빠져나갔다고 주장하는 것은 글로벌 생산네트워크라는 전체 그림을 보지 않는 부분적 관점일 수밖에 없다. 마치 중국에서 생산되는 최종재에 들어가는 수입 부품들의 가치가 제대로 계산되지 않아 미국의 대중국 무역 적자가 부풀려져 온 것처럼 말이다.* 예를 들어 2009년 아이폰 교역에서 미국의 대중국 무역 적자는 19억 달러였는데, 이 가운데 실제 중국에서 산출된 부가가치는 1억 달러뿐이고 나머지는 한국, 일본, 독일 등지에서 온 중간재에서 비롯한 것이었다. 무역 통계에서 중간재 계산을 누락하듯이, 중간재가 생산되는 나라들에서 일자리와 노동자가 사라진 것처럼 착각해서는 안 된다.

고용 위협에 대한 대안

지금까지 해외투자 양상과 국내 고용 추이를 살펴봤다. 이를 통해 알 수 있는 매우 명백한 사실은 한국 기업들의 해외투자가 늘어나는

---

* 그래서 일부 국제기구들은 2012년부터 부가가치 기준 무역통계(TIVA, Trade in Value Add)를 사용하고 있다. OECD에 따르면, TIVA 방식을 따르면 미국의 실질적 대중 무역 적자는 기존 통계(총무역량 기준)의 약 절반 수준밖에 안 된다 (2008년의 경우).

동안 국내 고용이 감소하지 않았다는 것이다. 자본의 이동성 증대로 일자리가 해외로 유출됐다거나 제조업 공동화가 심해졌다는 주장은 참말이 아니다. 그러나 이런 주장은 현실의 뒷받침을 받지 못하면서도 계속 되풀이되며 노동자들을 위축시키는 효과를 내고 있다. 그럴 수 있는 비결이 몇 가지 있는데, 그중 하나는 그것이 막연한 미래의 공포를 건드린다는 것이다. 그래서 혹자는 지금까지 일자리 유출이 벌어지지 않았다는 명백한 통계를 인정하면서도, 해외 생산이 더 늘고 부품의 현지 조달 비중이 더 높아지면 일자리가 날아갈 수 있지 않느냐고 반문할 수 있다.

그러나 이런 주장은 10여 년 전에도 있었다. 자동차 해외 증산으로 국내 생산이 곧 반토막 나고 자동차 노동자 절반이 잘려 나갈 것이라는 식의 얘기 말이다. 그러나 해외 생산이 얼마나 늘고 부품 조달 비중이 얼마나 높아지면 고용 문제가 발생할까? 아무도 그것을 말하지 못한다는 것 자체가 해외 생산이 다른 조건들과 관계없이 국내 고용 감소를 직접 유도하는 요인이 아님을 방증한다. 그래서 좀 더 '현실감' 있는 우려들은 여러 조건을 결합시키기도 한다. 가령 금속노조는 현대·기아차의 고용 문제를 다음과 같이 걱정한다. "국내 공장과 비슷한 차량을 해외에서 생산하게 되고, 경제 침체와 소비 부진으로 글로벌 생산 감축이 진행될 때 [사측이] 생산성, 노조 역할, 인건비, 물류비 등을 고려하여 글로벌 생산구조를 변경할 수 있다. 이때 국내 공장이 불이익을 받을 우려가 존재한다."

그러나 이럴 때 발생하는 고용 문제의 원인은 엄밀히 말해 "경제 침체"와 해당 산업의 위기이지, 해외 생산이 아니다. 이렇게 경기가 나

빠지면 해외투자가 줄어들지만 그렇다고 국내 고용이 개선되지는 않는다. 해외투자와 국내 고용 모두 경제 상황의 결정적 영향을 받는다. 과거 경험을 봐도 고용 감소는 경제 위기와 그로 인한 구조조정 시기에 벌어졌다. 전자산업을 보면 1990년부터 지금까지 두 차례(1997~1999년과 2007~2009년) 고용 감소를 경험했는데, 그때는 모두 해외투자 증가율이 급격히 하강하던 때였다.

물론 무모하게 해외 생산을 확장하지 않았다면 경제 위기 시 생산 감축의 충격이 훨씬 덜할 것이라고 말할 수 있다. 세계 시장 점유율 증대를 위해 앞다퉈 생산을 늘리고 있는 세계 자동차 기업들의 미친 듯한 질주가 공급 과잉 위기에 직면하리라는 것은 명백하다. 전자산업의 국제 분업 구조도 그 안정성을 장담할 수 없다. 부품을 수출해 중국이나 베트남에서 조립하고 미국 등 제3국으로 수출하거나 역수입하는 구조는 적어도 몇 나라의 경제 상황과 국가 간 관계(가령 중미 관계)의 영향을 받을 수밖에 없다. 이처럼 자본의 국제적 통합이 증대함에 따라 불안정과 불확실성도 증대한 것이 사실이다. 그러나 순전히 자본주의 논리로 봤을 때, 국경을 넘는 경제 활동이 확대되는 오늘날 글로벌 가치사슬에* 편입되지 못하면 뒤처질 것이라는 우려도 일리가 없지는 않다. 혁신 기술에 접근하지 못하면 국제경쟁력에서 밀리고 그러면 성장도 고용도 하락할 수 있는 것이다. 자본주의 생산이 과거처럼 일국적으로 조직된다 하더라도 안정된 고용이 보장

---

* 글로벌 가치사슬(GVCs, Global Value Chains)은 구상, 생산, 판매, 사용과 폐기에 이르는 전 과정이 글로벌하게 이뤄지는 것을 말한다.

되는 것은 아니다. 이 점은 해외직접투자 유출입 모두에서 비켜서 있는 나라들의 높은 실업률을 봐도 알 수 있다. 이것은 생산을 조직하는 특정한 방식만이 문제가 아니며, 그것을 다른 방식으로 대체한다고 고용 문제가 해소되는 것은 아님을 뜻한다. 자본주의 체제 자체가 문제다.

해외 생산 비중이 높은 기업이든 낮은 기업이든 위기에 직면해 고용 감축을 하려 한다면, 노동자들은 위기의 책임을 떠넘기지 말라고 주장하면서 일자리를 지키기 위한 투쟁에 나서야 한다. 경제 위기 시기에는 기업의 이윤 침해를 마다하지 않고 단호한 투쟁을 통해서만 ― 공장 점거 같은 ― 조건을 지킬 수 있다. 그러나 해외 생산을 고용 불안정의 원인이라고 여기면, 해외 공장 노동자들을 희생시키는 방식을 고용 보장 방안으로 여기게 되기 쉽다. 해외 공장을 폐쇄하라거나 해외 고용을 줄이라는 식으로 말이다. 가령 현대자동차 노동조합은 고용 보장 방안의 하나로 '공장폐쇄가 불가피할 경우 해외 공장의 우선 폐쇄'를 요구하고 있다.* 그러나 이런 요구는 같은 기업주에게 고용된 노동자들 사이에 반목과 대립을 초래해 노동자들의 힘을 약화시키게 될 뿐이다. 입장을 바꿔, GM 미국 노동자들이 한국의 부평공장부터 폐쇄하라고 요구했다고 가정해 보라. 이런 요구가 어떤 분열을 낳고 결국 기업주에게 유리하게 작용할지 어렵지 않게 상상할 수 있다.

무모한 생산 확장으로 위기를 초래한 경영자들을 비난하는 것과

---

* 2009년 합의된 단체협약 중 42조 8항.

그런 경영 전략의 결과로 생겨난 해외 공장의 노동자들을 비난하는 것은 완전히 다른 문제다. 해외 공장 노동자들은 기업주에 맞서 함께 싸워야 할 연대의 대상이지, 그들을 '죽여야' 우리가 '사는' 대립 관계가 아니다. 해외 공장 노동자들이 국내 노동자들의 일자리를 빼앗고 노동조건 하락을 초래한다고 보면 둘 사이의 분열을 조장하게 된다. 해외직접투자가 늘어나면서 투자 유출국 노동자들과 투자 유입국 노동자들 사이에 이해관계가 상충한다는 견해가 상당히 퍼져 있다. 좌파 민족주의자들은 선진국 노동자들을 제3세계 초착취의 공범이라고 본다. 미국노총AFL-CIO 같은 제국주의 국가들의 노동조합 관료는 제3세계 노동자들을 선진국 일자리를 빼앗아 가는 불공정 경쟁의 가해자로 본다. 그러나 이런 관점들은 둘 다 국제 노동계급의 단결에 매우 해롭고 결국 자국 지배계급과의 협조로 기울어지기 쉽다. 결국 자국 노동자들의 조건을 방어하는 데도 결코 도움이 안 된다. 오히려 선진국이든 신흥국이든 기업주들이 세계 각 공장 노동자들의 분열을 이용해 경쟁을 부추기고 유리한 위치에서 조건 악화를 강요할 수 있게 될 뿐이다.

그래서 일각에서는 세계화 시대에 걸맞은 노동조합의 국제 연대를 강조하기도 한다. 생산 거점 간 경쟁의 부정적 영향을 방지하고자 해외 공장 노조와 연대해야 한다는 것이다. 글로벌 생산의 고리를 이루는 노동자들이 단결해 투쟁한다면 다국적기업에 맞서는 힘이 훨씬 강화될 수 있다. 그러나 개혁주의자들이 주목하는 폭스바겐 노조의 "연대적 고용 균형 확보 전략"은 '투쟁의 연대'가 아니라 '양보 공조'일 뿐이다. 생산량을 공정히 분배하자는 것인 동시에, "판매량의 부진으로 생산과 일자리를 축소할 경우 각 생산 거점들이 부담과 위험을 적절하게 나누"자는 것이기[21] 때문이다. 사측이 강요하는 고용 감축 자체에 맞서기보다 그것을 노동자들 사이에서 '공정히' 나누는 데 주 안점이 있는 것이다. 이것은 얼핏 물량 경쟁을 방지하는 합리적 방안처럼 보일 수 있지만, 실제로는 사용자에 맞서 저항하려는 노동자들을 억제하는 효과를 낼 수도 있다. 가령 어느 생산 거점 노조가 '고용 감축 반대' 입장이라고 치자. 그런데 다른 생산 거점 노조가 '그러면 우리만 고용 감축 되라는 거냐'며 '그러지 말고 부담을 균형 있게 나누자'고 한다면? 양보 압박이 위(사용자)에서 가해지는 게 아니라 옆(동료 노조)을 통해 전달되는 셈인 것이다. 이럴 때 진정한 대안은 특정 생산 거점의 노동자들이 고용 보장을 요구하며 투쟁하고, 다른 생산 거점의 노동자 투쟁을 고무하는 것이다. 이것은 얼핏 조율되지 않은 투쟁으로 생산 거점 간 분열을 초래하는 것처럼 보이지만, 노동자들은 이런 방법을 통해서 기업주들이 강요한 분단과 분열을 극복할 수 있다.

해외 생산을 고용 불안의 원인으로 보는 관점은 자본을 붙잡기 위해 양보가 불가피하다는 주장으로도 쉽게 이어질 수 있다. 이것은 글로벌 생산을 구축한 기업은 언제든 생산의 중심을 해외로 옮길 수 있는 막강한 힘을 갖게 됐고, 그에 따라 노동자들의 협상력은 약화했다고 보는 것과도 관계있다. 그러나 그런 양보는 다른 해외 공장 노동자들의 노동조건을 압박하는 효과를 낼 수 있고, 이것이 부메랑이 돼 돌아오는 악순환을 일으킬 수 있다. '바닥을 향한 경쟁'은 세계화 시대에 예정돼 있다기보다 이런 경우에 비로소 작용하게 된다. 또, 그런 양보는 이제 노동조합이 기업의 생산성과 경쟁력을 생각해야 한다는 (계급협조주의) 논리와 맞물릴 수 있다. '투쟁 위주의 대응은 오히려 해외 생산 증가만을 가져올 뿐이므로 고용 문제가 닥치기 전에 그것을 방지하는 근본적 대응을 해야 한다'면서 말이다.

가령 노무현 정부에서 청와대 정책실 노동개혁팀장을 지낸 박태주 고용노동연수원 교수는 "경쟁력에 대한 고려가 생략된 고용 보장"은 지속 가능하지 않다고 주장한다.[22] 그러면서 노동조합은 저항이 아니라 경영참여로 전략을 수정하라고 촉구한다. 노동조합 산하 연구소 자료들에서도 비슷한 주장을 어렵지 않게 볼 수 있다. 이상호 금속노조 정책연구원 연구위원은 "참여와 형성 전략"에 기반해 "경영과 생산 전반에 대한 대안적 프로그램"을 내놔야 고용문제도 해결할 수 있다고 주장한다.[23] 그것이 "임금 및 노동조건 등에 대한 보호 및 보상이라는 소극적이고 방어적인 대응이 아니라 자동차산업의 지속 가능한 발전이라는 패러다임 차원에서 해외 생산을 재평가하고 생산입지역량 강화와 고용의 지속 가능성을 동시에 달성하는 노조의 전략적 선택"이라는 것이다.[24] 여기에는 기업 경쟁력이 고용 보장의 전제라는 생각이 깔려 있다. 노동자들이 기업 경쟁력 향상에 협조해야 한다는 것이다. 그런데 그것은 경쟁 기업보다 더 낮은 임금으로 더 열심히 일하라는 것일 수밖에 없다. 이것은 비용만 많이 드는 투쟁보다 더 합리적인 대안인 것처럼 포장되지만, 노동자들을 세계 기업들의 비합리적인 눈먼 경쟁몰이에 동참시키는 것과 다름없다.

노동자들이 해외 공장 노동자들을 속죄양 삼거나 '양보 연대' 또는 노사 협조를 택하지 않고 단호하게 투쟁하려면, 자신감이 매우 중요하다. 그러나 자본의 세계 이동성이 늘어나 노동자들이 자본에 맞서 싸울 힘을 잃었다고 본다면, 결코 자신감을 가질 수 없다. 코넬대학교의 연구자들은 노조 조직 사업이 진행된 사업장 400여 개를 대상으로 조사한 결과, 기업이 손쉽게 해외로 이전할 수 있다는 인식이 노동자들의 권리 행사에 심대한 악영향을 미치고 있다고 결론 내렸다.[25] 노조를 만들면 폐업하고 공장을 해외로 이전하겠다는 사측의 협박이 노동자들을 위축시킨다는 것이다. 한국에서도 이런 협박은 낯설지 않다. 기업주들은 노동자들이 파업을 하면 생산을 해외로 옮길 수밖에 없다고 흔히 주장한다.

이럴 때 노동운동이 세계화에 관한 과장을 간파하지 못하고 오히려 그 전제를 공유한 주장을 퍼뜨리면, 노동자 투쟁에 장애를 초래할 수밖에 없다. 비록 노동자들의 처지가 얼마나 열악한지 심각성을 드러내려는 의도일지라도, 해외 생산 증가로 자동차 노동자 절반이 잘려 나갈 것이라는 식의 공포를 부추기는 것은 기업주들의 협박 효과를 강화할 뿐이다. 미국노총의 사례를 반면교사로 삼을 만하다. 미국노총은 '몇 년 뒤면 1000만 개 이상의 괜찮은 일자리가 해외로 유출될 수 있다'며 터무니없는 아웃소싱 공포를 부추겼는데, 그럴수록 기업주들의 입지만 강화됐다. 기업들은 해외 이전 협박을 노동자 공격에 효과적으로 써먹었다. 그러나 앞서 언급한 코넬대학 연구자들은 노조를 설립하면 폐업하겠다고 협박한 기업주 가운데 그것을 이행한 비율은 3퍼센트도 되지 않았음을 발견했다. 무슨 이유에서든 진보·좌파들은 세계화론자들의 전제를 공유하면서 '세계화 공포'에 코러스를 넣는 실수를 범해서는 안 된다. 그것은 미래에 대한 막연한 — 그리고 근거 없는 — 공포를 부추겨 노동자들의 자신감과 투쟁력을 갉아먹을 뿐이다.

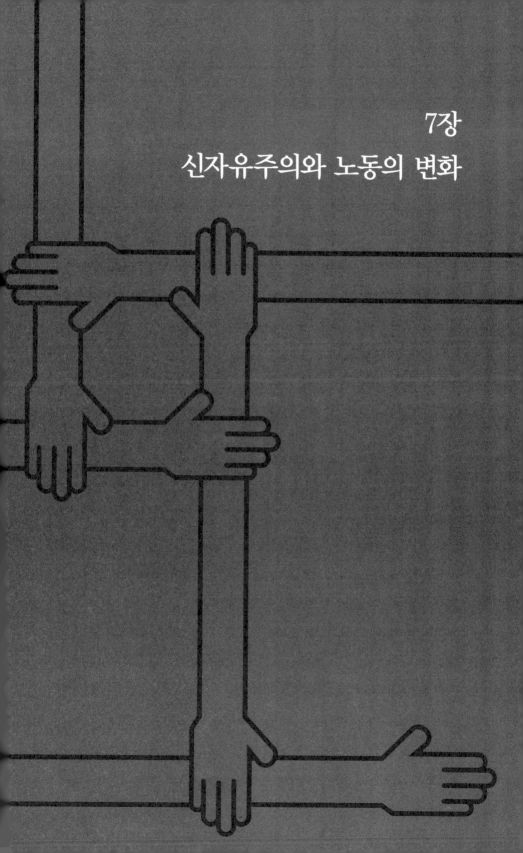

7장
신자유주의와 노동의 변화

1. 경제 위기와 비정규직의 증가

6장 1절에서 신자유주의가 그 이데올로기대로 고스란히 적용된 지배자들의 일관된 전략이 아니라는 점을 살펴봤다. 신자유주의는 자본주의 경제 위기에 대한 실용주의적 정책 대응으로, 특히 노동자들에 대한 대대적 공격을 수반했다. 신자유주의 추진자들은 경제 위기의 대가를 아무 책임도 없는 노동자들에게 치르게 하려는 점에서만큼은 일관되고 단호했다. 알량한 '보호'나 '안전망'마저 해체하고 공공부문 민영화 등을 추진함으로써, 노동자들의 생활수준을 하락시키고, 노동자들끼리 일자리와 노동조건을 놓고 서로 경쟁하도록 몰아갔다.

무엇보다 노동자들의 피부에 크게 와닿은 것은 고용 불안정이었다. '정리해고'나 '비정규직' 같은 전에는 들어 보지 못한 말들이 1997~1998년 경제 위기 이후에는 일상 용어가 됐다. 1997~1998년 전례 없던 심각한 경제 위기 속에서 노동자들은 이제 평생직장을 보장받기 어려운 경제 환경이 됐음을 인정해야 한다는 말을 귀에 못이 박히게 들었다. 해고가 쉬워져야 실업 문제가 해결되고 고용이 증가한다는 황당한 주장이 새로운 시대의 법칙처럼 제시됐다. 정부와 기업주들은 위기에 따른 구조조정의 필요를 내세워 고용 보호 규제를 완화하는 등 노동시장의 '유연화'를 추진했다. 노동시장을 '유연'하게 만든다는 것은 고용이나 임금을 기업의 필요에 따라 조정할 수 있도록 한다는 의미다. 정부는 기업들이 인수·합병을 포함해 경영상의 이유로 노동자를 해고할 수 있도록 명문화했고, 전에는 금지됐던 민간 노동력 공급도 파견법 제정으로 일부 허용했다.

많은 기업들이 1997년 이후 몇 년 동안 정리해고나 조기 (명예)퇴직 등의 방법으로 인력 감축을 단행했다. 한국노동연구원의 조사를 보면, 1990년대 말 상장기업의 66퍼센트가 고용조정을 실시해, 1998년 26.6퍼센트, 1999년 8.96퍼센트, 2000년 3.16퍼센트의 노동력을 줄였다.[1] 특히, 재벌 대기업과 금융기관, 공공부문이 대규모로 인력을 감축했다. 재벌 기업 평균 피고용자 수는 1996년 5246명에서 1999년 3653명으로 30.3퍼센트 감소했다.[2] 금융기관 종사자 수는 1997년 31만 7000명에서 2001년 21만 8000명으로 31.1퍼센트 줄었다. 공공부문에서도 1998~2001년 전체 인력의 20.2퍼센트인 14만 명이 감원됐다. 많은 사람들이 하루아침에 실업자가 됐다. 정부 통계로도 1998년 실업률이 7퍼센트(149만 명)나 됐고, 2002년 이후에야 3퍼센트대로 내려갔다.

그러나 실업률이 하락한 후에도 노동자들이 이전 지위를 되찾을 수 있었던 것은 아니다. 피고용자(임금근로자) 수가 1997~1998년 110만 명가량 줄었다가 2000년 이후 회복되면서 상용 노동자 비중이 줄고 임시·일용 노동자 비중이 늘어났다. <표 7-1>을 보면, 임시·

	임금 노동자 전체	상용 노동자	임시·일용 노동자
1997년	13,404 (100)	7,282 (54.3)	6,122 (**45.7**)
1998년	12,296 (100)	6,534 (53.1)	5,762 (**46.9**)
1999년	12,663 (100)	6,135 (48.4)	6,529 (**51.5**)
2000년	13,360 (100)	6,395 (47.9)	6,965 (**52.1**)
2001년	13,659 (100)	6,714 (49.2)	6,944 (**50.8**)
2002년	14,181 (100)	6,862 (48.4)	7,319 (**51.6**)

자료: 통계청, 《경제활동인구조사》 각 연도.

일용 노동자 비중이 1997년 45.7퍼센트에서 2000년 52.1퍼센트로 늘었음을 확인할 수 있다. 2001년 이전에는 통계청이 고용 형태에 따른 자세한 통계를 내지 않았기 때문에 1997년 이후 2001년까지 정규직과 비정규직의 비중 변화를 정확히 알 수 없다. 그러나 상용 노동자가 줄고 임시·일용 노동자가 늘어난 것은 고용 지위(또는 노동조건)를 감안할 때 대체로 계약직이나 취약층 노동자가 증가한 것으로 해석할 수 있다.*

---

* 상용, 임시, 일용 노동자 구분은 '종사상 지위'에 따른 것이다. 종사상 지위란 취업 자가 일하고 있는 고용 지위(노동조건)를 뜻하므로 고용 형태와는 구분되는 개념 이다.
  - 상용 근로자: 고용계약 기간을 정하지 않았거나 고용계약 기간이 1년 이상인 정규 직원, 또는 근속 기간이 1년 이상으로 상여금 및 퇴직금 수혜를 받는 직원.
  - 임시 근로자: 고용계약 기간이 1개월 이상 1년 미만인 사람, 또는 고용계약 기간을 정하지 않은 경우 상여금 및 퇴직금 등을 받지 못하는 사람.
  - 일용 근로자: 고용계약 기간이 1개월 미만인 사람, 또는 일정한 사업장 없이 떠돌아다니면서 일한 대가를 받는 사람.

〈표 7-2〉 2001~2009년 고용 형태별 규모와 비중 (단위: 천 명, %)

	한시적	기간제	시간제	비전형	파견용역	특수	가내일일	한시적+시간제+비전형*
2001년								3,635 (26.8)
2002년	2,063 (14.7)	(10.9)	807 (5.8)	1,845 (13.2)	(3.1)	(5.5)	(4.6)	3,839 (27.4)
2003년	3,013 (21.3)	(17.0)	929 (6.6)	1,799 (12.7)	(3.1)	(4.2)	(5.4)	4,060 (32.6)
2004년	3,597 (24.7)	(17.1)	1,072 (7.3)	1,948 (13.4)	(3.6)	(4.9)	5.8)	5,394 (37.0)
2005년	3,615 (24.1)	(18.2)	1,044 (7.0)	1,907 (12.7)	(3.7)	(4.2)	(5.7)	5,483 (36.6)
2006년	3,626 (23.6)	(17.7)	1,135 (7.4)	1,933 (12.6)	(4.1)	(4.0)	(5.4)	5,457 (35.5)
2007년	3,546 (22.3)	(15.9)	1,201 (7.6)	2,208 (13.9)	(4.8)	(4.0)	(6.1)	5,703 (35.9)
2008년	3,288 (20.4)	(14.7)	1,229 (7.6)	2,137 (13.3)	(4.9)	(3.7)	(5.5)	5,445 (33.8)
2009년	3,507 (21.3)	(17.1)	1,426 (8.7)	2,283 (13.9)	(4.8)	(3.9)	(6.0)	5,754 (34.9)

자료: 통계청 경제활동인구조사 근로형태별 부가조사(8월 조사).
* 정부는 한시적+시간제+비전형을 비정규직으로 분류한다.

고용 형태의 비중 변화는 2001년 시작된 통계청의 경제활동인구 근로형태별 부가조사를 통해 확인할 수 있다. 〈표 7-2〉를 보면, 2002년 이후 계약직 노동자가 대폭 늘고, 시간제와 파견·용역, 특수형태의 고용도 늘었음을 확인할 수 있다. 한시적, 시간제, 비전형 노동자를 합친 비율은 2001년 전체 피고용자의 26.8퍼센트에서 2004년 무려 37퍼센트로 늘었다. 정부는 한시적, 시간제, 비전형 노동자를 비정규직으로 분류하는데, 이런 분류에 따르면 2001

년에서 2004년 사이 비정규직이 1.5배로 증가한 것이다. 한시적, 시간제, 비전형 등의 고용은 1997~2001년에도 크게 증가했을 것이다. 2001년 전후를 비교할 수 있는 일관된 통계 자료는 없지만, 한국 노동연구원의 당시 조사를 보면[3] 이를 뒷받침할 근거를 찾을 수 있다. 당시 사업체패널조사에서 대상 사업체의 26.8퍼센트가 "외환위기 이후 비정규직 채용을 시작했거나 늘렸다"고 답했다. 또, 아웃소싱을 실시하고 있는 기업의 절반 이상이 그것을 1997년 이후 도입했는데, 이를 봐도 파견·용역 등이 경제 위기를 계기로 확대됐음을 짐작할 수 있다.

요컨대 1997~1998년 경제 위기 이후 2000년대 중반까지 비정규직이 빠르게 증가했다. 물론 비정규직을 어떻게 정의하는지에 따라 그 규모는 적잖이 차이가 있다. OECD처럼 임시직을 기준으로 하면, 한국의 비정규직(임시직) 비중은 2001년 16.6퍼센트에서 2005년 27.3퍼센트까지 늘어난 것으로 나타난다.[4] OECD는 고용의 지속성을 기준으로 임시직을 정의하며 계약직, 파견, 계절, 호출 노동자가 이에 포함된다. 2000년대 내내 대체로 11퍼센트대를 유지한 OECD 회원국의 임시직 비중 평균과 비교할 때 한국의 임시직 비중은 그보다 2배 이상 높았다. OECD 조사보고서는 한국의 임시직 비중이 회원국 가운데 가장 빠르게 높아졌다고 지적했다.[5]

한국 정부가 채택하고 있는 분류를 따르면, 비정규직 비중은 OECD 통계보다 좀 더 늘어난다. 정부는 고용의 지속성 여부, 노동시간, 근로 제공 방식에 따라 한시적 노동자, 시간제 노동자, 비전형 노동자를 비정규직으로 분류한다.[*] 이와 같이 고용 형태를 기준으로 비정규직 비중을 추계하면, 2001년 26.8퍼센트에서 2004년 37퍼센트까지 그 규모가 급속히 증가했다가 2007년 이후 조금씩 감소해 2016년 현재 32.8퍼센트인 것으로 나타난다.

그러나 노동단체들은 정부의 비정규직 통계가 열악한 고용 지위에 있는 노동자를 누락하는 문제가 있다고 본다. 그래서 고용 형태에 의한 분류에 더해 임시·일용직 노동자를 포함시키기도 한다. 김유선 한국노동사회연구소 선임연구위원은 매년 이와 같은 기준으로 비정규직 규모를 발표한다(이하 한국노동사회연구소 통계로 지칭한다). 이에 따르면, 비정규직 비중은 2001~2007년 내내 55~56퍼센트로 매우 높은 수준을 유지했다. 그러다가 2007년부터 감소세에 들어서 2014년 44.7퍼센트로 줄어든 이후 2016년 현재까지 비슷한 수준을 유지하고 있다. 여기에 통계에서 누락된 사내하청과 특수고용 노동자들을 포함해 비정규직 비중이 50퍼센트가량 되는 것으로 추정한다.

〈그림 7-1〉은 OECD 기준 임시직 통계, 정부의 비정규직 통계, 한국노동사회연구소의 비정규직 통계를 함께 표시한 것이다. 이 통계들은 비록 규모 추산의 격차가 크기는 하지만 1997~1998년 이후 몇

---

[*] 한시적, 시간제, 비전형 노동자의 정의는 다음과 같다.
- 한시적 노동자(고용의 지속성 기준): 근로계약 기간을 정한 기간제 노동자, 근로계약 기간을 정하지 않았으나 계약의 반복 갱신으로 계속 일할 수 있거나 비자발적 사유로 계속 근무를 기대할 수 없는 비기간제 노동자.
- 시간제 노동자(노동시간 기준): 1주 36시간 미만 일하기로 정해져 있는 노동자.
- 비전형 노동자(근로 제공 방식 기준): 파견, 용역, 특수형태 근로, 가정내(재택, 가내), 일일 노동자를 포함한다.

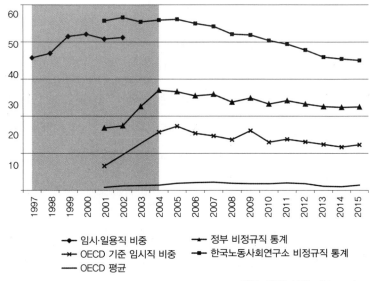

〈그림 7-1〉1997~2004년 비정규직 규모의 급증

임시·일용직 비중

OECD 기준 임시직 비중

OECD 평균

정부 비정규직 통계

한국노동사회연구소 비정규직 통계

자료: OECD 통계는 data.oecd.org
(단, 2001년 통계는 Randall S. Jones, Masahiko Tsutsumi의 OECD working paper),
정부 통계는 통계청 경제활동인구조사 근로형태별 부가조사,
한국노동사회연구소 통계는 김유선, "비정규직 규모와 실태(2016)", 한국노동사회연구소.

년 동안 비정규직이 급격하게 증가했음을 보여 준다. 이것은 위기에 직면한 기업들이 노동비용을 줄여 이윤 몫을 증가시키고 이윤율을 끌어올리려 함에 따라 일어난 변화다.

비정규직 채용은 경기 둔화 시 또는 기업 사정에 따라 인력 규모를 쉽게 조정할 수 있는 방안이자, 인건비를 낮추는 방안이기도 했다. 계약직이나 파견 등 비정규직 노동자들은 필요시 계약을 해지하면 정규직을 해고하는 것에 비해 '말썽'이 일어날 소지가 적고, 사용자들이 법적 책임과 의무를 회피함으로서 인건비를 최대한 낮게 유지할 수 있기 때문이다. 특히, 1987년 이후 강력해진 노동조합의 저항

〈표 7-3〉 1997~1998년 경제 위기 전후 비정규직 고용 변화 (단위: %)

	비정규직 고용	없음	축소	유지	채용 시작 또는 증가
전 산업		38.1	6.6	28.5	26.8
	제조업	37.8	5.8	29.5	26.9
노조	없음	45.2	5.9	28.5	20.4
	있음	27.2	7.7	28.4	**36.7**
규모	100인 미만	49.0	5.4	27.9	17.6
	100~299인	35.4	7.6	29.4	27.5
	300인 이상	23.1	7.4	28.6	**41.0**

자료: 한국노동연구원 "사업체패널조사"(2002).

출처: 《한국의 노동 1987~2002》, 한국노동연구원, 2003, 194쪽.

을 우회하는 방편으로 많은 기업들이 노동조합의 보호를 받지 못하는 노동자들의 고용을 늘렸다. 조합원의 경우 해고하기가 쉽지 않고 해고하더라도 비용과 후유증이 만만치 않기 때문이다. 〈표 7-3〉에서 보듯이, 노조 있는 사업체와 300인 이상 사업체가 노조가 없거나 300인 이하인 사업체보다 1997~1998년 이후 비정규직 채용을 더 많이 늘리기 시작했다.[6] 이것은 노동조합에 시사하는 바가 있다. 즉, 사용자들의 '우회' 전략을 좌절시키려면 채용된 비정규직 노동자들을 조직하는 것이 매우 중요하다는 것이다.

한국노동사회연구소 비정규직 통계를 보면 2000년 비정규직의 임금(시간당 임금)은 정규직의 53.7퍼센트에 불과했다. 정부가 '고용형태별 근로실태조사'를 시작한 첫해인 2008년 통계를 봐도 비정규직의 임금은 정규직의 55.5퍼센트인 것으로 나타났다. 많은 조사·연구들은 이와 같은 임금 격차의 상당 부분이 연령·학력·경력 등의 요인이 아닌 순전히 차별에 의해서, 즉 단지 비정규직이라는 이유만으로 발생한다는 것을 보여 준다. 한국경영자총협회(경총)조차 2006년 조사에서 비정규직의 생산성이 정규직보다 22퍼센트만 낮지만 임금은 44퍼센트나 낮다고 인정했다. 기업주들은 직접고용 비정규직 노동자들에게 각종 기업 복지, 사회보험, 퇴직금 등을 제공하지 않았고, 간접고용(파견·용역 등)을 통해 노동력 사용에 따른 여러 책임과 비용 발생을 피하려 했다.

이와 함께 기업주들은 임금을 경영 사정이나 개인 성과에 연동시키는 방식으로 임금체계 개편을 추진했고, 기업의 필요에 따라 수당 없이 초과근로를 시킬 수 있도록 변형근로제 도입도 추진했다.* 〈그림 7-2〉에서 보듯이, 1987년 이후 점차 줄어들던 노동시간은 1997~1998년 경제 위기 이후 늘어났다. 이것만 봐도 기업주들이 인력 감축 이후 남은 노동자들을 더 싸게 더 오래 더 강도 높게 일 시켰다는 것을 알 수 있다. 제조업 월평균 노동시간은 2006년이 돼서야 1997~1998년 수준으로 낮아졌다. 한국노총은 당시 조사를 통해 소속 노동자들의 70퍼센트 이상이 경제 위기 이후 노동강도의 강화를 경험했다고 발표했다.

이와 같은 공격을 통해 기업주들은 노동비용을 상당히 줄일 수 있었다. 한국은행 기업경영분석에 따르면, 매출액 대비 인건비 비중은 1996년 12.5퍼센트에서 1998~2002년 9.8퍼센트로 떨어졌다. 〈그림

---

* 2003년 법률 개정으로 탄력적 근로시간제 단위기간 연장, 초과근로 수당 대신 휴가로 대체, 월차 유급휴가 폐지, 생리휴가 무급화 등이 이뤄졌다.

〈그림 7-2〉 1997~1998년 이후 급증한 노동시간 (제조업 월평균 노동시간)

출처: 《통계로 본 광복 70년 한국사회의 변화(통계편)》, 통계청, 50쪽.

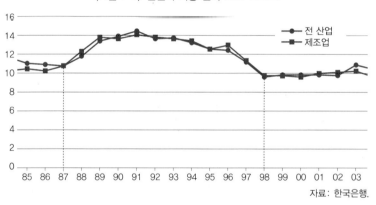

〈그림 7-3〉 인건비 비중 변화 (1985~2003년)

자료: 한국은행.

7-3〉에서 보듯이, 이것은 1987년 이후 늘어난 인건비 비중을 그 전 수준으로 되돌려 놓은 셈이었다. 이처럼, 노동자에게 돌아가는 몫을 줄이고 자본가가 가져가는 몫을 늘린 결과(착취율 증가) 자본가들은 이윤율을 일시 회복할 수 있었다. 한국 자본 축적의 장기 추세

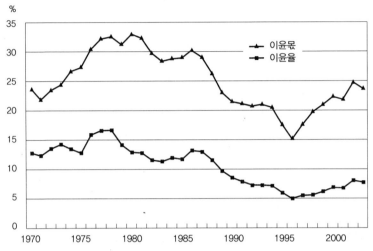

<그림 7-4> 한국 비농업 기업부문 이윤율 (1970~2003년)

주: 이윤몫은 부가가치에 대한 이윤의 비율, 이윤율은 순고정자본스톡에 대한 이윤의 비율.
출처: 정성진, "신자유주의에 대한 개혁주의적 대안의 문제들", 《마르크스21》, 5호(2010년 봄), 181쪽.

를 분석하면, 1997~1998년 위기 이후 이윤 몫의 증가(즉, 착취율 상승)에 기초해 이윤율이 조금 회복했음을 알 수 있다.[7] <그림 7-4>를 보면, 1997년 이후 이윤 몫이 빠르게 증가하고 있음을 볼 수 있다. 이에 따라 이윤율도 1997~2002년 소폭 회복했다.(비록 2003년 다시 떨어졌지만 말이다. 이는 자본가들이 착취율을 끌어올렸음에도 이윤율을 1980년대 수준만큼 충분히 회복하지 못했음을 뜻한다.) 1997~1998년 위기 이후 착취율 증가는 1987년 이후 증가하던 노동소득분배율이 1996년 GDP의 63퍼센트에서 2000년 58퍼센트로 급격히 떨어진 데서도 확인할 수 있다.

새로운 축적 체제와 유연 노동?

1997~1998년 경제 위기 이후 구조조정으로 노동자들이 혹독한 고통과 변화를 겪게 되면서 그것이 세계화 같은 경제 변화의 귀결이라는 주장이 확대됐다. 자본주의 경제가 변화함에 따라 고용 방식과 일의 성격도 바뀌었다는 것이다.

세계화론자들과 신자유주의 옹호자들이 이제 경제 환경이 변했으니 노동자들도 변해야 한다고 강변한 것은 긴 설명이 필요 없을 것이다. 그들은 전과 같은 종신 고용과 정기적 임금 인상을 더는 기대하지 말아야 한다며 고용 보호와 저임금 규제 등에 '경직성'이라는 딱지를 붙였다. 그리고 '유연성'이 새로운 경제 환경 아래서 피할 수 없는 대세라고, 다른 대안은 없다고 강조했다. 그 목적은 노동자들이 체념하고 마치 천재지변을 받아들이듯 '유연화'(고용 불안정과 임금 삭감)를 수용하도록 만들려는 것이었다.

그런데 다양한 진보·좌파도 불안정 노동의 증대를 자본주의 경제 변화의 결과로 이해했다. 자본주의가 케인스주의에서 신자유주의로, 또는 '포드주의'에서 '포스트포드주의'로 전환함에 따라 고용 체계가 완전히 달라졌다는 것이다. 포드주의나 케인스주의 체제 하에서는 기업들이 대량 생산하는 상품을 노동자들이 구매할 수 있도록 충분히 높은 임금과 완전고용을 제공했지만, 이제는 경제의 논리가 달라졌다고 한다. 세계화에 따른 경쟁 격화와 불확실성, 기술 발전에 따른 노동의 성격 변화, 다변화된 소비에 맞춘 '다품종 소량 생산' 등으로 '유연성'이 중요해졌다는 것이다. 그래서 기업들은 해고를 남발하고, 언제든 쓰다 버릴 수 있는 단기계약 고용을 선호하고, 기업 활동의 많은 부분을 외부로 넘겨 고용도 외부화한다고 한다. 기존의 표준적 고용 관계가 "안정적이고 사회적으로 보호받는 전일제 일자리"였다면, 이제는 "비전형적인 고용이 더욱 전형화되고" 있다는 것이다.

이런 주장의 온건한 버전은 개발주의나 케인스주의 경향에서 볼 수 있다. 그들은 오늘날 한국 사회가 앓고 있는 여러 문제들이 '자본주의의 한 유형'인 신자유주의에서 비롯했다고 주장한다. 신자유주의 전환의 핵심은 "금융화" 또는 "금융 주도 축적 체제"로, 금융 부문이 비대해지고 주주 권력이 강화되는 것을 뜻한다고 한다. 장하준 케임브리지대학교 교수의 '주주 자본주의론'이 대표적이다. 경제를 금융이 지배하게 됨에 따라 주주들에게 높은 수익을 제공해야 한다는 압력이 커지고, 그에 따라 단기 실적주의가 팽배하면서, 기업 투자가 정체되고 노동시장 유연화도 확대됐다고 한다. 개발주의나 케인스주의 경향은 국가가 금융 부문을 강력하게 통제하면 이와 같은 문제들을 해결할 수 있다고 본다. 케인스주의적 국가 개입으로 돌아가야 한다는 것이다.[*]

---

[*] 그러나 금융화가 왜 일어났는가 하는 근본적 물음을 던져 봐야 한다. 생산적 부문이 직면한 뿌리 깊은 문제, 즉 오랜 이윤율 위기가 이런 문제를 야기했다. 자본가들이(산업자본을 포함해) 이윤율 저하를 만회하는 방편으로 금융 부문의 팽창을 선택한 것이다. 전후 장기 호황 이후 처음으로 1970년대 초에 위기가 찾아왔을 때 케인스주의 정책은 이윤율 위기 문제를 해결할 수 없음을 드러냈다. 오늘날 경제 위기와 사회의 여러 문제가 금융화에서 비롯한다고 보는 것은 표면만 보는 것이다. 금융화는 위기를 악화시키는 한 원인이지만 더 근본적으로 이윤율 위기의 효과다. 이것은 금융 부문만이 아니라 자본주의 체제 자체가 문제임을 뜻한다.

이런 주장의 좀 더 급진적인 버전은 반신자유주의 좌파들에게서 볼 수 있다. 그들은 신자유주의적 축적 체제가 불안정 노동을 낳는 다고 보고 그 핵심을 금융의 지배에서 찾는다. "노동의 불안정화를 올바르게 파악"하려면 단지 기업 차원의 대응이 아니라 "자본주의 축적양식의 변화"를 주목해야 한다는 것이다.* 그 변화란 "금융 지배 축적 체제"로의 전환으로, 생산에 대한 투자가 철저하게 금융 논리에 종속된 결과 생산부문에서 다운사이징과 유연화 등이 추진된다고 한다. 다른 사람들은 이를 "금융자본주의로의 전환"이라고도 부른 다. 이전 형태의 자본주의 하에서는 "안정적인 정규직 노동자와 소수 의 실업자가 존재"했다면, 금융자본주의에서는 "정규직이 사라지"고 "불안정 노동자가 대량으로 탄생"한다는 것이다.**

장귀연 경상대 사회과학연구원 교수는 '신자유주의 축적 체제'로의 전환을 한국에 적용한 분석을 내놓았다. 한국에서는 1980년대 말부 터 1990년대 중반까지 "포드주의 축적 체제" 또는 "케인스주의 경제 패러다임"의 시기였고, 결정적으로 1997년 "신자유주의로 전환"이 이 뤄지면서 "고용 패러다임"이 바뀌었다고 한다.[8] "경제가 잘 돌아가기 위해서는 노동자들의 안정된 고용과 고임금이 가장 중요하다는 것이 이[케인스주의] 시대 경제의 패러다임[이었다.]" 그러나 경제의 세계화가 급진전되면서 케인스주의가 효력을 잃고, "정규직이라는 고용형태가

———

* 이런 주장으로는 사회진보연대 불안정노동연구모임, 《신자유주의와 노동의 위기: 불안정노동 연구》, 문화과학사, 2000.

** 자세한 설명은 박정훈 외, 《알바들의 유쾌한 반란》, 박종철출판사, 2014, 89~95쪽.

전형적이고 모범적 목표라는 인식과 합의는 깨졌다." 경제의 불확실성이 증대하고 경쟁이 격화함에 따라 장기적 안목의 투자보다 단기 이윤이 중시되고, 이를 위해 노동비용 삭감이 중요해졌다는 것이다. 그래서 이제는 '경제가 잘 돌아가기 위해서는 노동자들을 쉽게 해고하고 임금을 낮출 수 있어야 한다'는 믿음이 확산되고, "비정규직이라는 고용방식"이 떠오르게 됐다고 한다.

그러나 자본주의가 하나의 축적 체제(포드주의 또는 케인스주의)에서 다른 축적 체제(포스트포드주의 또는 신자유주의)로 전환됐다는 설명에는 몇 가지 문제가 있다. 조절이론가인 미셸 아글리에타(알리에타) 등이 정식화한 '축적 체제' 개념은 생산과 소비를 조절함으로써 경제 위기를 억제하는 데 성공한 일련의 제도들을 뜻한다. 포드주의는 대량 생산된 상품이 대량 소비될 수 있도록 노동자들에게 고임금을 제공하는 노자 간 타협에 기초한 축적 체제다. 포스트포드주의 이론가들은 이런 생산과 소비의 '조절' 덕분에 전후 장기 호황이 가능했다고 주장한다. 이것은 제2차세계대전 이후 복지 제도의 발전을 설명하는 데도 적용된다. 그러다가 포드주의 축적 체제가 붕괴하면서 1960년대 말~1970년대 초 경제 위기가 도래했고, 그 후 포스트포드주의가 포드주의를 대체했다고 한다. 포스트포드주의는 "유연(한) 축적 체제"라고도 부르는데, 생산 규모의 축소, 다변화된 소규모 소비 시장, 유연 노동(고용 불안과 저임금) 등이 특징이다.

그러나 첫째, '포스트포드주의'론과 달리 전후 선진국에서 '포드주의'가 작동했다고 보기 어렵다. 전후에 서구 노동자들이 생활수준

개선이라는 양보를 얻어 낸 것은 사실이지만, 그것은 지배자들의 선의나 합리성, 케인스주의적 유효수요 관리에 의해서가 아니었다. 상시 군비 경제에 따른 장기 호황 덕분에 가능했다.* 1950~1960년대 장기 호황에 의한 완전고용으로 협상력이 강화된 노동계급이 약간의 투쟁으로도 어느 정도 양보를 얻어 낼 수 있었던 것이다. 포드자동차의 '일당 5달러제'는 대량 소비를 가능하게 한 고임금 체제의 상징처럼 돼 있지만 단순한 신화일 뿐이다. 포드자동차가 획기적으로 임금을 갑절 이상으로 올린 것은 컨베이어 시스템의 고되고 지루한 노동을 견디지 못하고 공장을 떠나는 노동자들을 붙잡기 위해서였다. '일당 5달러제'를 시작하기 한 해 전인 1913년 포드자동차는 1만 4000명의 노동력을 유지하기 위해 5만 2000명 이상을 고용해야 했다. 마르크스주의 경제사가인 로버트 브레너는 미국에서 "수익을 투자와 소비로 또는 이윤과 임금으로 나누는 문제에 대한 일반적인 '사회계약' 따위는 존재하지 않았다"고 지적했다.

한국의 경우로 말하자면, 1987년 이후 임금과 노동조건의 개선은 4반세기에 걸친 경제 성장을 배경으로 규모와 자신감이 성장한 노동자들이 거대한 투쟁에 나선 덕분이었다. 당시 정부와 기업주들이 "노동자들의 안정된 고용과 고임금"을 보장해 국내 수요를 증대시키는 새로운 축적 방식을 채택했다고 보기 어렵다. 수출 중심의 한국 경제는 국내의 대량 소비로 뒷받침되는 '선순환'이 필요하지도 않았다. 1987년 이후 지배계급은 생산성 증대를 추구했지만 이를 노자 간

---

* 이에 대한 설명은 《좀비 자본주의》, 책갈피, 2012, 210~251쪽을 참고하시오.

타협에 기초해 이뤘다고 말하기는 어렵다.

둘째, 포스트포드주의 또는 신자유주의라는 새로운 '축적 체제'가 구축됐다고 보는 것도 문제다. '축적 체제'가 생산과 소비를 조절함으로써 경제 위기를 억제하는 데 성공한 일련의 제도를 뜻한다면 신자유주의를 새로운 축적 체제라고 말하기는 어렵다. 그동안 신자유주의는 경제 위기를 해소하지도, 안정적 성장을 보장하지도 못했다. 신자유주의가 실천적 일관성을 갖지 못한다는 점에서도 현 시기 자본주의의 단일한 축적 방식으로 보기가 어렵다. 게다가 포스트포드주의론에는 방법론적 문제점도 있다. 즉, 자본주의 경제체제의 근본적 문제가 생산과 소비를 조율하지 못하는 것이라는 전제를 깔고 있다(불비례론). 그래서 생산과 소비의 균형을 맞추기 위한 국가와 자본의 개입으로 축적 체제의 위기를 해소하고 경제 위기로 가는 추세를 극복할 수 있다고 한다. 그러나 자본주의의 위기는 생산과 소비 사이의 불균형에서 비롯하는 것이 아니다. 물론 자본주의는 무질서한 경쟁 체제이므로 부문 간 불균형은 내재적 특징이다. 그러나 자본주의 경제 위기의 근원은 생산과 소비 사이의 불비례가 아니라 이윤율 저하 경향이다.

셋째, 급진 좌파들은 대개 포드주의나 케인스주의로의 복귀를 대안으로 보지는 않는다. 그러나 특정 유형의 자본주의에서 경제 위기의 근원을 찾는 접근법 때문에 케인스주의와의 모호한 타협에 빠질 위험이 상존한다. 데이비드 하비, 제라르 뒤메닐, 도미니크 레비가 케인스주의적 해결책으로 기운 것은 이런 문제점을 잘 보여 준다.

마지막으로, 새로운 축적 체제의 등장과 노동시장의 변화를 직결시키는 관점도 부적절하다. 유연한 축적 방식이 노동시장을 유연화시킨다는 것인데, 여기에는 노동시장이 경제적 변화를 고용 관계에 그저 전달하기만 하는 것으로 보는 견해가 깔려 있다. 그러나 노동시장이 단지 그런 것만은 아니다. 노동시장은 오랜 기간에 걸쳐 한 사회에서 기반을 잡은 것이기 때문에, 기술혁신이나 제도 등을 곧바로 반영해 쉽게 변화하기보다 내적 지속성을 지닌다. 국가마다 다양하게 정착돼 온 노사관계 제도는 이런 측면을 보여 준다. 더 근원적으로 들어가면, 노동력 상품화를 전제로 하는 자본주의 사회에서 노동과 자본의 상호의존 관계, 노동력 재생산에서 국가가 하는 중요한 구실 등은 쉽게 변할 수 있는 것이 아니다. 이런 것들은 자본주의의 새로운 국면의 경제 논리 아래서 단순히 해체되지 않으며 여전히 고용에 중요한 영향을 미친다.

불안정 노동에 관한 신화

노동의 불안정 증대를 자본주의 변화의 귀결로 보면 고용 불안정을 과장하기 쉽다. 자본주의가 변화해 자본이 노동에 비해 훨씬 우위에 있을 수 있고, 자본의 이동성 증대나 금융화 등으로 노동(자착취)에 대한 의존도 줄었다고 보기 때문이다. 이런 조건 하에서 노동자들은 언제든 쓰다 버리는 "일회용" 신세가 됐다는 것이다. 그러나 케인스주의에서 신자유주의로 자본주의가 변화함에 따라 기존의 안정된 고용 체계가 붕괴하고 불안정 노동이 '고용 표준'이 됐다는 주장은 과장이다.

첫째, 한국 노동자들에게 이와 같은 불안정성은 별로 새로운 경험이 아니다. 일반으로 말해, 노동자들은 자본에 비해 항상 불안정한 처지다. 마르크스가 지적했듯이, 자본주의 생산관계가 존속하는 한 자본가들은 우월한 지위를 유지할 수 있다. 투자율을 통제하면서 실업에 결정적 영향을 미칠 수 있기 때문에 노동자들을 하루아침에 거리로 내쫓고, 실업 위기를 이용해 노동자들이 착취율 증대를 받아들이도록 압박할 수 있다. 한국 노동자들은 1960년대 말 외국 투자업체들의 도산이라거나, 1970년대 외채 증가나 유가 인상 속에서 그런 일들을 크고 작은 규모로 겪었다. 여기에 더해 자본주의 후발 주자인 한국의 경제·사회적 후진성이 노동자들에게 강요한 불안정도 이루 말할 수 없는 수준이었다. 많은 노동자들이 임금이 낮고 일이 너무 힘들어 직장을 계속 옮겨 다녔다. 특히 경공업 부문이 그랬다. 구해근 교수는 1970~1980년대 경공업의 이직률 수준은 "평균적인 공장에서 거의 3분의 2의 노동력이 매년 교체된다는 것을 의미"했다고[9] 지적했다. 노동기본권도 보장되지 않는 상황에서 이직은 노동자들이 불만을 표출하는 수단이자 몸값을 올리는 유일한 방법이었다.

1997년 이전 임시·일용 노동자의 비중을 봐도 당시의 불안정성 정도를 알 수 있다. 1986년 피고용자(임금근로자) 중 임시·일용직 비중은 46.5퍼센트나 됐다. 1987년 노동자 대투쟁 이후 1990년대 초까지 그 비중이 조금씩 줄어 1993년 41.1퍼센트까지 내려갔지만, 1997년 45.7퍼센트로 다시금 1986년 수준에 근접했다. 윤진호 인하대 교수의 1990년대 초 연구를 보면, 1963~1985년 임시 고용이 빠른 증가세(4.4배)를 보인 데 이어, 1985~1991년에도 임시고용과 일용고용의 증가세가 뚜렷이 가속됐다.[10] 게다가 한국 노동자들은 1980~1990년대 이전에는 고용계약을 분명히 맺지 않은 채 일하는 것이 상례이다시피 했다. 2004년 처음으로 통계청이 근로계약서 작성 비율을 조사했는데, 당시에도 10명당 4명 미만이 근로계약서를 작성한 것으로 나타났다(정규직 35.8퍼센트, 비정규직 39.5퍼센트). 1987년 이전은 말할 것도 없다. 노동자들은 대개 고용계약 없이 일했고, 부당 해고를 당해도 보호받을 길이 없었다. 물론 근로계약 작성이 고용의 안정성을 보장해 주는 것은 아니다. 2000년대 들어 근로계약 작성 비율이 높아진 것은 단기계약을 명시하기 위해서이기도 하다. 기간제의 유독 높은 근로계약 작성 비율(80퍼센트)이 이를 보여 준다. 그러나 고용계약서도 없이 일하는 것이 단기계약을 맺는 것보다 덜 불안정하다고 말하기는 어려울 것이다.

1960년대 중반~1990년대 중반 한국 노동자들의 조건은 서구 노동자들이 전후에 누린 상대적 안정과는 거리가 멀었다. 한국뿐 아니라 신흥공업국 대부분이 그렇다. 그래서 자본주의가 '고용 안정이 보장되는 포드주의'에서 '불안정 노동이 표준이 된 포스트포드주의'로 전환했다는 분석을 "유럽 중심주의"라고 비판하는 사람들도 있다. 20세기 후반부에 공업화를 이룬 신흥공업국들은 실업률도 높았고 불안정 고용층도 광범했다. '파벨라'라고 부르는 브라질 대도시들의 거대한 판자촌은 이를 상징적으로 보여 준다. 일부 학자들은 불안정 노동의 증대를 "고용의 브라질화"라고 부르기도 하는데, 이는 역설적으로 서구 학자들의 '노동 불안정화'론이 브라질이나 한국 같은 신흥 공업국에는 맞지 않음을 보여 준다. 동시에, 서구 노동자들의 불안 정화 정도도 사실 매우 과장돼 있음을 알 수 있다.

둘째, 정규직이 사라지고 비정규직이 그것을 점점 대체하고 있는 것은 아니다. 일부 사람들은 1997년 이후 증대한 고용 불안정성은 경제·사회적 후진성에 의한 이전의 불안정성과는 질적 차이가 있다고 주장한다. 이제 비정규직은 경기 상황과 관계없이, 학력 수준이나 기업 규모나 업종을 가리지 않고 확산되고 있다는 것이다. 1997년 이후 대기업과 공공부문의 구조조정이 진행되면서, 평생 고용이 보장될 것 같던 정규직 노동자들이 잘리고 비정규직이 늘어난 것은 사실이다. 이것은 아무도 예외일 수 없다는 불안감을 전 사회에 확산시켰다. 이제 마트를 가든, 은행이나 공공기관을 가든 비정규직을 쉽게 볼 수 있고, 학교에서는 청소나 경비뿐 아니라 비정규직 교사·교수도 적잖다.

그러나 신자유주의가 그 경제 논리상 모든 노동자들을 비정규직으로 만들 것이라는 주장은 과장이고 비현실적이다. 비정규직 통계를 보더라도 그 비중이 계속 늘어나고 있는 것은 아니다. 〈그림 7-5〉에서 보듯이, 55퍼센트 이상 유지되던 비정규직 비중은 2007~2014년 조금씩 감소했다. 비정규직이 연령, 성별, 학력, 업종에 관계없이 모든 집단에서 고용 표준이 됐다는 주장도 실제로는 현실을 제대로 보여 주지 못한다. 성별, 학력, 연령, 업종별로 비정규직 비중에는 상당한 차이가 있다. 비정규직 비중은 남성에 비해 여성이 압도적으로 높다. 2016년 남성의 비정규직 비중은 36.7퍼센트이고 여성은 54.5퍼

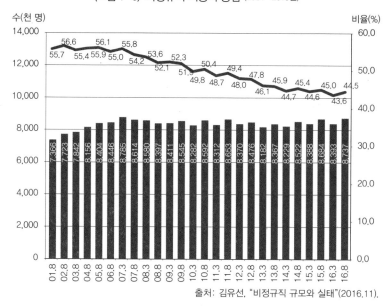

〈그림 7-5〉 비정규직 비중의 증감 (2001~2016년)

출처: 김유선, "비정규직 규모와 실태"(2016.11).

센트이다. 학력을 보면, 중졸 이하는 80.5퍼센트가 비정규직이고, 고졸은 54.9퍼센트, 대졸 이상은 24.1퍼센트가 비정규직이다. 업종을 보면, 건설업(64퍼센트), 시설관리서비스업(78.3퍼센트), 숙박음식점업(81.2퍼센트) 등에서 비정규직 비중이 매우 높고, 업종별로 편차가 크다. 제조업의 비정규직 비중은 23.9퍼센트로 다른 업중에 비해 크지 않은 편이다.

연령대별로 보면(그림 7-6), 남성의 경우 24세 미만과 60세 이상이 비정규직 비중이 높다. 30~50세는 4명 중 1명이 비정규직인 데 비해, 24세 미만과 60세 이상은 무려 4명 중 3명이 비정규직이다. 여성의 경우 결혼·육아 이후 노동시장에 재진입하는 45세 이후부터 비정

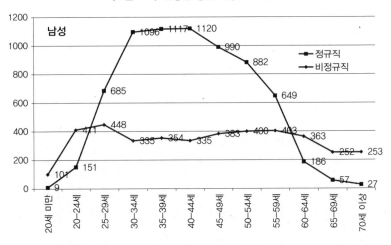

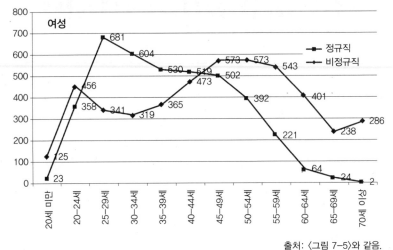

출처: 〈그림 7-5〉와 같음.

규직이 정규직 비중을 앞선다. 45~70세 여성 피고용자의 무려 65퍼센트가 비정규직이다. 이와 같은 통계는 여성, 청년, 노인의 비정규직 문제가 매우 심각하다는 것을 보여 준다. 이런 현실은 특정층(가령

24세 미만 '알바' 청년)의 고용 불안정을 기준으로 그것을 지나치게 일반화하면 현실을 과장하기 쉽다는 점도 보여 준다.

요컨대 모든 노동자들이 '일회용' 처지로 전락하고 있는 것은 아니다. 기업의 입장에서 봤을 때도 이른바 "인적 자본"을 관리하는 일은 여전히 중요하다. 비정규직 고용을 늘리는 것은 사용자들에게 양날의 칼과 같다. 노동비용을 줄이고 노동강도를 높일 수 있지만, 유능한 인력을 육성하거나 붙잡을 수 없기 때문이다. 언제라도 짐을 싸게 될 수 있다고 생각하는 노동자들에게 회사에 대한 충성이나 책임 의식을 기대하기는 어렵다. 그런 노동자들은 언제든 더 나은 직장을 찾아 떠날 수 있고, 현재의 업무에 집중하기 어렵다. 그래서 기업 산하 연구소들은 비정규직 사용 확대가 생산성이나 경영 성과로 볼 때 이득이 되는 것만은 아니라고 지적하기도 한다. 기업들이 노동자를 고용할 때 순전히 비용만 생각하지 않고 숙련 기술 확보나 책임감 있는 인력의 안정적 유지 등 '가격 외적 요인'을 고려하는 이유다. 2016년 경총의 조사를 보면, 기업들은 대졸 신입사원들의 높은 조기퇴사율(1년 이내 퇴사가 28퍼센트) 해결을 중요한 과제로 보고 있다.[11]

필요 인력 확보·관리가 사무직에만 해당하는 것은 아니다. 기업들은 특정 기술을 보유한 노동자들 없이는 조업을 할 수 없기 때문에 생산부문에서도 책임 의식이 있는 인력을 안정적으로 확보하고 싶어 한다. 그래서 경기가 회복돼 수요가 안정되면, 생산 부문도 비정규직의 잦은 이직에 따른 불안정성을 줄일 유인이 생긴다. 예를 들어, 대우상용차는 1997년 이후 비정규직을 대폭 확대했다가 높은 이직률이 생산에 미치는 부정적 영향 때문에 2000년대 초 정규직화 계획을 내놓을 수밖에 없었다. 사내하청이 전체 기술직 대비 65퍼센트를 넘자 비정규직의 높은 이직률이 업무 숙련에 장애를 초래했기 때문이다. 대우상용차는 매년 일정 규모의 정규직화를 약속하고 나서야 비로소 비정규직 이직률을 크게 낮출 수 있었다. 또, 일부 기업들은 경기가 나빠져도 인력을 감축하기보다 순환휴직이나 조업단축을 통해 업무에 숙달돼 있는 인력을 확보해 두는 방안을 선호하기도 한다. 물론 노동자들에게 임금 삭감이라는 대가를 치르게 하지만 말이다. 2008년 경제 위기 이후 세계적으로 많은 기업들이 이런 방법을 택했다.

셋째, 비정규직으로 분류된 노동자들이 모두 고용이 불안정한 것은 아니다. 현재 노동자의 절반이 비정규직이라고 하는데, 여기에는 서로 범주가 다른 다양한 집단이 한데 뭉뚱그려져 있다. 예를 들어, 한국노동사회연구소의 비정규직 통계에는 임시·일용 노동자가 포함되는데, 임시·일용 노동자 가운데는 고용 기간의 제한이 없는 노동자들도 상당수 있다. '임시·일용' 규정은 노동조건을 기준으로 한 것이어서, 고용 기간의 제한이 없더라도 상여금이나 퇴직금 등을 받지 못하면 임시·일용 노동자로 분류된다. 정이환 서울과학기술대 교수에 따르면, 임시·일용 노동자 중 고용 기간의 제한 때문에 이 범주에 분류된 비율은 약 20퍼센트에 불과하다.[12] 이 범주의 노동자들이 겪는 주된 어려움은 고용 불안정보다 저임금이나 사회복지 배제 등일 수 있다.

시간제 노동자도 비슷한 사례다. 시간제 노동자가 모두 임시직인 것은 아니다. 한국의 경우 정년이 보장되는 시간제의 비율이 OECD

회원국들에 비해 매우 낮은 수준에 불과하지만 말이다. 그러나 기혼 여성을 경제 활동에 참가시키려는 정책으로 시간제 일자리가 늘어나면, 정년이 보장되는 시간제의 비율이 점차 높아질 수 있다. 물론 상용직 시간제 일자리라고 해서 괜찮은 일자리인 것은 아니다. 단시간(36시간 이하)이나 초단시간(17시간 이하) 일하기 때문에 임금이 낮고 전일제 노동자들에 견줘 수당이나 연금 등에서 차별 대우를 받기 때문이다. 여성들은 자녀를 돌보기 위해 시간제 일자리를 '자발적'으로 선택할 수 있지만, 이는 육아를 개별 가정의 몫으로 떠넘기고 있는 사회에서 생계를 위해 선택한 고육지책에 불과하다. 사회가 육아를 책임지기보다 여성에게 시간제 일자리를 장려하는 정책은 많은 여성들을 저임금과 노후 빈곤이라는 굴레로 몰아넣는 셈이다.

그러므로 비정규직 범주에 포괄돼 있는 노동자들이 모두 고용 불안정 처지에 있는 것은 아니다. 그들을 열악한 조건으로 몰아넣는 원인을 고용 불안으로 환원할 수 없다. 심지어 한시적 노동자들도 고용과 실업 상태를 반복하는 것만은 아니다. 계약 갱신으로 일을 지속하는 경우도 적잖이 있다. 비록 장기 고용 권리가 없어 위기가 닥치면 맨 먼저 해고되기 쉽지만 말이다. 한시적 노동자 통계에는, "근로계약 기간을 정하지 않았으나 계약의 반복 갱신으로 계속 일할 수 있는" 비기간제가 포함된다. 2016년 통계를 보면, 기간제도 30퍼센트 정도는 계속 고용(22.6퍼센트)되거나 정규직으로 전환(7퍼센트)된다.[13]

자본주의의 변화로 불안정 노동이 '고용 표준'이 됐다는 주장을 비판한다고 해서 필자가 노동자들이 고용 불안을 겪고 있지 않다고 주장하는 것은 아니다. 오히려 강조점은 노동자들이 겪는 불안정성은 특정 유형(형태)의 자본주의만의 문제가 아니라는 것이다. 또, 고용 불안을 겪는 노동자들도 사용자에 맞서 싸울 힘이 (객관적으로 주어져) 있다는 것이다. 반면 신자유주의 경제 논리가 노동자들을 모두 '일회용'으로 만든다는 주장은 불안정성을 과장해, 노동자들이 더는 사용자들을 압박할 힘이 없는 것처럼 착각하게 만든다. 사용자들이 노동자들을 가차없이 자르고 불안정하게 만드는 데만 관심이 있다면 노동자들은 협상력을 갖기 어려울 것이다. 그러나 자본은 노동을 지배하지만 동시에 노동에 의존한다. 세계화나 금융화로 자본이 노동에 의존하지 않게 됐다는 것은 일면적인 오류다.

비정규직 노동자들이 고용과 실업 상태를 반복하고, 일을 찾아 떠돌며, 언제든 잘릴 수 있는 처지라고 보면, 그런 불안정성 때문에 싸우기 힘들다고 여기기 쉽다. 투쟁에 나서 봤자 바로 해고되고 조직을 남기기도 어렵다고 말이다. 그러나 2000년대 이후 벌어진 수많은 비정규직 노동자 투쟁들은 비정규직도 사용자에 맞서 싸울 힘이 있고, 노동조건 개선과 조직 건설이 불가능하지 않다는 것을 보여 줬다. 비정규직 노동자들은 사용자들이 언제든 처분할 수 있을 만큼 그렇게 주변적인 노동력이 아니다. 그들은 조립라인을 멈출 수 있고, 다양한 필수 업무들을 마비시킬 수 있다. 비정규직 노동자들이 투쟁에 나서자 처음에 사용자들은 비정규직을 계약 해지하거나 하청업체를 폐업시켰지만, 계속 그럴 수는 없었다. 그렇게 숱한 폐업과 계약 해지에 맞서며 대공장 사내하청 노조와 청소 노동자 노조 등이 만들어졌다. "원자화되고 취약한" 노동력의 대명사인 특수고용 노동자들도 건설기계 노동자들의 사례에서 보듯이 노동조합을 통해 저항하지 못하는 것은 아니다.

자본주의가 거듭 위기를 겪고 장기 침체에 빠지면서 정부와 사용자들은 노동자들의 일자리와 노동조건을 더욱 옥죄고 있다. 그런 공격 때문에 노동자들이 큰 고통을 겪고 있지만 그렇다고 노동계급이 저항할 힘을 잃게 된 것은 아니다. 신자유주의의 폐해를 강조하려다 노동계급이 신자유주의에 맞설 힘을 잃었다고 주장하는 함정에 빠져서는 안 된다.

2. 생산의 외주화와 유연 노동

일부 사람들은 고용 불안정 증대 같은 노동자들의 처지 악화가 생산 방식(또는 노동 조직 방식)의 변화에 따른 것이라고 한다. '포드주의'에서 '포스트포드주의'로 전환함에 따라 노동의 성격이 근본적으로 바뀌었다는 것이다. 즉, 포드주의 대공장 시스템의 거대하고 경직된 대량생산이 작고 유연한 하청 네트워크로 분산(탈집중)되고 있다고 본다. 기업들이 예전처럼 몸집(규모)을 키우기보다는 핵심적 업무 중심으로 조직을 축소하고 기업 활동의 많은 부분을 외부로 넘기고 있다는 것이다. 그에 따라 기업 내부의 안정된 일자리가 점차 줄고 비정규직과 하청 구조가 확대되는 방식으로 고용 구조가 분절화된다(조각난다)고 한다.

포드주의의 경직된 방식에서 탈피한 유연 생산방식을 도요타주의 Toyota way라고도 한다. 일본 도요타자동차가 낭비적 관행의 제거라는 원칙으로 생산을 조직한 것이 포드주의 위기를 피한 대안으로 조명받으면서 도요타주의 신화가 확산됐다. 도요타주의의 핵심 요소들은 적기 납품 방식Just-in-time, 부품 수와 기계운전 횟수의 감소, 다기능적 숙련공에 의한 "핵심(중심)" 부분의 발전과 나머지 직무의 하청

화라고 할 수 있다. 적기 납품 방식은 재고를 쌓아 두지 않고 필요한 때 제품을 공급하는 생산방식으로, 포드주의와는 달리 다양해진 소비자 욕구에 대응하기 위한 경영 혁신의 일환이라고 한다. 도요타자동차는 부품업체들에게 적기 납품 방식을 적용해, 일일 생산계획에 맞춰 주문을 하고 부품이 생산라인 옆에 정확히 옮겨지도록 했다. 이것은 총체적 품질관리(무결점 지향) 등과 함께 낭비적 요소를 제거하기 위한 것이었다. 미국 MIT 연구그룹이 도요타 방식에 붙인 별칭대로 "린 생산방식lean production system"(군살 없는 생산방식)인 것이다.

도요타 생산방식을 떠받치는 것은 다기능적 숙련공과 안정적 하청 관계다. 다기능 숙련공인 '핵심(중심)' 기업 노동자들은 팀제로 일하면서 수요의 변화에 따라 다양한 작업을 하며, 공정 개선에 관한 의사 결정에도 참여한다. 이것을 "유연 전문화" 또는 "기능적 유연성"이라고도 한다. 사측은 노동자들에게 숙련과 헌신을 요구하는 대가로 고용 안정과 기업 복지를 제공한다고 한다. 이것이 이른바 일본식 종신고용제다. 한편 '핵심' 노동자들에게 높은 고용 비용을 들이는 대신 비핵심 직무들은 모두 하청으로 돌린다. 핵심 기업이 하청업체들과 맺는 네트워크는 새로운 유연성의 상징 가운데 하나다.

그러나 노동 조직 방식이 포드주의에서 포스트포드주의(도요타주의)로 바뀌었다는 것은 일종의 신화다. 전에 노동이 대부분 포드주의로 조직됐던 것도 아니고, 지금 포스트포드주의가 보편화된 것도 아니다. 어느 시기를 막론하고 산업과 지역에 따라 생산을 조직하는 방식은 다양했다. 포드주의로 규정되는 시기에도 대량 조립라인 생산은 현대 산업이 조직되는 한 가지 방식에 불과했다. 가령 화학산업은 소수 노동자들이 대규모 설비를 가동시키는 방식으로 조직돼 '장치산업'이라고 불렸다. 한편 포드주의 특유의 특징으로 언급되는 대량생산과 대량소비의 결합은 포드주의로 규정되는 시기 이전에도 발견되고 그 후에도 결코 사라지지 않았다. 섬유산업은 '포드주의' 이전에도 대중시장을 겨냥해 직물을 대량 생산했다. 2000년대 이후에 대량생산이 사라지고 대중시장이 다양한 소규모 전문적 틈새시장으로 분해된 것은 아니다. 틈새가 생겨나긴 했지만 그것은 이전에 형성된 대량생산 대량소비 패턴의 일반적 붕괴를 뜻하는 것은 아니다. 우리가 사용하는 제품들은 대부분 여전히 대량생산 시스템 속에서 만들어진다. 특히, 2000년대 동안 두드러지게 나타난 유통·소매 부문의 대형화는 "포스트포드주의로의 전환"이 뜻하는 것과는 정반대 추세가 지속되고 있음을 잘 보여 준다.

또한, 도요타식의 팀제나 유연 노동이 보편화된 것도 아니다. 그런 것들이 도입된 경우에조차 노동자들의 노동은 결코 이전과 근본적으로 달라지지 않았다. 그런데 노동운동 안에는 노동 조직 방식이 포드주의에서 포스트포드주의(유연 생산방식)로 전환했다는 것을 전제로, 그 긍정적 활용에 관심을 기울이는 입장과 노동자들의 지위 하락을 우려하는 입장이 공존하고 있다.

노동의 인간화?

먼저, 유연한 노동 조직이 포드주의의 경직되고 관료적인 문제를 극복하는 대안이 될 수 있다는 입장을 살펴보자. 이런 입장을 취하는 사람들은 테일러주의의 세분화된 분업 속에서 노동자들이 기계 부품으로 전락한 노동의 현실을 주목한다. 그래서 노동자들이 다기능공으로서 작업 과정에 지적 참여를 많이 하고 자율적 책임도 갖게 되면 "노동의 인간화"를 이룰 수 있지 않을까 기대한다.* 이런 사람들은 어떤 유연성("수량적 유연성")은 노동자들에게 해롭지만, 어떤 유연성은 해롭지 않다고 본다. 노동자들이 다기능을 수행하는 팀제, 직무 순환배치, 직무나 숙련과 연동된 임금 인센티브, 근무시간에 대한 유연한 관리 등과 같은 유연성은 노동자들이 적극 활용할 수 있다는 것이다. 이것은 기업 측이 생산성 향상을 위해 도입을 원하는 어떤 유연성에는 협조할 수 있다는 견해로 이어진다. 특정 유연성에 관한 한 기업주와 노동자 사이에 이해관계의 일치가 이뤄진다고 보는 셈이다. 그래서 "생산성 및 효율성과 노동의 인간화를 양립시킬 수 있는" 대안적 유연 생산방식을 제시하기도 한다. "체계화된 숙련형성시스템"이 그런 사례다.[14]

이런 사람들은 한국 기업들이 노동 배제적인 수량적 유연성에 몰두하는 것이 근본적 문제라고 보면서도, 노동조합도 반대에만 급급해서는 안 된다고 본다. 그동안 노동조합은 수량적 유연성에 의해 나타난 문제들, 가령 노동강도 강화를 임금 인상과 맞바꾸며 단기적 이익에 매달렸다는 것이다. 그러나 이제는 노동조합이 "유연 생산방

---

* 자세한 주장은 박준식 외, 《노동의 인간화》, 한국노동사회연구소, 1997과 인수범 외, 《작업조직 변화와 노동조합 정책》, 한국노동사회연구소, 2004 등을 참고하시오.

식에 대한 편향적 인식"를 버리고, 대안적 유연 생산조직을 구축하는 데 참여해야 한다고 주장한다. 유연성에 기초한 '작업장 혁신'을 주장하며 노동조합에 노사협조를 권고하는 연구자들도 적잖다. 그동안 물량과 고임금에 목매 온 노동자들도 문제의 일부였다면서 말이다. "불편하고 고통스러운 단순 반복적 포드주의 노동과 상대적 '고임금'을 교환하는 낡은 포드주의 노사타협을 넘어서는 유연한 작업 조직의 구축을 위해 (노사가) 공동 노력을 기울여야 [한다.]"[15]

이런 사람들은 유연 생산 조직을 구축하는 노동조합의 경영참가를 통해 노동자들의 숙련 개발과 고용 안정을 보장할 수 있다고 주장한다. 이런 참여가 작업장뿐 아니라 산업이나 지역·중앙 차원에서도 이뤄지면, 도요타주의의 한계인 '핵심'과 '주변'의 격차 해소도 이룰 수 있다고 본다. 또, 이들은 중심 기업과 하청 기업의 협력적 관계를 위해 산업정책에도 관심을 기울인다. 스웨덴은 "참여적 노사관계"뿐 아니라 "노동의 인간화" 면에서도 대안 모델로 여겨진다. 이 모델은 "볼보주의"라고도 부르는데, 볼보자동차의 우데발라 공장은 컨베이어 시스템을 폐지하고 자율권을 가진 작업팀이 장인적 생산을 했고, 이 '유연한' 노동 방식의 설계 단계부터 노동조합이 참여했다.

작업장 혁신에 대한 환상

그러나 첫째, 다기능이 요구되는 팀제 같은 유연한 노동 조직이 노동자들에게 자기 노동에 대한 통제력을 주는 것은 아니다. 도요타와 GM의 합작 사업을 연구했던 미국 자동차노조 활동가 출신의 마이크 파커가 지적했듯이, 팀제의 실제 현실은 "스트레스에 의한 관리"였다. 작업장 시스템에 압박을 가하는 최초 형태는 생산라인 위에 있는 라인스톱 등이었다. 등에 녹색불이 켜지면 작업이 원활하다는 뜻이다. 노란등이 켜지면 일부 작업자가 속도를 따라가지 못한다는 뜻이다. 문제가 1분 이내 해결되지 않으면 적색등이 켜지고 라인이 멈춘다. '스트레스에 의한 관리' 속에서 녹색등의 지속은 바람직한 상황이 못 된다. 노동자들이 가능한 최대 속도로 일하고 있지 않다는 뜻이기 때문이다. 라인이 멈추지는 않을 정도로 노란등이 자주 켜지는 상태가 훨씬 좋다. 녹색등이 지속된 구간은 인력을 줄이거나 작업 속도를 높이는 방식으로 시스템이 조정된다. 이런 개선 과정은 끝없이 이어진다. 팀제의 또 다른 측면은 노동자들이 팀 미팅에서 작업 과정에 대한 의견을 나누도록 하는 것이다. 노동자들이 효율을 높이기 위한 제안을 하면 경영자들은 그에 따라 작업 속도를 높이고 시스템에 더욱더 스트레스를 가한다. 경영진은 노동자들을 팀 미팅에 끌어들임으로써 경영자의 이해관계와 일체감을 갖도록 만들고 생산성 향상에 협조하게 만든다. 이와 같은 '노동자 참가'는 노동자들의 이익을 관철시키는 통로가 아니라 오히려 노동자들을 더 효과적으로 쥐어짜는 방법이자 노동자들이 자기 자신의 이해관계라는 관점을 잃게 만드는 길이다.

이와 같은 '스트레스에 의한 관리'는 노동자들에게 파괴적 결과를 가져왔다. 노동자들은 만성피로에 시달리고 스트레스는 병적인 수준에 이르렀다. 일본에서 '과로사'라는 신조어가 만들어진 배경이다.

1980년대 GM이 연간 500만 대를 생산하는 데 80만 명을 고용한 반면 도요타는 연간 400만 대를 생산하는 데 불과 7만 명을 고용했다. 이것은 부품을 자체 생산하지 않고 하청기업에 외주를 준 결과인 동시에, '핵심' 노동자들을 엄청난 노동강도로 내몬 결과였다. '핵심' 노동자들은 수당도 제대로 받지 못하는 변형근무와 이러저러한 근무 외 잡무에 시달렸다. 2002년 도요타자동차 품질관리반장 우에노 겐이치가 서른 살의 나이에 과로사한 것은 도요타의 실상을 폭로하는 사건이었다.[16] 오후 4시에 출근해 새벽 1시까지 근무하고 잔업과 근무 외 잡무로 아침 6시 반이 돼야 퇴근하던 그는 어느 날 잡무 도중 쓰러져 죽었다. 그러나 도요타는 과로사를 인정하지 않았다.

팀제 등 다양한 이름으로 불리는 유연한 노동 조직을 '현대화' 또는 '혁신'이라고도 하지만 거기에 새로운 것은 전혀 없다. 그것은 포드주의가 추구한 것과 꼭 마찬가지로, 더 적은 인원으로 더 강도 높게 더 오래 일 시키려는 것뿐이다. 포드자동차는 1913년 컨베이어 체제를 도입해 작업 시간을 3분의 1로, 필요 인력을 절반으로 줄일 수 있었다. 당시까지 자동차 공장 노동자들은 팀을 이뤄 자동차 한 대를 완성하는 시스템으로 일했다. 포드자동차의 새로운 노동 조직 방식은 프레더릭 테일러의 "과학적 관리법"을 적용한 것이었다. 평소 노동자들이 게으름 피우고 시간을 낭비한다고 본 테일러는 노동자들을 한계까지 몰아붙여 일하도록 만들려고 작업 동작과 시간을 연구했다. 그는 19세기 말 미국에서 '슈미츠'라는 노동자를 모델로 사례 연구를 했다. 슈미츠는 멍청한 이민자 이미지를 떠올리게 하려고 테일러가 붙인 가명이었다. 슈미츠의 실명은 헨리 놀이었고 중등학교를 나온 읽고 쓸 줄 아는 미국인이었다. 테일러는 헨리 놀이 집을 짓고자 돈을 모은다는 사실을 알고, 군소리 없이 육체적 한계치까지 일하면 보너스를 주겠다고 제안했다. 실험 결과 다른 노동자들은 평균 24톤의 무쇠를 나른 데 반해 놀은 47톤을 날랐다. 테일러는 이를 새로운 작업 표준으로 삼았다. 테일러는 수년 동안 '현대적' 노동 조직 방법으로 혹사를 당한 헨리 놀이 그 뒤 어떻게 됐는지 비밀에 부쳤다. 다른 연구자들은 몇 년 뒤 놀의 삶이 파탄 났다는 것을 알게 됐다. 그는 나이에 비해 늙었고, 술꾼이 됐고, 아내가 떠났다. 그러나 테일러는 멈추지 않았다. 그는 같은 방법을 베어링 볼을 검사하는 공장의 여성 노동자들에게 적용해, 120명이 하던 일을 35명이 하도록 만들었다. 이런 사례들은 그의 책 《과학적 관리법》의 근거가 됐고,[*] 그 뒤 자동차 조립라인 등에 적용되며 더 폭넓게 보급됐다.

세분화된 분업을 요구하든(테일러주의), 다기능을 요구하든(팀제), 군말 없이 시키는 대로 일하라고 하든(테일러주의), 의견을 개진해 보라고 하든(팀제) 그 목적은 노동자들을 더 효과적으로 착취하려는 것이다. 우에노 겐이치의 과로사는 슈미츠의 파탄과 꼭 닮았다. 둘 다 노동자를 한계까지 몰아붙여 노동강도를 높인 결과였다. 엄청난 작업 강도와 스트레스는 그들의 공장 생활뿐 아니라 삶 전체를 망가뜨렸다. 이것은 팀제 같은 '유연 노동 조직'에서 포드주의를 극복할 여지를 찾을 수 없음을 보여 준다. 유연 노동 조직은 조금

---

* 국역: 프레더릭 테일러, 《프레더릭 테일러, 과학적 관리법》, 모디북스, 2016.

힘들어도 보람되고 소외되지 않은 노동을 보장하는 것이 아니다. 그것은 필연적으로 노동강도와 스트레스 강화, 인원 감축, 그리고 노동시간 연장을 가져온다. 유연성이든 혁신이든 무슨 이름을 갖다 붙이든 그것은 오래된 착취를 가리기 위한 신식 연막에 불과하다.

둘째, '유연 노동 조직' 활용론자들에게 또 미안한 지적이지만, "숙련 형성"이 생산성 향상과 노동 인간화의 선순환을 보장하지 못한다는 것이다. 대안적 유연 노동 조직을 주장하는 사람들은 숙련 형성을 중요하게 보면서, 이를 통해 '수량적 유연성'이 낳는 고용 불안과 불평등 문제를 해결할 수 있다고 주장한다. 이것은 현대 자본주의에서는 '인적자본'이 더 중요해졌다는 '지식 기반 경제', '사람 중심 경제' 등과도 맥이 맞닿는다.* 이들은 노동자의 숙련 향상을 위해 투자하는 것이 경제의 취약성을 극복하는 방안이고, 그러면 생산성이 향상돼 복지와 생활수준을 높일 수 있다고 주장한다. 생산의 기계화·단순화로 노동자들을 일자리에서 내모는 것이 아니라, 독일·스웨덴 모델이나 일본식 종신고용처럼 노동자들에게 더 많은 혜택을 제공해서 더 많은 협력을 얻어 내는 시스템이 성공할 수 있다는 것이다.

그러나 현대 자본주의의 생산이 발달한 생산수단과 결합되지 않은 채 숙련 노동으로만 이뤄질 수는 없다. 아무리 고도의 숙련 노동력이라도 마찬가지다. 노동은 (자본들 간의 경쟁 때문에) 점점 더 생산수단에 의존하고 있고, 그래서 노동에 대한 자본의 투자 비율(자

---

* 최근 문재인 정부가 노무현 정부를 이어받아 '사람 중심 경제'를 비전으로 내세우고 있다.

본의 유기적 구성)은 꾸준히 높아지고 있다. 기업들은 다른 기업과의 경쟁에서 뒤지지 않으려고 생산수단에 지속적으로 투자하며, 새로운 설비 투자를 감당하려고 노동자들에게 더 낮은 임금과 고된 노동을 강요한다. 숙련 노동력이 새로운 기술혁신을 이루더라도 그것은 더 많은 일자리를 만들기는커녕 일자리를 없애는 경향이 있다. 이런 사실들은 숙련 수준을 높인다 해도 자본주의가 위기로 가는 추세를 막고 노동자 고용을 보장하는 선순환을 이룰 수 없음을 의미한다. 기업주들은 경쟁 속에서 고용 규모를 줄여야 한다는 압박을 계속 받을 것이다.

또, 숙련 노동이 한 기업 또는 심지어 일국 안에서 공급돼야 하는 것은 아니라는 점에서도 숙련 형성은 고용 안정의 대안이 되기 어렵다. 기업주가 봤을 때 숙련 노동을 공급받을 수 있는 길이 자체 노동력의 교육·훈련만 있는 것은 아니다. 기업 외부, 심지어 제3세계에서도 기업에 필요한 고급 인력을 찾을 수 있다. 기업주들은 특정 업무를 외주화하거나, 외주화를 협박하며 노동조건을 악화시킬 수 있다. 숙련 형성이 '수량적 유연성'의 대안이 되지 못하는 이유다.

실제로, 숙련 형성이라는 측면에서 대안적 유연성을 보여 준다고 여겨졌던 일본, 독일, 스웨덴은 결코 위기를 피해 가지 못했다. 1980년대에 일본식 생산방식이 주목받은 지 얼마 안 돼 일본은 1990년대 초부터 장기 침체에 빠졌고, 팀제의 상징이었던 도요타도 2010년 대규모 리콜 사태로 신화가 무너졌다. 1990년대 이래 독일의 복지는 대기업들의 체계적 공격을 받았고, 그 뒤 추진된 하르츠 개혁은 박근혜 정부 노동개악의 모델이 됐다. 스웨덴 볼보자동차의 우데발라 공장은 몇 년 만에 컨베이어 공정으로 되돌아갔고, 포드자동차에 인수되면서 6명당 1명꼴로 대량해고된 데 이어 남은 노동자들은 야간에도 근무해야 하는 3교대에 투입됐다.

외주화와 하청 구조

이제 생산방식(또는 노동 조직 방식)이 변화함에 따라 노동자들의 불안정성이 증대하고 내부 격차도 심화했다는 주장을 살펴보자. 최근 민주노총정책연구원이 기획발간한 《노동분할시대, 노동조합 임금전략》은[17] 대기업들이 생산을 축소하고 외주화함으로써 위계적 하청 구조를 낳고 그에 따라 고용 구조가 분절됐음을 부각시킨다. 대기업들은 "기획, 디자인, 판매, 마케팅" 등을 "핵심" 기능으로 파악해 집중하는 한편, 하위 생산기능들은 외부화한다고 한다. 기계화·자동화 덕분에 미숙련 저임금 노동력을 더 많이 활용할 수 있게 됐다는 것인데, 이를 "유연 표준화"라고 한다. 이에 따라 대기업 생산직 노동자들은 지속적 감축 위험에 놓이며, 이전에 대기업 직영 생산직 노동자들이 하던 일을 점점 하청 노동자들이 하게 된다는 것이다. 하청 구조 문제는 최근 노동운동의 주요한 관심 가운데 하나다.

대기업이 다운사이징으로 소규모화하고 이전에 포드주의 대공장에서 이뤄지던 생산이 복잡한 하청 네트워크로 바뀌었다는 주장은 세계적 규모의 생산 재편 흐름과 관련해서도 흔히 들을 수 있다. 이전의 대량생산 체제가 유연성과 비용 절감 요구에 부응하기 위한 소규모 생산으로 대체됐다는 것이다. 이에 따라 전에 포드주의 대공장에 대규모로 집중돼 있던 동질성 강한 노동자들은 소규모 작업장들로 분산되고 이질성이 커졌다고 한다.

그러나 오늘날 자본주의가 소규모 생산으로 회귀한 것은 아니다. 신자유주의 구조조정을 거쳐 대기업으로의 집중 경향이 역전되고 전문 중소기업들로의 분산 경향이 지배적이 됐다고 보는 것은 과장이다. 정치인들은 우파들조차 중소기업이 경제의 구심이라는 주장을 종종 하지만, 이것은 소수의 손에 자본이 집중돼 있는 현실과 그렇게 되는 경제 논리가 계속 작동하고 있는 점을 은폐하는 것이다. 물론 중소기업들이 새로 나타나고 성장하기도 하고, 대기업의 아웃소싱은 그런 기회를 제공하기도 한다. 그렇지만 중소기업들은 경쟁에 치여 무너지기 쉽고, 버티더라도 흔히 대기업의 지배 아래 놓이게 된다.

대기업들이 전에 사내에서 하던 업무의 일부를 아웃소싱해 외부 업체들에 맡기는 것을 지난 20년 동안 더 흔히 볼 수 있었던 것은 사실이다. 제3세계 하청 공장, 공공부문의 부분 민영화, 기업들의 일부 업무 분리 사례 등은 오늘날 흔히 보거나 들을 수 있다. 이처럼 외주화가 경쟁 격화와 기술 발달 등으로 최근 촉진된 면이 있지만, 특정 작업을 독립시키거나 생산 단계를 분화하는 것은 기업들이 효율화를 위해 오래전부터 사용해 온 방법이다. 신자유주의 특유의 경영법은 아닌 것이다. 기업들은 처음에 생산의 모든 단계를 직접 담당하곤 하지만, 시간이 지나면 일부 단계나 품목에 주력하고 나머지를 다른 전문기업들에게서 공급받는 방법을 택하기도 한다. 이와 같은 분화는 기업의 일부 기능을 분리·매각하는 방식으로 이뤄질 수도 있고, 독립 기업과 계약을 맺는 방식으로 이뤄질 수도 있다. 그러나 전에 하나로 연결돼 있던 생산이 분산된다고 해서 그것이 생산 규모의 축소를 뜻하는 것은 아니다. 오히려 그것은 기업이 더 효율적으로 시장 장악력을 높이는 방법으로 추진되며, 그래서 성공을 거두는 경우 모든 생산단계를 직접 담당했을 때보다 더 효율적으로 생산 규모의 성장을 실현할 수 있다.

외주화를 생산 규모의 축소로 보는 것은 표면적이고 형식적인 이해이기 쉽다. 예를 들어, 현대·기아자동차는 완성차 조립 외에는 엔진과 변속기의 일부만 자체 생산하고 나머지 부품 생산을 부품업체들에 외주화해 조달하고 있다. 그런데 이런 분산은 한 사업장에 제한돼 있던 생산이 외부로 확장된 것이라고 이해할 수 있다. 분산은 분리가 아니라 실제로는 긴밀한 생산의 연결 속에 있는 것이다. 자동차를 조립하기 위해 수많은 부품이 제때 공급돼야 한다는 점만 생각해도 긴밀한 연결을 쉽게 이해할 수 있다.

이것은 기업들 간의 관계에도 반영된다. 즉, 원청 기업과 하청업체 간의 관계는 대개 형식적으로만 독립적이라는 것이다. 현대자동차를 예로 들면, 원재료와 부품 조달부터 조립, 판매 과정에 수많은 계열사와 협력업체들이 묶여 있다. 부품만 봐도, 현대모비스가 모듈 생산과 부품 공급의 전반을 관리하고 그 밑에 하위 부품업체들이 위계적으로 편제돼 있다. 그런데 이 부품업체들이 현대자동차와 맺고 있는 관계를 보면, 지분 관계가 있는 계열사들(현대모비스, 현대위아, 현대파워텍 등)은 물론이고 지분 관계가 없는 회사들도 결코 독립적이지 않다. 완성차를 정점으로 현대모비스, 1차 협력업체, 2~3차 협력업체 식으로 공급 과정에 따른 위계와 권력 관계가 작동한다. 현대자동차는 하위 부품업체들이 정확하고 저렴하게 부품을 공급하도록 지속적으로 관리하고 압박한다. 납품단가 인하 요구는 물론 '경영 진단'이라는 이름으로 장부 검열까지 하고, 부품업체 노사관계에도 개입한다.

이와 같은 '종속적' 관계는 한국에 고유한 후진성의 산물이 아니다. 물론 한국 자동차산업은 완성차 기업이 해외 기술을 수입하고 부품 하청공장을 키우다시피 했기 때문에 이런 관계가 두드러지긴 한다. 그러나 선진 자본주의 나라들에서조차 중소기업들은 흔히 대기업과 종속적 관계를 맺고 있다. 자본주의 생산의 속성상 기업들은 위계적 구조 속에서 상호의존한다. 흔히 한국 원하청의 '전속관계'가 종속과 전횡의 근원으로 지목되지만,* 납품 관계가 다각화돼 있다 해서 이런 문제가 없는 것은 아니다. 원청 기업은 다각화된 납품 관계를 이용해 하청 기업간 입찰 경쟁을 붙여 가격을 낮추려 할 수 있고, 기업 간 경쟁 관계를 이용해 노동자들을 반목시킬 수도 있다.

무엇보다, 생산이 외주화되며 하청에서 하청으로 이어지는 구조 때문에 자본의 집적과 집중 경향이 사라진 것은 아니다. 오히려 자동차 부품의 외주화 규모가 커지면서 자동차 부품업체가 대형화하는 경향이 세계적으로 나타났다. 모듈화와 친환경 자동차 생산 확대로 일부 부품(특히 전장)의 중요성이 커진 것도 기술력 확보를 위한

---

* 전속관계는 원청기업이 하청기업에게 자신에게만 제품을 납품하도록 요구하는 것을 뜻한다.

인수·합병에 영향을 미치고 있다. 한국 부품업체들도 모듈화를 추진하며 대형화한 데 이어, 세계적인 업체들과의 기술 제휴와 인수·합병에 뛰어들고 있다. 이것은 외주화 경향이 기업의 소규모화로 이어지는 것은 아님을 보여 준다. 부품업체들 가운데 상당수는 이미 규모가 상당히 크다. 2015년 현재 완성차업체들과 직접 거래하는 부품업체(1차 협력업체) 가운데 300인 이상 기업이 190개(21.5퍼센트)이고 1000인 이상 기업도 37개(4.2퍼센트)나 된다.[18]

외주화가 생산의 소규모화는 아니라는 점, 오히려 생산이 외부로 확장된 것으로 볼 수 있다는 점, 그것이 원하청 기업 관계에도 반영된다는 점 등은 노동자 투쟁에도 함의하는 바가 크다. 이에 대해서는 잠시 뒤에 다루기로 하고, 먼저 재벌을 정점으로 한 위계적 하청 구조가 한국 경제의 핵심 문제라는 주장들을 살펴보자.

일부 사람들이 자본주의 사회의 참상을 자본주의의 특정 '유형'(신자유주의) 탓으로 보듯이 경제 위기, 불평등 심화, 노동 불안정성과 격차 증대 등의 원인을 대기업이 지배하는 하청 네트워크에서 찾는 입장도 있다. 대기업들이 생산을 축소하고 외주화함으로써 경기 변동의 위험과 노동비용을 하도급업체에 전가하는 것이 문제라는 것이다. 이런 사람들 중 일부는 국가가 재벌의 부당이익이나 불공정 거래 등을 규제하고 중소 하청업체를 지원하면 문제를 해결할 수 있다고 주장한다. 좀 더 좌파적인 논자들은 신자유주의 시대 대기업들의 "축적 전략"이 변화했다는 것에 주목한다. 직접 생산해 잉여가치를 창출함으로써 수익을 얻는 방식의 중요성이 줄고, 외부에서 창출된 잉여가치를 이전해 오는 방식이 강화되고 중요해졌다("지대 수익 추구")는 것이다. 간단히 말하면, 자기가 고용한 노동자 착취보다 하청업체 '착취'가 더 중요해졌다는 뜻이다. 이런 구조 속에서 하청업체 노동자들은 저임금을 강요당한다고 한다.

이런 식으로 본다면, 새로운 "축적 전략", 즉 재벌 대기업(독점자본)에 의한 하청 자본가 '수탈'이 오늘날 단연 중요한 문제로 부상하게 된다. 이 문제 때문에 사회가 더 불평등해지고 노동자들은 더 불안정으로 내몰린다고 보므로, '재벌 축적 전략'을 강조하는 사람들은 재벌과 하청 구조 문제의 해결에 우선적 중요성을 두게 되기가 쉽다.

그러나 자본가들이 노동자들의 임금과 노동조건을 공격할 뿐 아니라 다른 자본가들을 '수탈'함으로서 이득을 보려는 것은 자본주의 축적의 역사에서 언제나 있었던 현상이다. 지금처럼 경제 침체 장기화 시기에는 더욱더 그렇다. 재벌 대기업들이 낳는 폐해들(부패한 정경유착, 불공정 거래, 비정규직 사용 등)은 자본주의 자체의 논리에 따른 것이지, 재벌의 음모에서 비롯한 것이 아니다. 따라서 썩어 가는 살에서 총알을 제거하듯이 자본주의를 그대로 둔 채 재벌만 제거할 수는 없다. 설사 주요 재벌을 해체한다 해도 또 다른 대기업이 그 자리를 메우고 똑같은 짓을 할 것이다. 자본의 대형화는 (집적·집중이라는) 자본주의의 내재적 경향이다. 이것은 마치 금융 자본주의가 문제라고 보면서 자본주의에서 금융화만 똑 떼어 낼 수 없는 것과 마찬가지다. 금융화가 실제로 이뤄졌고 그것이 여러 폐해를 낳지만, 금융화의 근본 원인은 이윤율 저하에 있으므로 금융 규제는 근본적 해결책이 될 수 없다. 마르크스는 금융시장의 비합리성을 자본주의 생산관계의 모순, 특히 이윤율 저하 경향이라는 더 큰 맥락 속에서 고찰했다. 오늘날 우리가 겪고 있는 온갖 문제, 경쟁 격화, 노동조건의 악화와 빈곤의 확대 등은 자본주의의 특정 유형(조직 형태)인 재벌 체제가 빚어낸 것이 아니라 거대해지고 늙은 자본주의 체제 자체의 문제다.

위계적 하청 구조도 신자유주의 시대의 새로운 "축적 전략"이라고 보기 어렵다. 한국에서 하청(하도급)은 1997년 이전에도 광범하게 활용됐다. 가령 포항제철이나 현대중공업 등에서 그런 구체적 사례를 찾아볼 수 있다. 현대중공업은 회사 설립(1972년) 초기부터 하청(사내하청)을 광범하게 이용해, 1970년대 내내 하청 노동자가 직영 노동자의 3배 가까이 됐다. 하청 도입과 차별은 1974년 현대중공업 노동자 폭동의 도화선이었다. 하청은 조선업이나 건설업처럼 생산 변동량이 큰 수주산업(주문에 따라 생산)에서 특히 많이 활용되지만, 산업 구조의 발전과도 관련이 있었다. 원자재와 설비를 해외 수입에 의존하는 가공조립형 공업 구조에서는 대기업이 중소기업과 연관을 맺을 필요가 별로 없지만, 산업 구조가 고도화하면 기업 사이의 사회적 분업 필요성이 증대할 수 있다.[19] 또, 한국 대기업들이 효율성 증대의 방편으로 하청 계열 관계를 확대한 것은 일본 따라하기식 산업화의 일부이기도 했다. 일본 대기업들은 제2차세계대전 이전부터 중소기업들과 하청 관계를 맺는 방식으로 효율성을 높였고, 일본 정부도 이를 적극 후원했다. 한국의 중공업화 초기에 철강이나 조선업 대공장들은 일본의 인사관리 방법이나 사외공 제도 등을 벤치마킹했고, 이것은 1980년대 기계와 자동차업종으로 확대됐다. 1980년대 후반 이후에는 하도급을 활용한 생산 외주화가 자동차산업이나 의류산업 등에서 빠르게 확산됐다.

　게다가 위계적 하청 구조가 독점 대기업의 일방적 중소 하청기업 '수탈' 체제인 것은 아니다. 원청 대기업이 납품단가 인하 압력 등으로 비용을 전가하기도 하지만 둘의 관계가 대립적이지만은 않다. 둘은 이해관계의 갈등이 있으면서도 상호 보완적이고 의존적인 관계로, 이 덕분에 하청 관계가 성립할 수 있다. 가령 하청기업은 원청의 '갑'질이 억울해도 관계가 끊어지면 상황이 더 나빠질 수 있음을 알기 때문에 대기업에 납품하게 되기를 바란다. 하청 중소기업들은 대체로 영업이익률이 큰 등락 없이 안정을 이루는 경우가 많은데, 원청 대기업이 안정적 시장을 제공하기 때문이다. 또, 하청 중소기업의 수익률이 모든 산업부문에서 항상 원청 대기업보다 낮은 것도 아니다. 원청 대기업과 하청업체의 영업이익률을 비교한 통계(2011년)를 보면, 건설·유통·통신 등은 원청 대기업과 하청업체의 영업이익률 격차가 큰 반면 전자·자동차 업종에서는 그렇지 않았다. 자동차 업종에서는 2,3차 협력업체 영업이익률이 원청 대기업보다 높게 나타나기도 했다.[20] 기업의 수익성을 비교하기에 좀 더 적절한 통계인 기업순이익률을 살펴봐도, 하청 중소기업의 수익성이 원청 대기업보다 항상 낮은 것은 아님을 확인할 수 있다.* 〈그림 7-7〉을 보면, 2006~2010년에는 대기업과 중소기업 간 기업순이익률 격차가 컸지만, 2000~2005년에는 그보다 훨씬 작았다는 것을 알 수 있다. 2011~2014년에는 오히려 중소기업

---

* 더 자세한 사항은 강동훈, 《마르크스 정치경제학으로 본 재벌개혁론 비판》, 노동자연대, 2016, 37~51쪽.

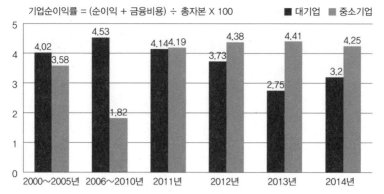

〈그림 7-7〉 대기업과 중소기업의 기업순이익률 비교 (단위: %)

기업순이익률 = (순이익 + 금융비용) ÷ 총자본 X 100   ■ 대기업 ■ 중소기업

출처: 강동훈, 《마르크스 정치경제학으로 본 재벌개혁론 비판》, 노동자연대, 2016.

〈그림 7-8〉 자동차·전자·조선·건설산업의 대기업, 하청 중소기업,
일반 중소기업 기업순이익률 비교 (단위: %)

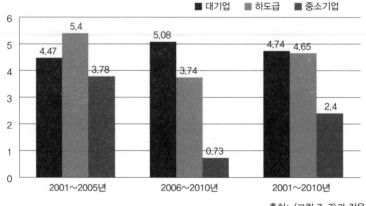

■ 대기업 ■ 하도급 ■ 중소기업

출처: 〈그림 7-7〉과 같음.

의 순이익률이 더 높았다. 〈그림 7-8〉은 하청이 많이 사용되는 자동차·전자·조선·건설 산업에서 원청 대기업과 하청 중소기업, 그리고 하청 관계가 분명하지 않은 일반 중소기업의 기업순이익률을 비교한 것이다. 2001~2005년에는 원청 대기업보다 하청 중소기업의 기업

순이익률이 더 높고, 2006~2010년은 그 반대다. 그래서 2001~2010년 전 기간을 보면 둘 사이의 기업순이익률 격차는 거의 없다. 이 그림에서 더욱 흥미로운 것은 대기업과 하청 관계를 맺은 중소기업이 그러지 않은 기업보다 수익성이 훨씬 더 높다는 것이다. 이런 사실들은 원청 대기업은 하청을 '수탈'해 계속 성장하는 반면, 하청 중소기업은 수익성 압박이 심해져 상황이 계속 악화하고 있다는 흔한 '양극화' 이미지가 현실과 다르다는 것을 보여 준다. 2000년대 동안 원청 대기업들의 자산과 매출이 급속히 증가한 한편, 하청 중소기업들도 성장했다. 물론 자산 규모 차이 때문에 성장의 양은 (비율과 견줘) 격차가 더 나겠지만 말이다. 그런데 그런 성장의 원천은 바로 노동자 착취에서 나온다.

위 논의가 뜻하는 바는, 위계적으로 조직돼 있는 착취 구조에서 원청 대기업이 '갑'을 차지할지라도 하청 중소기업들은 이 위계적 체제의 유지에 이해관계가 있다는 것이다. 원청 대기업과 하청 중소기업은 서로 싸우지만 형제들로(마르크스가 말한 "서로 싸우는 형제"), 노동자를 효과적으로 착취하는 데 공통의 이해관계가 있다. 이 점이 매우 중요하다. 노동자들은 원하청 기업주 모두에 맞서 싸우고 궁극적으로 착취 체제 자체를 분쇄해야 한다. 착취 체제 자체를 분쇄하지 않은 채 우선 자본 간 공정한 구조를 만들려는 것은 가능하지 않은 일인 데다 설사 불공정 거래가 일시 개선된다 해도 자동으로 노동자들의 조건 개선으로 이어지지 않는다. 이런 점을 보지 않은 채 원청 대기업과 하청 중소기업 사이의 이해관계가 대립된다고만 보면, 하청 중소기업을 원청 대기업에 수탈당하는 비독점

진보 세력이나 반재벌 동맹으로 착각할 수 있다. 하청 중소기업주든 노동자들이든 모두 재벌에 수탈당하는 희생자라면서 사회의 분단선을 (지배계급과 노동계급 사이가 아니라) '재벌'과 '재벌에 수탈당하는 민중' 사이에 긋게 된다. 더 나아가, 자칫 원청 대기업 노동자들이 위계적 착취구조로부터 이익을 얻는 세력이라는 생각을 발전시킬 수 있다.

'재벌 축적 전략'론은 구식 민중주의와 닮았음과 동시에, 유연 축적 체제로 전환함에 따라 착취자와 피착취자 사이의 양극화가 흐려졌다는 생각과 맞닿을 수도 있다. 생산이 분산됨에 따라 적대가 다층화되고 그에 따라 계급 적대는 오히려 희미해졌다는 것이다. 지배계급이든 노동계급이든 내부 분화가 일어나고 차이가 커져, '새로운 축적 전략' 아래에서는 계급 위치가 복잡해진다는 것이다. 하청 중소영세업자 위에 대기업 노동자가 있다거나, 하청 중소기업 노동자와 대기업 노동자는 전혀 다른 계급 정체성을 발전시킨다는 주장 등이 그런 것이다.

자본의 축적 전략에서 노동자 착취보다 다른 자본가나 불특정 민중 수탈이 더 중요해졌다고 보면, 노동계급의 전략적 중요성이 떨어졌다고 여기는 것이 자연스러운 귀결일 수도 있다. 마르크스가 노동계급의 핵심적 중요성을 주장한 것은 그들이 특별히 고귀한 집단이어서가 아니라 자본주의 생산관계에서 차지하는 위치 때문이었다. 노동계급이 잉여가치를 창출하고 그것이 바로 자본가 이윤의 원천이다. 자본주의 체제가 노동자 착취에 의존하는 만큼 노동자들은 이윤 생산을 중단시키고 체제를 무너뜨릴 잠재력이 있다. 또, 자본주의가 그들을 조직한 방식 덕분에 사회적 생산을 민주적으로 재편하고 사회주의로 나아갈 잠재력이 있다. 그러나 만약 자본주의를 축적된 잉여가치의 체제라고 보지 않는다면, 가령 '독점 형성에 따른 부등가 교환을 통해 이윤 극대화를 추구'하는 체제로 본다면, 굳이 노동계급에 전략적 중요성을 둘 이유는 사라질 것이다.

가령 '비자본주의적 영역에 대한 수탈'이나 '금융적 방식에 의한 수탈'이 더 중요한 축적 방식이 됐다고 보는 입장은 투쟁의 초점을 노동계급이 아니라 생산 과정에서 좀 더 주변적인 집단에 맞추는 경향이 있다. 불안정 노동층, 영세 자영업자, 금융 피해자 등을 아우르는 운동이 중시되는 한편, 노동자 투쟁, 특히 사업장에서 자기 사용자에 맞서 싸우는 투쟁은 부차화된다. 그러나 신자유주의 시대에 '수탈'이 강화됐다 하더라도, 자본가들 사이에 이전되는 잉여가치를 창출하는 것은 여전히 노동자들이다. '돈이 돈을 벌어 준다'는 믿음, 즉 자본 관계에 대한 물신화된 이해를 받아들이지 않는다면 말이다.

소규모로 분산되는 노동자?

노동계급의 전략적 중요성에 대한 회의는 신자유주의 아래서 노동계급이 변화했다는 생각 때문에 한층 강화되기도 한다. 신자유주의적 유연 생산으로 전에 대규모로 집중됐던 노동자들이 소규모로 분산되고, 고용 관계의 다양화와 노동과정의 분할에 따라 노동계급이 분절되고(조각나고) 내부적으로 이질화했다는 것이다. 여기서는 먼저, 노동자들이 소규모로 분산돼 전과 같이 강력한 집단적 힘을 발휘할 토대를 잃었는지 살펴보자.

첫째, 생산의 외부화가 늘어남에 따라 고용이 중소영세기업으로 이전되고 있다는 주장이 널리 퍼져 있다. 이런 주장은 한국 노동자들 대부분이 중소영세기업에서 일하고 있는 듯한 인상을 준다. '사업체' 규모별 종사자 수를 기준으로 노동자의 86~88퍼센트가 300인 미만 중소기업에서 일한다는 통계가 그 근거로 주로 사용된다. 그러나 이 통계에는 함정이 있다. '사업체'는 기업체와는 다른 개념으로, 하나의 기업 산하에 있는 공장, 지사, 영업소, 출장소, 지회, 분점 등이 각각 별개의 사업체로 파악되기 때문이다.[*] 가령 현대자동차의 판매영업소에 근무하는 노동자는 300인 미만 영업소인 경우 중소업체 노동자로 분류된다. 은행 지점이나 기업 지사에서 일하는 노동자, 국공립학교 교사나 동사무소 직원도 마찬가지다. 실제로는 대기업이나 공공부문 소속인데도 중소영세업체 노동자로 분류되는 것이다.[**]

기업체 기준으로 보면, 한국 노동자들의 집중 정도는 사뭇 다른 모습을 나타낸다. 기업체 기준 통계를 제공하는 '임금근로일자리 행정통계'를 보면, 2014년 현재 피고용자의 43.3퍼센트가 300인 이상

---

[*] 《2014년 기준 전국사업체조사 보고서》, 통계청, 2015. 12 중 '용어의 해설'을 참고하시오.

[**] 기성 정치인들이 비정규직 문제 해결이 어려운 핑계로 이런 통계를 이용하는 것에 대해 노동운동은 통계상의 문제점을 지적해 왔다. 한 사례로 김유선, 《한국의 노동 2016》, 한국노동사회연구소, 2015, 59쪽.

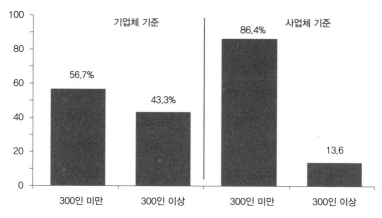

〈그림 7-9〉 기업체 기준 고용 비중과 사업체 기준 고용 비중 비교

자료: 《2014년 임금근로일자리 행정통계》, 통계청(2015. 11. 27),
《2014년 기준 전국사업체조사 보고서》, 통계청(2015. 12).

대기업에서 일한다. 이 중 1000인 이상 대기업에서 일하는 피고용자
가 33.9퍼센트나 된다(그림 7-9).[21] 이것은 고용이 대부분 중소영세기
업으로 이전됐다는 주장이 참말이 아니고, 40퍼센트 이상의 노동자
들이 여전히 큰 규모의 기업단위로 조직돼 있음을 보여 준다. 노동자
투쟁이나 노동조합 조직화가 사업장 규모뿐 아니라 기업 규모의 영향
도 받기 때문에 이 통계는 의미가 크다. 가령 50명 규모의 은행 지점
에서 일하는 노동자들은 지점 차원에서뿐 아니라 흔히 기업 전체 차
원에서 투쟁하고 조직한다. 이런 노동자들은 비슷한 규모의 다른 단
일 사업체 노동자들보다 조직하기 더 유리한 조건에 있다. 또, 이 통
계는 사용자의 상당수가 영세하거나 지불 능력이 없는 게 아님을 보
여 준다는 점에서도 의미가 있다. 매출 규모 측면을 봐도, 매출 규모
500억 이상 기업이 피고용자의 37.1퍼센트를 고용하고 있다.[22] 대기업
뿐 아니라 공공부문(정부)도 지불 능력이 있는 사용자에 해당되는데,

2014년 현재 피고용자의 15.7퍼센트가 공공부문에 속해 있다.[*]

한편, 사업장 규모로 봤을 때도 노동자들이 소규모로 분산돼 일한다는 것은 과장이다. 제조업을 살펴보면, 사업체당 평균 종사자수가 1980년대에 비해 줄어든 것이 사실이다. 1980년에는 제조업 종사자의 43퍼센트가 500인 이상 사업체에서 일했는데, 2010년에 그 비중이 21.8퍼센트로 낮아졌다.[23] 그러나 공장의 평균 고용 규모가 줄어든 것은 노동집약적 산업(섬유의류)의 사업장이 줄어들고, 기술집약적 첨단산업(전기전자 등)의 사업장이 늘어난 결과이기도 하다.[24] 평균 고용 규모는 줄었어도 생산성이 높아져 각 공장(에서 일하는 노동자들)의 중요성은 더 커졌다고 할 수 있다. 또한 대규모 사업장 비중은 결코 낮은 수준이 아니다. 제조업 피고용자 5명 중 1명은 여전히 300인 이상 사업장에서 일하고, 8명 중 1명은 1000명 이상 사업장에서 일한다.[25] 주요 산업별로 살펴보면, 2014년 현재 자동차업종 노동자의 51퍼센트, 전자업종 노동자의 44퍼센트, 철강업종 노동자의 48퍼센트, 반도체업종 노동자의 53퍼센트, 디스플레이업종 노동자의 66퍼센트가 300인 이상 사업장에서 일한다.[26] 세계 최대 규모라는 삼성전자 평택 반도체단지나 3만 5000명이 근무하는 현대자동차 울산공장은 여전히 한국 자본주의가 노동자들을 거대 규모

로 집중시켜 놓고 있음을 보여 주는 상징이다.

둘째, 생산의 외주화로 노동자들이 분산된다 해서 산업을 마비시키는 힘이 약화되는 것도 아니다. 대기업이 외주화한 일부 생산공정의 노동자들은 대기업 전체의 생산에 큰 차질을 빚을 수 있다. 이런 하청 공장은 대규모인 경우도 흔하다. 다국적기업들의 글로벌 아웃소싱(외주화)은 동아시아 하청 공장들에 노동자들을 대규모로 집중시켰다. 기존 대공장이 축소되는 한편 노동자들은 새로운 사업장들로 대규모로 집중될 수 있다.

물론 하청의 연쇄 구조 속에는 규모가 작은 사업장들이 많이 있다. 그러나 그렇다고 그냥 노동자들의 힘이 약화되는 것은 아니다. 앞에서 다뤘듯이, 생산의 외주화는 한 사업장에 제한돼 있던 생산이 외부로 확장되는 것을 뜻하기도 한다. 사업장 간 생산이 서로 긴밀히 연결되는 것이다. 이런 생산 네트워크 속에서 한 부분을 점하는 사업장의 노동자들은 소규모일지라도 전체 생산에 영향을 미치는 강력한 힘을 갖게 될 수 있다. 가령 도요타 생산방식의 주요 요소인 적기 납품JIT 시스템에서 이런 효과가 두드러졌다. 적기 납품 방식은 필요한 부품을 필요한 시간에 조립라인에 공급하는 것인데, 단 하나의 부품이라도 제때 공급되지 않으면 생산 전체가 마비될 수 있다.

현대자동차는 이를 업그레이드한 직서열생산just in sequence 시스템을 채택하고 있다. 완성차 생산 공정의 정보를 받아서 실시간으로 필요한 모듈을 생산해 공급하는 것이다. 이 방식은 적기 납품 시스템보다 더 재고가 없는 효율적 시스템이라고 한다. 하지만 바로 그 이유 때문에 생산 네트워크의 한 부분에서 벌어지는 차질이 전체 생산에

즉각적 파장을 미칠 수 있다. 2016년 현대자동차의 2차 협력업체 하나가 납품을 중단하자 현대자동차 울산공장과 아산공장 라인 일부가 중단됐던 사례가 이를 잘 보여 준다. 2차 협력업체인 대진유니텍이 1차 협력업체인 한온시스템(구 한라공조)에 납품을 하지 않자, 생산에 차질이 생긴 한온시스템은 현대모비스에 납품을 하지 못했고, 그러자 현대모비스는 현대자동차에 모듈을 제때 공급하지 못했던 것이다.

이것은 노동자 투쟁에도 함의하는 바가 크다. 소규모 부품 하청 공장 노동자들의 파업이 단지 그 공장의 생산에만 차질을 주는 게 아니라 자동차 생산 전체에 타격을 가할 수 있는 것이다. 이것이 바로 2013년 현대모비스에 납품하는 엠에스오토텍 노동자들의 파업이 빠르게 승리할 수 있었던 비결이었다. 이 파업으로 현대자동차 4공장 차체 부서, 3공장 아반떼 라인, 5공장 2개 라인의 가동이 불안정해졌던 것이다. 바로 이런 이유로 유성기업 사례에서 보듯이 현대자동차가 부품업체 노사관계에 개입하려 하는 것이다. 물론 원청 대기업은 부품 공급선을 복수로 하는 등의 방법으로 이런 상황에 대비할 수 있다. 실제로 현대자동차는 갑을오토텍 노동자 파업 전에 다른 하청업체가 해당 부품을 대체 공급하도록 대책을 마련하고자 했다. 이런 상황은 서로 다른 부품업체 노동자들 간 연대의 중요성을 제기한다.

요컨대 한국 노동계급이 소규모로 분산돼 전과 같은 집단적 힘을 발휘할 기반을 잃은 것은 결코 아니다. 마르크스는 자본주의가 노동자들을 사업장 단위로 대규모로 조직한다는 점에 주목했고, 그 덕분에 사업장이 저항의 구심이 될 수 있다고 지적했다. 한국 노동계급은 급속한 산업화 속에서 놀라운 속도로 대공장, 대규모 산업단지, 대도시로 집중됐고 이것은 1980년대 후반 강력한 투쟁이 분출하는 기초가 됐다. 그 뒤 산업 구조, 생산성, 생산방식 등의 변화로 노동자들이 조직되는 방식도 변화를 겪었지만 사업장 투쟁의 잠재력과 중요성은 여전하다. 노동자들이 생산 지점에 집중돼 있지 않고 소규모로 분산됐다거나 개별로 존재하며 여기저기 떠도는 존재가 됐다는 주장은 노동 현실을 전혀 정확히 설명해 주지 못한다.

3. 노동계급은 분절되고 이질화됐는가?

과장된 양극화론

신자유주의로 노동자들의 분절(조각남)이 심화돼 집단적 힘을 발휘하기 어렵게 됐다는 다양한 주장이 있다. 가장 흔히 들을 수 있는 주장은 정규직과 비정규직 사이의 양극화론이다. 정부와 기업들이 정규직 인력을 감축하고 비정규직 고용과 외주화 활용을 늘린 결과, 비정규직이 급증하고 정규직과의 격차가 증가했다는 것이다. 그래서 노동자들은 정규직과 비정규직으로 "양분"되고 있다고 한다. 정규직은 고용과 괜찮은 임금이 보장되는 "일등 노동시민"이고, 비정규직은 이런 혜택에서 배제된 "이등 노동시민"이라고도 한다.[27] 노동시장이 분절된 것은 새로운 문제는 아니지만, 비정규직이 늘어나고 차별이 증대하면서 노동시장의 기존 분단이 심화되고 노동자의 분절화가 확대되고 있다는 것이다.

노동시장이 분절돼 있다는 이론은 외부의 노동시장과는 독립적으로 운영되는 기업 내부노동시장에 주목한 미국의 경제학자들에 의해

정립됐다(도린저와 피오르, 1971년). 이들은 노동시장이 서로 특성이 다른 직업들로 이뤄지고 작동 원리도 다른 내부노동시장과 외부노동시장으로 분절돼 있다고 주장했다. 내부노동시장(1차 시장)은 고용 안정, 고임금, 승진, 직업훈련이 보장되며, 외부노동시장(2차 시장)은 고용 불안, 저임금, 저기술 직업들로 이뤄져 있다. 이 이론은 처음에 별로 관심을 끌지 못하다가 1980년대 중반 미국과 유럽 등지의 구조조정과 함께 되살아났는데, 이때는 노동 유연화에 시선이 집중됐다. 기업들이 고용 인력을 핵심과 주변으로 구분해 운영함으로써 유연성을 높인다는 핵심-주변 모델(앳킨슨, 1984년)이 널리 인용되고 재생산됐다. 기업들이 다기능을 담당하는 "핵심" 인력에게는 고용 안정과 고임금을 제공하고, 단순 업무는 "주변" 인력에게 맡겨 비용을 절감하고 고용조정이 쉽도록 한다는 것이다. 이것은 '핵심-주변'이라는 이중구조를 제시하지만, 내부노동시장의 재편을 주장한다는 점에서는 기존 이중노동시장론과 차이점도 있다. 한편, 각급의 노동시장도 또 다른 분단선에 의해 분절된다고 보는 이론도 있다. 이런 이론은 기업이 내부 업무의 일부를 2차 노동시장에서 조직하거나, 기업 내부의 직무가 숙련 등의 차이에 따라 나뉘면서 내부노동시장도 분절된다고 한다. 노동시장분절labor market segmentation론은 흔히 1차노동시장의 상층(독립적 직무)과 하층(종속적 직무), 2차 노동시장, 이렇게 세 부분으로 노동시장이 분절돼 있다고 한다(데이비드 고든, 1982년). 그러나 또 다른 사람들은 "주변"을 다시 두 그룹으로 나누거나, 2차 노동시장도 균질적이지 않다며 분절의 세분화를 주장하기도 한다.

노동시장분절론은 한국 진보·좌파 진영 내에도 다양한 버전이 있지만, 기업주들의 신자유주의 공세로 노동시장이 재편됐다고 보는 견해는 대체로 몇 가지 주장들을 공유한다. 우선, 기존 내부노동시장이 축소됐다고 한다. 유연성을 추구하는 기업들이 정규직 노동자를 줄이고, 대신 비정규직 고용을 늘리고 일부 작업은 외주화해 하청 노동력 사용을 늘렸기 때문이다. 이것은 '2차' 노동력 사용이 '외부'에 한정되지 않고 내부노동시장에도 도입된다는 의미다. 이런 점에서 내부노동시장의 축소는 내부노동시장의 분할이라고도 할 수 있다. 또, 기업주들은 축소된 '핵심' 노동력에게는 더 나은 노동조건을 제공하며 높은 생산성과 책임 의식 등을 요구하는 한편, 확대된 '주변' 노동력은 그저 수량적 유연성과 비용 절감을 충족시키는 대상으로 여긴다고 한다. 조직된 내부 노동력을 우회하고 타격을 입히고자 2차 노동력을 이용한다는 주장도 있다. 어쨌든 이런 방식으로 노동시장이 재편되면서, 기업 내부의 정규직과 비정규직 노동자 사이에, 원청 대기업과 하청 중소영세기업 노동자 사이에 격차가 점점 심화된다고 한다.

양극화론은 노동계급 내 분포가 양극단으로 벌어져 서로 점점 멀어진다는 뜻이다. '핵심' 노동자는 조건이 점점 나아지는 반면, '주변' 노동자는 조건이 점점 더 열악해진다는 것이다. 흔히 임금 격차가 이를 뒷받침하는 증거로 사용된다. 2004~2014년 하위 10퍼센트 대비 상위 10퍼센트의 시간당 임금은 5.1배에 달했다.[28] 그러나 가장 흔하게 사용되는 상위 10퍼센트와 하위 10퍼센트 비교 통계는 노동계급 내부의 임금 분포를 파악하는 데는 부적절하다. 모든 임금근

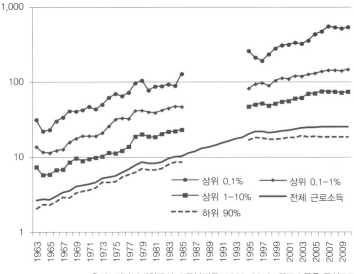

〈그림 7-10〉 소득그룹별 1인당 근로소득 추이 (단위: 백만 원)

출처: 김낙년, "한국의 소득불평등, 1963-2010: 근로소득을 중심으로".

로자(피고용자)를 대상으로 하는 이 통계에서 상위 10퍼센트는 대부분 기업 고위 임원과, 중간 관리자 등 신중간계급에 속하는 사람들이 차지하기 때문이다. 임금소득 통계들을 자세히 살펴보면, 1990년대 말 이후 노동자들은 대부분 임금이 제자리걸음이거나 소폭으로 오른 반면, 기업 최고경영자, 고위 임원과 중간 관리자, 고급 전문가의 임금소득은 대폭 상승했다. 상위 10퍼센트의 임금 비중은 1995년 23.9퍼센트에서 2013년 35.2퍼센트로 늘었는데, 그 증가를 주도한 것은 상위 1퍼센트였다. 이에 대해서는 이 책 1장에서 자세히 살펴봤다. 특히 김낙년 교수의 연구는 그중에서도 상위 0.1퍼센트의 실질 임금이 가장 큰 폭으로 올랐음을 보여 준다. 〈그림 7-10〉을 보면, 2000년 이후 상위 0.1퍼센트만이 뚜렷한 임금소득 상승 곡선을 나

타내고 있다.[29]

위 사실들은 특히 2000년대 이후 임금의 양극화가 누구와 누구 사이에 일어나고 있는지를 잘 보여 준다. 양극의 한 축(상승)을 이루고 있는 것은 명백히 상위 1~5퍼센트 집단이다. 반면 노동자들의 실질임금 인상은 경제 성장이나 노동생산성 증가에 미치지 못했다. 2000~2014년 국가 경제는 누적으로 73.8퍼센트 성장했지만, 전 산업 평균 실질임금은 그 절반인 35.8퍼센트 증가하는 데 그쳤다.[30] 또, 2007~2014년 노동생산성은 12.2퍼센트 증가한 데 반해, 실질임금은 노동생산성의 3분의 1 수준인 4.3퍼센트 상승하는 데 그쳤다.[31] 1장에서 봤듯이, 조직 노동자들도 결코 예외가 아니었다. 이것은 대기업 정규직 조직 노동자들이 양극화의 한 축을 이루면서 나머지 노동자들과 점점 괴리되고 있다는 주장이 그릇된 것임을 뜻한다. 임금 상위 10퍼센트를 나머지와 비교하는 통계는 1~5퍼센트 집단과 나머지 사이의 큰 임금 격차를 감추는 동시에, 노동계급 내 상위 집단의 임금 수준을 과장하는 효과도 낸다. 박근혜 정부는 노동개혁을 추진하면서 "상위 10퍼센트"를 암묵적으로 대기업·공공부문의 정규직 조직 노동자들과 등치시키기도 했다. 계급 간 불평등을 감추고, 불평등의 본질이 노동자 내부의 불평등인 것처럼 슬쩍 바꿔치기를 한 것이다.

정규직과 비정규직의 임금을 비교하는 통계는 비정규직의 열악한 조건을 보여 주는 장점이 있다. 그러나 비정규직 범주에 종사상 지위가 낮은 경우도 포함된다는 점, 여성·청년·노인의 비정규직 비율이 높다는 점 등을 고려하면, '비정규직의 임금은 정규직의 절반'이라는 통계는 고용 형태에 의한 격차를 과장할 위험이 있다. 대기업과 중소영세기업 노동자의 격차 통계도 산업과 피고용자의 특성이 함께 고려되지 않다 보니 격차 증감의 원인을 정확히 알기 어렵다. 가령 1980년대 이전에는 기업 규모별 임금 격차가 지금만큼 크지 않았다. 그러나 그것이 더 평등한 상태를 뜻하는 것은 아니었다. 1972년 노동청이 발행한 《근로자 임금실태 조사보고서》를 보면, 500인 이상 사업장의 임금이 500인 이하 사업장보다 오히려 조금 낮았는데, 그 이유는 500인 이상 사업장에 여성 노동자 비율이 높았기 때문으로 드러났다.[32]

물론 노동계급 내부에 차이가 없는 것은 아니다. 자본주의의 불균등, 부와 권력의 위계질서가 노동자들 사이의 불균등으로 이어지기 때문에 노동자들 내부의 차이는 자본주의 내내 상존해 왔다. 후진성이 크고 노동기본권이 제대로 보장되지 않는 나라일수록 격차가 더 크다. 특히 신자유주의 하에서 노동조건에 대한 공격과 노동조합에 대한 탄압이 지속돼 격차 증대 압력이 더 커졌다. 신자유주의 공격이 강화되면서 1987년 이후 축소돼 온 학력별 임금 격차나 남녀 임금 격차도 더는 줄어들지 않고 있다. 〈그림 7-11〉에서 보듯이, 고졸과 대졸의 임금 격차는 1985~1995년 빠르게 줄다가 그 이후 제자리걸음이고, 남녀의 임금 격차는 1980~2000년 계속 감소하다가 그 뒤 감소세를 멈춘 상황이다.[33] 비정규직 차별이 심각한 것은 명백하다. 그러나 노동계급 내부가 양극으로 벌어지고 있는 것은 아니다. 노동계급 내 한편에는 처지가 점점 좋아지는 특권층이 생겨나고 다른 한편에는 처지가 점점 열악해지는 다수가 존재해 서로 유리되고 있다는 이미지는 명백한 과장이다.

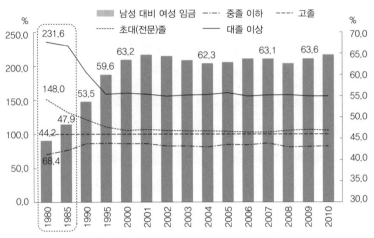

〈그림 7-11〉 성별·학력별 임금 격차 추이 (1980~2010년)

주: 임금 총액 기준(임금 총액=정액 급여+초과 급여+전년도 연 특별급여/12).
출처: 《압축성장의 고고학 - 사회조사로 본 한국 사회의 변화 1965~2015》.

정규직의 호조건은 비정규직 희생의 대가인가?

특히 더욱 문제가 되는 것은 '핵심' 노동자(또는 내부자)의 괜찮은 조건이 '주변' 노동자(또는 외부자)의 희생을 대가로 한 것이라는 관점이다. 이런 생각은 자유주의자들은 물론 노동운동 내 좌파까지 넓게 퍼져 있다. 〈한겨레〉 조계완 기자는 이렇게 주장한다. "경쟁이 격화될수록 노동자들은 중심/주변으로 나뉘고, 이런 '분할지배체제'에서 중심은 주변부 노동자들의 희생과 배제에 기대어 상대적 고임금과 고용안정을 누린다."[34] 정규직은 고용조정의 충격을 완화해 줄 '범퍼'인 비정규직 채용과 유지에 이해관계를 갖는다고 한다. 또, "비정규직 착취에서 발생한 독점적 지대를 정규직과 자본이 나눠갖"는다고도 한다.[35] 이런 주장은 '핵심'(대기업 정규직 노동자)과 '주변'(비정규직과 중소영세하청 노동자) 노동자들 사이의 이해관계가 대립되는 한편, 대기업 사용자와 정규직 노동자 사이에는 공통의 이해관계가 있는 것처럼 가정하고 있다.

그러나 이것은 참말이 아니다. 첫째, 기업주들이 '주변' 노동자들을 광범하게 사용하는 대신 소수의 '핵심' 노동자들에게 특권적 지위를 보장하고 있는 것은 아니다. 기업들이 "정규직에게만 큰 몫을 나눠주고 대신 비정규직의 저임금을 기초로 이윤을 남기고 있다"는[36] 주장은 마치 대기업 정규직 노동자들이 착취 없는 꿈의 일터에 있는 듯한 착각을 준다. 그러나 최근 몇 년의 경험만 돌아봐도 대기업·공공부문 정규직 노동자들의 조건이 순탄하게 보장되지 않았음을 알 수 있다.

많은 사람들의 기억 속에 커다란 충격을 남긴 2009년 쌍용차 사태가 보여 줬듯이 정리해고의 칼날은 정규직을 피해 가지 않았다. 2016년 조선업 구조조정 과정에서도 비정규직은 물론 정규직도 '희망'퇴직이나 분사화 등의 형태로 고용조정의 대상이 됐다. 한 조사에 따르면, 기업들은 구조조정 방식 1순위로 정규직 인원 감축을 중시하는 것으로 나타났다.[37] 정규직 인원 감축을 중시한다고 응답한 사업체의 80퍼센트가 실제로 그것을 실행한 것을 보면 이것이 단지 말뿐인 것은 아님을 알 수 있다. 물론 인원 감축은 정리해고보다는 주로 희망퇴직이나 명예퇴직 방식으로 이뤄지지만, '희망'이나 '명예'는 기만적 수사일 뿐이다. 지난 수년 동안 공공부문 노동자들에 대한 임금과 노동조건 공격도 지속됐다. '특권'적으로 보이는 각종 수당을 삭감하더니, 연공급제를 폐지하고 성과급을 도입하는 임금체계 개편을 추진하고, 성과에 따른 퇴출제를 도입해 고용 안정도 보장하지 않으려 한다. 공무원들의 미래 임금인 공무원연금을 개악한 것도 그런 사례다.

일부 사람들은 기업주들이 핵심-주변으로 노동력을 나누고 차별해 노동계급을 분할하는 전략을 사용하고 있다고 주장한다. 물론 기업주들은 노동조합을 우회하거나 약화시키려고 '주변' 노동력을 늘리는 한편 '핵심' 노동자들의 조건을 보장·개선해 주는 책략을 쓸 수 있다. 그러나 이것이 지속적이고 안정적으로 추진되는 포괄적 전략이 되기는 어렵다. 날로 격화되는 국제 경쟁 속에서 고용주들은 그럴 여력이 많지 않기 때문이다. 아무리 재벌 기업이라도 마찬가지다. 재벌이 국가의 지원으로 특정 분야에서 지배적 지위를 차지하게 됐다고 해도 국내외 자본의 경쟁 압력을 피할 수 있는 것은 아니다. 특히, 세계화된 오늘날에는 일국 산업 내에서 막강한 위치를 차지하는 기업집단들조차 외국 경쟁자들과 치열한 경쟁을 벌어야 한다. 독점이론을 받아들이는 사람들은 흔히 자본 간 경쟁이라는 요인을 간과함으로써 이런 점을 놓치기 쉽지만 말이다. 이런 경쟁 압박 때문에 특히 경제 위기 시기 대기업들은 결국 정규직 노동자들을 공격할 수밖에 없다.

그래서 기업들은 '2차' 노동력을 사용하는 대신 '핵심' 노동자들에게는 좋은 조건을 제공하기는커녕, 흔히 '2차' 노동력 활용과 함께 '핵심' 노동자들의 노동력도 더 효율적이고 강도 높게 사용하고자 한다. '2차' 노동이 광범하게 도입된 곳들에서 많은 '핵심' 노동자들이 교대제와 연장근로에 투입되고 있는 것이 이를 잘 보여 준다. 기업주들은 연장근로와 휴일근로 등에 수당마저 지급하지 않으려고 근무 시간 유연화를 추진하고 있다. 성과 측정과 그에 따른 급여 비율이 늘고 있다는 것도 또 다른 사례다. 고용주들은 비정규직·중소하청 노동자들을 도입하거나 그들의 노동조건이 낮게 유지돼야 정규직 노동자들의 조건이 보호될 수 있다고 이간질하기도 한다. 그러나 노동 조건이 나쁘고 고용이 불안정한 노동자 집단의 유입은 흔히 기존 노동자들의 조건 하락을 압박하지, 그 반대가 아니다. 설사 정규직 노동자 가운데 일부가 비정규직을 사용자 측 공격의 완충지대로 여기 더라도 그것은 허위의식이나 착각이지, 객관적 진실이 아니다.

일부 사람들은 기술 발전 덕분에 '핵심-주변'의 분할 체제가 가능 해졌다고 주장하기도 한다. 기계화·표준화로 단순해진 업무에 '2차' 노동력을 광범하게 사용(비정규직 활용과 외주화)하고, 기업 내부 에는 소수의 '핵심' 역량만 둘 수 있게 됐다는 것이다. 그 결과 '핵심' 일자리를 제외한 대부분의 일자리는 가치가 떨어지고 노동자들 의 조건은 열악해진다고 한다. 그러나 기술 발전에 따른 숙련도의 변화로 소수는 '핵심' 노동자가 되고 다수는 '주변' 노동자가 되는 양극화가 심화됐다고 보는 것은 지나친 단순화다. 물론 노동과정 에 신기술이 도입되면 노동자들에게 요구되는 기술 수준을 떨어뜨 리고 노동력의 가치를 저하시킨다. 19세기 영국 노동자들이 방적기 도입에 저항한 것은 그 때문이었다. 그러나 기술 발전이 지속적으 로 노동자들을 약화시키기만 하는 것은 아니다. 기술 발전은 일부 노동자들을 약화시켰지만 일부 노동자들을 성장시켰다. 그리고 이 것이 양극화로 귀결되지도 않았다. 왜냐하면 기술 발전으로 형성된 새로운 숙련 직종 역시 머지않아 탈숙련 과정을 겪기 때문이다. 한때 독점적 지위를 누리던 신기술이 시간이 지남에 따라 확산되면 훨씬 덜 숙련된 더 많은 노동자들이 그런 작업을 해낼 수 있게 된다. 이렇게 숙련 노동이 시간이 지남에 따라 미숙련 노동으로 환원되는 과정이 끊임없이 반복된다. 그래서 이탈리아 출신의 세계적 마르크스주의 경제학자 굴리엘모 카르케디는 "어느 시점에서든 우리는 하나의 경향(탈숙련화)과 그 상쇄 경향(신규 숙련 직종의 출현)을 모두 볼 수 있다"고 했다.[38]

또, 비정규직과 하청 노동, 이른바 '주변' 노동을 비숙련 노동과 등치시키는 것도 부정확하다. 외부화된 업무가 모두 별 기술이 필요하지 않은 단순 노동인 것은 아니다. 기업들이 외부화하는 업무 중에는 숙련 기술을 요하는 것도 많다. 또, 기업 내부의 정규직 노동자들이 하는 것과 별로 다를 바 없는 업무에 비정규직과 하청 노동력을 활용하는 경우도 흔하다. 왼쪽 바퀴를 정규직이, 오른쪽 바퀴를 비정규직이 조립하는 식으로 말이다. 최근에 기업들은 차별을 은폐하기 위해 직무를 나누지만 이것은 숙련 수준을 반영하는 것이 아니다. '주변=비숙련'이라는 등식은 비정규직이나 하청 노동자들이 별 숙련이 필요 없는 일을 하는, 언제든 대체 가능한 노동력이라는 함의를 갖는다. 따라서 기업에게 별로 중요하지도 않고 그러다 보니 협상력도 없는 취약한 집단이라고 보기 쉽다. 그러나 전체 생산 과정에서 그들이 하는 업무는 결코 '주변'적이거나 중요도가 떨어지지 않는다. 예를 들어, 앞에서 살펴봤듯이 자동차 부품 하청업체 노동자들이 수행하는 업무는 완성차 원청 기업에 절대적으로 중요하다. 부품 생산의 차질은 완성차 조립 차질로 곧장 이어진다. 그래서 원청 기업은 하청 기업들에 대한 체계적 관리를 통해 노동 통제가 이완되지 않도록 애쓴다. 기업주들이 비정규직과 하청 노동자를 많이 활용한다는 것은 그들에 대한 의존이 높다는 것이고, 그런 노동력을 안정적으로 관리하는 데 관심을 기울일 수밖에 없다는 뜻이다. 그래서 원청 기업은 흔히 생각하는 것처럼 하청 노동자들을 일회용으로 생각하지 않고, 이직을 줄이고 장기근속을 유도하기 위해 처우 개선에 나서기도 한다. 예를 들어, 하청 노동자 비중이 높은 조선업의 경우 원청 대기업들은 사내하청 노동자가 동일한 원청업체에 지속 근무할 경우 정규직 수준에 근접하는 기업 복지를 제공한다. 5년 이상 근무 시 자녀의 대학 학자금까지 지원하는 식이다.[39]

요컨대, 기술 발전 덕분이든, 이간질을 통한 각개격파를 위해서든 기업주들이 '주변' 노동자들의 희생과 배제를 대가로 '핵심' 노동자들에게 안정과 풍요를 베풀고 있는 것은 아니다. 기업주들은 노동계급의 분열을 부추겨 약화시키고 싶겠지만, '이중구조'는 위에서 제시한 이유들 때문에 노동계급을 영속적으로 분할시킬 만큼 안정적으로 구축되기 어렵다. 이런 어려움은 노동자들의 저항 때문에 더욱 가중된다. 특히 비정규직 노동자들의 투쟁은 노동시장에서 강요되는 불리한 조건이 어쩔 수 없는 것이 아니라 도전할 수 있는 것임을 보여 준다.

둘째, '핵심' 노동자들의 상대적 고임금은 '주변' 노동자들의 초착취로부터 나오는 것이 아니다. 안타깝게도 진보·좌파 진영의 많은 사람들이 대기업·정규직 노동자들이 더 나은 임금을 받는다는 사실로

부터 그들이 중소하청기업·비정규직 노동자의 저임금에서 이익을 얻는다든지, 심지어 중소하청기업·비정규직 노동자들을 착취하는 데 가담하고 있다는 주장을 이끌어 낸다. 즉, 대기업은 비정규직과 중소하청기업 노동자들에 대한 착취를 강화해 이윤을 획득하고, 대기업 노동자들은 그에 기초해 고임금을 확보한다는 것이다. 대기업은 정규직 노동자들에게 후한 임금을 주고 그들을 매수함으로써 비정규직과 중소하청기업에 비용을 전가하는 체제를 유지한다고 한다. 이런 논리는 대기업·정규직 노동자들이 임금 인상을 요구하면 결국 그 대가를 비정규직과 중소하청기업 노동자들이 치르게 된다는 주장으로까지 이어진다. 대기업이 그 비용을 비정규직과 중소하청기업에 전가하고, 하청기업은 결국 자기 기업 노동자들을 더 쥐어짜게 된다는 것이다.

이런 주장들은 대개 독점이론에 기대고 있다. '독점자본주의' 아래에서 대기업은 진입 장벽과 경쟁의 제한이라는 조건 덕분에 '초과이윤'을 누리고, 경쟁은 주로 소기업들에만 영향을 미친다고 한다. 그 결과 이윤율이 전혀 다른 '이중' 경제, 즉 독점기업의 높은 이윤율과 규모가 작고 경쟁이 심한 취약한 부문의 낮은 이윤율이라는 위계가 나타난다는 것이다. '공정'한 경쟁이 작용하지 못하게 하는 국가 권력 덕분에 독점기업은 '불공정' 거래를 일삼으며 이익을 얻는데, 이와 같은 독점기업의 초과이윤이 바로 대기업 정규직 노동자들의 고임금의 원천이라는 것이다.

박태주 교수는 《현대자동차에는 한국 노사관계가 있다》라는 책에서 현대차 노동자들의 고임금에 대해 이렇게 주장했다. "현대차 노동자들의 높은 임금에는 부를 창조한 대가 외에도 다른 노동자들이 만든 부를 이전한 몫이 포함돼 있다. 현대차에 근무한다는 것은 회사가 독점이윤으로 벌이는 잔치에 초대받았다는 의미다." 성장의 열매가 하청으로 흐르지 않는 상황에서 현대차 노동자들은 "다른 사람의 노동을 가로챈다는 혐의"가 있다. 말하자면, 현대차 노동자들의 높은 임금은 "독점가격이나 협력업체와의 불공정한 원하청 관계에서 발생하는 수익에 편승"한 것이자 "다른 노동자들의 희생을 포함"하는 것으로, "노동의 정당한 대가"가 아니다. "하청이나 사내하청 노동자의 낮은 임금이 정규직 노동자의 밥그릇이다."[40]

그러나 독점이 초과이윤을 보장하고 그에 따라 독점기업 노동자들이 고임금을 누린다는 주장은 서구에서 장기 호황(1940년대부터 1960년대까지)이 끝나면서 경험의 도전에 직면했다. 소수 거대 기업이 지배하는 산업들은 평균 이하의 이윤과 국내외 경쟁 격화를 겪었고, 수익성 위기에 직면한 대기업들은 내부 노동자들의 조건을 공격하는 데 점점 더 관심을 기울였다. 사실, 이것은 국가자본주의가 절정에 이른 20세기 중반(1930년대부터 1970년대까지)에도 마찬가지였다. 당시 국가의 지원을 받아 특정 산업부문에서 지배적 지위를 차지하던 기업들조차 국내외 자본의 경쟁 압력을 피할 수는 없었다. 많은 마르크스주의 경제학자들은 독점이 경쟁을 대체하고 초과이윤을 보장한다는 주장을 반박했다. 특히, 아르헨티나 마르크스주의자 알레한드로 다바트는 미국 대기업들이 평균이윤 이상을 얻지 못했음을 실증적으로 보여 줬다. 앞서 언급된 바 있는 굴리엘모 카르케디는 크고 선진적 기술을 가진 자본 단위들이 시장의 큰 부분을 차지하는 현실을 가치법칙의 틀 내에서 설명했다. 대자본의 지배력이 큰 오늘의 현실을 독점과 경쟁의 종식으로 (그래서 가치법칙이 폐기된 것으로) 보지 않고, 과점과 "새롭고 낡은 형태의 경쟁"으로 설명한 것이다.

사실, 소수 대기업의 존재가 경쟁을 제한하고 초과이윤을 보장한다는 개념은 신고전파 경제학의 '완전경쟁'을 뒤집어 놓은 것이나 마찬가지다. 신고전파 경제학에서 '완전경쟁'은 시장에 오직 매우 많은 소기업들이 존재할 때만 가능하다. 이것의 일탈인 '독점'은 자본 이동의 장애, 기술의 차이, 평균보다 높은 이윤율 등을 낳는다고 한다. 그러나 실제 자본주의 경쟁은 '완전경쟁'의 이상 세계와 일치하지 않는다. 자본주의 경쟁은 지속적 기술 혁신(점증하는 기계화)을 통해 자본 간 사활적 투쟁을 해 왔다. 말하자면, 경쟁의 종식이 아니라 오히려 경쟁이야말로 기술 조건의 차이나 기업 간 이윤율 차이의 이유가 된다. 대기업들은 경쟁 압박 때문에, 특히 세계 시장에서 유력한 지위를 차지하고자 선진 기술을 대규모로 투입한다. 막대한 자본을 쏟아붓는 이 같은 설비 투자는 노동생산성을 향상시킨다. 그러면 해당 부문의 평균생산비 이하로 생산비를 낮출 수 있어 일시적 초과이윤을 얻게 된다. 그러나 기술혁신이 다른 자본들에게로 일반화되면 초과이윤은 상쇄된다. 물론 이것은 자본 간 불균등이 사라진다는 것을 뜻하지는 않는다. 기술혁신에 성공했던 자본은 초과이윤이 상쇄됐더라도 이미 획득한 초과이윤으로 생산성을 더한층 높이는 투자를 할 수 있다. 이런 식으로 보면, 경쟁과 축적 압력이라는 자본주의 동역학 외에 부등가 교환이나 불공정 거래, 또는 이를 가능하게 하는 "독점적 시장권력" 따위의 개념을* 도입하지 않아도 자본주의의 불균등 발전을 이해할 수 있다.

기술혁신을 통한 노동생산성 향상은 지금 우리가 살펴보고 있는 문제, 즉 대기업 노동자들의 고임금이 어디에서 나오는가 하는 문제의 검토에 중요한 의미가 있다. 대기업 노동자들의 상대적 고임금이 저임금 노동자들의 희생의 대가가 아니라 노동생산성 증대에 따른 단위노동비용 절감 덕분임을 보여 주기 때문이다. 생산성이 증대되면 노동자들은 전보다 더 적은 시간에 자신의 생계 유지비만큼의 가치를 생산할 수 있다. 그래서 다른 조건이 일정하다면, 노동생산성이 높을수록 착취율도 높다. 가령 어느 기업의 기술혁신으로 노동자들이 생계 유지비만큼의 가치를 생산하는 데 걸리는 시간이 4시간에서 2시간으로 줄었다고 치자. 노동자들이 계속 똑같은 시간을 일하고 임금도 같다면, 자본가들이 가져가는 잉여가치 몫이 2시간분만큼 더 늘어나게 된다. 단위노동비용이 낮아진 조건에서 자본가들은 노동자들에게 임금을 조금 더 올려 주더라도 전보다 더 많은 잉여가치를 착취해 갈 수 있다. 이것은 생산성이 높은 기업과 낮은 기업 간의 비교에도 똑같이 적용할 수 있다.

한국 기업들의 노동생산성은 기업 규모에 따라 큰 차이가 난다. 대기업들은 1990년대 초반 이후 변화하는 경제 환경 속에서 설비 투자를 엄청나게 늘렸다. 그에 따라 노동생산성이 크게 향상되면서 중

---

* 전국금속노조 노동연구원, "재벌개혁을 위한 원하청 불공정거래 규율 방안"(2012)은 재벌 대기업의 문제를 "경제력 집중과 독점적 시장권력 지위"에서 파생되는 원하청 "불공정거래"로 규정하고 있다.

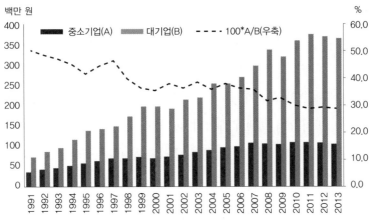

〈그림 7-12〉 제조업 대기업과 중소기업의 노동생산성 비교

출처: 《2015 기업규모별·업종별 노동생산성 분석》, 한국생산성본부, 2015.

〈표 7-4〉 제조업 대기업과 중소기업의 임금과 노동생산성 격차

	대기업	중소기업	대/중 비율
월평균 임금	521만 원	280만 원	1.86
노동생산성	3억 6400만 원	1억 700만 원	3.4
총매출 중 인건비	7.7%	15%	1/2
2001~2013년 노동비용 증가율	1.8%	3.4%	1/2

출처: 장하성, 《왜 분노해야 하는가》, 헤이북스, 2015.

소기업과의 격차는 점점 더 벌어졌다. 한국생산성본부의 분석 결과를 보면(그림 7-12), 제조 중소기업 노동생산성은 1991년 대기업의 약 50퍼센트 수준에서 2013년 30퍼센트 밑으로 떨어졌다.[41] 제조 대기업의 노동생산성이 1991년 중소기업의 2배에서 2013년 3배 이상으로 높아진 것이다. 앞에서 살펴봤듯이, 노동생산성이 높으면 노동시간당 잉여가치가 크고 따라서 착취율도 높다. 이것은 대기업 노동자

들의 임금이 중소기업 노동자들보다 높더라도 착취는 더 많이 당할 수 있음을 뜻한다. 실제로 통계를 살펴보면, 제조 대기업 노동자들의 평균임금이 중소기업보다 높지만, 대기업이 노동자들에게 분배한 비율은 중소기업이 노동자들에게 분배한 비율보다 더 낮다. 2013년을 기준으로 살펴보면, 제조 대기업의 노동생산성은 중소기업의 3.4배이고, 임금은 1.86배다. 제조 대기업이 노동자들에게 인건비로 분배한 비율은 총매출의 7.7퍼센트로, 중소기업이 노동자 인건비로 분배한 15퍼센트의 절반에 불과하다.[42] 노동소득분배율을 봐도 대기업의 노동소득분배율이 전체 노동소득분배율보다 낮은 것으로 나타난다. 한국의 노동소득분배율은 59.7퍼센트인데, 20대 기업의 노동소득분배율은 50퍼센트도 되지 않았다.[43]

위 사실들은 대기업 정규직 노동자들이 자기 기업주가 중소기업 노동자들을 초과 착취한 결실을 나눠먹기는커녕 중소기업 노동자들과 꼭 마찬가지로 착취당한다는 것을 보여 준다. 오히려 대기업 노동자들이 자신이 생산한 부 가운데 더 많은 비율을 기업주에게 빼앗기고 있다. 이처럼 착취 관계 속에서 같은 처지, 착취당하는 위치에 있기 때문에 대기업 정규직 노동자들과 중소하청기업·비정규직 노동자들은 비록 서로 격차가 있고 조건이 다르더라도 단결할 수 있다. 착취하는 자들에 맞서 노동자들의 조건을 방어하는 데서 이해관계가 일치하기 때문이다. 반면 대기업 정규직 노동자들이 비정규직·중소하청기업 노동자들의 저임금과 고용 불안에서 이득을 얻는다고 본다면, 두 집단 사이의 단결은 불가능하다고 여길 수밖에 없다. 이렇게 보는 사람들은 노동계급의 단결을 위해 필요한 것은 자비심이라고 여길 수밖에 없다. 여기서 잘 드러나듯이, 체제의 동역학에서 비롯하는 노동계급의 이해관계를 아는 것이 그 잠재력을 이해하는 데 매우 중요하다.

나눔 연대가 아니라 투쟁 연대가 필요하다

대기업 정규직 노동자들의 상대적 고임금이 나머지 노동자들의 희생으로 얻어진다는 주장은 변변한 근거가 없다. 대기업 정규직 노동자들이 "정당한 대가" 이상을 받고 있고, 그들이 고임금을 포기했다면 비정규직·중소기업 노동자들의 처지가 더 나아졌을 것이라는 견해는 도덕주의적인 데다 계급투쟁에 대한 이해 결여를 보여 준다. 이런 주장은 마치 한 사회의 생산 제한 안에서 임금 정량이 정해져 있고, 그래서 노동자 한 부문이 '정당한' 수준 이상으로 임금을 올리려하면 그 반작용으로 다른 부문이 피해를 볼 뿐이라는 가정을 깔고있다. 이것은 일종의 '임금철칙설'이다.

1865년 마르크스가 신랄하게 비판한 존 웨스턴이 임금철칙설을 주창했다. 웨스턴은 인구 압력 때문에 임금이 육체적 생존에 필요한 최저 수준 이상으로 오를 수 없다고 주장했다. 따라서 임금을 올리려는 노동조합 운동은 무익하거나 해로울 뿐이라고 했다. 웨스턴은 공상적 사회주의자 로버트 오언 지지자였는데, 오언은 영국에서 전국노동조합대연합 창립을 주도했지만, 협동조합 방식을 옹호하며 노동자 파업에 반대했다. 마르크스는 1865년 존 웨스턴의 주장을 조목조목 비판하는 강연을 했는데, 그것이 나중에 《임금, 가격, 이윤》

이라는 소책자로 출판됐다. 마르크스는 그 연설에서 생존 임금은 임금이 더 내려갈 수 없는 "궁극적 한계"일 뿐이라며 "[노동력의 가치는] 이런 육체적 요소 외에도 각 나라의 전통적 생활수준에 의해 결정된다"고 했다. 이 생활수준에는 "단순한 육체적 생활의 욕망 충족뿐 아니라 사람들이 살아가고 자란 그 사회의 조건으로 말미암아 생겨나는 그런 욕망의 총족도 포함된다." "이윤에 관해 말하자면, 그 최저 한도를 결정하는 그 어떤 법칙도 존재하지 않는다." 결국 임금 수준은 "투쟁 당사자들[자본가와 노동자]의 상대적 힘의 문제로 귀착된다." 노동자가 창출한 가치가 "노동자와 자본가가 각각 자기 부분 또는 몫[임금과 이윤]을 끌어내야 할 유일한 밑천"이고, "한쪽이 더 많이 받으면 그만큼 다른 쪽은 적게 받게 되는" 반비례 관계다. 그러므로 다른 조건이 동일하다면, 착취율이 하락하면 이윤율이 내려가고 착취율이 올라가면 이윤율이 올라간다. 마르크스는 임금 인상 무용론을 비판하는 이 연설을 통해, 노동자들이 임금 인상을 통해 생활수준을 개선할 수 있고 이는 자본가와의 투쟁에 달려 있다고 강조했던 것이다. 임금 인상 시도가 노동자들 사이의 제로섬게임으로 끝나게 되는 것이 아니라는 것이다.

대기업 정규직 노동자의 상대적 고임금이 비정규직과 중소하청기업 노동자들의 희생을 대가로 하는 것이라는 생각의 밑바탕에는 계급투쟁이 소용없(고 심지어 해롭)다는 생각이 깔려 있다. 임금 수준을 계급투쟁의 산물이라고 보지 않는 것이다. 그래서 모종의 '공정한 몫'을 상정하고는 '이기적인' 대기업 정규직 노동자들이 그보다 많이 가져가는 것이 문제를 낳는다고 본다. 이런 관점에서는 결국 대기업 정규직 노동자들이 자기 조건을 지키려거나 개선하려는 투쟁을 해로운 것으로 여기게 된다. 그것이 다른 노동자들의 희생을 지속 또는 가중시킬 테니 말이다. 대기업 정규직 노동자들이 임금을 비롯한 조건 개선 투쟁을 자제해야 한다는 생각이 노동운동 안에조차 상당히 퍼져 있는 것은 이 때문이다. 그렇지 않아도 신자유주의가 노동자들의 분절(파편화)을 심화시킨 마당에, 대기업 정규직 조직 노동자들이 임금에 '연연하는' 투쟁을 하면 노동자들 사이의 격차만 더 벌리고, 조직 노동자들은 점점 더 고립된다는 것이다. 이런 논리는 대기업 정규직 노동자들의 임금 투쟁은 "승리하는 순간 패배하는 것"(박태주 교수)이라든지 "성공의 역설"(〈한겨레〉) 같은 냉소적 표현들에서 잘 드러난다.

이런 견해는 위험한 정치적 결론으로 이어지기 쉬운데 양보론이 그것이다. 즉, 비정규직·중소하청기업 노동자들의 노동조건이 개선되려면 정규직이 어떻게든 양보해야 한다는 것이다. 이것은 잘 조직된 노동자들이 열악한 조건의 노동자들을 조직하고 함께 싸우는 '투쟁의 연대'가 아니라, 노동자들 사이의 '나눔의 연대'를 지향한다. 또, 노동자 부문들이 '각개약진'하는 '무질서'한 투쟁이 아니라 상층 지도부가 부문의 협소한 이해를 초월해 개혁 프로그램을 추진하는 것을 중시한다.

그러나 이것은 노동자들 사이의 격차를 줄여 동질성을 회복하고 노동계급을 강화하는 전략이 될 수 없다. 그 이유는 이렇다. 첫째, 나눔 연대 방식에 기초한 대안들은 하나같이 상대적 고임금층의 임금 억제를 전제로 하는데 이것은 노동계급 전체의 조건을 내리누르는 힘으로 작용한다. 노동운동 내에서 주목받는 스웨덴 연대임금 모델은 흔히 임금 격차를 줄인 균등화 정책으로 알려져 있지만, 본질적으로 경제 안정과 국제경쟁력을 위해 인플레를 잡기 위한 임금 억제 정책이었다. 스웨덴 모델 연구가인 신정완 교수는 이렇게 지적한다. "연대임금 정책은 노동자들 내부의 임금격차를 줄이는 효과를 냈지만, 노동과 자본 간의 기능적 소득분배의 측면에서는 노동 측의 임금소득 증가를 억제하는 성격을 띠고 있었[다.]"* 이런 사실은 노동소득분배율이 악화되고 있는 현재 한국에서, 더구나 착취율을 한층 높이고자 정부와 기업주들이 고임금층 임금 공격에 나서고 있는 지금, 스웨덴 연대임금 모델이 진정한 대안이 되기 어렵다는 것을 보여 준다.** 임금 격차 해소 방안으로 진보학계 일부에서 제시하는 대안적 직무급제 모델도 노동자 일부의 임금 하락을 가져오는 것으로 나타난다. 한 연구 결과를 보면, 특히 남성, 중장년층, 대졸 노동자의 임금이 각각 21퍼센트, 22퍼센트, 26퍼센트 하락하는 것으로 나타났다. 그래서 대안적 직무급제를 도입하려면 손해 보는 노동자 부문을 설득하는 게 중요하다고 한다.[44]

그러나 대기업·공공부문 정규직 노동자들이 '특권'을 내려놓아야 한다는 주장을 가장 반길 사람들은 바로 대기업 경영자들과 정부일 것이다. 그들은 노동시장 이중구조론을 이용해서 비정규직·중소하청 기업 노동자들의 열악한 처지를 근거로 대기업·정규직·조직 노동자들의 "과보호"를 공격해 왔다. 이것은 세계 여러 정부들이 이용하는 방

---

* 더 자세한 내용은 신정완, 《임노동자기금 논쟁과 스웨덴 사회민주주의》, 여강, 2000을 참고하시오.

** 더 자세한 내용은 김하영, 《임금, 임금격차, 연대》, 노동자연대, 2016, 68~81쪽을 참고하시오.

법으로, OECD가 한국 정부에 적극 조언한 것이기도 하다. OECD 는 《한국경제 보고서(2016)》에서 노동시장 이중구조를 타파하려면 "정규직 근로자에 대한 고용보호를 줄여야 한다"고 강조했다. 그러면서 노동자 이간질 전술까지 제시했다. "고용보호 완화는 정규직 근로자들의 강력한 반발에 부딪히고 있다. 한 가지 해결 방안은 신규 직원에게는 고용보호를 완화하고 기존 직원에게는 … 현행 고용보호 조치를 유지하는 것 … 이와 같은 이원적 접근은 일부 남유럽 국가에서 성공적으로 이루어졌다."[45]

그러나 국제노동기구가 조사한 결과를 보면, OECD 조언대로 정규직 보호조항을 약화시킨 나라들에서는 비정규직의 처지가 하나같이 더 나빠졌다. 또, OECD가 조언한 "이원적 접근"은 노동시장 이중구조를 타파하기는커녕 노동자들 내부에 이중·삼중의 층을 만들 뿐이다. 한국 대기업이나 정부는 이미 이원적 접근을 시도해 왔다. 가령 현대·기아차가 신입사원들에게 특정 수당을 지급하지 않는 것이라든지(이중임금제), 정부가 공무원연금 개악을 신규자들부터 적용한 것이 그런 사례다. 이런 사실들은 대기업 정규직 노동자들이 자기 조건을 지키려 투쟁하면 나머지 노동자들이 희생되는 게 아니라 오히려 정반대임을 보여 준다. 즉, 정규직 노동조합이 노동조건을 온전히 지키지 못하고 불가피하지 않은 양보를 할 때 노동자 내부의 분할이 심해지고, 나머지 노동자들의 노동조건도 더 악화된다는 것이다.

'조직된 부문이 잘 싸워서 전체 노동자의 조건을 끌어올린다는 것은 옛말이 됐다'는 주장은 사실이 아니다. 여전히 조직된 부문이 자기 조건을 방어할 수 있는지 없는지가 나머지 노동자들의 조건에 중요한 영향을 미친다. 현대자동차나 주요 공공부문의 노동조합들은 여전히 기준 설정자 구실을 한다. 2000년부터 최근까지 임금 추이를 살펴봐도, 대기업·정규직 노동자들과 비정규직·중소하청기업 노동자들의 임금은 비록 격차가 좁혀지지는 않았지만 등락을 함께해 왔다. 〈그림 7-13〉을 보면, 오를 때 함께 오르고 정체할 때 함께 정체했음을 알 수 있다. 대기업·정규직 노동자들의 임금 인상이 비정규직·중소하청기업 노동자들의 임금 인하로 이어진다는 것은 참말이 아니다. 노동자 한 부문의 승리는 다른 부문에도 이익이다. 한 부문의 투쟁을 다른 부문의 노동자들이 지지하고 연대해야 하는 이유는 고상한 도덕론 때문이 아니라 계급 이해관계 때문이다. 마르크스가 "만국의 노동자여, 단결하라"고 했던 것은 한 나라 노동자들의 승리가 (경쟁 관계인 듯이 보이는) 다른 나라 노동자들에게도 이익이 된다는 뜻이었다.

대기업 정규직 노동자들이 기업주의 공세로부터 자신의 노동조건을 지키고, 그럼으로써 더 열악한 조건에 있는 노동자들에게 희망을 주는 것, 그들을 조직해 함께 투쟁하는 것이 더 효과적인 격차 축소 방안이다. 그러나 양보론으로는 정부와 기업주들의 공세에 맞서기 어렵다. 대기업 정규직 노동자들이 조건을 잘 방어할수록 나머지 노동자들이 희생된다는 논리는 정규직 노동자들을 위축시키고 혼란과 사기 저하에 빠뜨릴 뿐이다. 또, 양보론은 정부와 기업주들의 공세에 일관되게 맞서 싸울 의지가 없는 온건한 노동조합 지도자들에게 좋은 변명거리가 된다. 정부와 기업주의 조건 하락 압박에 타협하면서, 마치 자기 조합원의 이익만이 아닌 대의를 지키기 위한 것인 양 정당화하는 것이다. 대기업 정규직을 고립시키려는 정부와 기업주의 공격

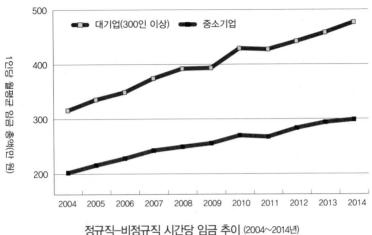

〈그림 7-13〉 대기업-중소기업 임금 추이 (2004~2014년)

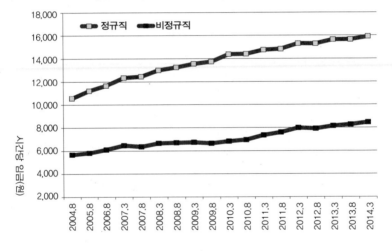

정규직-비정규직 시간당 임금 추이 (2004~2014년)

에 "수세적"으로 대응하기보다 "공세적"으로 양보해 국민적 지지를 얻어 내는 것이 더 현명한 길이라면서 말이다.

그러나 노동자들이 다른 노동자 대중의 지지를 받으며 사회적 위상을 높이는 때는 강력한 투쟁의 힘을 발휘함으로써 저들의 공격에 맞설 수 있다는 희망을 보여 줬을 때였다. 정규직 노조들은 비정규직 노동자들을 조합원으로 조직하고 함께 투쟁해야 한다. 그것이 정규직의 임금 양보보다 수십 배, 수백 배 더 효과적인 비정규직 조건 개선 방법이다. 이 점에서 최근 금속노조 기아차지부 김성락 집행부가 비정규직 분회를 노조에서 강제 분리한 것은 유감스런 일이었다. 그리고는 정규직 임금 인상분의 일부를 비정규직 조건 개선을 위한 연대기금으로 내놓겠다고 했다('일자리 연대기금'). 그러나 김성락 집행부의 '나눔과 연대기금' 정책(2016년)이 비정규직 노조 분리(2017년)로 귀결된 것은 양보론이 정규직과 비정규직의 단결에 전혀 도움이 되지 않는다는 것을 보여 주는 생생한 사례다.*

정규직의 양보 연대가 표방하는 효과가 없거나 역효과인 이유로서 둘째, 노동자들의 격차를 줄이고 계급의 동질성을 높이겠다며 잘 조직된 노동자들의 투쟁을 억제하는 것은 노동자들의 사기 저하와 수동화를 부르기 십상이다. 스웨덴의 사례를 다시 보면, 연대임금 정책은 고임금층 노동자들의 투쟁을 억제하고 노동조합 상층 기구의 통제력을 강화하는 과정과 맞물렸다. 중앙 교섭에서 연대임금이 추진되기 한 해 전 스웨덴 노총LO은 임금 격차를 심화시키는 효과를 내는 파업을 규제하기로 총회(1951년)에서 결의했다. 그 10여 년 전에 스웨덴 노총이 고용주 측SAF과의 협상에서 분쟁 조정 권한을 대폭 갖게 되면서 이미 격렬한 노동쟁의는 획기적으로 줄어든 터였다. LO

---

* 기아차지부 김성락 집행부의 '나눔과 연대기금'에 대해서는 김하영, 《임금, 임금격차, 연대》, 82~88쪽을 참고하시오.

와 SAF의 분쟁 조정 권한을 강화해 파업과 직장폐쇄를 억제하도록 한 이 살트셰바덴 협약(1938년)은 스웨덴 모델의 근간을 제공한 것으로 평가받는다. 이런 계급 협력 조처들은 특히, 전투적 파업으로 높은 임금 인상을 쟁취해 온 건설 노동자들을 겨누고 있었다. 연대임금 정책을 관철한 스웨덴의 중앙 교섭은 노동조합의 강력함을 보여 주는 상징처럼 돼 있지만, 사실 스웨덴 노동자들은 수동성이라는 문제를 오랫동안 겪어 왔다.

마르크스는 "파업을 '노동자 자신'의 이익에 유해한 것으로 간주하면서, 자신들의 위대한 목적이 영구적 평균임금을 확보하는 방법을 발견하는 것에 있다고 보는 일단의 박애주의자와 심지어 일단의 사회주의자가 있다"며 그들을 비판했다. 이들과 대조적으로 마르크스는 노동자들이 투쟁에 나설 때만 임금과 생활조건을 지킬 수 있을 뿐 아니라 무엇보다 그런 "끊임없는 전쟁" 속에서만 노예와는 다른 존재가 될 수 있다고 강조했다. "임금의 상승과 하락의 교대, 그리고 그로 인한 고용주와 노동자들 간의 지속적 갈등은, 산업의 현재 조직에서 노동계급의 정신을 지탱해 주고, 노동자들을 지배계급의 침탈에 대항하는 하나의 거대한 연합으로 단결시키며, 노동자들이 무감각하고 아무 생각 없는 잘 먹인 생산도구가 되지 않게 방지해 주는 필수불가결한 수단이라고 확신한다. … 우리는 그것[파업]의 경제적 결과들이 겉보기에 하찮다고 해서 그것들에 눈감아서는 안 되며, 무엇보다 그 도덕적·정치적 결과를 고려해야 한다."

무엇보다 노동자들은 투쟁 속에서만 자본주의가 노동자들에게 강제하는 분열을 극복할 수 있다. 마르크스는 《독일 이데올로기》에서 이렇게 주장했다. "경쟁은 부르주아지나 노동자들을 결집시키지만 동시에 각 개인들을 분리한다. 부르주아지도 그렇고 노동자들은 더욱더 그렇다. … 고립을 일상생활 속에서 재생산하면서 사는 이런 고립된 개인들 위에 군림하는 모든 조직된 힘은 오랜 투쟁을 통해서만 극복할 수 있다. 정반대의 상황을 요구하는 것은 … 개인들은 고립된 상황 속에서 그들이 통제할 수 없는 조건들을 그들의 마음속에서 지워 버려야 한다고 요구하는 것이나 다름없다." 이와 달리 수동화를 부추기는 정책은 노동자들이 자신감을 얻고 분열을 극복할 기회를 차단하는 것이다.

적절한 요구를 내놓는 게 단결의 비법인가?

양보론에 대해 비판적인 노동운동 좌파조차 대기업 정규직 노동자들이 자신의 요구를 위해 투쟁하는 것을 탐탁치 않게 여기는 경향이 흔히 있다. 대기업 정규직 노동자들의 특권이 비정규직·중소하청 기업 노동자들의 희생으로 이어진다는 주장을 일부 공유하기 때문이다. "조직된 노동자들이 단기적 실리를 중심으로 투쟁에 나서게 되면 … 불안정 노동자들에 대한 착취를 강화하는 결과로 나타나게 된다"고 한다. 대기업이 정규직의 노동조건 개선을 비정규직의 노동조건 악화로 상쇄하는 전략을 쓰기 때문에, 대기업 정규직 노동자들이 얻어 낸 성과는 "하도급 기업과 비정규직 노동자들에게 비용을 전가하는 근거로 작용"하게 된다는 것이다.[46] 신자유주의에서 "노동조합이 개별화"되고 "대기업을 중심으로 하는 기업 간 위계 구조에 노조가 편입"돼 있는 조건에서 대기업은 내부 "노자간 갈등"을 외부로 전가해 "노노간 갈등으로 전치"할 수 있다고 한다.

이처럼, 대기업 정규직 노동자들의 투쟁이 불안정 노동자들의 희생을 의도하지 않더라도 결과적으로 그렇게 된다고 보면, 대기업 정규직 노동자들의 투쟁을 지지하기가 꺼림칙해질 수밖에 없다. 그래서 노동운동 좌파의 일부는 대기업·공공부문 정규직 노동자들의 조건 방어 투쟁에 별 관심을 두지 않는다. 최근 사례를 보면, 통상임금, 공공부문 정상화, 공무원연금 개악 등 비교적 중요한 쟁점들이 절박하지 않은 부문의 문제로 방치되다시피 했다. 통상임금은 폭발력 있는 쟁점이었지만 '통상임금 건으로 덕을 보는 건 대기업 정규직뿐'이라는 냉소와 이 문제를 소송전으로 끌고 가려는 대기업 노조 지도자들의 제한적·수동적 대응이 맞물려, 개별 기업별로 비교적 조용하게 다뤄지고 있다. 중요한 저항들이 '그들만의 투쟁'으로 방치되는 것의 효과는 여러 면에서 부정적이다. 지지받지 못하고 고립돼 성과를 거두기 어렵거나, 성과를 거두더라도 '남의 일'로 취급되고 다른 부문을 고무하는 것으로 이어지기 어렵다. 파편화를 방치하는 셈이다. 또, 해당 기업이나 부문의 노동조합 지도자들이 '남'의 참견 없이 투쟁을 적당히 타협하기도 수월해진다.

다른 한편, 노동운동 일부 좌파는 대기업 정규직 노동자들이 자신의 조건을 방어하는 요구가 아니라 더 열악한 부문의 요구를 채택하도록 하는 데 관심을 기울인다. 조직 노동자들이 '최저임금 1만 원'이나 '노조 할 권리'를 위해 투쟁하자는 것이다. OECD 회원국 가운데 저임금 노동자 규모가 가장 큰 나라의 하나인 한국에서 최저임금 인상 요구는 매우 중요하다. 단결권도 마찬가지다. 그러나 이런 요구들을 최대한 쟁취하기 위한 실질적 힘을 발휘하려면 조직 노동자들이 말뿐 아니라 실질적 동원력을 발휘해야 한다. 그러려면 최저임금 1만 원 같은 요구를 조직 노동자들의 요구와 대립시킬 것이 아니라 결합해야 한다. 둘을 대립시키고 조직 노동자들 자신의 (조건 방어를 위한) 요구를 사실상 내려놓는 방식은 여러 약점이 있다.

우선, 정부가 대기업·공공부문 정규직 노동조건을 공격하는 지금, 공연히 수세적이고 사실상 무기력한 입장이다. 투쟁의 힘을 최대한 끌어내리려면 도덕주의가 아니라 계급투쟁의 동역학을 이해하고 적용해야 한다. 경제 위기가 오래 지속되는 조건에서 노동자들은 어떤 고귀한 이념을 위해서보다는 자신의 조건을 지키는 투쟁에 훨씬 자주 내몰리게 된다는 점을 이해해야 한다. 그러나 그런 과정에서 노동자들은 의식이 변하고, 연대의 중요성을 깨닫게 되며, 자신감이 높아져 실제 연대 행동에 나서게 된다. 자신의 요구를 가지고 싸움에 나서지 않는 노동자들이 먼저 다른 노동자들의 요구를 위해 투쟁에 나서기는 특히 경제 침체 하에서는 매우 어렵다. 학자나 노조 지도자들이 노동자 단결에 이로운 요구를 정해 주고 교육을 한다고 하더라도 마찬가지다. 그런 교육은 소수를 각성시킬 수는 있을지 모르지만, 대중 투쟁을 생각해야 하고, 노동자들이 투쟁 속에서 의식이 변한다는 점을 주목해야 한다. 따라서 좌파들은 자신들의 이상과 노동자들의 실제 투쟁을 대립시키기보다, 정규직 노동자들의 조건 방어 투쟁을 한껏 지지하면서 그 투쟁과 비정규직 노동자들의 요구를 연결하고 연대를 확대하도록 노력해야 한다. 아무리 좋은 요구(안)도 그런 활동을 대체하는 마법 같은 단결 비법이 될 수는 없다.

그러지 않으면 자칫 악순환에 빠질 수 있다. 정규직 노동자들을 효과적으로 동원하기 어려운 방식을 채택해 제안하고는 그들이 움직이지 않으면 그들에 대한 부정적 평가를 강화하는 식으로 말이다. 물론 정규직과 비정규직 요구를 함께 내놓았다가 노동조합 지도자들이 비정규직 요구를 희생시키며 타협하곤 했던 경험 때문에 불신이 있다는 점을 이해할 수 있다. 그러나 노동조합 지도자들의 불필요한 타협은 그 자체로 씨름할 문제이지(이에 대해서는 뒤에서 다룰 것이다), 정규직 노동자들의 요구를 내려놓는다고 해서 그 위험을 사전 봉쇄할 수는 없다.

계급투쟁의 동역학을 보지 않으면, 개별 기업이나 부문 노동자들의 조건 개선 투쟁이 노동계급 전체를 생각하지 않는 이기적 행위로 보일 수 있다. 정규직 노동자들의 투쟁만 그런 것도 아니다. 최근에 노동운동 안팎에는 '비정규직의 정규직화' 투쟁이 바람직하지 않다는 주장마저 제기되고 있다. 비정규직의 정규직화라는 대안은 "기업 내부노동시장의 재강화 전략"이라는 것이 하나의 정당화이다.[47] 비정규직 정규직화 같은 요구는 내부노동시장이 존재하는 기업에서나 의미가 있지, 중소영세기업에서는 정규직이 돼 봤자라는 것이다. 이런 식으로 본다면 현대자동차 사내하청 노동자들의 정규직화나 조건 개선 투쟁은 나머지 부품사 노동자들과 격차만 늘리는 투쟁으로 보기 쉽다. 그런 투쟁이 노동자 분할 구조를 정당화하는 것으로 귀착된다고 우려하는 견해도 있다.[48] 사내하청 불법파견 투쟁처럼 불법적 고용 관계를 문제 삼는 투쟁은 그것을 세련되게 합법화하는 기업들의 노동과정 분할에 의해 "무력화"될 수 있고, 심지어 "또 다른 차별과 배제를 용인"하게 될 수 있다는 것이다. 노동 분할 자체를 극복하는 투쟁을 하지 않으면, 비정규직 차별 철폐나 정규직화 투쟁조차 분할 전략에 이용당하고 분할과 위계를 "내면화"하는 것으로 이어질 수 있다는 것이다.

물론 특정 노동자 부문의 투쟁은 어느 시점에서 격차를 증대시킬 수 있고 여전히 차별받는 집단을 남겨 두기 마련이다. 문제는 다른 형태로 지속된다. 자본주의가 계속되는 한 그렇다. 그렇다고 해서 노동자 부문들의 독자적 투쟁과 그것이 거두는 제한적 성과가 무의미한 것은 결코 아니다. 그것은 노동자들의 삶을 일부 개선할 수 있고, 다른 노동자 부문의 투쟁을 고무하며, 그리하여 더 열악한 노동자들의 조건을 개선하는 것으로 이어질 수 있다. 세계 노동운동의 역사는 잘 조직된 부문이 불안정 노동자들을 고무하고 조직해서 그들의 처지를 자신들과 비슷한 수준으로 끌어올린 경험을 무수히 보여 준다. 한국 노동운동도 마찬가지다. 1987년 대규모 사업장들에서 시작된 투쟁이 전국 중소사업장으로 확산됐고, 사업장 단위에서도 다양한 부문 간 연대가 이뤄졌다. 울산지역 중화학공업 사업장들에서는 사내하청, 임시공, 일용공이 직영 노동자들과 연대해 정규직화를 이루기도 했다.[49] 현대중공업이 그런 사례의 하나인데, 1987년 이후 1989년 5월까지 하도급 업체 노동자들이 모두 직영 정규직으로 편입됐다.[50] 신자유주의 하에서 노동자들이 분절화돼(조각나) 이런 일이 불가능해진 것은 아니다. 비정규직 노동자들을 노동조합에 가입시키고(1사 1노) 임금과 노동조건 개선을 위해 함께 투쟁하는 것은 여전히 중요하고 또 가능하다.

물론 노동자들의 연대가 저절로 이뤄지는 것은 아니다. 자본주의는 갖가지 방법으로 노동자들을 이간질해 약화시키는 전략을 사용한다. 이에 맞서 노동자들의 공통의 이해관계를 주장하고, 노동자 부문 간 반목이 아니라 연대를 강화하는 것은 사회주의자들이 추구해야 할 과제다. 그와 같은 투쟁 속에서 노동자들은 자신감과 의식을 높이고 일부는 근본적 사회 변혁의 필요성을 깨닫는 데까지 나아간다. 신자유주의 하에서 노동자 분절이 강화돼 노동자들이 투쟁에 나설 때조차 자본의 분할 통치 전략에 이용될 위험이 크다고 본다면, 노동계급의 잠재력에 대한 회의와 비관주의에 빠지기 쉽다. 그러면 노동운동이 아닌 다른 운동, 노동계급이 아닌 '새로운' 주체에 기대는 것으로 이끌릴 수 있다.

8장
사회 변혁의 주체는 누구인가?

1. 프레카리아트:
신자유주의가 낳은 새로운 계급?

많은 사람들은 신자유주의가 계급 구조의 세분화를 가져왔다고 주장한다. 초국적 자본가 계급이나 금융화에 따른 새로운 특권 계급의 등장으로 자본가 계급 내부가 복잡해졌고, 중간계급도 1997년 이후 실직이나 임금 삭감을 경험한 다수와 자산 증식의 기회를 누린 소수 부유층으로 분화했다고 한다.[1] 노동계급도 신자유주의가 소득의 원천과 고용 관계에 가져온 변화에 따라 양극화나 내부 분할의 심화를 겪었다고 한다.[2] 각 계급의 내부 분화에 따라 복잡해진 계급 구조는 계급 내부의 이질성 증대와 함께 계급 간의 경계 희석을 뜻하기도 한다. 특히, 대기업·정규직·조직 노동자들이 '특권층'화하고 노동계급의 나머지 부문과 괴리되는 경향이 강조된다. 상층 노동자들이 "중산층화한 소비 형태를 통해 하위 노동자 계층과 분리되는 새로운 정체성을 발달"시켰다는 것이다.[3] 노동계급 내부의 불평등 증대와 이질화에 대한 강조는 노동계급의 해체나 새로운 계급이 등장했다는 주장으로 곧잘 이어진다.

신자유주의에 따른 계급의 변화를 주장하는 대표적 사례이자 불안정 노동 증대와 관련해 가장 주목받은 것은 '프레카리아트'론이라고 할 수 있다. 프레카리아트는 '불안정한'이라는 형용사precarious와 프롤레타리아트proletariat를 합성해 만든 신조어로, 신자유주의를 배경으로 새롭게 등장한 극도로 불안정한 사회집단을 가리킨다. 진보진영 안팎의 실로 다양한 경향의 사람들이 '프레카리아트'라는 개념을 채택했다 — 학술저 유행에 민감한 교수나 개인적 저술가, 비교적 온건한 복지국가론자, 자율주의나 아나키즘 경향의 활동가, 그리고 노동운동의 일부 좌파에 이르기까지. 프레카리아트라는 용어는 사용하는 사람이나 집단에 따라 색조가 다양하긴 하지만 핵심 공통점이 없는 것은 아니다. '프레카리아트'를 새로운 계급으로 개념화한 것은 가이 스탠딩 런던대학교 동양아프리카연구대학soas 교수다. 국제노동기구의 '사회·경제적 안정 프로그램' 국장을 지냈고, 기본소득지구네트워크BIEN 창립자이기도 한 스탠딩은 2011년 《프레카리아트: 새로운 위험한 계급》을 출간하면서 세계적 유명 인사가 됐다.*

가이 스탠딩의 프레카리아트론과 개혁주의

가이 스탠딩에 따르면, 프레카리아트는 신자유주의 세계화로 인

---

* 국역: 가이 스탠딩, 《프레카리아트. 새로운 위험한 계급》, 박종철출판사, 2014. 이하의 인용은 쪽수만 표기.

해 새로 형성되고 있는 "새로운 위험한 계급"으로, 고용이나 임금 수준 등에서뿐 아니라 삶의 방식에서도 극도의 불안정성을 보이는 사람들로 이뤄진다. 신자유주의는 "1970년대 이데올로기적으로 탁월한 경제학자 집단이 정치인들의 귀와 마음을 사로잡"은 결과로, 그들의 "진단은 부분적으로 말이 되지만 예후는 싸늘했다."(20쪽) "노동시장 유연성" 추구로 "불안한 형태의 노동에 처한 사람"이 늘어난 것이다(21쪽). 그들은 불안정한 일자리를 전전하고, '도시 유목민'처럼 어디로 가는지도 알지 못하며, 극도의 불안정으로 미래를 설계하지 못한다. "불확실한 생존 방식에 처해 있"는 것이다(22쪽). 프레카리아트는 고용 형태와 생활 방식, 그리고 불안정성이라는 측면에서 범주화할 수 있지만, "균질적인 것과는 거리가 멀다."(36쪽) 취업과 실업을 반복하는 만큼 "일에 기반을 둔 정체성"을 가지고 있지도 않다. 스탠딩은 세계화로 이런 층의 노동자 집단이 늘어났다고 한다. 이것이 단지 노동계급이 한층 불안정해졌다는 의미는 아니다. 스탠딩의 강조점은 불안정 노동자층이 기존 노동계급과는 뚜렷이 구별되는 전혀 새로운 사회계급을 형성하고 있다는 것이다. 스탠딩은 이렇게 말한다. "산업사회를 받쳐 주던 계급 구조는 무너져, 더 복잡하긴 하지만 계급에 기반을 둔 것이 아님은 확실한 어떤 것에 자리를 내주었다."(21쪽). 스탠딩이 프레카리아트라는 "새로운 어휘"를 사용하는 이유도 이 집단이 프롤레타리아와는 이해관계가 다르다는 것을 분명히 하기 위해서다.

스탠딩은 세계화로 "더 파편화된 지구적 계급 구조"가 출현했다면서, 일곱 개 집단을 제시한다(23~25쪽). 맨 꼭대기에 부유한 극소수인 "엘리트"가 있다. 그 바로 밑에 "아직도 안정적 풀타임 고용 상태에 있는 샐러리아트"가 있다. 이들은 "연금, 유급휴일, 기업수당"을 향유하며 대기업과 공공부문에 집중돼 있다. 이들과 나란히 "프로피시언"이 있는데, 숙련 전문기술인 집단이다. 그 밑에 "옛 노동계급의 정수"인 육체직 노동자들이 있다. 이들은 "수는 축소"되고 있고 "사회연대 의식을 상실"했다. "이들 네 집단 아래에는 성장하고 있는 프레카리아트가 있다." 그 옆에 "일군의 실업자"와 사회 "부적격자" 집단이 있다. 요컨대 스탠딩은 프레카리아트가 "노동계급이나 프롤레타리아의 일부가 아니"라고 강조한다(21쪽). 그래서 프레카리아트의 정의는 노동계급과는 어떻게 다른가 하는 측면에서 제시되곤 한다. 예를 들어, 스탠딩은 프레카리아트를 노동조합이 기존 노동계급을 위해 추구해 온 "일곱 형태의 노동 관련 보장이 결여된 사람들"이라고 정의한다(29~34쪽). 즉, 노동소득을 벌 기회가 없고(노동시장의 안정), 언제든 해고될 수 있고(고용 안정), 언제든 전환 배치될 수 있고(직무 안정), 안전과 근로시간 등이 보장되지 않고(작업 조건의 안정), 직업 훈련의 기회가 없고(숙련 재생산의 보장), 최저임금이나 물가 인상에 따른 임금 인상을 보장받지 못하고(소득의 안정), 노동조합을 통한 집단적 의사 표현 수단(대표권의 보장)이 없는 사람들이라는 것이다.

그러나 오늘날 노동계급의 많은 사람들이 이런 처지에 있다. 스탠딩이 전통적 노동계급의 핵심이라고 부른 육체 노동자들은 거듭되는 경제 위기 하의 구조조정에서 안정적 일자리를 보장받지 못한다. 고용, 직무, 노동시간, 임금 등 모든 면에서 그렇다. "샐러리아트"나 "프로피시언"의 일부도 구조조정 탓에 고용 불안과 임금 삭감 같은 큰 변화를 겪은 집단이고, 점점 더 성과 평가에 내몰리고 있다. IMF 이후 금융, 쌍용차, 공공부문, 조선업 구조조정 같은 사례들이 이를 잘 보여 준다. 그럼에도 스탠딩은 노동계급에 대한 비현실적 상@을 고집한다. 노동계급은 "장기적이고 안정적이고 일하는 시간이 고정된 일자리에 있으며, 승진 경로가 정해져 있으며, 조합에 가입하고 단체협약의 적용을 받으며, 아버지나 어머니도 이해했을 직함이 붙었으며, 이름과 특성을 잘 아는 현지 고용주를 마주하"고 있다는 것이다(21쪽).

사실, 스탠딩이 택하고 있는 방법은 현실적이지 않은 허구적 노동계급 상을 제시함으로써, 그와 분리된 집단으로서 프레카리아트를 창조하는 것이다. 그리고 프레카리아트의 변별점으로서 불안정성을 크게 과장한다. 이처럼 프레카리아트와 노동계급을 대립시키는 관점에는 기존 노동운동에 대한 반감이 깔려 있다. 스탠딩은 "안정적인 일자리"가 "복종"의 대가라고 한다. 그는 "사회적 계약관계"를 기준으로도 프레카리아트와 노동계급을 대립시킨다. "프레카리아트에게는 프롤레타리아에게 있었던 사회적 계약관계, 즉 복종과 한시적 충성을 대가로 노동 보장이 제공되는 식으로 복지국가를 받쳐 주는 불문율에 해당하는 거래가 전혀 없다." 그리고 그런 모델을 "회생시키고자 하는 바람"도 없다(11, 26쪽).

이런 주장은 노동운동의 매우 온건한 개혁주의 지도자들에 대한 분노로 보일 수 있고, 그래서 급진적 청년들의 관심을 끌 수 있다. 그러나 스탠딩의 프레카리아트론은 기존 노동운동과 노동계급 전체를 싸잡아 폄하하는 데다, 그 대신 그가 내놓는 대안이 결코 급진적이지도 않다. 예를 들면, 스탠딩은 기존 노동운동이 "노동은 상품이 아니라고 선언한 것과는 반대로 완전한 노동 상품화"가 있어야 한다고 주장한다(335~337쪽). "적절한 상품화는 진보적 발걸음"이라면서 그가 제시하는 것은 샐러리아트와 육체 노동자들이 누리는 "저 화려한 기업수당이라는 것들을 단계적으로 없애 시장의 선택에 의해 구매될 수 있는 수당들로 바꾸"어야 한다는 것이다. 프레카리아트는 "비화폐 수당들을 얻을 가망성이 없[기]" 때문이다. 산전산후휴가 같은 것도 폐지돼야 한다. "프레카리아트에게 폐를 끼쳐 샐러리아트 편을 들고 있는 퇴행적인 수당"이기 때문이다. 마치 노조 때문에 노동 시장의 작동이 왜곡된다는 자유시장주의자들의 메아리를 듣는 듯하다. 스탠딩은 "사회연대 원리를 존중하는 것은 별도로 다루어질 수 있다"고 하지만, 그런 입장은 기업들과 정부가 기업수당이나 생리휴가 같은 것을 없애려 할 때 취약점을 드러내며 결국 사회적 불평등을 온존시키는 데 이용되기 쉽다.

사례를 하나 더 들자면, 스탠딩은 NGO가 제공하는 자발적 복지 서비스가 마치 그가 추구하는 "일과 여가의 사회work-and-leisure society"를 이룰 비전을 보여 주는 듯이 여긴다(337~342쪽). 경제 위기 이후 미국 비영리단체의 피고용인과 풀타임 자원봉사자가 엄청나게 많이 늘어난 것에 고무돼서 말이다. 그러나 복지 제공 NGO의 증가는 행정 관료주의에 대한 반감에 기초해 '임파워먼트'라는 기만적 이름으로 실시된 복지 민영화의 소산이었다.* 그는 "더 많은 서비스를 비정

---

* 이에 대해서는 김하영, 《한국 NGO의 사상과 실천》, 책갈피, 2009를 참고하시오.

부기구로 열심히 넘기려는 것"이(115쪽) 어떤 문제를 낳는지 모르지는 않는 듯하지만, 결국 모순된 대안을 채택한다. 이것은 그가 고용 불안이 낳는 문제를 지적하면서도 "일자리를 잃는다는 것이 해방감을 줄 수 있다"고 말하는 것이나 마찬가지다.

스탠딩의 이런 모순은 세계화로 말미암은 변화를 피할 수 없다고 보는 데 발을 딛고 서서, 그 결과인 싸늘한 "예후"를 해소하는 것에 관심을 기울이는 그의 대전제에서 비롯한다. 그는 오늘날 불안정 노동자가 많을 수밖에 없다고 본다. "인위적인 일자리 창출을 통해 성장을 이루려 한다면 생태적으로 볼 때 파괴적"일 뿐이다. 그래서 그는 "더 많은 일자리를 만들고 산출량 가운데 더 많은 몫을 차지하기 위해 투쟁하는" 노동조합에 경멸감을 드러낸다. 노동조합은 "필연적으로 상대방에게 적대적이며 경제주의적"이라는 것이다(349쪽). 그가 노동조합이 프레카리아트의 이해관계를 대표하도록 개혁될 수 없다고 보는 이유다.

이런 주장은 프레카리아트가 샐러리아트나 육체 노동자와 이해관계가 다르기 때문에 노동조합과는 다른 자신들만의 "새로운 유형의 집합체"가 필요하다는 것으로 이어진다. 이를 통해 사용자뿐 아니라 다른 노동자 집단과도 "단체협상"을 맺어야 한다고 주장한다. 스탠딩은 몇 가지 사례를 드는데, 그 하나가 "노동자협동조합"이다(350~352쪽). 그는 영국 전 총리 데이비드 캐머런(보수당)이 공공부문의 기관이나 팀을 노동자협동조합으로 운영하자고 제안한 것도 긍정적으로 본다. 그렇게 되면 "길드사회주의의 현대적 형태로 나아갈 것"이라면서 말이다. 그러나 공공기관을 협동조합으로 운영하면 경쟁 압력이 가해져 노동자 임금이 깎이고 일자리가 불안해질 공산이 크다. 자본주의 하에서 운영되는 노동자협동조합은 아무리 민주적으로 운영되더라도 시장 경쟁 속에서 살아남기 위해 노동조건 악화를 자체 결정해야 하는 모순에 봉착할 수밖에 없다. 그래서 마르크스는 협동조합 운동을 이렇게 비판했다. "협동조합 운동은 자본주의를 절대 변혁할 수 없을 것이다. 사회적 생산을 자유롭고 협동조합식 노동에 기초한 하나의 거대하고 조화로운 체제로 바꾸기 위해서는 전반적 사회 변화가 필요하다. 변화는 사회의 조직된 힘을 옮기지 않으면 절대 달성할 수 없다. 즉, 국가 권력을 자본가들과 지주들의 손에서 생산자 자신의 손으로 옮겨야 한다."

스탠딩의 전략에는 마르크스가 주장한 것과 같은 근본적 사회 변혁이 포함돼 있지 않다. 그의 책 어디에도 그런 전망은 없다. 그의 대안은 기본소득(또는 사회배당)이라는 재분배 정책을 도입함으로써 프레카리아트, 즉 "막 꼴을 갖춘 … 그 괴물이 자라서 활개를 치"지 못하도록 하는 것이다(10쪽). 그러지 않으면 "불안정의 진창에 빠진" 프레카리아트들은 "포퓰리즘과 정치적 극단주의"를 지지하게 될 것이다.[4] 스탠딩은 프레카리아트가 자신이 "낙원 정치"라고 부른 것, 즉 "유토피아적인 의제와 전략"을 벼리는 세력이 되길 바라는데(7쪽), 그 핵심도 기본소득 추진이다. 기본소득은 "한 나라나 공동체의 합법적 거주자 누구에게나 … 별것 아닌 액수라도 월별로 급여를" 주자는 것이다. 오늘날처럼 "근본적인 불안정과 만성적인 불확실성이 지배하는 세계경제"에서는 "기존의 전통적인 공적 사회보장제도만으로는 [이런 불안정을] 해소할 수 없"기 때문에 "고용과 상관없이 모든 사람이 사회보장제도에 접근"할 수 있어야 한다는 것이다. 스탠딩은 기본소득이 "프레카리아트들이 겪고 있는 삶의 불안을 없애" 줌으로써 "프레카리아트를 극복할 … 새로운 진보적 정치 기획"이라고 주장한다.[5] 그것을 통해 "프레카리아트도 삶의 안정을 되찾고 우리 사회도 건강해질" 수 있다는 것이다. 요컨대 스탠딩의 대안은 신자유주의적 불안정화 시대에 걸맞은 개혁주의라고 요약할 수 있다. 기존의 사회민주주의가 노동계급을 대표해 개혁을 성취했다면 이제는 "새로운 위험한 계급"인 프레카리아트를 대표해 개혁을 성취해야 한다는 것이다.

청년들을 포함해 노동계급 구성원들이 생활고 때문에 혹은 노동연계복지 때문에 어쩔 수 없이 나쁜 일자리로 흘러 들어가는 고통을 겪지 않아도 된다면 기본소득은 분명 의미 있는 개혁일 것이다. 그러려면 그것은 "별것 아닌 액수" 이상은 돼야 한다. 기본적 생활을 꾸릴 수준이 되지 않으면 실질적 효과를 낼 수 없고, 기껏해야 낮은 임금을 지급하고 있는 기업주에 대한 보조금 효과나 내게 되기 때문이다. 여기서 두 가지 문제가 제기된다. 하나는 생계 유지 수준의 기본소득을 제공하려면 엄청난 세율 인상이 있어야 하고, 이것은 부유층의 거센 반발을 불러일으킬 것이라는 점이다. 다른 하나는 생계 유지 수준의 기본소득은 취업의 대안이 되기 때문에, 자본에 유리한 조건으로 노동계약을 체결하게 만드는 유인을 훼손하게 된다는 것이다. 먹고살기 위해 불리한 조건을 감수하고 노동력을 판매하지 않아도 된다면, 그것은 자본주의 경제가 지속될 수 있게 해 주는 조건과 충돌한다. 따라서 자본의 격렬한 저항을 부를 것이다. 요컨대 기본소득 보장이 그 취지대로 성공하려면 자본주의적 생산관계의 유지와는 모순될 수밖에 없다.

그러나 스탠딩이 기본소득 같은 새로운 어젠다로 "정치인들"과 "정부기구를 지향하는 비정부기구들"의 마음을 끌어야 한다고 주장하는 것을 보면, 이런 점을 제대로 인식하고 있지는 못한 듯하다. 많은 개혁주의자들이 평등을 성취하는 것과 자본주의적 생산관계를 유지하는 것 사이의 모순을 절감하지 못하는 것과 마찬가지로 말이다. 또, 그런 인식의 결여는 스탠딩이 오늘날 자본주의가 경제적 구조 변동으로 노동(노동력 상품화)에 의존하지 않는다고 보는 것과도 관련이 있을 것이다. 이유가 무엇이든 스탠딩은 기본소득이 자본주의적 재생산의 조건을 무력화시키거나 손상시킨다고 볼 자본가들의 저항에 어떻게 맞설지 내놓는 것이 없다. 그가 제안한 '낙원 정치'는 그런 전략이 못 된다. 왜냐하면 평범한 불안정 노동자들을 노동계급 전체와 분리시키고 심지어 반목시키기 때문이다. 그것은 노동계급의 힘을 약화시킬 뿐이다. 이것이 스탠딩의 가장 심각한 오류다.

그는 한편으로 계급적 이해관계가 다른 집단들을 뭉뚱그리고, 다른 한편으로 노동계급 내부는 서로 이해관계가 다르다며 분리시킨다. 그러나 '불안정성'은 계급을 나누는 잣대가 될 수 없다. 안정된 고용을 유지하는 것을 특권으로 보고, 그런 노동자들을 기업 경영자·관리자와 한 묶음으로 취급하는 것은 소득이나 소비 양식 등을 기준으로 계급을 나누는 부르주아 사회학과 그다지 다를 바 없는 개념이다. 불안정성은 노동계급의 존재 조건의 한 측면일 뿐이다. 자본주의 경제의 부침과 이윤율 하락이라는 동역학 속에서 노동계급은 불균등하지만 모두 불안정을 겪고 있다. 그렇다고 모두 '일회용'이

돼 쓸모없어진 것도 아니다. 스탠딩이 '프레카리아트'라고 부르는 집단의 다수는 이런 노동계급의 일부이지 그와는 다른 별도의 계급이 아니다. 노동계급은 그 일부만으로는, 그것도 상대적으로 취약한 일부만으로는 지배계급에 맞서 결코 효과적으로 싸울 수 없다. 자본주의 체제를 제거하기를 원한다면 더 말할 것도 없다.

한국판 프레카리아트론들

한국에서 폭넓게 사용되고 있는 용어인 "프레카리아트"의 색조는 사용하는 개인이나 단체마다 조금씩 다르다. 어떤 사람들은 프레카리아트를 비정규직 노동자나 저임금 노동자와 거의 등치시키기도 하고, 어떤 사람들은 고용 관계 바깥에 있는 자영업자나 삶이 불안정한 각종 집단을 포함시키기도 한다. 그들의 불안정성을 해결하는 대안으로 어떤 사람들은 사회보험의 확대 적용을, 어떤 사람들은 보편적 기본소득의 도입을 강조한다. 색조가 다양해도 프레카리아트라는 용어가 두루 사용되는 데는 몇 가지 이유가 있다. 무엇보다, 두 차례 경제 위기를 겪으면서 불안정한 생활을 하는 사람들이 늘어났기 때문이다. 그런 현실을 묘사하는 것으로서 프레카리아트 개념은 매력적으로 보일 수 있다. 스탠딩은 "일시적 일자리에 있는 사람 대부분은 프레카리아트에 속"한다면서 "그 비율이 가장 높은 곳은 아마도 한국"(38쪽)일 것이라고 쓰고 있다. 실제로 한국은 "좌절한 수많은 고학력 청년"들이 있는 곳이기도 하다. 한 세대 전에만 해도 대학을 나오면 웬만한 일자리를 얻을 수 있었지만, 이제는 상황이 달라졌다. 경쟁과 스펙 쌓기에 찌든 실업 청년들이 늘어나고, 그걸 바라보는 더 많은 청년과 학생이 불안감에 휩싸인다.

그러나 현실을 '묘사'하는 것과 그것을 '설명'하는 것은 다르다. 이 맥락에서, 프레카리아트 개념이 폭넓게 수용된 배경으로 진보·좌파의 이데올로기 혼란을 들 수 있다. 진보·좌파들은 자본주의의 성격이 변화함에 따라 노동계급이 축소되거나 분절되거나(조각나거나) 해체됐다는 견해를 확산시켰는데, 이것은 프레카리아트 개념이 무리 없이 수용되는 토양이 됐다. 스탠딩은 그의 책에서 "프레카리아트의 지적 영웅"으로 피에르 부르디외, 미셸 푸코, 마이클 하트와 토니 네그리 등을 꼽고 있는데, 한국에는 이 "지적 영웅"들이 이미 당도해 있었던 것이다. 부르디외는 "새로운 지배적 양식"으로서 불안정성을 이론화했다. 네그리는 사회 전 영역에서 생산이 이뤄지는 '정보 자본주의'가 도래해 노동계급이 특권적 지위에서 밀려났다며 '다중'을 새로운 주체로 제시했다. 스탠딩은 "노동계급은 끝났다"는 데 동의하며 앙드레 고르즈를 언급하기도 하는데, 한국에서 고르즈는 생태사회주의와 기본소득의 지적 전통으로 소개되고 있다.

이와 같은 배경으로 짐작할 수 있듯이, 색조는 조금씩 달라도 프레카리아트 개념을 수용하는 사람들의 공통점도 있다. 그것은 자본주의의 변화와 그에 따른 불안정성을 과대평가하고, 그것을 기준으로 정규직 노동자와 나머지 '불안정 노동자'를 구분짓는 데 관심을 기울인다는 것이다. 이런 점을 가장 선명하고 일관되게 보여 주는 사례로 수유공간너머 이진경 교수를 들 수 있다. 그는 비정규직 노동자가 "공장 사이를 떠돌고 … 이동 중인 존재"이고 "비노동의 상태"가 정상인 존재라고 한다. "비정규직 노동자는 노동자로부터 이미 배제된 노동자고, 노동자의 외부로 쫓겨난 노동자다." 이진경 교수는 비정규직 노동자들을 기존 노동계급과 뚜렷이 구별하기 위해서 프레카리아트라는 용어를 사용한다. "비정규직 노동자를 '잡다하고' 이질적인 다른 종류의 사람들과 하나로 묶어서 '프레카리아트'란 개념으로 지칭할 때 … 좀 더 확실한 거리를 두고 비정규직을 정규직과 구별하게 한다." 이진경 교수는 "지금 우리가 대면하고 있는 양극화"는 "노동계급으로의 분해가 아니라 노동자계급 자체가 다시 두 개의 부분으로 분해되고 있는 것"이라고 강조한다. "정규직과 비정규직은 하나의 계급이라고 하기도 어렵[다]"는 것이다. 그는 "두 개의 계급이라고 하기도 쉽지 않다"고 덧붙이면서도, "노동자는 하나다"라는 구호를 단호하게 배격한다. 그것이 정규직 노동자와 비정규직 노동자 사이의 "비대칭성과 대립"을 은폐한다면서 말이다.

이런 관점에 따라 이진경 교수가 비정규직 운동에 내놓는 훈수는 정규직 노동운동과 거리를 두라는 것이다. "비정규직 노동운동이 정규직 노동조합을 모델로, 정규직화를 목표로, 투쟁 형태도 교섭 시도와 파업과 농성으로" 해서는 안 된다는 것이다. 대신 그가 제안하는 것은 "스스로 거리의 계급임을 자각하고 거리에서 사는 것을 받아"들이고, 운동도 그에 걸맞은 방식(즉, 거리의 운동)으로 하라는 것이다. 이진경 교수는 "정규직화에 대한 욕망은 정착지를 찾으려" 하지만 오늘날 자본주의는 그럴 능력이 없다고 한다. "정규직화에는 비정규직 노동운동으로선 '자살적'인 벡터가 포함되어 있으며 … 반대로 비정규직이 비정규인 채 살 수 있는 조건을 확보하는 길을 찾는 것이 중요하다."

그러나 비정규직 노동자들은 노동조합을 조직해 사용자에 맞서 싸우고 노동조건 개선을 쟁취할 수 있음을 거듭 보여 줬다. 이것은 신자유주의 하에서는 불안정 노동이 '정상 상태'라는 지배자들의 주장에 대한 무엇보다 강력한 반박이었다. 물론 정규직과 비정규직의 노골적인 분리를 강조하는 견해가 노동운동 안에서 영향력을 얻고 있지는 못하다. 그러나 조직 노동자 투쟁이 일시 가라앉거나 다른 다양한 이유로 위기를 겪을 때 이런 주장이 확대될 수 있다는 점에 주의를 기울어야 한다.

좌파 단체 가운데 프레카리아트 개념을 채택하고 있는 사례는 알바연대/알바노조를 들 수 있다. 알바노조는 노동당 일부 당원들이 주축이 돼 창립한 단체로, 이름은 노조이지만 여느 노조와는 달리 사회운동 단체 성격이 강하다. 최저임금 1만 원과 기본소득을 주요 개혁 의제로 삼는데, 그것이 실현되면 자본주의가 "효율적" 체제가 될 수 있다고 주장한다.[*] 알바노조가 출판한 책을 보면,[**] 알바노조의 활동은 신자유주의로 인해 "새로운 계급"인 프레카리아트가 등장했다는 인식에 기초하고 있다. "정규직 노동자가 노동시장에서 주를 이루고 있던 시대와 다르게 불안정한 노동자들이 일반화되고" 있다

---

[*] 기본소득이 보장되면 "위에 고여서 흐르지 않는 부가 모든 국민들에게 나누어 지급되기 때문에 내수경제도 살아나고 경제의 활기도 되찾을 수 있다"고 강조한다.

[**] 박정훈 외, 《알바들의 유쾌한 반란》, 박종철출판사, 2014.

는 것이다. 이 "불안정 노동자"가 바로 프레카리아트이고, 이들은 "모두가 알바와 같은 상태"라고 한다. '알바'는 단지 아르바이트 형태로 고용된 노동자들뿐 아니라 프레카리아트를 상징하는 용어이기도 한 셈이다.

그러나 오늘날 노동자들이 모두 알바처럼 불안정하다는 것은 과장이다. 불안정성이 매우 높은 집단의 조건을 전체로 일반화하면 불안정성을 과장하는 결과를 낳을 수밖에 없다. 그런데 알바연대/알바노조가 프레카리아트라는 개념을 노동계급이 신자유주의 공격으로 더 불안정해졌다는 의미로만 사용하는 것은 아니다. 프레카리아트는 "전통적 의미"의 노동자가 아닌 다양한 집단을 포괄한다. "노동시장 자체에서 배제된 장애인, 실업자, 빈민, 취업준비생 등과 노동시장에서 차별받는 비정규직, 아르바이트노동자, 그리고 정리해고의 위험 속에 떨고 있는 정규직 노동자들"이 그들이다. 이렇게 다양한 집단으로 계급을 재구성하는 것의 논리적 귀결은 노동계급의 핵심적 중요성이 사라진다는 것이다. "새로운 계급"을 결정하는 요인은 마르크스주의에서처럼 착취 관계가 아니고, 고용·임금의 불안정성과 금융 수탈이다. 이런 요인을 잣대로 하면 노동계급은 상이한 부문들로 해체되고(상대적 안정을 누리는 부문과 불안정 노동자), 계급을 가로질러 상이한 집단들이 뭉뚱그려진다. '착취'가 아니라 '수탈'로 치자면 소자본가나 영세자영업자도 둘째가라면 서럽고, 빈곤을 기준으로 하면 사회의 가장 바닥층이 취업 노동자들은 아니다. 이런 개념으로는 불안정 노동자층은 차라리 영세자영업자나 금융 피해자와 더 가깝고 융합되기 쉬운 것으로 보기 쉽다. 무엇보다 사회·경제적으로 더 불안정하고 더 주변화된 집단을 핵심 부문으로 인식하는 것이 자연스럽다. 좌파적 민중주의인 셈이다. 그 결과 정규직이나 기존의 조직 노동자들은 프레카리아트 속에서 잘해야 부차적 집단으로 취급되고, 최악의 경우에는 고용과 소득 면에서 특권적 집단으로 매도될 수 있다.

현재 알바연대/알바노조가 정규직이나 이들 중심의 노조에 대해 이진경 교수만큼 공공연히 대립각을 세우고 있는 것은 아니다. 알바노조의 단행본은 이 문제를 조심스럽게 다루고 있다. 그러나 프레카리아트 개념을 수용하고 실천의 기초로 삼으면, 노동계급의 결정적 중요성이 사라졌다고 보게 되고, 노동계급으로부터 "새로운 위험한 계급"으로 전략적 중심을 이동시키며, 정규직 노동자들을 체제에 복종하는 특권 집단으로 여기게 되는 것을 피하기 어렵다. 이를 얼마나 완곡하게 표현하는지와 관계없이 말이다. 사실, 알바연대/알바노조의 주장과 실천에서 이런 위험이 언뜻언뜻 표출돼 왔다. 알바연대/알바노조가 초기 활동의 하나로 "대공장 정규직 노동자들 중심"인 민주노총 집회와 별도로 메이데이 행사를 기획한 것은 가이 스탠딩이 그의 책 서두에서 소개한 유럽 일부 청년들의 메이데이 행사를 떠올리게 한다. 가이 스탠딩은 이런 행사를 충성과 복종을 대가로 안정적 일자리를 누린 기존 조직 노동자들의 고루한 집회와 대조시켰다. 이처럼 기존 행사와 경합하는 별도 집회는 경험 있는 운동가들이라면 다 알듯이 단지 활력 있고 창의적인 행사를 위해서 기획되는 것은 아니다. 사회적 기반의 차별성을 드러내는 것이 핵심이다.

알바연대는 무소속 김순자 대선후보 운동(2012년)에서 잉태된 것이라고 할 수 있다.[6] 그 운동은 "배제된 자들, 비정규직 노동자, 청년학생들을 대표"한다고 표방했다. "배제된 자들"이라는 용어는 그해 좌파 대선후보 선거운동들에서 즐겨 사용된 것인데, "포함(포섭)된 자"들인 정규직 중심의 노동운동에 대한 강한 반감과 차별화를 표현한 것이었다.* 이것은 "새로운 계급"을 기반으로 삼겠다는 선언으로, 알바연대/알바노조로 이어지고 있는 지향을 보여 준다. 알바연대/알바노조 관계자들은 알바 노동자 운동의 의미를 기존 대기업 정규직 중심의 노동운동이 끝났다는 데서 찾고 있다. 대기업 정규직 노조원들은 "자본주의 체제내화"했고, "비정규 하청 알바 노동자를 착취하고 소비자를 수탈한 잉여분"을 "[자본과] 배분하는 투쟁에 급급"한 지경이 됐다고 한다. 그래서 "역사적 임무를 다"한 기존 "민주노조운동" 대신 "새로운 노동운동"이 필요하다는 것이다.[7]

불안정한 일자리를 전전하는 미조직 청년이나 실업자, 학생의 저항은 중요하다. 그러나 그런 운동들이 이윤 체제에 도전하는 강력한 힘을 발휘하려면 노동자들의 투쟁과 연결돼야 한다. 대규모 사업장과 대도시에 집중돼 있는 노동자들은 생산을 멈춰 기업주들의 이윤

---

* 당시 진보신당(현 노동당)은 "배제된 노동이 정치적 주체가 되는" 대선 운동을 주장했다. 그들은 "노동자들은 이미 하나가 아니"라며 '포함된 자'들인 "조직노동은 새로운 진보좌파운동을 주도하는 주체가 결코 될 수 없다"고 선언했다. 김순자 후보는 진보신당의 대선후보가 되기를 원했으나 논란 끝에 무소속으로 출마했다. 당시 출마했던 또 다른 좌파 후보인 김소연 후보(변혁모임) 측이 발행한 책의 제목도 《발자국을 포개다 — 배제된 자들의 민주주의를 향하여》였다. 김소연 선본의 홍세화 공동선대위원장은 노동자들을 '포함된 자'와 '배제된 자'로 나누는 대표적 인물이다. 그에 따르면, "대기업 노조를 중심으로 한 정규직 노동을 대표하는 민주노총은 '포함된 자들'에 속한다."

에 타격을 가하고 중앙집권적 자본주의 국가 권력에 대항할 힘이 있다. 그들이 자신의 힘을 사용하도록 정치적으로 설득하고 조직하는 것이 진정으로 중요한 과제다. 비록 조직 노동자들이 굼뜨게 움직이더라도 그런 노력을 대신할 수 있는 손쉬운 방법은 없다. 소수의 직접행동이나 그에 대한 언론의 조명이 지름길을 제공하지는 못한다. 거리의 운동이 조직 노동자들과 연대하도록 이끌고 둘을 연결해야 한다. 그러지 않으면, 특히 요즘처럼 오랜 경제 침체로 청년들이 실업과 불안정한 일자리로 내몰려 위기감이 높은 때는 반목이 심화될 수 있다. '포함'과 '배제' 식으로 계급 내 이질성을 강조하는 정치를 구현한다면, 운동이 분열해 약화되는 위험을 부를 수 있다. 가이 스탠딩이 "프레카리아트의 지적 영웅" 가운데 하나로 꼽은 안토니오 네그리의 정치가 1970년대 후반 이탈리아 노동운동에 미친 영향은 반면교사가 될 만한 사례다.[*]

이탈리아 노동운동은 1968~1969년 뜨거운 가을 이후 몇 년 만에 심각한 패배로 기울었다. 이탈리아공산당이 1973년 '역사적 타협'을 제안하면서 기독민주당과 자본주의를 위기에서 구해 준 것이 근본적 이유였고, 혁명적 좌파의 취약성도 한몫했다. 1970년대 후반 현장 노동자들의 전투성은 많이 무너졌다. 이런 상황에서 1977년 학생운동이 크게 떠오르고 청년 실업자에게로 확대됐다. 그 즈음 네그리는 이탈리아 '노동자주의' 전통으로부터 '사회적 노동자' 개념을 발

---

[*] 이에 대한 자세한 설명은 알렉스 캘리니코스, "토니 네그리, 맥락 속에서 보기", 《마르크스21》 10호를 참고하시오.

전시키는 것으로 이동했다. 그는 자본주의 착취 과정이 사회 전체에서 일어나고 있고, 따라서 학생, 실업자, 임시직 노동자 같은 사회적·경제적으로 주변화된 집단들을 프롤레타리아의 핵심 부분으로 봐야 한다고 주장했다. 네그리는 이탈리아 북부 대공장의 노동자들을 프롤레타리아의 잉여가치를 훔치는 특권층으로 묘사했을 뿐 아니라 그들을 공격하라고 선동했다. "일부 노동계급 부문은 높은 임금 수준과 기만적인 조건에 여전히 매여 있다. … 그러는 한에서 그들은 자신들의 경영주와 동일한 처지에서 프롤레타리아의 잉여가치를 훔치고 빼앗는다. 그런 입장에 — 그리고 그런 입장을 뒷받침하는 노동조합 관행에 — 맞서 필요하다면 폭력을 사용해서라도 싸워야 한다. … 실업자들이 대공장 진입 투쟁을 벌이는 일이 빈발할 것이다."

실제로 1977년 청년 실업자들이 공장 노동자들을 물리적으로 공격했고 자율주의자들과 노동조합원 사이에 물리적 충돌이 벌어졌다. 이처럼 좌파가 분열하고 운동이 약화되자 사용자들은 대대적 공격을 퍼붓기 시작했다. 이탈리아 북부의 전투적 사업장 소속 노동자들에 대한 대대적 해고 폭풍이 몰아쳤다. 피아트자동차 사측은 무려 2만 3000명의 조합원을 해고했는데, 그중 많은 수가 투사들이었다. 이것은 이탈리아 자본주의가 1980년대 구조조정을 통해 재기할 수 있는 발판이 됐다. 최근에 네그리는 "다중" 개념을 더 애용하기는 하지만 '정보 자본주의'의 산물로서 "사회적 노동자"라는 개념도 여전히 혼용한다. "오늘날 포스트포드주의적이고 정보화된 생산 체제와 부합하는 노동자 전투성의 국면에서 사회적 노동자라는 인물상이 등장한다." 그리고 조직 노동계급에 대한 적대감도 여전히 드러낸다. 2000년대 초 열린 한 토론회의 전화 대담에서 네그리는 자신의 글 한 구절을 부연 설명해 달라는 요청에 노동조합원을 '쿨락'(부농)으로 묘사하며, 청년 실업자들이 공장 노동자들을 공격했던 1977년이 그리운 듯이 말했다. 1970~1980년대 피아트자동차 노동자 패배의 교훈, 즉 반목으로 약화된 노동계급은 결코 승리할 수 없다는 그 단순한 진실을 외면하는 것은 불행한 일이다. 2008년 이후 장기화되는 경제 침체 속에서 청년들의 고통이 커지고, 지배자들이 조직 노동자와 청년 사이의 반목을 부추기는 오늘의 한국에서 이 교훈을 곱씹어 봐야 한다.

2. 조직 노동자들은 노동귀족이 됐는가?

신자유주의 하에서 노동계급의 변화에 관한 논의들은 결국 노동계급이 여전히 사회 변혁의 주체인가 하는 문제의 제기에 이르게 된다. 자본주의의 성격 변화로 노동 불안정이 크게 증대했다거나 노동 조직 방식의 변화로 노동자들이 '핵심-주변'으로 분화됐다는 주장 등은 모두 신자유주의 하에서 노동계급이 약화했다는 결론으로 이어진다. 특히, 전에 전투적 투쟁을 이끌었던 조직 노동자들이 오랜 경제 침체로 노동계급이 공격받는 상황에서도 부문적 이익만 챙기며 온건해진 모습을 보이자, 일부 사람들은 그들의 '특권층화'에서 문제의 원인을 찾았다. 신자유주의 공세에 잘 대응했는지, 투쟁을 잘 이끌었는지보다 노동계급의 변화 자체가 더 중요한 문제라는 것이다. 그 변화란 조직 노동자들, 특히 대기업의 조직 노동자들이 기업주들의 독점이윤에 기대어 물질적 풍요를 누리면서 신자유주의에 포섭되고 '부르주아화'했다는 것이다.

역사상, 중요 산업부문에 종사하고 잘 조직돼 있어 다른 노동자 부문보다 흔히 조건이 좋은 노동자들을 어떻게 볼 것인지는 대중적 노동조합 운동이 시작된 이래 사회 변혁의 주체 문제에서 늘 핵심 쟁점의 하나였다. 노동조합은 타협을 거듭하고 조직 노동자들은 삶에 만족하며 체제 유지에 이해관계를 갖는 것처럼 보였기 때문이다. 그래서 20세기 초 유럽의 금속 노동자들이나 1950~1960년대 자동차 산업 노동자들에 대해 '부르주아화'했다거나 '노동귀족'이라는 주장이 제기됐다. 한국에서는 2000년대 이후 대기업 정규직 노동자에 대해 이와 같은 주장이 확산됐다.

대기업 정규직 노동자들의 중산층화?

'부르주아화'는 노동계급 일부의 소득 수준이 높아져 생활 방식이 중간계급처럼 되면서 과거의 전투적 노동계급은 사라졌다는 주장이다. 예를 들어, 한국노동사회연구소 객원연구원을 지내기도 한 유형근 교수는 대기업 정규직 노동자들이 "생활세계의 중산층화"를 보인다고 주장한다.[8] 그는 현대자동차 노동자들이 단체교섭으로 사원 분양 아파트를 얻어 낸 것의 효과를 다루면서, "일단 자기 집이 마련되면 내구재가 모두 바뀌면서 소비 패턴의 중산층화가 시작된다"고 주장한다. 이처럼 조직 노동자들의 기업 복지가 제도화하면서 "외부자와 이질화가 심화"돼 "계급연대의 사회적 기반은 침식"되고, "계급의 해체적 변형 단계에 진입"했다는 것이 그의 주장이다.

이것은 생산이 아니라 소비의 영역에서 계급이 형성된다는 주장이다. 그는 송호근 교수와 공저한 다른 논문에서도 "문화적 생활 형식들"이 계급의식 형성에 더 중요한 구실을 한다고 주장했다.[9] 그러나 계급을 소비 패턴이나 생활 방식을 기준으로 보면, 고역에 시달리며 일해서 그럭저럭 생활수준을 유지하게 된 사람들과 생산수단을 통제하고 누군가를 고용하고 해고할 수 있는 권력이 있는 사람들 사이의 분단을 모호하게 만들 뿐이다. 유형근 교수가 장시간 노동이 지배하는 대기업 노동자들의 공장 생활 경험을 무시하지는 않는다. 그러나 그는 '테일러주의'가 지배하는 공장 생활은 "하층신분이라는 부정적 자아정체감"과 "신분상승의 욕망"을 자극할 뿐이라고 주장한다. 그래서 대기업 조직 노동자들은 "격렬히 투쟁"하지만, 그 목적이 오직 "개별적 소득과 경제적 지위 상승에만 있는 … 경제적 실리주의"로 나타나게 된다고 한다.

이런 류의 주장이 갖는 정치적 함의는 대기업 정규직 노동자들과 그들의 투쟁이 이제는 사회 변혁과 아무 관계가 없다는 것이다. 그들의 투쟁은 계급의식을 획득하고 조직을 강화하는 수단이 아니고, 오히려 "격렬히 투쟁"해 양보를 얻어 낼수록 "중산층화"하고 계급을 분열시킬 뿐이다. 따라서 그 실천적 귀결은 대기업 정규직 노동자들의 조건 방어 또는 개선 투쟁을 무시하거나 반대하는 것이기 쉽다. 유형근 교수는 대기업 노조의 "임금극대화 전략"이 임금 격차를 낳았다며 고임금 노동자들의 "임금 상승을 억제"해야 한다고 주장한다. 그러려면 총연맹이나 산별노조가 대기업 노조의 임금 인상 활동을 통제할 수 있도록 "노조운동의 중앙집권화 또는 내부의 조율 능력"이 필요하다고 한다.[10] 이것은 대기업 노동자의 "중산층화" 또는 "실리주의" 비판이 정규직 임금 양보론이나 그것을 전제로 한 노동조합 상층 협상 같은 개혁주의 강화에 이바지할 수 있음을 보여 준다.

유형근 교수와 노동계급 의식에 관한 논문을 공동 저술한 송호근 교수의 행보는 그것이 노골적 '귀족 노조' 때리기로도 연결될 수 있음을 보여 준다. 송 교수는 최근 발간한 《가 보지 않은 길》에서 국가와 기업 경쟁력의 편에 서서 배부른 귀족 노조의 투쟁을 비난했다. '단순노동'을 하면서 '고액 연봉'을 받아 챙기는 것이 부당하다며, 그들의 고임금이 외국 공장과 국내 작은 공장들의 생산성을 편취한 것이라고 한다.[11]

대기업 노동자들의 고임금이 다른 노동자들의 희생을 대가로 한다는 것은 "노동귀족" 비난의 전형적 주장이다. 한국에서 "노동귀족"이라는 용어가 대기업·정규직·조직 노동자를 가리키는 것으로 널리 쓰이기 시작한 것은 노무현 정부 때였다. 대통령 자신이 앞장서서 대기업 정규직 노조가 "도덕성과 책임성을 잃었"다며 그들의 투쟁을 "귀족 노조"의 "이기주의"라고 비난했다. "[대기업 노조가] 길거리로 나올 때는 비정규직 문제를 들고 나오지만 실제 협상의 테이블에서는 비정규직에 대해 얼마나 진지하게 고민했는지 양심에 손을 얹고 한번 생각해 보라고 하고 싶다." 2003년 TV 토론에서 한 이 말은 대기업 정규직 노동자들의 투쟁에 제동을 걸고, 정규직과 비정규직의 이간질을 노린 것이다. 당시 청와대 노동개혁 특별팀장이었던 박태주 교수는 "[노동조합이] 소수 노동자들의 이익을 전투적으로 대변하기보다 전체 국민의 지지를 얻을 수 있는 넓은 시각과 열린 자세를 가져야 한다"고 훈수를 뒀다.

친노 정치인들의 노동귀족 비난

그러나 한국에서 "노동귀족" 비난이 높아진 것이 1980년대 이후 서구처럼 노동자 투쟁이 장기간 침체해 있는 시기가 아니었다. "부르주아화"나 "노동귀족"이라는 개념은 비록 여러 버전이 있기는 해도 대개 생활수준이 괜찮아진 노동계급 일부가 투쟁이 기대되는 상황에서도 꿈쩍하지 않고 체제에 협력하는 상황을 설명하기 위한 것이었다. 부르주아 사회학자들의 '윤택한 노동자' 테제가 그런 사례다.* 허버트 마르쿠제 같은 신좌파 철학자도 "좋은 옷, 가득찬 식료품 창고, TV세트, 자동차, 주택 등등을 가졌거나 가질 수 있다고 여기는 사람들이 왜 현존 질서를 전복해야만 하는가?"(1965년) 하고 반문했다. 그러나 친노 정치인들이 대기업 정규직 조직 노동자들을 '노동귀족'이라고 비난하고 나선 것은 이들이 침체해서가 아니라 길거리로 나오고 있어서, 정부에 협력해서가 아니라 대체로 협력하지 않아서였다. 노무현은 취임 초 화물연대와 전교조 등이 투쟁에 나서자 "대통령 못 해 먹겠다"고 불평을 토했다.

이런 맥락에서 "노동귀족" 비난이 등장했다는 것은 역설적으로 다음 두 가지를 보여 주는 것이었다. 하나는 공공부문을 포함해 대기업 정규직 노동자들이 투쟁에 나서지 않아도 좋을 만큼 윤택하고 안온한 삶을 누리는 특권층이 아님을 반증하는 것이었다. 그들은 김대중 정부 아래서 구조조정 공격을 겪었고 노동조합 권리도 여전히

---

* 앞에서 살펴본 골드소프가 대표적 사례다.

제한돼 있었다. 부르주아 민주주의 정부 아래서 조직 노동자들은 더 나은 조건과 지위를 얻을 자격이 있었고 그것을 기대해 거리로 나오는 것은 당연했다. 다른 하나는 노무현 정부가 노동귀족론을 들고 나온 것은 조직 노동자들이 그 정부의 개혁 — 노무현 자신이 '좌파 신자유주의'라고 부른 본질적으로 시장 지향 개혁 — 추진에 걸림돌이 될 것을 우려했기 때문이다. 이것은 '노동귀족'들의 투쟁이 결코 '이기적' 효과만 내지 않는다는 것, 신자유주의적 개혁과 그것을 추진하는 정권의 성패를 좌우할 수 있다는 것을 정부 자신이 누구보다 잘 알고 있었음을 뜻한다.

노무현 정부와 그 지지자들의 노동귀족론은 대기업·공공부문 정규직 노동자들의 투쟁이 그들만을 위한 '이기적' 행위라고 강변하는 데 초점이 있었다. 전에는 노동자 투쟁이 민주화와 민중의 삶 개선에 이바지했지만 이제는 그런 효과가 사라졌다며, 노동조합은 자기 밥그릇 챙기기 투쟁을 자제하고 사회 개혁을 위해 양보하라는 것이었다. 노무현 정부에서 청와대 비서실 정책실장과 대통령 자문 빈부격차차별시정위원회 위원장을 지낸 이정우 경북대 교수는 '강하지만 힘을 쓰지 않는 것'을 노조의 미덕으로 강조했다.[12] "무협영화나 깡패세계"가 그렇듯이 "힘을 쓰지 않는" 것이 "고수의 경지"라는 것이다. 국민경제를 위해 투쟁을 자제하는 "책임성" 있는 자세를 촉구한 것이다. "[스웨덴은] 노사간에 협력이 잘 되고 노조는 임금 인상을 극도로 자제한다. 임금을 많이 올리면 수출경쟁력이 떨어져서 스웨덴 경제가 안 돌아간다고 하면서 노조가 항상 수출경쟁력에 신경을 쓰는 그런 책임감을 가지고 있기 때문이다." 그는 청와대 시절 "노조가 임금을 자제하고 일자리 나누기를 하[는]" 네덜란드 모델을 주창했다.

친노 정치인들은 마치 비정규직과 사회적 약자를 위해서 '귀족 노조'의 투쟁 자제와 양보를 촉구하는 것처럼 말한다. 그러나 그런 양보는 경제 위기와 재정 적자 등을 노동자들에게 책임지라는 것일 뿐, 사회적 약자의 처지를 개선하는 데로 이어지지 않는다. 이것이 정리해고제·파견제 도입 양보(1998년 2월 노사정위)부터 최근의 공무원연금 개악 양보(2015년 5월)까지 "사회적 대타협"이 보여 준 결과였다.

노동조합 운동 내 여러 경향들은 친노 지지자들의 노동귀족 비난에 정당하게 반발했지만 그 실천적 대응은 대개 효과적이지 못했다. 노동귀족 비판의 전제를 공유하는 경우가 적잖았기 때문이다. 대기업 노동자들은 실리주의에 머물며 그들의 투쟁은 노동자 내부의 격차만 키울 뿐이라는 잘못된 인식 때문에 '노동귀족' 방어는 흔히 영혼 없는 구두선에 그치고, 사실상 박태주 교수가 훈수 둔 것과 다를 바 없는 방향을 지향하는 경우가 많았던 것이다. 즉, 노동조합은 노동인구의 일부일 뿐인 조합원들의 이익을 대변하기보다 민중의 이익, 보편적 사회정의를 추구해야 한다는 것이다. 이런 민중주의(포퓰리즘) 정치는 전통적 민중주의나 시민사회(신사회운동)론뿐 아니라 신자유주의 하에서 노동조합이 처한 환경이 변화했다는 견해에서도 파생됐다.

전통적 민중주의나 시민사회론의 접근을 가장 잘 보여 주는 사례는 김동춘 교수다.[13] 이미 1990년대 중반부터 2000년대 초반에 김 교수는 노동조합이 사회적 고립을 면하려면 "사회운동체"로 "위상[을] 재정립"해야 한다고 주장했다. 그는 1987년 투쟁으로 기업별 노조가 만들어지면서 대기업이 기업 복지나 임금 인상을 통해 노동자들을 포섭하려 함에 따라 대기업과 중소기업 노동자의 조건이 차별화됐다고 주장했다. "대기업 노동자들의 연대가 강하면 강할수록 그 연대의 과실은 오직 자기 회사의 조합원들만이 누릴 수 있었기 때문에, 이것은 역설적으로 노동자들 간의 연대의 기반을 더욱 축소시키는 부정적인 결과를 가져올 가능성이 높다."[14] "기업별 노조체제와 짝을 이루고 있"는 "전투적 경제주의"로는 "탈정치화, 탈계급화된 실천의 한계"를 벗어나지 못한다는 것이다. 그가 대안으로 제시한 것은 "사회운동체로서의 노동조합"인데, "단위사업장 중심의 활동 내용 상당 부분을 사회 전반의 민주화를 향한 것으로 변화"시켜야 한다는 것이다.

신자유주의 하에서 노동조합이 처한 환경의 변화에 주목하는 논의들은 2000년대 이후 확산됐다. 신자유주의로 노동조합이 대변하는 정규 고용 관계 하의 노동자들이 줄었기 때문에 노동조합 활동이 근본적으로 변해야 한다는 것이다. 한국노동사회연구소는 2000년에 리처드 하이만의 "노동조합을 위한 새로운 의제?"라는 글을 소개했는데, 이 글에서 하이만은 고용 보장 같은 전통적 노동조합 의제는 신자유주의 하에서 실천적 유효성과 이념적 설득력을 상실했다고 주장했다. "공공부문 노동자들이 민간부문에서 10년 전에 상실한 고용보장기제를 위해 투쟁한다면 공공부문 노조는 분파적 특권의 방어자로 비칠 수 있다"는 것이다. 또, "기업 차원의 고용안정 투쟁은 성공할 경우 '내부자'의 지위를 안정화시킴으로서 '외부자'를 노동시장에서 더 불안정하게 만들 수 있다"고 한다.[15] 하이만이 대안으로 제시한 것은 "정의의 칼" 구실을 하는 노동조합인데, "조합원과 시민사회 성원 모두를 설득할 수 있는" 의제를 내놓고 유기적 연대를 추구해야 한다는 것이다.

노동조합이 비정규·미조직 노동자들의 조건 개선에 관심을 기울여야 한다는 생각은 선蓄하고 훌륭한 생각이다. 그러나 조합원 조건 방어나 개선과 거리를 두고, '민중', '시민사회', '민주주의', '정의'의 이름으로 노동자들의 요구를 그런 의제들에 종속시키는 방식은 민중의 대다수인 노동자들의 이익을 방어하지 못하는 결과를 낳기 쉽다. 한국의 노동조합 운동 안에는 일찍부터 민중주의 영향이 컸기 때문에 이런 노선이 그렇게 새로운 것은 아니다. 가령 민주노총 1기 지도부는 '재벌개혁을 비롯한 사회개혁 과제를 공세적으로 제기하는, 국민과 함께하는 노조'를 지향했다. 그러나 이른바 사회 개혁 의제에 조직 노동자들의 요구를 종속시킨 결과는 비극이게도 김대중 집권 직후 정리해고제나 파견제 수용으로 나타났다. 당시 노동조합 지도자들의 이런 투항은 조합원들의 거센 항의에 부딪혔다.

최근에는 노동조합이 사회제도적 개혁 추진을 위해 조합원들의 눈치를 보지 말고 더 과감해져야 한다는 주장들도 제기된다. 앞서 인용한 유형근 교수의 '노동조합 중앙집권화 강화'는 그런 사례다. 몇 년 전 한 강연에서 김유선 한국노동사회연구소 선임연구원은 "[노동조합 상급 조직이] 설령 조합원들의 이해관계와 배치되는 것이 있다 하더라도 [사회적 약자와의 연대를 위해] 제도적 장치를 확보하기 위한 노력을 기울[여야 한다]"고 주장했다.[16] 그러나 지도부가 조합원들의 요구를 거스르는 것을 당연시하는 노동조합의 비민주성은 조합원들의 수동화와 냉소를 불러오기 쉽다. 설사 조합원들의 요구가 전체 노동계급의 이해관계라는 측면에서 부적절할 때조차 노동조합 지도부는 갖은 수단을 동원해 조합원들을 설득하려 해야지, 그것을 무시하는 관행과 제도를 강화해서는 안 된다. 게다가 개혁주의 지도부는 자신이 계급을 초월한 정의를 구현한다고 생각하더라도 실제로는 계급 타협을 실천하고 있기 십상이다. 조합원들의 통제 약화는 이것을 더욱 강화할 수 있다. '노동조합이 소수 조합원의 이익을 전투적으로 대변하기보다 민중의 이익에 복무해야 한다'는 주장은 노동조합 지도자들이 자기 조합원들의 요구를 저버리고 기업과 정부에 타협하는 것을 정당화하는 변명이 되기도 쉽다. 2015년 공무원노조 이충재 전 위원장이 조합원들의 의사를 거슬러 박근혜 정부의 공무원연금 개악에 합의하고는 그것을 국민연금 개선이라는 대의로 포장하려 했던 것이 대표적 사례라고 할 수 있다.

그러나 조합원들의 이익을 지키지 못하는 노동조합이 다른 노동자들의 이익을 지켜 주기를 기대할 수는 없다. 조합원들의 이익 방어에서 후퇴하는 노동조합 지도자들은 비정규직 문제에서도 단호하게 싸우기는커녕 시늉만 내다가 흐지부지 타협하기 일쑤다. 결국 정규직의 부차적 조건을 몇 가지 챙기면서 협상을 마무리하는 관행은 비정규직 노동자들의 불신을 강화하고 이간질의 먹잇감과 '귀족 노조' 비난의 증거가 될 뿐이다. 오직 조합원의 이익을 방어하기 위해 단호하게 투쟁하면서 비정규·미조직 노동자들에게 함께 싸우자고 손을 내밀고 연대할 때만 노동조합은 "정의의 칼"로서 행동할 수 있다.

'새로운 주체 형성'이 필요한가?

친노 정치인들의 '노동귀족' 비난이 노동조합의 양보와 협력을 압박해 개혁주의를 강화하고자 한다면, 마르크스주의 전통에서 노동귀족론은 그 정반대로 개혁주의의 토대를 규명하고 그에 맞서기 위한 것이었다. 러시아 혁명가 레닌은 제2인터내셔널 소속의 사회민주주의 정당들이 자국의 전쟁(제1차세계대전)을 지지하는 사회애국주의로 타락한 것과 그런 정당들이 노동조합과 노동자들의 상당한 지지를 받는 이유를 설명하고자 '노동귀족'이라는 개념을 사용했다. '노동귀족' 개념은 엥겔스가 마르크스에게 보낸 편지들(1850년대 말부터 1880년대 말까지)에서 따온 것으로, 엥겔스는 차티스트 운동이 끝난 이후 영국 노동계급의 조직 부문에서 보수성이 성장하는 것을 언급하면서 이 용어를 처음으로 사용했다. 레닌은 이 용어를 차용하면서, 제국주의 나라의 노동계급 상층부가 제국주의 초과이윤에 매수된 것에 개혁주의의 토대가 있다고 설명했다. "이 부르주아화한 노동자층, 즉 '노동귀족'은 생활방식, 소득 수준, 세계관 등이 완전히 프티부르주아처럼 변했는데, … [이들이] 개혁주의와 애국주의를 부추기는 자들이다." 레닌은 '노동귀족'이 "부분적으로는 후진국 민중의 희생을 대가로 특권을 누리고" 있고, "자본주의의 경비견 노릇을 하며 노동운동을 타락시키는 자들"이라고 주장했다.

제2인터내셔널의 기회주의에 대한 레닌의 분석은 노동운동 지도자들의 배신이 얼마나 파괴적인 효과를 냈는지 보여 주고, 혁명적 사회주의자들이 개혁주의자들과 결별해야 한다고 강조했다는 점에서 큰 장점이 있었다. 레닌은 제국주의 전쟁을 끝내기 위한 혁명적 전략을 제시했고, 독립적 혁명 조직이 필요하다는 러시아 노동운동의 교훈을 일반화해 세계 노동운동에 적용했다.[17] 그 덕분에 원칙을 고수하는 혁명적 사회주의자들이 단단하게 응집할 수 있었다. 그러나 동시에 레닌의 노동귀족론에는 중요한 약점도 있었다. 선진국 노동계급의 상층부가 후진국 프롤레타리아에 의해 만들어진 잉여가치를 자기 사용자와 나눠먹는다는 주장은 마르크스주의 가치론으로 봐도 옳지 않고 경험적으로도 입증할 수 없는 것이었다.* 서유럽 자본주의의 성장에서 극소수 노동자들만 이득을 본다는 생각에도 결함이 있었다.* 자본주의의 성장은 노동계급 전체의 생활수준을 상승시키며, 개혁주의는 노동계급 구석구석까지 영향을 미친다. 개혁주의의 근원이 식민지 이윤으로 매수된 노동계급의 소수 상층부(주로 숙련 노동자들)에 있다고 보면, 개혁주의의 영향력을 과소평가할 수밖에 없고 개혁주의가 발전한 나라들에서 혁명적 사회주의 운동 앞에 놓인 어려움을 충분히 이해하고 대비하기 어렵다.

또한 레닌의 노동귀족론은 노동조합원 전체를 노동귀족이라고 규정하고, 노동귀족과 노동조합 관료를 동일시하는 경향도 있었다. 그러나 이렇게 둘을 뭉뚱그리면 한편으로 조직 노동자들 전체를 자본에 매수 또는 포섭됐다고 보고 일축해 버릴 위험이 있다. 다른 한편, 사회·정치적으로 중요한 현상인 노동조합 관료층의 등장과 그 구실

---

* 자세한 설명은 토니 클리프, "개혁주의의 경제적 뿌리", 《마르크스21》 15호, 173~189쪽을 참고하시오.

을 이해하기도 어렵게 된다. 볼셰비키 지도자들은 서구의 노동조합에 대한 이해가 부족해 코민테른을 지도하는 데 이러저러한 어려움을 겪었고, 노동조합 문제를 둘러싼 여러 혼란을 낳기도 했다. 그들은 러시아 혁명의 지도자들로서 코민테른에서 엄청난 권위가 있었지만 노동조합에 관해서는 경험이 많지 않았다. 제정 러시아에서는 1917년 2월 이전까지 진정한 노동조합이 매우 드물었고 사실상 불법이어서 서유럽과는 조건이 크게 달랐기 때문이다. 노동조합과 개혁주의 관료에 대한 마르크스주의적 분석을 선구적으로 개척한 것은 제정 러시아에서 활동한 레닌이 아니라 독일에서 활동한 폴란드 출신 혁명가 로자 룩셈부르크였다. 대중적 노동조합 운동이 출현하고 그에 기반을 두고 개혁주의 관료층이 성장한 조건에서 활동했던 혁명적 사회주의자들의 경험에서 배울 필요가 있다. 영국의 혁명적 사회주의자인 토니 클리프는 노동조합 관료의 사회적 구실을 분석하는 데 큰 기여를 했다(이에 대해서는 뒤에서 살펴볼 것이다).

레닌의 '노동귀족' 개념은 노동자들의 보수화와 개혁주의에 대한 설명으로 여전히 좌파들 사이에서 상당히 수용되고 있다. 세계적으로 보자면, 스탈린주의 공산당 전통을 이어받은 일부 좌파들이나 저임금·불안정 노동자들을 조직하는 활동가들에게서 그런 경향을 볼 수 있다.[18] 노동귀족론의 최신 버전은 (제국주의 초과이윤 대신) 독점이윤을 개혁주의의 물질적 토대라고 보는데, 그 핵심을 추리면 이렇다. 독점자본주의 하에서는 이윤율이 전혀 다른 "이중 경제"(독점부문과 경쟁부문)가 나타나고 이에 따라 노동자들의 처지도 이중 구조화된다. 독점 대기업은 자신이 고용한 노동자들과 초과이윤을 고임금과 고용 안정이라는 형태로 나누면서 그들을 '매수'한다. 오늘날 노동귀족은 독점 사기업과 공공부문의 조직 노동자들로 구성되며 그들의 상대적 고임금은 비독점 경쟁부문 노동자들에 대한 착취로부터 나온다.

　한국의 일부 좌파들도 대기업·공공부문 정규직 조직 노동자들이 "보수화" 또는 "우경화"했다고 보고 그 물질적 토대를 이와 유사한 방식으로 설명한다. 예를 들면, "이중구조화된 노동계급의 상층에 위치"한 대공장·공공부문 정규직 노동자들은 투쟁에 나서기를 꺼리는데, "자본이 노동시장 이중구조를 통해 착취한 잉여분의 일부를 대공장, 공공, 사무 정규직 노동자들에 떡고물로 나눠주면서 투쟁을 약화시켜 왔기 때문"이라고 한다.[19] 상대적 고임금을 받는 정규직 노동자들은 "우리사주"나 "자본주의적 소비"를 통해 신자유주의적 금융자본주의 체제에 "편입"됐거나 "내재화"하고 있다고 한다. 노동운동 위기론이 부상하거나 조직 노동자들이 제몫 챙기기에 급급해 이기주의로 비난받을 때에는 더 많은 좌파들이 이런 주장에 이끌린다. 이때 빠지지 않고 등장하는 단골메뉴(설명)가 "정규직 노동자들의 상대적 호조건은 비정규직 노동자들에 대한 착취를 기반으로 가능"하다는 것이다.[20] "[정규직 노동자들이] 노동조건 유지 향상을 위해 [비정규직 노동자들을] 방패막이로 삼는[다]"는 주장도 마찬가지로 빠짐없이 등장한다. 이런 설명을 보면, 영국 공산당 소속 개혁주의자였던 에릭 홉스봄이 일찍이 노동귀족을 규정하는 요소들로 꼽았던 것을 두루 갖추고 있다(한국에서는 '노동귀족'이라는 용어가 우파나 자유주의자들의 전유물처럼 돼 있어 좌파들이 잘 사용하지는 않더라도 말이다). 그 요소는 노동계급의 상층에 있고, 부르주아지로부터 고임금과 고용 안정이라는 '뇌물'을 받으며, 나머지 노동자들의 희생을 대가로 우월한 지위를 차지하고, 노조를 통해 자기 지위를 지키며, 노동계급 내 보수적 부분으로 기능한다는 것 등이다. 즉, 노동귀족은 나머지 노동자들과 괴리되는 특권층을 이루며 나머지 노동자들과 구조적 이해관계 충돌이 있다는 것이다(정규직 노동자들의 상대적 고임금이 비정규직 노동자들에 대한 착취에서 나온다는 주장에 대한 반박은 이 책의 324~336쪽을 보시오).

이런 설명은 한때 전투성으로 세계를 놀라게 했던 한국 노동운동이 왜 위기에 빠졌는지에 대한 나름의 답변이다. 일부 좌파들은 온건화나 개혁주의의 발전을 노동조합 지도부의 특정 노선과 그들의 기반인 조합원들의 "상대적 호조건"에서 찾은 셈이다. 이것은 민주노총으로 조직된 대기업·공공부문 정규직 노동자들이 더는 사회 변혁이나 노동운동의 주체가 되기 어렵다는 회의와 연결돼 있다. 그 실천적 귀결은 이제 노동귀족이 된 대기업 정규직 조직 노동자 대신 노동운동의 "새로운 주체가 형성되어야 한다"는 것이다.[21] 즉, "비정규불안정 노동자들을 노동운동의 중심에 세우"자는[22] 것이다. 물론 비정규직 노동자의 비중이 높은 오늘날 그들이 노동운동의 주체의 일부가 되도록 지원하는 것은 매우 중요하다. 비정규직 노동자들이 스스로 조직하고 투쟁할 수 있도록 물심양면의 지지와 연대를 해야 한다. 많은 노동조합 지도자들이 같은 사업장에서 일하는 비정규직이나 간접고용 노동자들을 이런저런 핑계를 대며 같은 노조에 가입시키기조차 회피하는 상황에서, 비정규직 노동자들을 노동운동의 중심으로 세우자는 것은 기본적으로 올바른 주장이다.

그러나 첫째, 대기업 정규직 조합원들이 자본에 포섭된 '노동귀족'이 됐다고 보고 비정규직 노동자들을 조직하는 활동만을 가치 있다고 여기는 것은 잘못이다. 노동계급이 어떤 시기에 파편화되고 정치에 무관심하고 사기 저하를 겪더라도 그들의 역사적 잠재력이 사라지는 것은 아니다. 자본주의 체제의 경쟁과 이윤 증대 몰이는 불가피하게 노동자들과의 반복적 충돌을 부른다. 그래서 투쟁에 나서지 않을 것처럼 보였던 고임금 부문이 계급투쟁 전면에 서는 것을 역사에서 거듭 볼 수 있다. 제1차세계대전과 그후에 전개된 유럽의 혁명 물결은 이것을 보여 주는 한 사례다. 반면 노동계급의 더 열악한 부문이 모종의 변혁성을 보증하는 것도 아니다.

제2인터내셔널 지도자들의 배신을 분석하면서 '노동귀족' 개념을 사용했던 레닌은 1916년에 쓴 글에서는 영국과 독일의 노동조합원 전체를 노동귀족이라고 부르는 데까지 나아갔다. 그러면서 부르주아지에게 매수된 "특권적 소수"인 조합원들이 아니라 "진정한 다수인 최하위 계층", "진정한 대중"에게 "더 가까이 다가가고 더 깊숙이 들어가야" 한다고 주장했다. 또 다른 볼셰비키 지도자인 지노비예프는 군수산업 노동자들이 전쟁으로 "이윤 잔치"를 즐기는 자기 사용자로부터 "떡고물"을 받아먹으며 "온갖 특혜"를 누린다고 주장했다. 지노비예프는 군수산업 노동자들이 "눈앞의 이익을 위해 영구적 이익을 팔아넘기"는 "반동의 도구"가 됐다고 했다. 그러나 얼마 지나지 않아 유럽에서 새로운 노동자 투쟁이 떠올랐을 때 '노동귀족론'을 정면 반박하는 상황이 전개됐다. 바로 이 군수산업 노동자들이 유럽

전역에서 반란을 주도하며 투쟁의 선봉에 섰고, 코민테른을 열렬히 지지했던 것이다. "베를린과 페트로그라드에서는 이 투쟁이 혁명으로 발전했다. 군수산업 노동자들이 투쟁에 나설 때 다른 부문 노동자들, 즉 '최하위 계층'은 아직 잠잠한 상태였다."[23] 1968년에도 다시금 이런 일이 벌어졌다. 1950~1960년대에는 유럽의 자동차 공장 노동자들이 '노동귀족'이라고 불렸는데, 1968년 바로 그 '노동귀족'들이 프랑스에서 세계 역사상 최대 규모의 총파업 선두에 선 것이다.

한국에서도 1990년대 초중반 노동운동 메카인 울산의 현대 노동자들이 생활수준이 높아짐에 따라 '보수화했다'는 주장이 등장했지만, 1996년 연말에 시작돼 1997년 1월까지 지속된 총파업은 사실 그런 주장에 대한 정면 반박이었다. 또, 1987년 대투쟁의 최선두 그룹의 하나였다가 1990년대 중반 이후 '독점기업에 포섭'돼 우경화한 대표 사례로 여겨졌던 현대중공업 노동자들도 그런 사례다. 현대중공업 조합원들은 심지어 2000년대 초 금속노조에서 제명되기까지 했다. 그러나 근래 조선업 위기와 노동조건 악화 속에서 다시 투쟁에 나설 수밖에 없는 처지로 내몰렸다.

이와 같은 역사적 경험은 대기업 정규직 조직 노동자들이 자본에 포섭돼 돌이킬 수 없이 보수화했다고 비판하고 그들과 단절하는 것이 근시안적 판단임을 보여 준다. 일부 사람들은 민주노총으로 조직된 노동자들이 기껏해야 70~80만 명이고 한국노총을 합쳐도 전체 노동계급의 10퍼센트가량에 불과하니 크게 연연할 만한 숫자가 못 된다는 듯이 말한다. 그러나 특히 민주노총 소속 조직 노동자들은 강력한 투쟁 전통이 있고, 대부분 한국 경제에 큰 영향을 미치는 산업의 대규모 사업장에 조직돼 있어 막강한 투쟁 역량과 파급력을 가진 집단이다. 2015년 현재 노동조합 조직률은 10.2퍼센트이지만, 300인 이상 사업체의 노동조합 조직률은 63퍼센트에 달한다. 비록 조직 노동자들이 굼뜨고 움직이려면 시간이 많이 걸릴 수 있지만, 그들이 파업에 나서면 강력한 정치·경제적 힘을 발휘하고 사회의 더 열악한 집단들도 지배자들에 맞서 싸우도록 고무할 수 있다.

따라서 기존 조직 노동자들이 자본에 포섭됐다고 보고 "새로운 주체"인 비정규직으로 이동할 것이 아니라, 정규직과 비정규직 사이의 연대를 건설하고자 애써야 한다. 비정규직 노동자들이 대기업 정규직 조직 노동자들과 연대하지 않고 사회 변화를 성취하기는 어렵다. 분리된 운동은 무기력함을 느끼며 체제 안으로 흡수되기 쉽다. 이것은 정규직 조직 노동자들도 마찬가지다. 노동계급 내 다양한 부문의 연대가 절대적으로 중요하다. 여성·이주노동자·성소수자와의 연대도 노동계급의 단결을 위해 필수적이다. 이를 위해 좌파들이 조직 노동자들 내에서 지난한 활동을 하는 것 말고 그것을 대체할 손쉬운 방법은 없다.

좌파적 분리 노조가 대안일까?

둘째, 대기업 정규직 조합원 전체를 '노동귀족'으로 규정하는 것의 또 다른 문제점은 그런 논리를 일관되게 추진하면 보수화된 기존 노동조합에서 활동하지 말고 분리된 노조를 만들자는 결론으로 나아갈 수 있다는 것이다. 노동운동 위기론이 떠올랐던 2000년대 중후반에 '제3노총론'이 급격히 부상했던 것이 그런 사례다. 그런 대안에 가장 근접한 주장은 《새로운 시대의 총연맹, 좌파노총》에서 볼 수 있다. 이 책의 저자인 허영구 평등노동자회 대표는 민주노총이 "자본에 포섭"됐고 "어용의 길로 돌아섰다"고 진단하며, "좌파노총"이 필요하다고 주장했다. 그는 "민주노총이 문제가 많지만 고쳐서 가 보자는 식으로는 변화하는 정세에 부응하는 자세가 아니"라고 했다. 민주노총의 혁신으로는 부족하고 새 노총이 필요하다는 것이다. 그러나 다른 글에서는 "그렇다고 해서 기존의 민주노총과 완전히 결별하거나 분리되지는 않는다"며 좌파노총은 "민주노총 소속 노조와 조합원을 포괄하면서도 비정규불안정 노동자를 중심에 세우는 대안적 총연맹"이라고 설명했다. 다소 모호하지만 둘을 종합하면, 좌파노총은 비정규불안정 노동자 중심이되 좌파노총에 동의하는 민주노총 산하 일부 노조와 조합원을 포함해서 "재구성하는" 새 노총이라고 할 수 있을 것이다. 좌파노총론을 지지하는 사람들은 민주노총 내에서 "노동자들[의] 피를 빠는 세력과의 단절 … 내부의 적들과의 단절"이 필요하다고 주장한다.[24] 그들이 말하는 내부의 적은 민주노총 내에서 야권 연대를 추진하거나, 통합진보당을 지지하는 지도부와 그 지지자들이다.

새 노총론은 지금 힘을 얻고 있지는 못한 하나의 아이디어에 불과하다. 그러나 기존 노조가 온건하다고 보고 그와 분리된 새 노조나 이해대변체를 만드는 경우가 없는 것은 아니다. 기존 노조 지도부의 우경화에 반대해 분리 노조를 만드는 경우, 투쟁 방향이나 조직 상의 갈등으로 기존 상급단체에서 이탈해 더 좌파적으로 여겨지는 상급단체로 이동하는 경우, 기존 노조가 대변하지 못하는 특정층을 조직 대상으로 해서 독립 노조를 만드는 경우 등이 그런 예라고 할 수 있다. 국제 노동운동을 보면 혁명적 신디컬리즘 운동이나 1920년대 초 프로핀테른의 '적색노조' 등 훨씬 더 많은 사례들이 있다. 좌파들이 보수적 노동조합 운동의 대안으로 거듭해서 좌파적 분리 노조를 추구하는 경향이 있었기 때문이다. 물론 분리 노조들이 만들어진 배경이나 목표는 조금씩 달랐다. 그렇지만 공통점도 있는데, 그것은 노조 지도자들의 동요와 배신에 분노하지만 조합원들이 노조 관료층의 부정적 영향력을 극복할 능력이 없다고 보고 환멸감을 느낀 좌파 활동가들의 지지를 얻었다는 것이다.

사회주의자들이 온건하고 보수적인 노동조합 안에서 활동해야 하는가는 코민테른 2차대회(1920년)의 중요 쟁점이었다. 바로 그때 레닌은 《좌익 공산주의 — 유치증》이라는 책을 출판했는데, 한 장을 할애해 개혁주의자들이 주도하는 보수적 노동조합 안에서 활동하기를 거부하는 '좌익주의'(초좌파주의) 경향을 비판했다. 비록 전에 레닌은 영국과 독일의 노동조합원 전체를 '노동귀족'으로 규정하는 오류를 저질렀지만, 이 책에서는 오늘날 일부 좌파들이 노동귀족론의 논리적 귀결로서 추진하는 분리 노조에 단호하게 반대했던 것이다. 레닌은 혁명적 사회주의자들이 보수적 노동조합 안에서 활동하기를 거부하는 것은 의식이 미숙하거나 후진적인 노동자 대중을 보수적 지도자들의 영향력 아래 방치하는 것이라고 지적했다. "노조 최상층 지도부의 반동적, 반혁명적 성격을 이유로" 수많은 노동자들이 있는 노동조합에서 철수해 새로운 소규모 혁명적 노조를 만드는 것은 "공산주의자들이 부르주아지에게 해 줄 수 있는 최고의 봉사"다.

물론 분리 노조를 만드는 것에 어떤 조건에서든 원칙적으로 반대해야 한다는 것은 아니다. 어떤 경우에는 불가피할 수 있고, 또 특정 맥락 속에서는 진일보인 경우도 있다. 가령 기존 노조가 비정규직 노동자 등 특정 집단을 조합원으로 받아들이기를 거부한다면 기존 노동조합 외부에서 노동조합을 만드는 것은 불가피할 것이다. 노동조합 지도자들이 미숙련 노동자들을 적대하는 조건에서 20세기 초 세계산업노동자동맹IWW이 기존 노동조합 외부에서 활동한 것은 불가피한 면이 있었다. 또, 2012년 남아프리카공화국 마리카나 광산 노동자들이 자신들의 투쟁을 외면한 전국광원노조NUM를 탈퇴하고 파업을 이끈 광원건설노조연합AMCU에 가입한 것도 그런 사례라고 할 수 있다. 전국광원노조는 마리카나 광산 파업에 경찰 투입을 촉구했고 결국 노동자 34명이 학살됐다.

그러나 일반으로 말해, 분리 노조를 추구하는 것은 운동을 작위적으로 분리하고, 활동가들을 덜 선진적인 노동자들로부터 고립시킬 위험이 있다. 노동조합은 되도록 수많은 노동자들을 한데 모아야 강력한 힘을 발휘할 수 있다. 노동자들은 지지하는 정치 노선에 따라 나뉠 수 있지만 노동조합을 이 같은 방식으로 조직할 수는 없다. 개혁주의 지도자를 지지하는 조합원들을 그 지도자와 동일시하면서 그들과 분리하는 것은 치명적 오류다. 그것은 개혁주의를 지지하는 노동자들을 설득해 함께 행동에 나서도록 하는 노력을 지레 포기하고 그들을 개혁주의 관료들의 수중에 고스란히 내주는 셈이다. 그것은 개혁주의 관료에 맞서 싸우지는 않고 오히려 그들로부터 사실상 도망가는 것으로, 개혁주의 관료들을 편하게 해 주고 결국 그들을 돕는 길일 뿐이다. 게다가 역사적 경험을 보면, 그렇게 만들어진 분리 노조들도 노동조합의 한계로부터 결코 벗어날 수 없었다.

셋째, 잘 조직돼 자신을 효과적으로 방어할 수 있는 조직 노동자들을 '노동귀족'으로 보면 노동조합 투쟁에 대한 심각한 혼란과 회의에 빠질 수 있다. 즉, 노동조합 활동으로 얻어 낸 임금 인상을 은폐된 형태의 '뇌물'이라고 보고, 노동자들이 투쟁해서 개혁을 얻어 낸 것을 체제에 '매수된' 것으로 여길 수 있다. 이런 견해는 개혁을 위한 투쟁이 노동운동의 전진에 걸림돌이 될 뿐이라는 초좌파적 결론으로 나아갈 수 있다.

그러나 노동자들이 노동조건을 개선하는 과정에서 자본주의의 '포로'가 될 뿐이라는 생각은 뼛속까지 엘리트주의적이다. 이런 식으로 본다면 사회주의는 자본주의 계급 관계의 영향을 받지 않는 '소수 엘리트'들이 노동자들을 위해 변화를 가져다줄 때만 가능할 것이다. 그러나 이와 달리 고전적 마르크스주의 전통은 자본주의 오물을 뒤집어쓴 노동자 자신이 계급투쟁을 통해 변화하기 때문에 근본적 사회 변혁이 가능하다고 본다. 착취 체제인 자본주의는 노동자들을 투쟁에 나서도록 내모는데, 투쟁은 사회를 변화시키는 동시에 투쟁에 참여한 사람들도 변화시킨다. 노동자들이 자본주의로부터 벗어나는 것은 계급투쟁이라는 그들 자신의 활동으로만 가능하다.

반면 조직 노동자들의 투쟁이 체제에 매수되는 과정이라고 보거나 그렇게까지 보지는 않더라도 노동자들 내부의 격차를 증대시킬 뿐이라고 보면, 그런 투쟁을 경시하거나 심지어 해롭다고 여기게 된다. 그러면 조직 노동자들의 일상 투쟁은 사회 변화를 위한 활동과 아무 관계 없는 것으로 여기면서, 추상적 선전을 앞세운 종파주의로 기울거나 자본주의 계급 관계에 덜 종속된 주변적 집단에 기초한 사회운동에서 대안을 찾게 될 수 있다. 아니면, 위로부터 개혁을 추구하는 것으로 나아갈 수 있다.

최근 진보·좌파에는 노동자들의 일상 투쟁을 경제주의, 부문주의, 조합주의라고 경시하는 태도가 많이 퍼져 있다. 대기업 정규직 노동자들의 경제투쟁으로부터 연대 의식의 성장을 기대할 수 없다는 것이다. 그러나 영국 공산당 소속 개혁주의자 에릭 홉스봄의 사례는 그런 견해가 노동운동의 개혁주의 관료와 개혁주의 정치인을 위한 자양분이 될 수 있음을 보여 준다. 홉스봄은 '노동운동의 중단된 전진'(1978년)이라는 제목의 강연과 그 뒤 영국 공산당 기관지 《마르크시즘 투데이》에 쓴 글들에서 조직 노동자들의 전투적 경제투쟁이 더는 사회주의와 아무 관계가 없다고 주장했다. 홉스봄은 1950년대 이래 좌파 노동자 정당의 핵심 기반인 육체 노동계급이 축소됐고, 기술혁명과 생활수준 향상과 공공부문의 팽창으로 노동계급 내 부문주의가 득세하면서 전통적 형태의 연대가 약화했다고 주장했다. 1970년대 초 영국에서 노동자 투쟁이 빈발했지만 그것은 노동의 전진이라기보다 순전히 임금 인상을 위한 파업으로 "경제주의적 전투성"에 불과하다고 했다. 그는 "단순한 경제주의적 노동조합 의식은 때로 노동자들의 연대를 자아내기보다는 오히려 노동자들을 서로 반목시킬 수 있다"고 주장했다. "이제 더는 노동자들이 자신의 계급적 상황 때문에 사회주의 정당을 지지하는 방향으로 의식이 발전한다고 가정할 수 없다."

이런 주장은 당시 유러코뮤니즘 공산당들이 추진하던 광범한 계급 동맹을 정당화하고 의회를 통한 사회주의의 길에 보조를 맞추는 것이었다. 즉, 사회주의 사상을 확산하려면 (노동자 투쟁 참여가 아니라) 다른 계급과의 광범한 연합을 통해 대항 헤게모니를 구축해야 하는데, 계급투쟁은 계급 동맹을 위태롭게 할 뿐이라는 것이다. '경제주의' 투쟁에 반대한 홉스봄의 견해는 당시 노동당의 우경화를 추진하던 노동당 대표 닐 키녹으로부터도 큰 환영을 받았다.

홉스봄의 주장은 1960년대 말부터 1970년대 초 유럽 곳곳에서 일어난 거대한 경제투쟁이 국가 권력에 심각한 타격을 주지 못하고 패배한 것에 대한 나름의 답변이었다. 홉스봄은 패배의 원인을 노동계급의 쇠퇴(육체 노동계급의 축소와 노동계급 내부의 분할 증대 등)에서 찾았다. 그러나 역사상 최대 규모의 총파업을 한 프랑스 노동계급이나 50년 만에 최고 수준의 투쟁을 전개한 영국 노동계급의 패배가 예정돼 있었던 것은 아니다. 홉스봄이 다루고 있는 영국을 보면, 1968~1974년까지 계급투쟁 수준이 매우 높았다. 1972~1974년에만 점거 투쟁이 200건 넘게 벌어졌고, 노동자들은 보수당의 공세에 맞서 정치화를 시작하고 있었다. 노동자들은 개별 작업장 문제만이 아니라 소득정책, 노동조합 통제 법률, 그리고 보수당 히스 정부에 반대했다.

그러나 현장조합원들의 전투성은 1974년 집권한 노동당과 노동조합 지도자들의 임금 억제 사회협약으로 질식됐다. 사회협약을 지탱

하는 데서 결정적 구실을 한 것은 잭 존스와 휴 스캔런 같은 좌파 노조 지도자들이었다. 공산당은 좌파 노조 지도자들과의 동맹을 중시하느라 노동당 정부에 맞선 투쟁을 이끌지 않았다. 임금 억제가 수년간 지속되자 노동자들의 불만은 마침내 1979년 '불만의 겨울'로 터져 나왔지만, 이것은 계급의식의 고양이 아니라 노동자들의 깊은 환멸을 드러낸 것이었다. 정치화 추세는 이미 노동당에 의해 꺾여 있었던 것이다. 이런 과정은 노동조합·노동당 지도자들의 구실과 그에 협력한 공산당 정책의 문제점을 다루지 않은 채(홉스봄은 오히려 이 정책을 두둔한다), 노동계급의 변화에서 패배의 원인을 찾을 수 없음을 보여 준다.

3. 개혁주의적 노동조합 관료층의 형성

새로운 주체 형성이나 분리 노조 지향 등은 기존 노동조합 운동에 대한 불신과 반감에 기초하고 있다. 이런 불신과 반감은 충분히 이해할 만한 것이다. 그러나 개혁주의의 극복 방안을 제시하지 못한 채 사실상 회피나 도망과 다름없는 방식을 취할 뿐이라는 난점이 있다. 1987년 노동자 대투쟁 속에서 생겨난 엄청나게 전투적이고 급진적이었던 노동조합들이 왜 당시 같은 전투성과 급진성을 잃고, 투쟁이 요구될 때조차 회피하거나 돌연 중단하기를 반복하는가? 많은 노동자와 좌파 활동가가 이런 질문을 던졌지만, 급속도로 성장한 개혁주의를 이해하고 올바른 대처법을 찾지 못하면서 혼란과 사기 저하와 환멸에 빠지기도 했다.

1987년 대파업 이후 전투적 노동운동이 대중적으로 발전했지만, 동시에 노동조합 관료층과 개혁주의 정치 역시 함께 발전했다는 것을 이해하는 것이 매우 중요하다. 당시 등장한 전투적 노동운동은 권위주의에 기초한 급속한 공업화와 노동계급의 열악한 처지, 그리고 여전한 사회의 후진성 등을 배경으로 하고 있었다. 노동자들은 도시와 대공장에 대규모로 집중돼 있었고, 국가 주도 산업화 속에서 혹독한 착취를 당함과 동시에 정치적으로도 무권리 상태에 있었다. 노동자들의 경제적·정치적 불만의 결합은 전투적 노동자 투쟁이 분출하는 조건이 됐다.

1987년 7~9월 석 달 동안 3000건 이상의 노동쟁의가 발생했다. 이것은 1960년부터 1987년까지 노동쟁의 총수보다 더 많은 것이었다. 노동부 통계에 따르면, 10인 이상 사업장 노동자 3명 중 1명이 쟁의에 참가했다. 노동자들은 노동조건 개선뿐 아니라 노동조합 설립과 인정을 원했다. 1987년 대투쟁 이후 1년 안에 4000개의 노동조합이 새로 결성됐다. 노동자들은 전에 알지 못했던 "무시무시한 힘"으로 전국을 뒤흔들었다. 구해근 교수가 지적했듯이, "노동자들은 자신들이 진정 공장을 닫을 수도 있고, 전체 경제를 마비시킬 수도 있다는 사실을 깨달았다. 노동자 대투쟁은 사회와 노동자들 자신에게 노동자들이 단결해서 대규모로 결집할 때 얼마만큼 무시무시한 힘을 발휘할 수 있는지를 보여 주는 기회였다."[25] 노동자 투쟁은 수개월 동안 한국 정치의 중심이었다. 권위주의 하에서 등장한 이 운동은 정치와 경제의 분리가 뚜렷하지 않았고, 그만큼 잠재력도 컸다. 노동조건 개선을 요구하는 투쟁조차 국가 권력과 부딪혔다. 1987년 8월 현대그룹 노동자 6만 명이 중장비를 앞세우고 거리 행진에 나서자 기겁을 한 정부가 노동부 차관을 급파했다. 1989년 현대중공업 노동자들이 128일간 파업을 했을 때는 정부가 해군 함정을 비롯해 육해공을 총동원한 '울산 30작전'이라는 이름의 진압 작전을 펼쳤다.

이와 같은 전투적 노동운동의 발전은 한국뿐 아니라 브라질이나 남아프리카공화국 같은 신흥공업국의 공통적 특징이었다. 신흥공업국은 1950~1960년대 이후 미국과 유럽 이외의 지역에서 출현한 새로운 자본 축적 중심지들이었다. 바로 이곳들에서 노동계급이 급성장했고 1970년대나 1980년대부터 전투적 노동운동이 성장했다. 알렉스 캘리니코스는 "부르주아 민주주의가 존재하지 않는 상황에서 터져" 나온 이 운동들의 "혁명적 잠재적이 매우 [컸]다"고 지적했다. "그 덕분에 이 운동들은 상당한 경제·정치 구조 개혁을 달성해 냈고, 그 결과 독재 정권들을 적어도 부분적으로는 해체시키면서 노동운동을 위한 일정한 공간을 확보해 냈다. 그리고 그 과정에서 이들 나라에서는 사회민주주의가 현란한 속도로 성장했다."[26]

브라질에서는 1970년대 전투적 독립 노동조합연맹인 꾸찌cut가, 1980년대에는 노동자당pt이 탄생했다. 1970년대 독립 노동조합들이 등장한 남아프리카공화국에서는 1980년대에 노동조합연맹인 노동조합회의cosatu(이하 코사투)가 결성되고, 코사투-아프리카민족회의anc-남아공공산당sacp 삼각동맹이 만들어졌다. 그리고 남아프리카공화국에서는 1994년, 브라질에서는 2003년 이 개혁주의 정치 세력이 집권에까지 이르렀다. 집권한 아프리카민족회의는 코사투와 공산당의 지지를 받아 규제 완화, 민영화, 노동 유연화 정책을 추진했다. 흑인 다수의 염원을 거슬러서 말이다. 집권한 브라질 노동자당도 신자유주의 정책을 추진하는 마찬가지 길을 걸었다. 한국의 경우 비록 사회민주주의 정당이 집권하지는 못했지만, 박해받던 노동조합 지도자들이 국회의원이 되는 데 겨우 10여 년밖에 걸리지 않았다. 민주노총과 민주노동당(과 그 후신들)이 걸어온 길은 남아공이나 브라질과 근본적으로 유사하다.

한국을 포함한 신흥공업국의 이와 같은 경험은 아무리 전투적인 노동운동도 사회주의로 가는 직선 도로를 행진하는 것이 아님을 보여 준다. 서구에 비해 경제·정치적으로 훨씬 불안정한 이들 나라에서조차 노동자들이 사회주의적 의식으로 도약하지는 않는다는 것이다. 그래서 폭발적 노동자 투쟁이 분출한 이래 한국에서 부르주아 민주주의로의 전환과 함께 개혁주의가 성장했다. 개혁주의의 성장은 전진임과 동시에 노동계급의 혁명적 전진을 억제하는 것이기도 하다. 이와 같은 역설적 사태 발전의 의미를 이해하는 것이 중요하다.

개혁주의의 매력은 중간점이라는 데 있다. 노동자들이 급진화하고 자신감이 증대하고 있지만 자본주의를 전복하는 혁명을 일으켜야만 하는지는 아직 분명하지 않을 때 개혁주의는 이런 타협의 매력적 표현이 될 수 있다. 그러나 개혁주의 조직들은 노동계급에게 근본적 해결책을 제공하지 못한다. 특히 경제 위기 때는 노동자들이 투쟁으로 얻은 것을 사용자들과 정부가 도로 빼앗는 데 앞장서기도 한다. 그래서 혁명 상황에서조차 처음엔 노동계급 급진화의 표현으로서 개혁주의가 번성하며, 바로 그런 상황에서야말로 개혁주의는 직접적으로 반혁명적인 구실을 할 수 있다. 트로츠키는 《러시아 혁명사》에서 혁명기에 노동자들은 일련의 상이한 해결책을 모두 시험해 보고 나서야 비로소 혁명가들을 따를 태세가 된다고 했다. 노동계급 의식 발전의 이런 모순을 이해하지 못하고 일면적으로 보면, 한편으로는 개혁주의를 막강하다고 오해하기 쉽고 다른 한편으로는 단순한 후퇴일 뿐이라고 생각하며 비관에 싸일 수 있다. 이와 달리 한국 노동운동은 트로츠키가 말한 일종의 학습 과정에 있다고 할 수 있다. 그 과정에서 유력한 대안으로 떠오른 개혁주의의 본질을 혁명적 사회주의자들이 잘 알고 대처해야 학습 과정의 최종 결과에 영향을 미칠 수 있다.

노동조합 관료의 사회적 위치와 기능

1987년 시작된 전투적·대중적 노동운동이 1990년대 부르주아 민주주의로 전환하는 맥락 속에 자리 잡아 가자 노동조합 관료층이 함께 발전했는데 이들이 바로 개혁주의의 사회적 기반이다. 자본주의 사회에서 벌어지는 노동자 투쟁은 대부분 자기제한적 경향을 보인다. 노동자들은 기업주들에 맞서 격렬히 싸울 때조차 대개 자본주의를 타도할 엄두를 내지는 못한다. 그래서 아무리 전투적인 파업도 노동자와 기업주 간에 모종의 타협으로 끝난다. 이런 상황에서는 누군가 노동자들을 대표해 타협을 이끌어 내는 협상을 맡아야 한다. 흔히 사람들은 기업주들이 노동자 대표를 인정하지 않으려 한다고 여기지만 이렇게 보는 것은 일면적이다. 기업주들은 처음엔 노동자들의 조직 결성을 좌절시키려 하지만, 투쟁이 폭발적으로 터져 나오면 노동자 측 협상 대표가 없을 때 기업주도 매우 곤란할 수 있다. 거대한 노동자 투쟁 분출의 전조라고도 할 수 있었던 1985년 대우자동차 파업은 이를 잘 보여 주는 사례다. 대우차 회장 김우중은 투쟁이 다른 사업장으로 번지지 않도록 빨리 해결하라는 정부의 압박을 받고 부평공장으로 달려가는데, 파업 노동자들이 스스로 정한 대표와 협상하지 않고는 사태를 해결할 수 없음을 금세 깨닫게 된다. 이처럼 노동자 대표가 필요하게 마련인데, 시간이 지남에 따라 노동과 자본 간 타협 조건을 둘러싸고 협상을 전담하는 노동자 대표층이 형성되고 굳어진다. 그런데 그런 타협은 노동자들에게 유리하다 할지라도 임노동 관계를 전제로 한 것이므로 노동자들에 대한 착취를 영속화시킨다. 이것은 노동자 협상 대표층의 존재 자체에 보수적 경향이 내재해 있음을 뜻한다. 이런 보수적 경향은 노동조합 기구가 크고 체계화될수록 더욱 강해진다.

노동조합 관료층이 하루아침에 공고화되는 것은 아니다. 세계에서 노동조합 운동이 가장 오래된 영국과 독일에서는 19세기 후반에 노동조합 일을 전담하는 유급 상근자층이 성장하기 시작했다. 영국 페이비언주의자들인 웨브 부부는 이런 변화가 일어난 것에 주목한 최초의 사람들 중 하나였다. "이따금 나타나는 열정가와 무책임한 선동가에서 현장조합원 가운데 특별히 선발된 업무 능력이 뛰어난 유급 상근 간부들로 노동조합계의 지도부가 바뀌고 있다." 웨브 부부는 노동조합의 주도권이 아마추어 선동가에서 역량을 갖춘 전문 협상가들에게 넘어간 것을 반겼다. 이들이 노동조합에 보수적 영향력을 미쳤기 때문이다.

그러나 같은 이유에서 로자 룩셈부르크나 안토니오 그람시 같은 혁명적 사회주의자들은 노동조합 관료층을 비판하는 분석을 발전시켰다. 로자 룩셈부르크는 독일 노동운동의 경험을 바탕으로 이렇게 주장했다. "노동조합 지도자들의 업무가 전문화하고 따라서 그들의 시야가 협소해지는 것은 평화적 시기의 단편적 경제투쟁과 깊은 관련이 있는데, 그런 전문화와 협소한 시야 때문에 노동조합 상근 간부들은 너무 쉽게 관료주의와 편협한 세계관에 물들게 된다. … 그들은 먼저 조직을 지나치게 중시하게 된다. 그래서 조직은 점차 수단에서 목적 자체로 바뀐다. 즉, 조직이라는 최고의 가치에 투쟁의 이익이 종속된다. 또, 그들은 노동조합의 존속을 위험에 빠뜨릴 수 있는 중대한 모험을 회피하고자 [사회] 평화의 필요성을 공공연히 인정하게 된다. 더 나아가, 노동조합의 투쟁 방식 자체, 노동조합의 전망, 노동조합의 성공을 지나치게 중시하게 된다."

영국의 혁명적 사회주의자인 토니 클리프는 마르크스주의 전통을 비판적으로 계승하면서 노동조합 관료층의 구실에 대한 분석을 발전시켰다.* "노동조합 관료의 구실은 노동조합의 협소한 경제주의적·부문주의적 특성에서 나온다. 사용자와 협상하는 일을 전문으로 하는 관료와 노동 대중 사이의 분업이 나타난다. 노동조합 관료는 노동자와 사용자를 중재한다. 바로 이런 구실 때문에 노동조합에서 관료의 권위가 강화된다." 그들의 애초 신념과 관계없이 상근 간부들은 자신이 대표하는 노동자들로부터 멀리 떨어지게 된다. 노동 현장의 규율, 임금과 고용 불안, 관리자들과의 나날의 충돌에서 멀어지는 것이다. 조합 사무실이라는 다른 환경 속에 놓이며, 경영진과의 협상을 주요 업무로 삼는다. 그러다 보니 협상, 타협, 노자 간의 화해를

---

* 토니 클리프, 도니 글룩스타인, 《마르크스주의와 노동조합 투쟁》, 책갈피, 2014를 참고하시오.

노동조합의 본업으로 보게 되고, 파업은 자칫 안정된 협상을 방해하고 노동조합 기구를 불안정에 빠뜨릴지도 모를 골치 아픈 일로 여기게 된다. 노동조합 관료들은 자신의 수입과 사회적 지위의 원천인 노동조합 기구(조직과 재정)를 보존하는 것을 중시한다. 그들은 투쟁이 노동조합 기구를 위태롭게 하는 수준까지 나아가지 않도록 자신의 수중에서 통제하려 한다. 또, 노동조합 관료들은 협상 파트너들과 '신뢰'를 유지해야 한다는 강한 압박을 받고, 그 결과 노사관계를 법이 허용하는 틀 속에서 해결해야 한다고 여기게 된다(개혁주의).

이런 이유들로 노동조합 지도자들은 노동자 투쟁을 이끌다가도 어느 시점에서 투쟁을 억제하려고 하고, 조합원들의 염원에 영 못 미치거나 심지어 불리한 '타협'으로 파업을 끝내는 경향이 있다. 그러다 보니 노동조합 관료들은 노동자들의 착취 조건을 개선하는 노동조합의 제한된 목표조차 흔히 방기한다. 특히 경제 위기 시기처럼 노동조건을 개선하려는 투쟁조차 체제의 안정성을 위협할 수 있는 조건에서는 노동조합 관료들은 체제가 제공할 것이 별로 없다는 점을 노동자들에게 납득시키려 하고, 투쟁이 통제에서 벗어나 혁명적 방향으로 나아가지 않도록 애쓴다.

요컨대 노동조합 관료층은 노동자 조직에 기반을 두고 있지만, 자본과 노동 사이의 중재자 구실 때문에 그들이 대변하는 조합원들과는 다른 사회적 지위에 놓이게 되며 자신의 독자적인 이해관계를 발전시킨다. 노동력 판매 조건 협상이라는 노동조합 관료층의 업무가 자본주의의 존속("임금 계약")을 전제로 하므로 그들은 투쟁이 자본주의를 위협하는 방향으로 나아가지 않도록 하는 데 이해관계를 갖는다. 노동조합 관료층이 노동운동 안에서 출현한 사회계층이지만 동시에 그 운동 안에서 보수적 구실을 하는 이유다.

그러나 토니 클리프의 노동조합 관료 분석을 '용맹한 조합원' 대 '그들을 배신하는 악당' 식으로 오해해서는 안 된다.* 오히려 클리프는 노동조합 관료층의 이중적이고 모순된 구실에 주목했다. 노동조합 관료들은 싸우지 않는다거나 늘 조합원을 팔아먹는다는 식의 일면적이고 조야한 분석으로는 노동조합 관료층의 문제를 제대로 이해하고 대처할 수 없다. 즉, 노동조합 관료들은 조합원들을 체제 안에 가두기도 하지만 동시에 그 안에서 제한된 이득을 안겨 주기도 한다. 투쟁을 억누르기도 하지만, 조합원들의 압력 때문에 심지어 압력이 없을 때조차 주도력을 발휘해 투쟁을 이끌기도 한다. 이와 같은 노동조합 관료층의 양면성은 노동자들에게 매여 있는, 자본과 노동 사이의 중재자라는 사회적 지위에서 비롯한다. 그들은 투쟁이 너무 나아가 노동조합 조직 자체를 위협하는 것을 원하지 않는다. 그러나 고용주나 국가와 너무 긴밀하게 협력하는 것도, 조합원들의 불만을 너무 외면하는 것도 조직을 보존하지 못하고 그들의 기반을 위협할 수 있다. 조합원들이 다른 노동조합 지도자를 지지하거나 조합비를 내지 않거나 심지어 조합을 떠날 수도 있기 때문이다. 그러면 정부나 사용자와의 관계에서도 노동조합 관료들의 힘이 약화될 수 있다. 정부나 사용자가 노동조합 관료들을 '존중'하는 것은 노동자들을 대

---

* 이런 사례로 이병훈 외, 《노동조합 상근간부 연구》, 한국노동사회연구소, 2001을 들 수 있다. 이 책은 토니 클리프가 "상근 간부의 성격과 역할을 일면적으로 단순화하는 잘못을 범하고 있다"고 주장한다(22쪽).

표하면서 그들의 불만을 관리할 능력이 있기 때문이니까 말이다. 또, 노동조합 관료들은 정부나 사용자들이 노동조합 조직에 타격을 주는 탄압을 할 때 또는 협상에서 배제할 때 그에 맞서 투쟁을 조직할 수 있다. 이와 같은 이중성 때문에 노동조합 지도자들은 소심하게 행동하고 자본과 노동 양쪽에서 가하는 압력에 따라 동요하고 우왕좌왕하는 경향이 있다. 그러나 잊지 말아야 할 것은 노동조합 관료층은 언제나 자신의 독자적 이익을 추구하려 애쓰기 때문에 "어떤 경우에도 조합원들을 온전히 대변한다고 믿을 수 없다"는 것이다.

이와 같은 (유물론적) 분석은 노동조합 관료주의를 노동조합 지도자들의 무사안일한 행태('작풍')나 비민주적 태도 정도로 이해하고, 그 원인을 관료 개인(들)의 부패, 야망, 정치 이데올로기 등에서 찾는 설명들과 큰 차이가 있다. 또한 노동조합 관료층의 보수성이 노동조합의 경제주의적·부문주의적 한계에서 비롯한다고 보면서도 거기서 멈추지 않고 어떻게 상근 간부층이 그 내부에서 출현해 평조합원과는 상충하는 이해관계를 갖게 되는지를 보여 준다는 점에서 다른 이론들과 근본적으로 차이가 있다. 노동조합의 경제주의적·부문주의적 한계를 말하는 데서 멈추는 사람들은 노동조합 관료층과 조합원 사이에 간극이 있다는 점, 특히 계급투쟁이 고조될 때 그 간극이 더욱 벌어진다는 것을 과소평가한다. 그럴 때 나타나는 문제점은 노동조합 운동의 보수화를 평조합원들의 보수화와 같은 걸로 보고 그 원인을 조합원들의 '특권층화'에서 찾는 것이다. 앞 절에서 살펴본 '노동귀족'론의 사례가 이와 같은 분석이 잘못됐음을 보여 준다. 레닌은 유럽 노동운동이 전쟁에 반대하지 못한 것은 상층의 노동자들이 초과이윤에 매수됐기 때문이라고 봤다. 그러나 투쟁이 발전하면서 심지어 매우 보수적인 노동조합 안에서조차 현장조합원의 전투성과 노동조합 관료층의 보수성 사이에 커다란 간극이 벌어졌다. 혁명적 상황에서 노동조합 지도자들은 자본주의 체제를 구하는 데 전력을 다했다. 세계 노동운동의 역사에서 이런 일은 거듭 나타났고, 사회주의자들이 그에 제대로 대응하지 못하는 한 노동조합 지도자들은 혁명을 억제하는 능력을 유감없이 보여 줬다.

한국 노동조합 관료층의 형성

150년 가까이 된 영국이나 독일의 노동조합 관료층에 비하면 한국의 노동조합 관료층은 불안정하고 보수성이 덜하다고 할 수 있을 것이다. 그럼에도 1990년대 부르주아 민주주의로의 전환 속에서 노동조합 관료층이 함께 성장했고 그 정치적 표현인 개혁주의 정당들도 만들어졌다. 부르주아 민주주의는 경제와 정치의 분리 때문에 계급투쟁의 한정된 합법적 여지가 생기는 것을 뜻하는 동시에, 계급투쟁에서 정치성을 제거하는 데 이바지한다. 아직 불안정한 처지에도 불구하고 노동조합 관료층은 기존 사회를 단순히 받아들이는 것과 전복하는 것 사이의 타협안을 제시하는 개혁주의를 발전시키는 핵심 사회 기반을 제공했다. 1987년에 시작된 한국의 전투적 노동운동에 상근 간부들로 이뤄진 노동조합 관료층이 형성된 것은 1990년대라고 할 수 있다.

투쟁이 빈번하게 일어나고 노동조합도 빠르게 성장하고 있었지만, 동시에 탄압도 강하고 산별이나 지역 또는 중앙 차원의 교섭이 안착되지 못한 조건은 상근 간부층이 안정적으로 형성되는 데 모순된 환경이었다. 현장조합원들의 활력이 매우 높은 것도 그런 조건 가운데 하나였다. 조합원들은 성에 차지 않는 잠정 합의를 가지고 오는 대표자들을 가차없이 날려 버리기도 했다. 그럼에도 노동자들이 노동조합을 통해 점진적 개선을 이루고 있었다는 점은 노동조합이 '정상' 상태로 안착될 수 있는 기본적 조건을 제공했다. 기업별로 만들어진 노동조합들은 점차 단체교섭을 안착시키는 동시에 지역과 업종 그리고 대기업 부문별로 상급 단체들을 구성하는 등 조직을 확장했다. 1990년 전국 중앙조직들을 결성하면서(전노협, 업종회의, 대기업연대회의) 상근 간부들이 늘어나기 시작했다. 특히 이런 전국 중앙조직들이 조직 통합을 이뤄 1995년 민주노총이 출범하고(1050개 노동조합, 42만 조합원 포괄) 중앙본부와 지역본부를 갖추는 등 조직을 체계화한 것, 산별연맹들의 결성과 조직 통합 등이 활발히 진행된 것은 상근 간부들의 증가를 가져왔다. 또, 총연맹과 소속 산별연맹/노조들이 사용자나 정부와 협상을 하게 되고, 노사관계개혁위원회(1996년)나 노사정위(1998년부터) 등의 기구에 참여하게 되면서 상근 간부층의 안정적 형성은 그 필요성이 더욱 증대했다.

상근 간부들은 주로 총연맹과 그 산하 산별연맹/노조의 중앙과 지역, 그리고 대형 노동조합 등에서 노동조합 일을 전업으로 하는 사람들을 가리킨다. 일부 사람들은 상급 노동조합의 채용 상근자들만을 노동조합 관료로 이해하는데, 이는 잘못된 개념이다. 그들보다 그들을 채용할 권한을 가진 노동조합 지도자(임원)들이 노동조합 관료층에서 더 중요하고 핵심적이다. 물론 오래된 채용 상근자는 조직 내에서 큰 영향력을 갖게 될 수 있고 경우에 따라서는 스스로 선출 간부가 될 수도 있다. 상근 간부층에는 선출된 임원들(해당 노동조합의 선출직 임원뿐 아니라 산하 조직에서 파견된 간부)과 노동조합이 채용한 직원(채용직)의 책임자급이 포함된다고 할 수 있다. 2000년에 조사한 것을 보면 민주노총과 그 산하 노동조합들의 경우 선출직이나 파견직은 물론이고 채용직의 상당수도 단위(사업장) 노동조합 활동 경력을 기초로 상근 간부가 됐다. 2000년 민주노총 산하 산별조직의 상근 간부 평균 비율은 조합원 3238명당 1명으로 상당히 큰 규모로 성장했다.[27] 이는 1990년대 영국과 거의 비슷한 규모(3300명당 1인)였다. 기업별노조 수준의 전임자까지 포함하면 그 규모가 엄청나다. 2000년 초경 전임자 1인당 노동자 수는 200명 선으로 그 규모가 매우 큰 것으로 나타났다.[28] 사업장 단위에 전임자가 그렇게 많은 것은 불만을 관리할 사람이 많이 필요한 기층의 상태를 반영하는 것인 동시에, 노동조합 상근 간부층과 유대를 형성할 수 있는 기층 간부들이 현장에 두텁게 포진돼 있음을 뜻하는 것이기도 했다. 그러나 사업장 노동조합 대표자들은 비록 상근직일 때조차 현장조합원과 훨씬 가깝고 그들의 압력에 민감하게 반응할 가능성이 있다. 물론 이것은 사업장 규모에 따라 천차만별이다. 대공장의 경우 산별노조 지역본부들, 심지어 중앙본부보다도 훨씬 크고 체계적인 상근 간부들과 노동조합 기구를 갖추고 있기도 하다.

일부 노동운동 지도자들과 활동가들, 연구자들은 1990년대 상근 간부층의 형성, 노동조합 조직과 재정의 안정성에 지대한 관심을 쏟았다. 노동조합 내에서 상근 간부들의 전문적 역량 증대, 상근 간부들의 안정성을 위한 상근비의 인상, 이를 뒷받침하기 위한 노동조합 재정의 확대와 안정화 등이 관심 있게 논의됐다. 마치 독일의 노동조합 지도자들이 1890년 총연맹 격인 전국위원회를 처음 만든 뒤 상근 간부 체제를 갖추는 데 박차를 가했듯이 말이다. 또, 웨브 부부가 비록 조합원 민주주의가 침해되더라도 노동조합의 주도권이 "무책임한 선동가에서 상근 간부들로" 옮아간 것을 반겼던 것처럼 말이다. 노동조합 지도자들은 사용자로부터 단체협상 상대로 인정받고 노사정위 같은 기구에도 참여하게 돼 노동조합의 위상이 높아진 것을 기쁘게 여기면서, 투쟁을 통해 힘겹게 얻은 이런 지위를 위험에 빠뜨리고 싶어 하지 않았다. 더 나아가 일부 노동조합 지도자들은 "국가 및 자본과 제도화된 관계 형성"이 더 진척되기를 바랐다. 그들은 노동조합 내 '투쟁파'를 "한 번에 해결하려다 일을 그르치는 책임감과 끈기없는 활동가"들이라고 봤고, 그런 식의 활동 방식이 "오랜 시간을 거쳐 형성한 제도와의 다층적인 교섭 통로를 끊어낸다"고 우려했다.[29] 그리고 상급 노동조합의 상근 간부들이 "투쟁의 역동적 지도보다는 조직의 전문성 강화에 복무"할 수 있어야 한다고 봤다. 그것은 노동조합 운동이 더는 "기업별노조 투쟁들의 총합으로서 투쟁 전선 형성"을 추구할 게 아니라 "보편적 권리의 제도적 보장을 위해 개혁을 압박하는 존재"가 돼야 한다는 것을 뜻했다. 이런 지향에 대해 한 연구자는 "87년 노동체제로부터 능동적으로 거리를 두고자"한 것이었다고 의의를 요약했다.[30]

2000년대 중반까지도 많은 좌파들이 노동조합 관료의 존재는 한국 실정에 맞지 않는다고 생각했다. 노동조합 지도자들이 수배당해 불안정한 거처를 전전하며 사발면으로 끼니를 때우고, 투쟁 현장에서 두들겨 맞거나 감옥을 들락거리는 상황에서 무슨 노동조합 관료냐는 것이었다. 투쟁을 이끌면서 노동조합을 만든 지도자들의 권위가 컸고, 무엇보다 노동조합을 통해 노동자들이 처지를 개선하고 있었다는 사실도 그런 요소로 작용했다. 존경받는 투쟁 경력 덕분에 상근·간부가 된 사람들이 위로 올라가면 딴소리를 하면서 영 성에 차지 않는 수준에서 투쟁을 흐지부지 마무리하려 한다는 것을 조합원들이 피부로 느끼게 되는 데는 조금 시간이 걸렸던 것이다. 노동조합 관료층이 자본주의 내에서 착취 조건을 개선하는 제한된 목표조차 제대로 추구하지 않는다는 점이 소수 대중에게나마 입증돼 조합원들의 불만이 터져 나온 초기 사례 하나는 1998년 노사정위 합의를 둘러싼 갈등일 것이다.

당시 민주노총 1기 지도부(배석범 위원장 직무대행)는 김대중 정부와 정리해고제·파견제 도입을 합의했다. IMF를 불러들인 초유의 경제 위기 앞에서 자본주의 경제를 살리기 위한 노동자 희생을 수용했던 것이다. 경제 호황기에는 노동과 자본의 이해관계가 화해될 수 있다는 가정이 '기업의 이익을 노동자와 나누라'는 것으로 나타나지만, 경제 불황기에는 '노동자도 기업과 국민의 이익을 생각해야 한다'는 것으로 나타난다는 점을 이 사태는 잘 보여 줬다. 노동조합 투쟁이 자본주의 한계 안에 갇히는 한 경제 위기 시기에 양보 강요에 직면하는 것은 불가피했다. 노동조합 지도자들은 자본 합리화 조치인구조조정 자체를 반대하지 않았다. 그것이 노동자 대량해고와 노동조건 악화를 낳을 것이 분명했는데도 말이다. 또, 노동자들의 이익보다 재벌 개혁 같은 경제·사회 개혁 추진에 더 우위를 뒀다. 민주당 정부와 파트너십을 맺어 노동조합 조직의 안정성을 확고히 하는 것도 노동조합 지도자들의 관심사였다.

그러나 "경제 위기 극복을 위한 사회협약"에 조합원들은 크게 반발했다. 합의 직후 열린 대의원대회에서 지도부가 불신임됐다. 대의원대회를 참관한 현장조합원들과 대의원들이 합의안 추인에 관한 공개투표를 요구한 결과였다. 전투적 대의원들과 조합원들은 지도부를 교체하고 투쟁으로 저항하고자 했다. 그러나 대의원대회에서 구성된 비대위마저 전투적 조합원들의 기대를 저버리고 며칠 만에 또다시 총파업을 철회했다. 단병호 비대위원장은 전노협 의장을 지낸 전투적 노동운동의 상징이었다. 이제 투쟁은 새로 선출된 2기 지도부의 몫으로 넘겨졌다. 2기 지도부는 1기(국민파)보다 좌파적인 경향(현장파)이었다. 이갑용 위원장은 1990년 현대중공업 골리앗 파업을 이끈 투쟁적 지도자였다. 그러나 산별연맹 지도자들에 둘러싸인 소수파라는 한계도 작용하면서, 2기 지도부는 김대중의 미국 방문, 재벌 개혁, 노사정위 등에 선명한 좌파적 입장을 취하지 못하고 투쟁과 철회를 반복했다. 2기 지도부는 구조조정 저지 파업 철회의 대가로 김영삼의 실정을 밝히는 경제 청문회를 요구하기도 했다. 당시 핵심 문제는 전 정부의 실정이 아니라 현 (김대중) 정부의 구조조정과 노동자에 대한 책임 전가였는데도 말이다. 그해 여름 현대차 노동자들은 36일간이나 공장 점거 투쟁을 했는데(7월 20일부터 8월 24일까지)

그것은 정리해고 시행을 둘러싼 자본과 노동 간 대리전 성격의 투쟁이었다. 그러나 당시 민주노총 지도부는 현대차 노동자들이 점거 파업을 시작한 지 사흘 뒤에 총파업 유보를 결정하고 그 일주일 뒤 노사정위에 복귀했다.

또 다른 좌파 지도부였던 현대차 노조 지도부(김광식 위원장)는 처음에 양보교섭을 하려다가 노동자들에게 떠밀려 투쟁을 시작했지만 결국 조합원들의 요구에 턱없이 못 미치는 수준에서 사측과 잠정합의를 했다. 현대차노조 조합원들은 위로금과 함께 277명을 정리해고하는 내용이 포함된 잠정합의안을 부결시켰다. 그러나 사측과 정부는 이를 무시하고 위원장 서명의 효력을 강변했다. 36일간이나 공장을 점거했던 노동자들은 거세게 저항했지만, 투쟁을 지속하지는 못했다. 잠정합의안은 애초 사측이 추진하려던 정리해고 규모에 비하면 그것을 "최소화"한 것이긴 했지만,* 동시에 한국 최강 노동조합이 있는 기업에서도 이제 정리해고가 가능해졌음을 보여 준 것이기도 했다. 그것은 노동조합 지도부가 투쟁을 통제하고자 진땀을 뺀 결과였다. 당시 노동조합 지도부의 소심함과 동요는 조합원들의 투지와 대조적이었다. 노동자들은 관리자들을 공장 밖으로 내쫓고 점거를 시작한 뒤 쇠를 날카롭게 갈아 가슴에 품고 다녔다. 정부가 살기를 띤 노동자들의 저항과 파장이 두려워 경찰 투입을 포기했을 정도였다. 점거가 끝난 뒤 당시 문성현 금속연맹 부위원장은 한 집담회

---

* 현대자동차 사측은 6월 말 4830명을 해고하겠다고 발표했고, 7월 말 조합원 1569명에 정리해고를 통보하고 퇴직금까지 강제 입금했다.

에서 '공장 밖 경찰보다 공장 안 노동자들이 더 무서웠다'고 술회하기도 했다.

10년 전에 노동조합을 만들어 이제 겨우 삶이 나아질 희망이 있나 했는데 평생 일한 직장에서 해고될 처지에 놓인 노동자들은 결코 순순히 물러서려고 하지 않았다. 잘 조직된 민주노총 산하 제조업 노동자들뿐 아니라 그동안에 한 번도 투쟁에 나서 본 적이 없는 한국노총 산하 금융 노동자들도 마찬가지였다. 한국 자본주의가 노동자들에게 위기의 대가를 치르게 하고 구조조정으로 효율화를 꾀할 수 있을지, 김대중 정부가 그런 소임을 잘 처리하면서 정권을 유지할 수 있을지는 노동자 투쟁이 어떻게 전개되는지에 상당 정도 달려 있었다. 김대중 정부가 민주노총 지도부와 사회협약을 맺은 것, 안기부장 이종찬이 민주노총 이갑용 위원장을 호텔로 초대해 비공개로 만난 것,[*] 당시 집권당 부총재 노무현이 현대차 점거 현장에 달려가 김광식 지도부를 만난 것은 노동조합 지도자들의 협력이 절실히 필요했기 때문이다. 이런 상황에서 하나의 집단으로서 노동조합 관료층은 한국 자본주의를 개혁하고 경제를 회생시키는 데 협력(계급 협조)한다는 태도를 보여 줬다. 사실, 이런 태도는 1997년 1월 대중 파업에서 이미 나타났다. 당시 민주노총 지도부(권영길 위원장)는 한보기

---

[*] 이갑용, 《길은 복잡하지 않다》, 철수와영희, 2008, 205~206쪽. 이 책에서 이갑용 전 위원장은 당시 안기부장 이종찬이 "국가가 대단한 위기다. … 위원장이 대통령을 좀 도와줘야 하지 않느냐"고 말을 꺼냈고 이에 자신은 "재벌을 개혁하고 노동자를 위한 사회로 가야 하는데, 대통령은 반대로 가고 있다. 옳은 방향으로 개혁한다면 우리는 언제든 도울 준비가 되어 있다. … 노동자들에게만 고통을 전가하는 정책은 안 된다" 하고 답했다고 썼다.

업 부도 조짐으로 경제 위기 우려가 확산되자 1월 중순부터 파업 수위를 낮춰 수요파업으로 전환했던 것이다. 1월 대중 파업은 1987년 이후 한국 노동계급의 여전한 전투성을 보여 준 투쟁이었다. 노동자들은 10여 년 투쟁으로 얻은 성과를 지배자들이 도로 빼앗으려 했기 때문에 대규모로 저항했다. 그렇지만 동시에 그 파업은 노동조합 지도부가 강한 통제력을 발휘한 운동이기도 했다. 노동조합 지도부는 어떤 부문의 노동자들이 파업에 들어가고 어떤 업무는 유지할지, 파업 수위를 언제 어떻게 전환할지를 통제했다.

1997~1998년 전례 없는 경제 위기는 노동조합 관료층이 노동자들의 이해관계를 온전히 대변하기보다 자본과 노동 사이의 중재자 구실을 한다는 점을 힐끗 드러낸 계기였다. 그 뒤에도 노동조합 지도자들의 소심함과 동요, 부적절한 타협, 심지어 노골적으로 노동자들의 요구를 저버리는 배신 등이 거듭 나타났다. 그들은 파업을 쓰고 싶을 때 꺼냈다가 집어넣고 싶을 때 집어넣는 주머니칼처럼 여기면서 교섭 압력용 수준에서 통제하려 했다. 투쟁이 노동조합 조직이나 재정을 위협하는 데까지 나아가지 않도록 하기, 후진적 조합원이나 지부를 핑계로 선진적 조합원이나 지부에 타협을 종용하기, 온갖 조직적 수단이나 책략을 부려 지도부의 의사를 비민주적으로 관철하기 등등은 이제 한국 노동조합 운동에도 낯설지 않은 모습이다. 여기서 많은 예를 다룰 수는 없고 최근 사례만 몇 가지 들어 보면 다음과 같다.

이경훈 전 금속노조 현대차지부장이 정몽구의 불법파견에 면죄부를 주는 합의(8.18합의)를 체결한 것이나, 금속노조 조합원들이 총투표로 결의한 2015년 4월 하루파업을 "억지 파업"이라고 비난하며 거부한 것이 그런 사례다. 4월 파업은 박근혜의 노동개악에 반대하는 민주노총 차원의 파업이었는데, 이경훈 지부장은 총투표 전부터 '왜 현대차노조가 정치파업에 총대를 매야 하느냐'며 파업 반대 선동을 했다. 그런가 하면, 이충재 전 공무원노조 위원장이 2015년 공무원연금 개악에 합의한 것도 또 다른 대표적 사례다. 그는 조합원들에게 '합의 안 한다'고 약속해 놓고 노동조합의 공식 의결·집행기구의 결정을 거슬러 합의를 추진했다. 그러나 이처럼 노골적으로 우파적이고 온건하기로 정평이 난 지도자들만이 이런 모습을 보이는 것은 아니다. 투쟁을 이끌어 상당한 신임을 받던 지도자들이 투쟁을 흐지부지 중단한 사례도 많다. 오히려 이런 경우가 노동자들이 경험하는 더 흔한 유형일 것이다. 최근 몇 년 동안 가장 인상적인 파업을 두 차례나 한 철도노조 지도부가 그런 사례다. 2013년 철도노조는 KTX 민영화에 맞서 22일간이나 파업을 했는데, 당시 노동조합 지도부(김명환 위원장)는 아무 구체적 성과도 없는 상태에서 일방적으로 파업을 종료했다. 2016년 철도노조는 성과연봉제 등에 맞서 무려 74일간이나 파업을 했는데, 당시 노동조합 지도부(김영훈 위원장)는 다시금 아무 구체적 성과도 없는 상태에서 일방적으로 파업을 종료했다. 이번에는 현장 간부인 일부 지부장들이 거듭 파업 중단을 반대하고 나섰지만, 박근혜 정부 퇴진 운동이 상승하고 있던 바로 그 순간 김영훈 위원장은 파업을 중단했다.[*]

———

[*] 박근혜 정부 퇴진 운동에서 철도 파업이 한 중요한 구실과, 자유주의자들과 개혁

노동조합 관료층과 현장조합원 사이의 이해관계 충돌이 늘 표면에 드러나는 것은 아니다. 평소에는 둘 사이의 간극이 잘 드러나지 않을 뿐 아니라 노동조합 상근 간부들이 조합원들보다 더 선진적인 것처럼 보이는 게 상례다. 경제가 괜찮아 그럭저럭 임금과 노동조건을 개선하는 시기나 노동자들의 사기가 별로 좋지 않고 관심사도 협소할 때 조합원들은 노동조합 지도자들과 이런 관계를 유지할 수 있다. 그러나 노동자들이 자신감 있게 불만을 제기하기 시작하고 투쟁에 돌입하면 사정이 달라진다. 그 투쟁이 크고 첨예하고 일반화될수록 간극이 드러난다. 이런 순간은 노동조합 지도자들의 보수성이 조합원들의 '실리주의'를 대변한 결과라는 노동운동 내 흔한 평가가 매우 일면적임을 드러내 준다. 오히려 노동조합 지도자들의 거듭되는 불가피하지 않은 타협은 현장조합원들이 자신과 노동조합 지도자들 사이에 이해관계의 불일치가 있다는 점, 노동조합 지도자들이 자신들을 제대로 대변하지 않고 있다는 점을 조금씩 깨닫게 만든다.

좌파 지도부 세우기 전략의 의의와 한계

노동조합 운동이 이전의 전투성을 잃고 점점 보수화되고 있다고 생각한 좌파들은 몇 가지 대안을 추구해 왔다. 크게 보면 더 급진적

주의자들이 파업 중단을 압박한 이유에 대해서는 최일붕, "계급 관점에서 본 박근혜 퇴진 운동", 〈노동자 연대〉 201호(2017. 3. 21)을 참고하시오.

인 새로운 노동조합을 만드는 것과 기존 노동조합을 혁신하는 것으로 나눌 수 있다. 분리 노조에 대해서는 앞에서 이미 다뤘으므로 여기서는 노동조합을 혁신하려는 시도들과 그 한계를 살펴보려 한다. 노동조합 운동이 강력했기 때문에 분리 노조 결성보다는 노동조합의 공식 기구를 통해 노동조합을 혁신하려는 시도가 더 주된 흐름이었다.

첫째, 노동조합 좌파들이 전통적으로 추진해 온 정책은 좌파 지도부 세우기 전략이다. 인지도 높은 좌파 활동가를 노동조합의 주요 직책에 당선시켜 노동조합을 전투적·좌파적으로 혁신하겠다는 것이다. 더 좌파적인 인물이 노동조합 지도부에 당선하는 것은 좋은 일이다. 그것은 조합원들이 좀 더 투쟁적인 지도부를 원하고 있음을 반영하는 것이고, 좌파적 지도부가 당선하면 기층의 투쟁을 건설하는 데도 유리한 조건이 형성될 수 있다.

그런데 이런 정책은 대체로 노동조합 지도자들의 보수성이 개인의 부패(매수)나 출세주의나 정치 노선에서 비롯하는 것으로 보는 견해에 기초해 있다. 노동과 자본 사이의 중재자라는 그들의 사회적 지위와 구실에 주목하지 않는 것이다. 그래서 우파 노조 지도자들의 배신에 대한 해결책은 그들을 좌파 노조 지도자들로 바꾸는 것이 된다. 또, 이런 정책은 대체로 노동조합 내의 주된 분단이 좌와 우 사이의 정치적 분열에 있다고 보는 견해에 기초해 있다. 현장조합원과 관료층 사이의 분단이 더 근본적이라고 보지 않는 것이다. 그래서 노동조합 내 좌파적 조합원 그룹들은 현장조합원들의 활동을 활성화하는 데 주력하기보다 각급 노동조합 집행부 장악을 주된 목표로 활동해 왔다(이런 단체들을 '현장조직'이라고 부르기도 하는데, 그들 활동의 주안점을 보면 걸맞지 않은 명칭이다).

그러나 노동조합 기구의 공식 직책을 통해 노동조합을 좌파적으로 혁신하려는 시도는 약점에 부딪히곤 했다. 노동조합 집행부 장악을 중시하면서 투사들이 이 과제에 매달리다 보니 자신의 현장 기반에서 거리가 멀어지고, 시간이 흐름에 따라 중재자 위치에서 생각하는 것에 익숙해졌다. 집행부 장악에 성공하더라도 노동조합이 전투적·좌파적으로 바뀌기보다 투사들이 변해 갔던 것이다. 민주노총뿐 아니라 산별연맹/노조나 대공장 노동조합에서도 이런 경험이 반복됐다. 현장파인 '민투위'의 현대자동차 노동조합 집행 경험은 번번이 전투적 조합원들의 실망과 환멸을 자아냈다. 최근 사례로는 금속노조 기아자동차지부 김성락 집행부를 배출한 '금속노동자의 힘'을 들 수 있다. '금속노동자의 힘'은 애초 정규직과 비정규직 노동자의 단결을 표방하며 출범했는데, 집행부를 잡은 뒤 2016년 비정규직 성과급 차별을 사측과 타협하고 2017년에는 비정규직 분회를 아예 노동조합에서 분리해 버렸다.

위 사실들은 노동조합 관료들 사이에 분열이 있는 것은 사실이지만, 그들 사이의 차이보다 공통점이 더 주된 것임을 보여 준다. 아무리 투사로 이름을 날렸던 지도자들도 중재자 구실을 하고 노동조합 기구와 재정 보존을 중시하다 보면 결정적 국면에서 투쟁을 제한하고 노동자들이 만족할 수 없는 수준에서 타협하는 방향으로 나아가게 된다. 또, 좌파 지도자들은 관료층 전체의 규범과 관행에 순응하라는 엄청난 압력을 받는다. 이것은 일종의 집단 책임 의식으로, 좌파 지도자들이 조합원들에게 우파 지도자들의 지침을 거부하고 싸우라고 호소하는 방식을 좀처럼 선택하지 않는 이유다. 좌파 지도자 스스로 관료 집단의 포로가 되는 것이다.

바로 이런 점 때문에 좌파 노조 지도자들에게 의존할 수 없고 현장 노동자들 자신의 힘을 키우는 것이 필요하다. 노동조합 투쟁의 열쇠를 쥐고 있는 것은 현장조합원이다. 현장조합원들의 자신감과 투쟁력이 노동조합 투쟁이 나아갈 수 있는 최대 수준을 좌우한다. 노동조합 지도자들에게 가해지는 후퇴 압력에 맞서는 가장 중요한 힘도 현장조합원으로부터 나온다. 현장조합원들의 활력과 주도력이 강력하면 우파 노조 지도자 하에서도 투쟁은 전진할 수 있다. 반면 현장조합원들의 활력과 주도력이 약하면 좌파 노조 지도자 하에서도 투쟁이 전진하기 어렵다. 좌파 지도부 세우기 전략의 핵심적 약점은 좌파 지도자들에 대한 기대와 환상을 부추겨 현장조합원들의 의식과 실천을 무디게 할 수 있다는 것이다. 이 전략을 추진하는 활동가들은 대개 자신들이 배출한 집행부를 뒷받침하기 위해 현장에 공백을 빚는다. 대공장의 경우 수십 명의 대의원이나 활동가가 라인을 떠나 집행부로 올라간다. 또, 집행부가 현장조합원들의 의사를 거슬러 지탄을 받을 때도 노동조합 내 좌우 대립 논리를 앞세워(좌파 지도부 공격은 우파들에게만 득이 될 뿐이라며) 집행부를 옹호하기 급급하다. 일부 조직들은 뻔뻔스럽게 옹호하지도, 그렇다고 반대하지도 못한 채 마비된다. 기층에서 독립적으로 투쟁을 건설하지 못하는 것이다. 심지어 이런 문제는 집행부를 잡고 있는 기간에만 나타나지 않는다. 집행부 장악을 가장 중요한 활동 목표로 삼고 있다 보니 집행부 지향 조합원 그룹들은 집행부를 잡지 않고 있는 기간에조차 자신이 집행부를 잡게 될 때를 고려해 현장조합원들이 노동조합 지도부의 결정을 무시하고 나아가지는 않도록 자제시키는 구실을 한다. 일종의 예비 내각처럼 말이다. 이런 태도는 현장조합원들 사이에서 실망과 환멸과 냉소를 낳고 있다.

물론 앞에서도 지적했듯이 좌파 지도자 당선은 우파의 당선보다는 좋은 일이고 노동조합 내 사회주의자들은 이를 지지해야 한다. 노동조합 상근 간부들이 모두 똑같은 것은 아니다. 기층과의 거리도 상이하고, 시기와 부문에 따라 아래위에서 받는 압력도 상이하다. 또, 정치 이데올로기도 서로 다르다. 상근 간부들 사이의 이와 같은 분열은 노동조합이 민주적 대중 조직이기 때문에 벌어지는 것이다. 사회주의자들은 이런 분열 덕분에 때로 일부 노동조합 지도자들과 동맹할 수 있다. 그러나 그 목적은 동맹을 활용해 더 광범한 행동을 건설하고 그 속에서 현장조합원들의 주도력과 자신감과 독립성을 높이는 것이어야 한다. 좌파 집행부 배출과 유지 자체가 목적이 돼서는 안 된다. 어떤 경우에도 사회주의자들은 좌파 지도부를 믿고 의존하거나 조합원들에게 환상을 부추겨서는 안 된다. 오히려 현장조합원들이 좌파 지도자에게 의존하지 않고 필요하다면 독립적으로 투쟁할 수 있도록 그들의 능력과 자신감을 발전시키는 것에 확고하고 변함 없는 지향을 둬야 한다. 이 말을 언제나 노동조합 지도부와 관계없이 투쟁해야 한다는 것으로 오해해서는 안 된다. 조합원들의 요구를 대변하도록 노동조합 지도부를 압박하는 것은 결코 쓸데없는 일이 아니다. 이렇게 오해하면 노동조합 지도자들을 홀가분하게 해 줄

뿐이다. 오히려 사회주의자들은 노동조합 지도자들이 공식 행동을 결정하도록 압박하고 그런 투쟁 속에서 현장조합원들이 자신감을 발전시키도록 해야 한다.

노동조합 운동을 사회운동으로 만들기?

둘째, 2000년대 이후에는 노동조합 운동을 혁신하고자 대안적 노동조합 이념이나 모델을 추구하는 경향들이 폭넓게 나타났다. 노동조합 운동이 실리주의, 조합주의, 부문주의, 경제주의에 갇혀 위기에 빠졌다고 보고, 노동조합이 새로운 지향을 갖도록 변화시키려는 것이다. "사회운동적 노동조합(주의)"이 대표적 사례인데, "지역사회운동 노동조합"이나 "사회공공적 노동조합" 등도 여기에 포함시킬 수 있다. '사회운동노조주의'에는 다양한 유형이 있고 각 유형 간의 차이점을 무시할 수 없지만, 여러 유형을 관통하는 핵심 문제의식은 있다. 즉, 신자유주의로 적대적 환경에 놓인 노동조합이 이기적 조직으로 인식되고 있으므로 살아남으려면 협소한 조합원들의 이익만을 방어해서는 안 되고 보편적 이해를 추구해야 한다는 것이다. 이로부터 광범한 사회적 이슈 제기, 미조직 노동자 조직화, 사회운동이나 지역사회운동과의 연대-융합이 노동조합의 과제로 강조된다.

여기서 다양한 유형을 살펴볼 수는 없고, 두어 가지 좀 더 급진적 버전의 사례만 들어 볼까 한다. 우선, 사회진보연대/노동자운동연구소가 '사회운동노조주의'를 주장해 왔다. "노동조합운동을 사회운동적으로 개조"해야 한다는 것이다. 한지원 노동자운동연구소 연구실장은 "우리가 지금까지 제시했던 노동자운동 혁신론은 사회운동노조주의다" 하고 밝히면서, 그것이 20세기 주류 노동조합주의에 대한 두 가지 비판적 문제 제기에서 비롯했다고 설명했다.[*] 하나는 조직 노동자들의 협소한 경제적 이익 방어에만 몰두하는 "실리적 노조주의"이고, 다른 하나는 노조를 정당의 인적·물적 자원의 동원 대상으로 간주하는 "정당 중심적 노조주의"다. 이것은 한국 노동조합 운동의 문제점에 대한 그들의 진단이자 평가이기도 하다. 그들은 1980년대 운동에서 출현한 노동조합 등 대중운동 조직들이 "보편적 의미를 상실하고 특정 계급, 계층 집단으로 전락"했다고 본다. "대공장 정규직 노동자를 중심으로 … 비타협적 투쟁을 [통해] 형성된 민주노조운동의 대표성, 이러한 과정에서 형성된 혁명적 주체성"은 "해체"됐다. 신자유주의가 "역사상 유래를 찾기 어려운 계급분할·해체를 초래"하고 노동자 대중이 "신자유주의의 규율을 내면화"했기 때문이다.

그래서 사회진보연대/노동자운동연구소는 노동조합을 "사회운동적 기관으로 개조"해 "새로운 주체를 형성"해야 한다고 본다. 그들은 "정치적 의제는 정당에 위임하고 경제투쟁만 담당하는 노조를 지양"하며 "노동조합[이] 사회적 정치적 운동의 주체가 되어야 한다"고 강조

---

[*] 이하의 인용은 다음의 글들을 참고했다. 한지원, "경제 위기와 노동자 운동: 현황과 과제", 《사회운동》 96호, 2010, 한지원, "한국노동자운동의 이념과 과제", 《노동자운동연구소 출범 자료집》, 2010, 공성식, "사회운동으로서 노동자 운동의 재개: 지역적 전략과 실천의 모색", 《사회운동》 66호, 2006, 류주형, "책소개 ─ 《마르크스의 임금이론》", 《사회운동》 97호, 2010.

한다. 또, "당의 명령에 의해 움직이는 노조를 지양"한다며 사회민주주의 성격의 정당뿐 아니라 "전위 당 운동을 지양한다"는 입장이다. 이와 같은 '사회운동노조주의'에 입각해 사회진보연대/노동자운동연구소는 노동조합 운동이 "자본주의를 변혁[하고] 대안세계를 만들어 가는" 지향을 분명히 해야 한다고 하는 한편, 중단기 과제로 노동계급 내 격차 축소를 위한 연대임금 투쟁, 지역에 기반을 둔 조직화와 조직 혁신, 노동조합의 의제 확장과 조합원 교육의 강화 등을 제시하고 있다. 그리고 이를 추진하는 수단으로 연구소를 통한 이념 제공과 함께 회원들 다수가 노동조합 상근자로 들어가는 길을 택했다.

'사회운동노조(주의)'의 또 다른 사례는 희망연대노조다. 김진억 희망연대노조 나눔연대국장(초대위원장)은 "지역사회운동노조"를 지향하며 대안적 노조를 새로 만들었는데, 그 노조가 바로 희망연대노조다(2009년 창립). 그는 기존 노조들에서 미조직 비정규 투쟁 사업을 담당하면서 "비정규 노조도 실리주의에 흡수"된다는 문제의식을 갖게 됐다고 한다.[*] "비정규직 조직화는 기존 노조운동을 혁신할 새로운 주체로 주목받았으나 … 사회 변혁적 노동조합운동으로의 지향과 정체성을 만들어내지 못하고, 기존 노동조합운동의 실리주의, 노동조합주의, 전투적 경제주의의 틀에 갇혀 대안운동으로 나아

---

[*] 이하의 인용은 다음의 글들을 참고했다. 희망연대노조 김진억 나눔연대국장 인터뷰 "노조와 세상 사이 담을 허무는 실험, 희망연대노동조합", 《오늘보다》, 2015년 2월 창간호, 김진억, "지역사회운동노조 지향하며 더불어 사는, 희망연대노조", 《노동사회》, 2013년 11월호, 김진억, "노동운동의 변혁적 전망과 전략과제, 실천방안을 모색합시다", 《사회화와 노동》, 2007 등.

가지 못하는 것이다." 김진억 국장은 노동자들이 사업장에서 투쟁할 때는 "노동자계급으로 사고하고 실천하지만", "자신의 생활·문화, 재생산 공간에서는 자본주의 이데올로기에 무장해제 당한 채 몰계급적 삶을" 살기 때문에 이런 문제가 나타난다고 진단한다. 그가 대안으로 제시한 것은 "지역사회운동노조", 즉 "작업장을 넘어서 재생산 공간까지 포괄하는" "새로운 방식의 노동조합운동"이다. 노동조합이 "생산 영역에서의 기업별 임금과 복지 중심의 조합주의적 활동을 극복하고", "삶의 공간인 지역에서 '더불어 사는 삶'을 실현하는 활동을 전개"해야 한다는 것이다. 지역에서 취약계층 아동 돕기 같은 "나눔과 연대"를 하자는 것이다. 이런 활동을 하면 노동자 투쟁이 지역사회의 연대를 받기 쉬울 뿐 아니라, 이 과정에서 노동자들이 "새로운 사회의 주체로서 훈련"될 수 있다고 한다.

'사회운동노조주의'가 내세우는 지향은 그 자체로만 보자면 좋은 것들이 많다. 노동조합 운동이 작업장 쟁점뿐 아니라 정치·사회적 의제들을 위해서도 싸워야 한다거나 (지역)사회운동과 연대해야 한다는 것 등은 나무랄 데 없다. 그러나 '사회운동노조'라는 지향을 채택함으로써 기존 노동조합을 변혁적 성격으로 혁신할 수 있을까? 이 문제를 다루는 데서 '사회운동노조주의'가 부상한 국제적 맥락을 살펴보는 것은 큰 도움이 된다. 1990년대 이후 서유럽과 미국에서 대안적 노동조합의 필요성을 제기하는 논의가 활발해졌는데, 그것은 1980년대 서구 노동조합 운동의 퇴조를 반영하는 것이었다. 서유럽과 미국의 노동조합 운동의 한계에 대한 인식은 그 대안으로서 당시 신흥공업국에서 폭발적으로 분출한 새로운 노동조합 운동에 눈을 돌리도록 만들었다. '사회운동노조주의'라는 용어는 신흥공업국 노동조합 운동을 개념화하고자 피터 워터만 등이 처음 사용한 것이다. 그 이후 일단의 학자들은 남아공, 브라질, 한국에서 등장한 새로운 노동조합 운동이 서구의 기존 노동조합 운동과는 성격이 다르다고 보면서, 그 특징으로 작업장 이외의 정치·사회 의제에 대한 관여, 지역사회 운동과의 끈끈한 연대, 조합원들의 적극적 참여 등을 주목했다. 말하자면, 신흥공업국의 '사회운동노조'들이 쇠퇴하고 있는 서구의 노동조합("경제적 실리주의"와 "정당 중심적 노조주의"에 빠진)을 혁신할 수 있는 대안적 노조의 상으로 여겨졌던 것이다.

그러나 남아공, 브라질, 한국의 노동조합 운동은 서구 노동조합에 대안적 모델을 제공할 수 없다. 매우 전투적이었던 이 나라들의 노동조합 운동도 빠르게 서구 노동조합들과 본질적으로 다르지 않은 문제점을 나타냈기 때문이다. 앞에서 살펴봤듯이, 노동조합 관료층과 그에 기반한 개혁주의가 빠르게 성장한 것이다. 물론 신흥공업국 노동조합 운동에 서구 학자나 활동가들이 주목했던 특징이 있었던 것은 사실이다. 그러나 그런 특징들은 정치와 경제의 분리가 뚜렷하지 않은 권위주의 하에서 노동자 투쟁이 터져 나왔던 것, 급속한 산업화로 노동계급이 급성장했음에도 경제·사회적 후진성으로 인해 여전히 반半프롤레타리아 규모가 컸고 해결되지 않은 민주적·민족적 과제들이 온존하고 있었던 조건과 떼어 놓고 설명할 수 없다. 그런 조건 때문에 신흥국 노동계급은 한편으로는 전투적 조합주의 성향(노동자주의)을 보이면서도 다른 한편 민족주의·민중주의 정치를 잘 받아들이는 경향이 있었다. 그러나 엄청나게 전투적이었던 이 나라들의 노동조합 운동은 경제적·정치적 개혁을 성취하고 자신들의 공간을 확보하면서 점점 개혁주의가 강화됐다. 흑인 민족해방 운동이나 지역사회(빈민촌) 운동 등과의 연계가 자동으로 변혁성을 보증하지도 않았다. 신흥공업국 노동운동이 노동자주의와 민중주의 사이에서 동요하거나 둘을 결합하는 경향은 오히려 개혁주의 정당의 발전을 촉진하는 것으로 나타났다. 그리고 마침내 남아공 아프리카민족회의와 브라질 노동자당이 집권했을 때 이 나라들의 이른바 '사회운동노조' 지도부는 그 정부가 추진하는 신자유주의 정책을 지지했다.

사실, 남아공·브라질·한국의 노동조합 운동에서 유래한 '사회운동노조(주의)'가 10여 년이 지난 뒤 한국에서 대안 노조 이념이나 모델로 검토되고 있다는 것 자체가 사회운동노조(주의)의 한계를 보여 준다. 한때 '사회운동노조'로 주목받던 이 나라들의 노동조합 운동이 개혁주의적 관료의 온건함 면에서 서구 노동조합 뺨칠 정도가 됐다는 것을 직시하지도, 그 원인을 설명하지도, 대안을 제시하지도 않기 때문이다. 이런 한계는 '사회운동노조(주의)'를 채택한 서구의 노동조합들이 "20세기 주류 노동조합의 문제"들을 전혀 해결하지 못하고 있는 것에서도 잘 드러난다. 예를 들어, 영국에서는 2000년대 초반 이후 몇몇 주요 노조에 좌파 노조 지도자들이 당선하면서 기존 노조('서비스노조')와는 전혀 다른 유형의 노동조합('사회운동노조' 또는 '지역사회노조')을 표방했다. 그중 하나가 영국 최대 규모 노조인 유나이트UNITE(운수일반노조와 기계공전자노조가 통합한 노조)의 렌 매클러스키 위원장이다. 그는 노동조합 운동이 효과적이려면 지역사회 일원으로 활동해야 하고, 다양한 의제를 둘러싸고 사회운동과 연대해야 한다고 강조한다. 또, 지역사회의 주변화된 사람들 (실업자나 학생, 주부 등)을 '노조 가족'이라는 이름으로 조합원으로 조직하고, 지역사회/단체에 기부를 하고, 다양한 사회운동을 재정적으로 후원한다.

그러나 유나이트가 '사회운동노조(주의)'를 채택했다고 해서 기존 노동조합 운동에서 거듭된 문제들 — 즉 노동조합 지도부가 조합원들의 바람에 못 미치는 수준에서 타협하면서 투쟁을 흐지부지 끝내고 조합원들의 사기를 저하시키는 악순환 — 을 극복한 것은 아니다. 매클러스키는 2011년 공공부문 파업을 배신하고 연금 개악을 수용한 노조 지도자의 하나다. 2013년에는 그레인지머스 석유화학 공장 구조조정에 직면해 고용조건 악화와 임금-연금 삭감이 포함된 '회생안'을 파업 한 번 하지 않고 수용했다. 그는 노동자들의 파업을 조직하는 데서는 매우 보수적이다. 노동조합이 조합원들의 이익뿐 아니라 지역사회의 이익을 위해서 싸워야 한다는 주장은 노동조건을 방어하기 위한 투쟁을 방기하는 핑계가 되기도 한다. 사회운동과의 광범한 동맹을 저해할 수 있다는 이유로 노동자들의 집단적 힘을 발휘할 수 있는 효과적 파업 전술을 피하기도 한다. 또, 매클러스키가 영국 노동당과 긴밀한 관계를 맺고 있다는 사실은 '사회운동노조주의'가 기존 노동조합이 개혁주의 정당과 밀착해 온 문제도 해결하지 못한다는 것을 보여 준다.

우리 나라의 경험에서도 이와 유사한 사례들을 볼 수 있다. '사회운동노조'나 '사회공공성'을 내세우는 노동조합 상근 간부들이 조합원들의 조건을 일관되게 방어하지 않거나 점점 양보론에 기우는 경우, 지역사회나 국민의 지지를 받아야 한다는 이유로 효과적 파업 전술을 택하지 않는 경우, 지역사회의 폭넓은 지지를 받고도 노조 지도부가 파업을 성과 없이 일방 종료하는 경우, 기성 정당들의 파업 중재 압박을 수용하고 해결책 마련을 의회에 넘기는 경우는 드문 일이 아니다. 여기에 아주 최근 사례로 희망연대노조 지도부가 SK브로드밴드와 교섭해 자회사를 통한 정규직화 방안을 합의안으로 가져온 것을 추가할 수 있을지 모른다. 이 합의는 자회사 방안이 그동안 투쟁해 온 간접고용 비정규직 노동자들의 바람에 못 미친다는 점과 소속 조합원들도 언론을 통해서야 합의 사실을 알게 됐다는 점에서 노동조합 안팎에서 실망을 자아냈다. 이것은 '지역사회운동노조'를 지향하고 있음에도 기존 노조 지도자들이 보였던 문제들 — 노동자들의 바람에 못 미치는 수준에서 타협을 하고, 협상의 안정성을 깨지 않고자 노동조합 민주주의를 훼손하는 등 — 을 답습할 수 있음을 보여 준다.

'사회운동노조주의'가 일부 노조 지도자들의 알리바이일 뿐이라고 말하려는 것은 결코 아니다. 그것이 노동조합을 혁신하려는 진지한 의도이지만 그 목적을 제대로 성취하기 어렵다는 것이다. 노동조합은 자본주의 체제 안에서 착취 조건 개선을 목표로 한다. 부르주아 민주주의 하에서 정치와 경제의 분리를 받아들이고, (자본주의 질서에 도전하지 않는) 개혁주의 정당을 지지하는 경향이 있다. 사회주의자들은 노동조합의 이런 성격을 무시해서는 안 된다. 물론 모든 노동조합이 다 똑같은 것은 아니다. 노동자들의 투쟁력과 계급의식이 노동조합의 특성에 큰 영향을 미친다. 혁명적 상황이나 계급투쟁 수준이 높은 시기의 노동조합은 매우 전투적이다. 자본주의 질서가 '정상화'된 시기의 노동조합은 상시적 협상 기구이자 갈등 중재자로서 (정도의 차이는 있지만) 계급협조적 성향을 띠게 된다. 이런 시기에 안착된 노동조합 상근 간부층은 계급투쟁이 체제를 위협하는 수준으로 나아가려 하면 그것을 억제하는 구실을 한다. 사회주의자들은 노동조합이 더 투쟁적이 되도록, 협소한 사업장 쟁점에만 제한되지 않고 더 정치적이 되도록 늘 분투해야 하지만, 자본주의 사회의 어떤 노조도 환경의 압력을 완전히 피할 수 없다는 점을 결코 간과해서는 안 된다.

사회진보연대/노동자운동연구소는 "현재의 주류화된 노동조합의 내적 모순, 즉 기술관료적 경향과 사회운동적 경향에 작용해서 후자를 강화함으로써 노동조합을 사회운동의 기관으로 개조"해야 한다고 주장한다. 또, 노동조합이 "전체 노동자계급의 단결을 추구"하고 "임금노동 제도를 철폐하기 위한 사회-정치운동"의 "주체로서 발돋움"해야 한다고 주장한다.[31] 그러나 노동조합은 아무리 크더라도 노동계급의 전체가 아니라 단지 한 부분(부문)의 조직으로서 부문주의 경향을 갖는다. 또, 자본주의 체제의 틀 안에서 타협해야 하는 일상적 압력 때문에 개혁주의 방향으로 나아가게 된다. 일상적 시기에 기존 노동조합을 "임금노동 제도를 철폐하기 위한" 기관으로 변화시킬 수 있다고 보는 것은 위험하다. 왜냐하면 노동조합 관료층이 노동자 투쟁을 통제할 수 있는 능력과 혁명적 상황을 가라앉히는 데 핵심 구실을 한다는 점을 과소평가하게 되기 때문이다. 그런 문제를 인식하지 못하면 당연히 극복 방안을 마련할 수도 없다. 더 나아가, 혁신

노선을 채택하는 노조 지도자와 협력·밀착하게 되고 스스로 노동조합이 받는 일상적 압력의 포로가 될 수 있다.

그러나 노동조합 지도부가 '사회운동적' 노선이나 정책을 채택한다고 해서 "노동조합의 내적 모순"을 극복할 수 있는 것은 아니다. 남아공 코사투의 사례는 이를 잘 보여 준다. 코사투는 자신들이 지지한 아프리카민족회의 정부가 신자유주의 정책을 추진하자 2007년 대의원대회에서 공식 노선이었던 '코포라티즘'(계급협조주의) 정책을 폐기하고 '대중운동 중심 노선'을 채택했다. 한지원 노동자운동연구소 연구실장은 "90년대 후반 이후 한국과 비슷한 문제들을 겪었던 남아공노총의 혁신[은] 사회운동노조주의 관점에서 참고할 만하다"고 소개한 바 있다.[32] 그러나 그 뒤에도 코사투는 아프리카민족회의를 굳건히 지지했다. 2012년 마리카나 광산에서 파업이 벌어지자 아프리카민족회의 정부가 경찰을 보내 파업 노동자 34명을 학살했는데, 이때도 코사투 산하 전국광원노조는 아프리카민족회의 정부를 옹호하고 파업 노동자들을 비난했다. 노동자들은 흑인 정부가 흑인 노동자들을 학살했다는 것에 큰 충격을 받았고, 코사투 조합원들 사이에서 아프리카민족회의를 비판하는 목소리가 확대됐다. 2013년 금속노조 대의원들이 이런 정서를 대변해 아프리카민족회의를 지지하지 않기로 결정하자, 코사투 지도부는 금속노조를 코사투에서 제명했다. 코사투의 혁신 노선 채택은 전혀 참고할 만한 변화로 이어지지 않았던 것이다.

또, '사회운동적' 노동조합 지도부가 계급 전체의 이해관계를 조율할 수 있는 대안적 요구를 내놓으면 노동조합을 통해 전체 노동계급이 단결할 수 있다고 보는 것도 착각이다. 노동조합은 자본주의가 업종이나 산업에 따라 노동자들을 분할하는 것을 반영한다. 노동조합은 노동자들을 단결시키기도 하지만 분열시키기도 한다. 노조가 초기업 단위로 조직되더라도 한계는 여전하다. 노동자 부문 사이의 연대를 일관되게 추구할 수 있는 것은 계급 정치에 기초한 사회주의 조직들이다. 노동계급 대중 차원으로 보자면, 그들이 부문의 관점이 아니라 계급적으로 생각하기 시작하는 것은 정치·경제 위기가 심화되고 투쟁이 일반적이 될 때다. 이럴 때 서로 다른 지역과 산업의 노동자 투쟁이 연결될 수 있다. 역사적 경험을 보면 이런 혁명적 격변기 때 노동조합의 부문적 분리를 뛰어넘는 형태의 조직들이 출현하곤 했다. 그것은 진정으로 계급 전체의 단결이라는 기초 위에서 조직되는 노동자 평의회였다. 이 폭넓고 철저히 민주적인 노동계급의 조직은 새로운 노동자 국가의 기초가 된다. 노동조합은 그 성격상 노동계급 전체의 단결이나 새로운 노동자 국가의 기초를 제공할 수 없다.

노동자 평의회는 흔히 부문적 경제투쟁에서 출현한다. 이런 투쟁 속에서 노동자들은 부문주의를 뛰어넘는 계급의식을 발전시킨다. 반면 노동자들의 단결이 격차를 축소하는 대안적 요구를 통해 가능하다고 보는 견해는 노동조건을 방어하려는 부문적·경제적 투쟁들을 부정적으로 보는 경향이 있다. 한지원 실장은 이렇게 주장한다. "대기업·공공부문 노동운동이 현 상태를 지키는 것은 결과적으로 격차를 확대한다. 이는 다수 노동자가 노동운동을 기득권의 수호자로 인식하게 만들어 노동운동의 계급적 대표성을 크게 약화시킨다."[33] 그러나 이런 인식은 정치·경제 위기가 심화되는 시기에 특히 위험하다. 또한, 노동자들의 부문적 경제투쟁이 계급의 단결에 해가 된다는 주장은 노동계급의 자력해방 사상과 정면 충돌한다. 이런 견해는 노동자들 자신의 혁명적 투쟁과 자본주의 국가 분쇄 없이 사회주의로 이행할 수 있다는 '선거를 통한 사회주의' 전망과 무관하지 않다. 가령 사회진보연대는 "'폭력' 또는 '선거를 통한 사회주의로의 평화적, 합법적 이행'이라는 문제는 절대적 필연적인 형태라기보다는 세력관계, 즉 정세의 문제"라고 주장한다. "중요한 것은 노동자계급이 자신에게 유리한 세력관계를 형성하기 위해 부르주아 계급독재의 대중적 토대를 침식할 수 있는 광범위한 동맹세력을 결집하는 것이다. 따라서 이행을 예비하는 노동자운동은 … 불안전화와 … 분할 관리에 맞서 노동자 내부의 단결을 도모해야 한다. 그리고 노동자, 농민, 빈민 등 계급 대중의 '계급 동맹'을 구현하고 대중운동 내의 능동적 분파 사이의 연대를 실현하는 방안을 핵심적으로 사고해야 한다."[34] 이런 전망 속에서 노동계급 자신의 투쟁은 핵심적 중요성을 잃게 되기 쉽다.

이 맥락에서 "사회운동(적)"이라는 노조 혁신의 내용에 대해서도 살펴볼 만하다. 그것은 노동조합의 협소함을 비판하고 연대를 강조하는 것일 수 있다. 그러나 계급 운동보다는 다양한 사회운동들의 교류와 '수평적' 연대에 우위를 두는 개념으로 사용되기도 한다. 가령 피터 워터만의 '사회운동노조주의'는 신사회운동론, 급진민주주의론, 페미니즘의 수용을 강조하면서 노동운동의 핵심적 중요성을 거부한다. 그러나 노동계급은 생산관계에서 차지하는 위치 덕분에 서로 유기적으로 결속돼 있고 자본주의 체제에 맞설 수 있는 잠재력이 있다. 자본주의에 맞서고자 하는 사람들은 이 잠재력을 사용할 방법을 알아야 한다. 거꾸로 노동운동이 (노동계급에 기초를 두지 않은 다른 사회운동과 다를 바 없이) 단지 여러 사회운동들 중의 하나인 것처럼 '중심 없는 연대'를 추구한다면 그런 힘을 사용할 수 없다. 사회운동이나 지역사회운동을 사업장에 기반한 조직화를 대체할 대안으로 제시하는 것은 이런 위험을 안고 있다. 많은 사람들이 사업장이나 기업에 기반한 조직화는 신자유주의에 따른 불안정 노동의 증대로 의미를 잃었다거나, 심지어 경제주의·실리주의·계급협조주의의 원천이라고 보면서 지역으로 눈을 돌린다. '지역에 기반을 둔 조직화'는 생산(자)에서 소비(자)로, 생산 영역에서 재생산 영역으로, 노동계급에서 다양한 계급들로 강조점의 이동을 수반한다. 이렇게 되면 사회 변혁에서 생산현장에 기반을 둔 노동계급의 투쟁이 갖는 핵심적 중요성이 희석된다. 로자 룩셈부르크의 표현을 빌리면, 자본주의의 쇠사슬이 벼려지는 그곳에 그것을 끊을 잠재력이 있는데도 말이다.

물론 생산 현장의 투쟁만으로는 충분하지 않다. 자본가들은 노동자들의 지위를 약화시키고자 노동과정을 재조직하고, 공장을 폐쇄하고, 노동자를 해고할 수 있다. 계급투쟁을 생산 과정에서 벌어지는 노동과 자본의 충돌로만 이해해서는 안 된다. 그것을 둘러싼 정치·국가 영역이 있다. 알렉스 캘리니코스가 지적했듯이, "노동자들에게는 사회 전체 수준에서 권력을 장악하고 자본을 몰수할 수 있는 일반화된 정치운동이 필요하다."[35] 생산현장의 투쟁만 중시하고 사업장 밖의 투쟁을 등한시하는 노동자주의는 자본주의에 맞서는 데서 무기력하다. 그러나 사업장 투쟁과 거리를 두는 '사회운동적' 방식은 대안이 못 된다. 노동계급의 힘을 동원하지 않는 운동은 비관에 빠지기 쉽고 그 결과 체제 내 개혁으로 기울 수 있다.

이런 문제점은 '사회운동노조(주의)'가 운동과 당을 대립시키며 운동만을 일면적으로 강조하는 것 때문에도 나타날 수 있다. '사회운동노조주의'는 노조 스스로 정치적으로 강화돼야 한다고 하지만, 그것이 어떤 정치인지는 불분명하다. 노동조합 같은 대중운동은 노동계급의 불균등한 의식을 반영할 수밖에 없다. 그러나 운동이 전개되다 보면 부딪히는 여러 쟁점들에 따라 다양한 견해가 나타나기 마련이고, 그런 과정을 거듭하면서 당 또는 그 맹아가 형성될 수 있다. 당이라는 명칭을 사용하지 않고 체계적 조직 구조를 갖추지 않았더라도 마찬가지다. 어떤 단체가 실제로는 당(정치조직)이면서 이를 부정하고 스스로를 사회운동과 동일시하면 여러 문제를 낳을 수 있다. 그런 문제 중 하나는 운동 속으로 용해돼 운동을 특정 방향으로 이끌 전략이 모호해지는 것이다. 그러면 개혁주의 정치를 원칙적으로 반대하더라도 노동조합의 개혁주의 지도자들과 개혁주의 정당 지도자들을 대체할 일관된 정치적 대안을 제시하기 어렵다. "사회운동적 정당"을 표방했던 이탈리아 재건공산당(리폰다치오네)의 쇠락은 타산지석이 될 수 있다. 1990년대 말과 2000년대 초 사회운동의 급진화 속에서 급성장했던 리폰다치오네는 운동이 퇴조하자 명확한 전략을 제시하지 못한 채 중도좌파인 프로디 정부에 합류했다. 연립정부 안에서 사실상 신자유주의와 전쟁 정책에 협력하게 되면서 리폰다치오네는 순식간에 지지를 잃고, 따라서 그 존재감을 잃었다.

현장조합원 네트워크와 혁명적 조직

혁명적 사회주의자들은 노동조합 투쟁을 중시해야 한다. 마르크스는 당대의 사회주의자들이 노동조합을 경멸하거나 그에 적대적이었던 것과 달리 노동조합 운동을 지지했다. 노동자들이 노동조합 투쟁을 통해 생활수준을 지킬 뿐 아니라, 무엇보다 의식과 조직이 성장한다고 봤기 때문이다. 노동자들은 자본주의 체제 안에서 제한적이고 부문적인 투쟁을 거듭하면서 훈련돼야 하고, 혁명적 정당도 이런 과정 속에서만 건설될 수 있다. 좌파는 노동자들의 경제투쟁을 무시해서는 안 된다.

노동조합원으로 활동하는 것의 중요성을 인식하는 것은 좋은 출발이지만 그것으로 충분하지는 않다. 노동조합의 성격을 어떻게 볼 것인지, 노동조합 안에서 혁명적 사회주의 정치에 대한 지지를 어떻게 넓힐 수 있는지에 대한 명확한 이해와 전략·전술이 있어야 한다. 특히 노동조합 운동에서 영향력이 큰 개혁주의에 대해 제대로 이해하고 대처하는 것이 중요하다. 앞에서 노동조합 귀족론부터 노동조합 혁신론에 이르기까지 좌파 내의 다양한 대안들과 그 한계를 살펴봤다. 노동조합 관료층의 사회적 구실을 주목하지 않고 올바른 지도를 통해 노동조합을 사회 변혁적으로 만들 수 있다고 보면, 결국 개혁주의에 적응하게 되거나 거꾸로 초좌파적으로 될 수 있다.

사회주의자들은 노동조합의 본질을 바꿀 수 있다는 착각을 하지 않으면서, 노동조합이 최대한 투쟁적이고 정치적이 되도록 노력해야 한다. 즉, 노동조합 투쟁이 해당 정세가 허용하는 최고 수준까지 나아가도록 분투해야 하고, 한 부문의 투쟁이 다른 부문의 투쟁과 연결되도록 애써야 한다. 노동자 부문 투쟁 간의 연대만이 중요한 것이 아니다. 사회주의자들은 여성·이주자·성소수자에 대한 연대를 발전시키고, 더 광범한 정치 쟁점을 노동조합 안으로 가지고 들어와야 한다. 특히, 노동조합 지도자들의 보수적 구실을 인식하고 그에 대처하는 전략·전술을 발전시켜야 한다. 그 출발점은 현장조합원들의 자주적 활동을 강화하는 것이다. 노동조합의 힘은 현장조합원들의 활력과 자신감에 달려 있다. 그러나 현장조합원들이 독립적으로 행동할 태세가 돼 있지 않다면, 노동조합 지도자들이 투쟁을 회피하거나 흐지부지 중단할 때 속수무책이 된다. 노동조합 지도자들에 대한 가장 바람직한 태도는 다음과 같이 요약할 수 있다. "노동조합 지도부가 노동자들을 올바로 대표하는 한 지도부를 지지할 것이다. 그러나 그러지 않으면 곧바로 독립적으로 행동할 것이다." 이것은 1915년 영국 셰필드의 클라이드 노동자위원회가 발표한 성명서의 일부다. 노동자위원회·직장위원회 운동은 1910년대 노동자 투쟁의 고양 속에서 등장한 최초의 현장조합원 운동이었다. 이것은 오늘날 현장조합원 자신의 활동을 강화하는 데 초점을 맞추려는 사회주의자들에게 중요한 참조점을 제공한다.

당시 영국 지배계급은 미국·독일 자본주의와 경쟁이 치열해지자 노동자들의 노동조건을 공격하고 있었다. 제1차세계대전이 벌어지자 임금과 노동조건 압박은 더욱 심해졌다. 영국노총TUC과 노동당은 자국의 전쟁 노력을 지지했고, 산하 노조들은 정부와 임금·노동조건을 악화시키는 협약을 맺었다. 글래스고와 셰필드 등 산업 중심지들에서 이에 저항하는 격렬한 노동자 투쟁이 벌어졌고, 이런 계급투쟁의 고양 속에서 노동자위원회·직장위원회 운동이 탄생했다. 이 운동의 지도자들은 주로 혁명가들로, 기존 노동조합 내에서 노동조합 지도자들로부터 독립적으로 투쟁할 수 있는 현장조합원 조직을 발전시키는 데 주력했다. 이것은 기존 노조를 사회 변혁적인 노조로 대체하거나 혁신하려는 것과는 다른 길이었다. 그들은 셰필드의 클라이드를 비롯해 다른 곳들에서 만들어진 파편화된 현장조합원 조직들(노동자위원회나 직장위원회)의 대표자들을 모아 투쟁을 조율하고 전국적 현장조합원운동을 전개했다. 그들이 이끈 최대 파업에는 48개 도시 20만 명의 금속 노동자들이 참가했다(1917년). 노동자위원회·직장위원회 운동은 단지 노조 지도자들에게 압박을 가하는 것뿐 아니라 그들이 투쟁을 회피할 때 독립적으로 행동하며 스스로 대중 투쟁을 이끄는 능력을 보여 줬다.* 영국의 국제사회주의자들은 1970년대 초 노동자 투쟁의 고양기 때 노동자위원회·직장위원회 운동의 전통을 계승하면서 전국적 현장조합원운동을 건설하는 전략을 추진했다.**

물론 현장조합원 운동 전략을 계급투쟁 상황과 관계없이 언제나 추진할 수 있는 것은 아니다. 경제적·정치적 위기를 배경으로 노동자 투쟁이 고양되고 일반적이 될 때 서로 다른 지역과 산업의 노동자들

---

* 이에 대한 자세한 설명은 토니 클리프, 도니 글룩스타인, 《마르크스주의와 노동조합 투쟁》, 책갈피, 2014와 랠프 달링턴, 《사회변혁적 노동조합운동》, 책갈피, 2015를 참고하시오.

** 이에 대한 자세한 설명은 알렉스 캘리니코스, 《노동조합 속의 사회주의자들》, 풀무질, 1996을 참고하시오.

을 함께 연결하는 전국적 현장조합원 운동을 건설할 수 있다. 또, 혁명적 사회주의자들이 계급에 뿌리내린 정도도 중요한 조건이다. 이와 같은 조건의 고려 없이 의지만 앞세우면 십중팔구 갖가지 샛길로 빠질 수 있다. 그러나 현장조합원 운동 전략을 추진할 조건이 아니더라도, 사회주의자들이 노동계급의 자력해방 사상에 기초한 현장조합원 지향 원칙을 확고히 유지해야 한다는 점에는 변함이 없다. 그리고 구체적 조건에 따라, 특히 노동자들의 자신감 수준이 높지 않을 때 이 원칙을 적용하려면 복잡한 전술을 운용할 수 있어야 한다.

가령 사회주의자들은 노동조합 지도자들에게 공식 투쟁을 결정하도록 촉구하고 그런 일이 벌어지면 그것을 지지하면서 그런 투쟁 속에서 현장조합원들이 자신감을 높일 수 있도록 활동해야 한다. 특정 조건에서 사회주의 조직은 노동조합 좌파 지도자들과 일시적 동맹을 맺을 수도 있다. 노동조합 지도자들 중 일부는 현장조합원들의 불만에 더 민감하게 반응하고 노동조합 방어 등의 이유로 투쟁에 나설 수 있기 때문이다. 이럴 때 노동조합 지도자들과의 공동행동이 가능해진다. 그런데 사회주의자들은 그런 동맹의 목적을 결코 잊어서는 안 된다. 그것은 더 광범한 행동을 조직하기 위한 것이다. 노동조합 지도자들이 공식 투쟁을 명령하면 더 많은 현장노동자들이 투쟁에 참가하는 기회를 얻는데, 이런 투쟁 속에서 현장조합원들이 자신감을 높일 수 있기 때문이다. 요컨대 좌파 지도자와의 동맹은 현장조합원 활동을 강화하기 위한 수단인 것이다. 이런 목적을 성취하려면 현장조합들이 좌파 지도자들을 믿고 환상을 갖지 않도록 주의해야 한다. 영국 공산당 지식인 아르노가 지적했듯이 노동조합 좌파 지도자는 '활성제인 동시에 마약'이다. 대중의 투쟁성을 고무하기도 하지만 경각심을 마비시켜 자신을 신뢰하게 만든다는 것이다. 그러나 좌파 지도자들은 우파 지도자들이 요구하는 관료의 규범과 관료적 연대책임 의식에 무릎 꿇으며 투쟁을 통제하기 때문에 현장조합원들의 자주적 활동을 활성화하는 것이 필수적이다. 심지어 사회주의자들은 자신이 노동조합 지도자로 선출됐을 때조차 현장조합원들의 자주적 활동과 조직 강화를 더욱 중시하고 그것에 이바지해야 한다. 지도자가 아무리 출중하더라도 개인의 결단과 헌신에 의존하는 전략은 실패로 귀결될 수밖에 없다. 투쟁이 승리하려면 개인의 결단이 아니라 집단적 조직이 필요하다. 그 무엇도 노동자 대중 자신의 집단적 행동을 대체할 수는 없다.

또, 현장조합원 운동 전략을 추진할 조건이 아니더라도 특정 노조나 부문에서 현장조합원들의 활동을 활성화하기 위한 현장조합원 네트워크를 만들 수는 있다. 이런 네트워크는 노동조합 투쟁의 가장 능동적인 부분으로서 투쟁의 전진에 기여하는 동시에, 노조 지도자들이 사용자와 자기 주위의 다른 노조 지도자들이 가하는 압력에 동요하고 굴복할 때 이에 흔들리지 않고 사업장에서 투쟁을 주도하고자 노력하는 것을 목표로 할 수 있다. 노동조합 내 사회주의자들과 투쟁적 조합원들이 이런 네트워크를 구축해서 활동하면 중요한 투쟁이 벌어질 때, 그 향방에 의미 있는 영향을 미칠 수 있다. 지금까지 '현장조직'이라고 불린 조합원 그룹들은 노동조합 집행부 장악을 목적으로 하는 상층(집행부) 지향 조합원 그룹이었다. 반면, 필자가 제안하는 현장조합원 네트워크는 미래의 현장조합원 운동 분출을 준비하고 그 운동의 싹을 형성하는 것을 목적으로 하는 기층(현장 조합원) 지향 조합원 그룹이다. 현장조합원 네트워크는 혁명적 사회 주의자들뿐 아니라 투쟁적 조합원들도 아우르는 조직이다.

그러나 간과해서는 안 되는 것은 현장조합원 조직의 정치적 잠재력이 크지만, 자동으로 계급 정치가 뒤따르는 것은 아니라는 점이다. 위력적이었던 1910년대 영국의 노동자위원회·직장위원회 운동조차 그랬다. 이 운동의 리더들이었던 혁명적 신디컬리스트들은 전투적 쟁의 행위를 주도했지만 전쟁 반대 운동을 성공적으로 이끌지는 못했다. 혁명가들인 그들은 당 집회에 가서는 제국주의 전쟁을 규탄했지만, 사업장의 현장 노동자들 사이에서는 전쟁 반대를 선전·선동하고 운동을 조직하지 않았다. 이 문제를 사업장으로 끌고 들어오면 노동자들의 단결이 깨지고 노동쟁의에 나쁜 영향을 미칠까 봐 걱정했던 것이다. 그러다 보니 의도치 않게 전쟁이 자신의 부문에 가하는 위협에 맞서 금속 노동자들을 방어하는 데 만족하는 결과가 됐다. 전투적 쟁의행위가 더 광범한 정치투쟁(다른 노동자 부문과 차별받는 사람들을 고통으로 몰아넣고 있는 전쟁을 반대하고 혁명적 패전주의를 주장하기)으로 이어지지 못한 결과 금속 노동자들의 특권적 이익을 지키는 '그들만의 투쟁'에서 더 나아가지 못한 것이다. 결국 그 운동은 비슷한 시기에 벌어진 러시아 혁명 같은 승리로 이어지지 못했다.

신디컬리스트들은 정치를 거부하지는 않았지만 노동조합 운동을 분열시킬 수도 있는 예민한 정치 쟁점을 사업장에 도입하기는 꺼렸다. 그들은 노동조합 투쟁에서 단결을 이루면 정치적 단결도 이룰 수 있다고 여기는 경향이 있었다. 물론 노동자들은 노동조합 투쟁을 통해 사용자에 맞서 단결할 필요를 깨닫게 되고 직종·성·인종 간 분열을 극복하기 시작할 수 있다. 그러나 정치적·이데올로기적 분열을 모두 저절로 극복할 수 있는 것은 아니다. 노동자 투쟁이 자본주의 국가를 표적으로 삼아야 하는가, 개혁이냐 혁명이냐 같은 문제가 그런 예가 될 수 있다. 혁명적 투쟁 속에서도 노동자들의 의식은 여전히 개혁주의를 지지하는 것에 머물 수 있다. 오히려 혁명적 사회주의자들이 노동계급 의식의 불균등성이라는 현실을 직시하고 정치적·이데올로기적 분열에 도전해야만, 진정한 단결에 다가갈 수 있다.

개혁주의는 보수적 지도자들에 의해 조합원들에게 강요된 것만은 아니다. 노동조합 지도부로부터의 독립성은 노동자들이 혁명적 투쟁으로 나아갈 수 있는 필요조건이지 충분조건은 아니다. 사회주의자들이 매우 중요한 정치 쟁점을 예민한 문제라고 해서 회피하고 현장조합원 조직 안에서 우세한 의견에 맞춰 가는 적응을 선택한다면, 개혁주의 지도자들을 대체할 일관된 정치적 대안을 제시할 수 없다. 토니 클리프는 노동자위원회·직장위원회 운동의 전통을 이어받으면서도 그 한계를 이렇게 지적했다. "그들[노동자위원회·직장위원회 리더들]은 경제 문제에 기반한 자발적 대중 조직에 강조를 두고 있는 신디컬리즘에 너무 깊게 물들어 있어서 당으로 조직된 전위의 정치적 구실을 배제했다. … 노동자 투쟁들을 보편화하고, 노동계급 의식의 불균등을 극복하는 데서 [혁명적] 당이 하는 결정적 구실은 직장위원회 지도자들에게 전혀 명확하게 다가오지 않았다."

이 교훈은 '지금 여기'에서 적용돼야 한다. 현장조합원 네트워크의 건설이나 그 효과적인 활동을 위해서도 사회주의 노동자들의 응집력 있는 혁명적 조직은 필수적이다. 우리 나라 노동조합 좌파 활동가들은 사회주의 정치 활동은 노동조합 바깥에서 하고, 노동조합 활동을 할 때는 단순한 좌파적 노동조합 운동가로 행동하는 경향이 있다. 그러나 사회주의 정치는 사업장 문 앞에서 멈춰서는 안 된다. 사업장에서 소수일지라도 사회주의 조직을 건설하고 활동하려면 신디컬리즘을 타산지석으로 삼는 각고의 노력이 필요하다. 노동조합 좌파 활동가들이 협소한 노동조합 활동에만 참여하지 않고 노동조합 외부에서 전개되는 사회주의 단체 활동(토론과 각종 정치 활동)에 참가하는 것은 매우 중요하다. 그러나 그것으로 만족해서는 안 된다. 사회주의 정치를 사업장 쟁점과 투쟁에 적용해야 하고, 민감하지만 매우 중요한 정치 쟁점을 사업장 안에 끌어들이기를 꺼려서는 안 된다. 사업장 문제 따로, 정치 따로 분리해서는 안 된다. 즉, 사회주의 노동자들은 필요하다면 노동조합 안에서 제국주의 문제나 여성·성소수자·인종 차별 같은 쟁점을 제기해야 한다. 또, 노동조합 쟁점을 다룰 때 부문이 아니라 계급 전체의 관점에서 접근하고 종합적인 정치와 연관시켜야 한다. 예를 들어, 대공장의 '정규직 자녀 우선 채용' 같은 쟁점도 단지 공장 담벼락 안의 조합원 정서에만 기대어 판단해서는 안 된다. 정규직과 비정규직의 연대, 계급의 단결이라는 견지에서 접근하고 조합원들을 설득해야 한다. 또 다른 사례로 이주노동자 문제를 들 수 있다. 노동조합 좌파 활동가들이 개인적으로 인종 차별을 반대하면서도, 노동조합 안에서는 조합원들의 정서를 이유로 이주노동자 배척 문제를 회피하거나 타협해서는 안 된다. 내국인 노동자들의 일자리 불안을 이해하면서도, 이주노동자들을 조직해 함께 투쟁하자고 내국인 노동자들을 설득하면서 단결을 강화해야 한다. 계급의식 있는 노동자들이 소수일지라도 단단하게 조직해, 원칙 있는 주장과 계급의 단결을 위한 활동을 사업장과 노동조합 안에서 펼치는 것이 매우 중요하다. 이런 활동은 자본주의가 노동자들에게 강요하는 파편화(분리)와 분열, 계급의식의 불균등을 극복하는 데 필수적이다.

4. 결론을 대신해

이 책에서 말하고자 했던 것 하나는 "즉자적 계급"으로서 한국의 노동계급이 건재하다는 사실이다. 30년 전 1987년 투쟁을 탄생시킨 노동계급은 크고 집중돼 있고 단일했다면 오늘날 노동계급은 작고 분산돼 있고 이질적이라는 주장은 과장일 뿐, 참말이 아니다.

한국 노동계급은 이전 어느 때보다 커졌다. 산업 구조가 재편되면서 노동계급의 재배치가 일어나 서비스 노동자가 증대하고 노동자의 전형적 모습이 수십 년 전과는 당연히 달라졌다. 하지만 이것이 노동계급의 축소를 뜻하는 것은 아니다. 육체 노동자만을 노동계급으로 보는 사람들은 노동계급이 쇠퇴했다고 주장하지만, 이는 순전한 오해일 뿐이다. 전에는 중간계급으로 여겨졌을 법한 화이트칼라 피고용자들이 점점 더 프롤레타리아화했다. 이런 과정은 여성 노동자의 증대와 맞물렸다. 제조업 노동자 자체도 규모가 별로 줄지 않았다. 탈산업화 같은 주장은 한국 실정에 전혀 맞지 않는다.

지난 20여 년간 신자유주의 공격으로 노동자들의 고통이 증대했다. 노동 불안정성과 비정규직이 증가하고, 불평등과 빈곤이 심화됐다. 특히 청년들은 실업으로 전례없이 고통받고 있다. 그럼에도 그런 공격으로 노동자들이 자본주의에 도전할 수 있는 잠재력을 잃은 것은 결코 아니라는 것이 이 책의 논점이다. 노동 불안정화의 심각성을 폭로하기 위해서이겠지만 너무 많은 사람들이 불안정성을 과장하다 보니, 마치 노동계급이 그런 현실에 맞설 잠재력을 잃은 것처럼 여기게 됐다.

그중 하나는 세계화나 금융화 등으로 자본이 더는 노동에 의존하지 않는다는 주장들이다. 그러나 본문에서 자세히 살펴봤듯이, 그것은 사실이 아니다. 자본이 더 많은 노동자들을 불안정으로 몰아넣는 것은 노동에 의존하지 않게 돼서가 아니라 노동자들의 피 한 방울이라도 더 쥐어짜기 위해서다. 마르크스가 말했듯이, 자본은 노동의 피를 빨아먹지 않고는 살 수 없는 흡혈귀다. 그런 자본주의 체제의 동역학은 본질적으로 전혀 변하지 않았다. 한국의 지배계급은 공장과 사무실에서, 철도와 도로 위에서, 마트와 학교 등에서 일하는 1700만 명의 노동자들에게 의존하지 않고는 이윤 체제를 유지할 수 없다. 노동계급이 없으면 그들은 아무것도 아니다. 바로 여기서 자본주의에 도전할 수 있고 새로운 사회의 기초를 놓을 수 있는 노동계급의 잠재력이 나온다.

노동계급 일부가 신자유주의에 포섭돼 특권층이 되거나 노동계급이 해체 지경에 이른 것도 아니다. 정규직 노동자들은 비정규직과 노동 빈곤의 증대에서 어떤 이득도 얻지 못한다. 대공장 노동자들은 하청 노동자들의 열악한 조건에서 어떤 이득도 얻지 못한다. 노동자 한 부문이 다른 노동자 부문을 착취해(또는 그에 기대어) 풍요를 누린다는 견해는 그릇된 것일 뿐 아니라 노동계급이 도저히 단결할 수 없다는 결론에 이를 수밖에 없다. 노동계급을 조각조각 나누는 사회학이 노동운동 안에서 상식처럼 통용되는 것은 비극이다. 자본주의 경제가 장기 침체에 빠지면서 그동안 상대적 안정을 누리던 노동자들도 노동조건을 공격받고 있는 것은 이런 이론이 현실을 설명하지 못한다는 것을 보여 준다.

"즉자적 계급"으로서의 노동계급이 건재하니까 투쟁의 상승 국면이 시작되면 승리가 우리 눈앞에 펼쳐질 것이라고 주장하는 것은 아니다. 그런 일은 결코 자동으로 보장되지 않는다. 노동계급의 잠재력을 현실화할 주관적 요인들이 필요하다. 그러나 노동계급의 잠재력을 이해하는 것, 노동자들이 하나의 계급으로서 동일한 이해관계를 갖는다는 것을 이해하는 것은 그런 주관적 요인들을 충족시키는 것으로 나아가는 중요한 첫걸음이다. 그런 것을 이해할 때만 본질을 가리는 온갖 현상들에 휘둘리거나 인내심을 잃지 않고, 노동계급의 단결을 위해 단호하고 일관되게 분투할 수 있다.

'대기업 정규직은 끝났다'는 노동운동 활동가들 사이에 만연한 회의는 지난 수년 동안 효과적 저항을 전개하는 데 크나큰 약점으로 작용했다. 자본주의 경제의 장기 침체 속에서 이런 약점은 자칫 더욱 두드러질 수 있다. 만약 노동계급의 객관적 변화, 즉 축소와 분산화와 파편화와 이질화 등 때문에 노동계급 운동이 약화했다고 본다면, 지난 20년의 투쟁에서 무엇을 배울지가 전혀 중요하게 다가오지 않을 수 있다. 그러나 한국 노동운동에서 노동조합 관료층의 구실과 개혁주의의 영향력 확대 같은 문제들을 제대로 이해하고 대처하지 못하면, 앞으로의 투쟁에 제대로 대비할 수 없다.

　이 책이 노동계급 잠재력에 대한 확고한 이해 속에서 그것을 현실화하고자 노력하는 사람들에게 도움이 됐기를 바란다.

후주

1장

1   이태진·정해식 외, 《2014년 한국복지패널 기초분석 보고서》, 한국보건사회연구원, 2014.

2   *Cause and Consequences of Income Inequality: A Global Perspective*, International Monetary Fund, 2015.

3   김영철, 《고등교육 진학단계에서의 기회형평성 제고방안》, 한국개발연구원, 2011.

4   홍민기, "최상위 임금 비중의 장기 추세 1958-2013", 《산업노동연구》 21권 1호, 2015.

5   "민주노총 임금투쟁 재활성화를 위한 담당자 합동워크숍", 2014.

6   이병희 외, 《경제적 불평등과 노동시장 연구》, 한국노동연구원, 2013.

7   장하성, 《왜 분노해야 하는가: 분배의 실패가 만든 한국의 불평등》, 헤이북스, 2015, 265~293쪽, 164~172쪽.

8   이병희, "기업의 노동력 활용 방식과 노동소득분배율", 《노동소득분배율과 경제적 불평등》, 한국노동연구원, 2014.

2장

1   김기태, 《대한민국 건강 불평등 보고서: 가난한 이들은 쉽게 아팠고 쉽게 다쳤고 쉽게 죽었다》, 나눔의집, 2012, 김창엽 외, 《한국의 건강 불평등》, 서울대학교출판문화원, 2015, 이미숙, "한국 성인의 건강불평등: 사회계층과 지역 차이를 중심으로", 《한국사회학》, 39권 6호, 2005.

2   알렉스 캘리니코스, 《마르크시즘의 미래는 있는가》, 열음사, 1992, 222쪽.

3   Chris Harman, "Touching base", *Socialist Review* 182, January 1995.

4   김하영, 《한국 NGO의 사상과 실천》, 책갈피, 2009, 74~79쪽.

5   http://www.marxists.org/archive/lenin/works/1907/sep/pref1907.htm.

3장

1 구해근, "세계화 시대의 한국 계급 연구를 위한 이론적 모색", 《경제와 사회》76호, 2007.

2 같은 글.

3 백낙청·김영훈 외, 《백낙청이 대전환의 길을 묻다》, 창비, 2015.

4 에릭 올린 라이트, 《계급론》, 한울아카데미, 2005, 26~27쪽.

5 신광영, "90년대 한국사회 계급연구의 심화를 위하여", 《창작과 비평》 67권 1호, 1990.

4장

1 《통계로 본 광복 70년 한국사회의 변화》, 통계청, 2015, 138쪽.

2 김경덕, 《농촌지역 인구이동 실태·요인·전망》, 한국농촌경제연구원, 2003.

3 국토교통부, "2011년 도시계획현황 통계", 2011.

4 이규용 외, 《제17차 (2014)년도 한국 가구와 개인의 경제활동: 한국노동패널 기초분석보고서》, 한국노동연구원, 2015, 12쪽.

5 《2014년 기준 전국사업체조사 보고서》, 통계청, 2015.

6 이규용 외, 《제17차 (2014)년도 한국 가구와 개인의 경제활동 — 한국노동패널 기초분석보고서》, 한국노동연구원, 2015, 11쪽.

7 홍두승 외, 《한국의 직업구조》, 서울대학교출판부, 1999와 김영모, 《한국사회계층연구》, 고헌출판부, 2005.

8 김윤태, 《사회적 인간의 몰락: 왜 사람들은 고립되고, 원자화되고, 파편화되는가?》, 이학사, 2015.

9 조효래, "사무전문직 노동자의 내부구성과 임금실태", 《한국 노동계급의 형성: 1987~2003》, 한울아카데미, 2006.

10 《임금구조기본통계조사보고서 2000》, 노동부, 2001.

11 《2015년 고용노동통계연감》, 고용노동부, 2015.

12 유홍준 외, 《직업사회학》, 성균관대학교출판부, 2016, 35~37쪽.

13 신광영, 《한국의 계급과 불평등》, 을유문화사, 2004, 137쪽.

14 제6차 한국표준직업분류개정(KSCO-6), 통계청, 2007.

15 김진균, "현대 한국의 계급구조와 노동자계급", 《한국사회의 변동》, 성균관대학교출판부, 1986.

16 조돈문, 《노동계급 형성과 민주노조운동의 사회학》, 후마니타스, 2011, 91쪽.

17 이규용 외, 《제17차 (2014)년도 한국 가구와 개인의 경제활동: 한국노동패널 기초분석보고서》, 한국노동연구원, 2015.

18 "'꿈의 직장'의 두 얼굴 … 40대 간호사의 죽음", 〈한겨레〉, 2016년 6월 24일 자.

19 남춘호, "압축성장기 이후 한국의 사회구조변화와 세대내 계급이동", 《아시아의 압축 근대, 성장 그리고 사회변화》, 논형, 2016.

5장

1 백승욱 외, 《서비스사회의 구조 변동: 노동체제의 전환과 생활세계의 변화》, 한울, 2008.

2 《한국의 서비스산업: 서비스업 총조사 종합보고서》, 통계청, 2008, 33쪽.

3 "한국 제조업의 위협요인 분석 및 대응방향", KDB 산업은행, 2014.

4 "G7 국가와 한국의 산업구조 변화와 시사점", 현대경제연구원, 2016, 7쪽.

5 옥우석·김계환, 《탈산업화와 제조업에 의한 서비스 아웃소싱》, 산업연구원, 2013.

6 다니엘 벨, 《탈산업사회의 도래》, 아카넷, 2006, 323~324쪽.

7 김유선, "서비스 산업 노동시장 분석", 《서비스사회의 구조 변동: 노동체제의 전환과 생활세계의 변화》, 한울, 2008, 96~97쪽.

8 《2015년 상반기 지역별 고용조사: 취업자의 산업 및 직업별 특성》, 통계청, 2015, 9쪽.

9 김종진, 《서비스 노동자는 어떻게 일하는가: 서비스산업 고용관계와 노동과정》, 한국노동사회연구소, 2011, 133쪽.

10 《2015년 상반기 지역별 고용조사: 취업자의 산업 및 직업별 특성》, 통계청, 2015.

11 오석태, "노동소득분배 추이와 정책 시사점", 《노동의 미래》, 문우사, 2016.

12 백승호, "서비스 경제와 한국사회의 계급, 그리고 불안정 노동 분석", 《한국사회정책》 제21집 제2호.

13 황수경, "우리나라 서비스업 고용구조의 특징과 문제점", 《노동리뷰》 2011년 7월호, 한국노동연구원, 12쪽.

14 G 에스핑앤더슨, 《복지 자본주의의 세가지 세계》, 성균관대학교출판부, 2007.

15 마뉴엘 카스텔, 《네트워크 사회의 도래》, 한울아카데미, 2003.

6장

1 새로운사회를여는연구원, 《새로운 사회를 여는 희망의 조건》, 시대의창, 2008, 28쪽.

2 〈매일신문〉, 1998년 2월 19일 자 사설.

3 정성진, "한국 자본주의 축적의 장기 추세와 위기: 1970~2003", 《한국 자본주의의 축적체제 변화: 1987~2003》, 한울아카데미, 2006, 20쪽.

4 이원덕, 《노사개혁: 미래를 위한 선택》, 한국노동연구원, 1997.

5   조계완, 《우리 시대 노동의 생애: 자본, 시장, 그리고 노동》, 앨피, 2012, 339쪽, 355쪽, 356~357쪽.

6   "노동조합의 의제 확장: 정치사회적 의제 연구보고", 금속노조 노동연구원, 2012.

7   UNCTAD, 《2014 World Investment Report》.

8   "우리나라 인수합병 및 그린필드 해외직접투자의 동향·특징 및 시사점", 기획재정부, 2012.

9   김태정·이정익, "우리나라 고정투자에 대한 평가 및 시사점", 《BOK 경제리뷰》, 한국은행, 2013. 3.

10   "글로벌 로드로 뻗어가는 한국 기업", 한국무역협회, 2013.

11   김정곤 외, "주요국의 중소기업 해외진출 지원전략과 시사점", 대외경제정책연구원, 2014.

12   《2014 임금보고서: 국제비교 임금통계의 이해와 활용》, 노사정위, 2015.

13   차오젠(중국노동관계학원 교수), "제13차 5개년계획 기간의 노동관계 현황 및 전망", 《국제노동브리프》, 2016년 7월호, 한국노동연구원.

14   박창현 외, "우리나라 FDI 순유출 전환요인과 시사점", 한국은행, 2014.

15   알렉스 캘리니코스, 《제국주의와 국제 정치경제》, 책갈피, 2011, 294~295쪽에서 재인용.

16   "중국 최저임금 추이와 한·중 비교", 한국무역협회 북경지부, 2016. 4.

17   연합뉴스, 2016년 4월 18일 자.

18   박종배 외, "제조업의 해외투자 추이변화와 시사점", 한국산업단지공단 Issue & Report 2013. 7.

19   "제조업 해외직접투자 현황과 경영 분석", 금속노조 노동연구원, 2016.

20   "한국의 대중국 수출구조 특징과 시사점", 현대경제연구원, 2016.

21   박태주, 《현대자동차에는 한국 노사관계가 있다》, 매일노동뉴스, 2014, 227쪽.

22   같은 책, 221~222쪽.

23   이상호(금속노조 정책연구원 연구위원), "과속이 걸린 해외현지생산, 어떻게 대응할 것인가?", 금속노조 정책연구원 뉴스레터, 2011.

24   이상호·이정희, "한국 자동차산업의 글로벌 생산과 노동조합의 대응정책: 현대자동차의 사례를 중심으로", 《산업노동연구》, 2012.

25   Kevin Doogan, *New Capitalism?*, Polity, 2009.

7장

1   이원덕 편, 《한국의 노동 1987~2002》, 한국노동연구원, 2003, 193쪽.

2   장하성, "경제위기 이후의 기업구조조정의 효과에 관한 분석"(2000), 지주형, 《한국 신자유주의의 기원과 형성》, 책세상, 2011, 340쪽.

3   한국노동연구원의 2000년 상장기업 대상 조사와 2002년 "사업체패널조사".

4   OECD 데이터에는 한국 통계가 2004년부터 반영돼 있다. 2001년 통계는 Randall S Jones, Masahiko Tsutsumi의 다음 보고서에서 따온 것이다. "Sustaining growth in Korea by reforming the labour market and improving the education system", OECD Economics Department Working paper No 672(2009. 2).

5   같은 글.

6   박우성·노용진, 《경제위기 이후 인적자원관리 및 노사관계 변화》, 한국노동연구원, 2001, 17쪽.

7   정성진, "한국 자본주의 축적의 장기 추세와 위기: 1970~2003", 《한국 자본주의의 축적체제 변화: 1987~2003》, 한울, 2006, 20~25쪽.

8   장귀연, 《비정규직》, 책세상, 2009.

9   구해근, 《한국 노동계급의 형성》, 창작과비평사, 2002, 93쪽.

10   윤진호, 《한국의 불안정 노동자》, 인하대학교출판부, 1994, 74~79쪽.

11   〈연합뉴스〉, 2016년 6월 6일 자.

12   정이환, 《한국 고용체제론》, 후마니타스, 2013, 221쪽.

13   laborstat.molab.go.kr.

14   인수범 외, 《작업조직 변화와 노동조합 정책》, 한국노동사회연구소, 2004, 131~134쪽.

15   주무현, "현대자동차의 작업장 혁신", 2007.

16   MyNewJapan, 《토요타의 어둠: 2조 엔의 이익에 희생되는 사람들》, 창해, 2010.

17   김철식·윤애림·이정구·장귀연, 《노동분할시대, 노동조합 임금전략》, 민주노총, 2016.

18   자동차산업협동조합 kaica.or.kr.

19   이경의, 《한국 중소기업의 경제이론》, 지식산업사, 2014.

20   홍장표 외, 《거래 네트워크로 본 한국의 산업생태계》, 형설출판사, 2017.

21   《2014년 임금근로일자리 행정통계》, 통계청, 2015.

22   같은 글.

23   이재형, 《한국의 산업조직과 시장구조》, 한국개발연구원, 2013, 120~130쪽.

24   노찬호·공보경, 《공장등록통계로 본 최근 10년의 제조업 동향》, 한국산업단지공단, 2013.

25   전국 산업별, 성별, 규모별, 사업체 수 및 종사자 수, 고용노동통계(laborstat.

molab.go.kr).

26 《2014년 하반기 주요 업종 일자리전망》, 한국고용정보원, 2014.

27 김유선·이병훈, "노동생활 질의 양극화에 관한 연구: 정규·비정규의 분절성을 중심으로", 《경제와 사회》, 60호, 2003.

28 김유선, 《한국의 노동 2016》, 한국노동사회연구소, 2015, 32쪽.

29 김낙년, "한국의 소득불평등, 1963~2010: 근로소득을 중심으로", 《경제발전연구》, 18권 2호.

30 장하성, 《왜 분노해야 하는가: 분배의 실패가 만든 한국의 불평등》, 헤이북스, 2015, 74쪽.

31 〈국민일보〉 2015년 3월 16일 자. 박종규 한국금융연구원 선임연구위원의 분석 결과.

32 《근로자 임금실태 조사보고서》, 1972(1~3), 노동청, 14쪽.

33 권현지, "산업화 이후 한국 노동체제 변동과 노동자 의식 변화", 《압축성장의 고고학: 사회조사로 본 한국 사회의 변화 1965~2015》, 한울아카데미, 2015, 225쪽.

34 조계완, 《우리 시대 노동의 생애: 자본, 시장, 그리고 노동》, 알피, 2012, 233쪽.

35 같은 책, 546쪽.

36 같은 책, 458쪽.

37 정이환, 《한국 고용체제론》, 후마니타스, 2013, 124~125쪽.

38 크리스 하먼, 《좀비 자본주의》, 책갈피, 2012, 71쪽에서 재인용.

39 박종식, "원청 노사관계 변화와 사내하청 확산", 《한국 노동운동 위기 진단과 대안 모색》, 한국노동사회연구소, 2015, 74쪽.

40 박태주, 《현대자동차에는 한국 노사관계가 있다》, 매일노동뉴스, 2014, 42~45쪽, 391~395쪽.

41 이준표, 《2015 기업규모별·업종별 노동생산성 분석》, 한국생산성본부, 2015.

42 장하성, 《왜 분노해야 하는가: 분배의 실패가 만든 한국의 불평등》, 헤이북스, 2015, 164쪽.

43 〈경향신문〉, 2013년 9월 8일 자.

44 윤진호, "한국의 임금체계", 《일의 가격은 어떻게 결정되는가 1: 한국의 임금결정 기제 연구》, 한울아카데미, 2010.

45 《OECD 한국경제 보고서》, OECD, 2016.

46 김철식, "단절과 연속성, 신자유주의와 분절: 고용체제의 한국적 특성에 대한 치밀한 모색", 《경제와 사회》, 101호, 2014, 263~266쪽.

47 정이환, 《한국 고용체제론》, 후마니타스, 2013, 219쪽.

48 김철식·윤애림·이정구·장귀연, 《노동분할시대, 노동조합 임금전략》, 민주노총,

2016.

49　손정순, "금속산업 비정규 노동의 역사적 구조 변화"(박사학위논문), 2009.

50　정이환, 《한국 고용체제론》, 후마니타스, 2013, 299쪽.

8장

1　신광영, "세계화 시대 계급론과 계급 분석", 《경제와 사회》, 77호, 2008과 구해 근, "세계화 시대의 한국 계급 연구를 위한 이론적 모색", 《경제와 사회》, 76호, 2007.

2　장귀연, "신자유주의 축적체제와 마르크스주의 계급 분석의 과제", 《마르크스주의 연구》, 9권 3호, 2012와 "신자유주의 시대 한국의 계급구조", 《마르크스주의 연구》, 10권 3호, 2013.

3　구해근, "세계화 시대의 한국 계급 연구를 위한 이론적 모색", 《경제와 사회》, 76호, 2007.

4　조계완, "가이 스탠딩 교수 인터뷰 — 21세기 위험계급 '프레카리아트'", 《이코노미 인사이트》 5호, 2010년 9월 1일.

5　같은 글.

6　유형근, "청년유니온과 알바노조, 그 변방의 목소리".

7　허영구(알바노조 지도위원, 좌파노동자회 대표), "비정규 불안정 알바노동자 운동의 의미", 《좌파노동자》 1호, 2013년 11월.

8　유형근, "한국 노동계급의 형성과 변형 — 울산지역 대기업 노동자를 중심으로"(박사학위논문), 2012.

9　송호근·유형근, "한국 노동자의 계급의식 결정요인", 《경제와 사회》 87호, 2010.

10　유형근, "노동조합 임금정책의 표류와 노동조합운동의 위기", 《한국노동운동 위기 진단과 대안 모색》, 한국노동사회연구소, 2015.

11　〈한국일보〉, 2017년 2월 14일 자.

12　이정우, "제3의 길 그리기", 《행복 경제 디자인: 세상을 바꾸는 상상력》, 바로세움, 2009.

13　김동춘, 《한국사회 노동자 연구》, 역사비평사, 1995.

14　김동춘, "한국사회 노동자계급 형성의 시련: 기업별 노조체제와 그 재생산", 《현장에서 미래를》 13호, 한국노동이론정책연구소, 1996.

15　리처드 하이만, "노동조합을 위한 새로운 의제?", 《노동사회》 2000년 5월호, 한국노동사회연구소.

16　김유선, "즐거운 노동을 위한 키워드", 《행복 경제 디자인: 세상을 바꾸는 상상력》, 바로세움, 2009.

17　토니 클리프, 《레닌 평전 2》, 책갈피, 2009, 15~44쪽.

18   Charles Post, "The Myth of the Labor Aristocracy", *Solidarity*, July~August, 2006.

19   허영구, 《새로운 시대의 총연맹, 좌파노총》, 박종철출판사, 2012와 "왜 새로운 시대 혁신 총연맹 좌파노총인가", 《월간 좌파》, 창간준비호, 2013.

20   김태연, "노동운동 지형변화에 따른 운동방향의 재정립", 《노동자운동연구소 출범 토론 자료집》, 2010.

21   같은 글.

22   허영구, 《새로운 시대의 총연맹, 좌파노총》, 박종철출판사, 2012와 "왜 새로운 시대 혁신 총연맹 좌파노총인가", 《월간 좌파》, 창간준비호, 2013.

23   토니 클리프, 도니 글룩스타인, 《마르크스주의와 노동조합 투쟁》, 책갈피, 2014, 64쪽.

24   민주노총 7기 임원선거(2013년 3월)에 출마한 이갑용 위원장 후보 출사표 중에서.

25   구해근, 《한국 노동계급의 형성》, 창작과비평사, 2002, 251쪽.

26   "알렉스 캘리니코스 2011 방한강연(2) '사회민주주의 — 제대로 이해하고 대처하기", 《마르크스21》 12호, 2011, 222쪽.

27   이병훈 외, 《노동조합 상근간부 연구》, 한국노동사회연구소, 2001.

28   김정한, "노조전임자 실태조사", 《노동리뷰》 2009년 5월호, 한국노동연구원.

29   이주환, "민주노조운동 내부의 프레임 갈등", 《한국노동운동 위기 진단과 대안 모색》, 한국노동사회연구소, 2015, 139~140쪽.

30   같은 글, 142쪽.

31   류주형, 앞의 글과 "정당운동과 민중연대 투쟁에 대한 사회진보연대의 논의 궤적", 《사회운동》 85호, 2008.

32   한지원, "한국노동자운동의 이념과 과제", 《노동자운동연구소 출범 자료집》, 2010.

33   한지원, "노동운동, 분절된 현실을 응시하라", 《오늘보다》 4호, 2015.

34   류주형, "정당운동과 민중연대 투쟁에 대한 사회진보연대의 논의 궤적", 《사회운동》 85호, 2008.

35   알렉스 캘리니코스, "토니 네그리, 맥락 속에서 보기", 《마르크스21》 10호.